Transportation
Economics

运输经济学

孙启鹏 ◎等编

中国财经出版传媒集团
经济科学出版社
Economic Science Press

图书在版编目（CIP）数据

运输经济学／孙启鹏等编. －－北京：经济科学出版社，2023.8
ISBN 978－7－5218－3292－1

Ⅰ.①运… Ⅱ.①孙… Ⅲ.①运输经济学 Ⅳ.①F50

中国版本图书馆 CIP 数据核字（2021）第 253932 号

责任编辑：杨　洋
责任校对：隗立娜
责任印制：范　艳

运输经济学
孙启鹏　等编

经济科学出版社出版、发行　新华书店经销
社址：北京市海淀区阜成路甲 28 号　邮编：100142
总编部电话：010 - 88191217　发行部电话：010 - 88191522
网址：www.esp.com.cn
电子邮箱：esp@esp.com.cn
天猫网店：经济科学出版社旗舰店
网址：http：//jjkxcbs.tmall.com
北京季蜂印刷有限公司印装
787×1092　16 开　21 印张　400000 字
2023 年 8 月第 1 版　2023 年 8 月第 1 次印刷
ISBN 978 - 7 - 5218 - 3292 - 1　定价：69.00 元
（图书出现印装问题，本社负责调换。电话：010 - 88191545）
（版权所有　侵权必究　打击盗版　举报热线：010 - 88191661
QQ：2242791300　营销中心电话：010 - 88191537
电子邮箱：dbts@esp.com.cn）

前言 PREFACE

交通运输是社会经济发展的先导性和基础性产业，同时交通运输产业自身又具有多方式、多主体、跨区域等复杂性特征。尤其是随着经济规模越来越大，经济系统越来越复杂，交通运输对社会发展和经济增长的作用愈加重要，运输经济问题成了社会各界都十分关注的问题。为此，一大批学者在该领域展开了研究，形成了诸多经典成果，也基本形成了运输经济学的学科体系，大量的教材也相继出版。编者所在单位长安大学就是最早开展运输经济问题教学和科研的单位。原西安公路学院吴志恒教授于1985年编著出版了《公路运输经济学》，原西安公路交通大学邵振一教授作为主编之一于1999年编写出版了《运输经济学》，长安大学陈引社教授于2002年编写出版了《道路运输市场学》等。长安大学的运输经济学学科体系就是在这个过程中逐步形成的。同期，相关院校也先后出版了相应的教材。这些研究成果为运输经济学学科的发展作出了卓越的贡献。本书的编写也是在吸收前辈们研究成果的基础上形成的。

随着经济社会和交通运输的进一步发展，运输经济也面临着新问题，出现了新变化。世界格局风云变幻、中国式现代化扬帆起航、经济社会迈向高质量发展、交通强国加速推进、新一代信息技术加速迭代、经济增长方式面临转型升级、新模式新业态不断出现等都对运输经济提出了新的要求，迫切要求运输经济学学科不断创新，回答现实之问、中国之问。与此同时，中国高等教育也进入了新的时代，为党育才、为国育人是每一本教材每一门课程的使命担当，培养社会主义事业的建设者和接班人是每一本教材每一门课程的职责任务，"两性一度"（高阶性、创新性、挑战度）是每一本教材每一门课程的建设目标。本书就是基于这些变化和要求进行编写形成的。

本书内容共分为十个章节，第一章介绍经济学思想史及其本质，第二章则厘清运输经济学的一些基本概念和学科内涵，第三章至第七章则依次从需求、供给、成本、价格、市场五个经典的经济学视角梳理了运输经济问题，第八章从空间经济学视角梳理运输问题，第九章则对国际运输这一更大空间尺度下的相关经济问题和运输规则进行介绍，第十章基于对宏观运输经济相关问题的阐释来理解运输产业政策的制定及其调控策略。

本书的特点有以下几个方面。一是强化运输经济学的学科基础。对运输经济发展的相关经济学思想流派和理论体系进行了详细的补充。比如第一章介绍的重商主义、古典经济学、新古典经济学、凯恩斯革命、新经济自由主义、新凯恩斯主义等经济学思想，这些不断发展的经济思想不仅构成了当前运输经济学科理论的基础框架，也在很大程度上影响着国家的运输产业政策和宏观调控。二是强化课程思政教育，突出行业思政特色，培养学生家国情怀。每个章节都设置了行业思政内容。如中国特色社会主义经济体制、中国道路运输市场变革等。三是紧跟发展前沿和当前环境形势，更新教材内容以及相关案例。如共享出行、定制客运、网络货运平台等新业态。四是提高教材的"两性一度"，提供学生自主学习的资源。本书还提供了大量的线上资源，为各章提供了思维导图和课前思考题，设置了学习目标和要求，总结了重点难点，并在各章课后作业的基础上，提供了思考题、案例讨论、扩展知识等，对各章内容进行进一步的总结和适度延伸。本教材既可作为高等院校交通运输、物流管理等专业的本科生和研究生的教学用书，同时也可供其他对运输经济感兴趣的相关学者和企业、政府工作人员参考。

本书的编写是团队共同协作的成果，其中孙启鹏负责全书结构设计并进行统稿，同时负责前言、第四章和第七章的撰写；第一章由王奕淇撰写，第二章由邹海波、孙启鹏共同撰写，第三章由邹海波撰写，第五章由云虹撰写，第六章由宋金鹏撰写，第八章由韩晓宇撰写，第九章由王超撰写，第十章由张梁梁撰写。教材编写过程中，李兆磊、张士行、王芳、徐星、李启琛等老师和同学参与了大量的研讨交流、素材收集、文稿校对等工作，在此表示衷心的谢意。

本书的写作和出版过程中还得到了经济科学出版社的支持和帮助，在此表示衷心的谢意。

最后，本书在写作过程中参考了大量的国内外资料、行业数据并列入参考文献，在此对相关专家学者深表谢意。由于运输经济学相关理论、方法与实践都在不断发展过程中，书中难免有不足之处，欢迎广大专家和读者批评指正。

孙启鹏

2023 年 9 月

目录 Contents

第一章
经济学思想史及其本质 / 001

- 002　第一节　经济学思想史及各流派观点
- 006　第二节　经济学的研究视角及其本质
- 012　第三节　马克思主义政治经济学
- 020　第四节　社会主义经济制度

第二章
运输与运输经济问题 / 026

- 027　第一节　交通与运输
- 029　第二节　运输系统构成
- 038　第三节　运输经济问题与运输经济学
- 042　第四节　运输经济学的学科内涵

第三章
运输者行为与运输需求 / 045

- 046　第一节　消费者偏好与消费者行为
- 058　第二节　运输需求的内涵及特征
- 060　第三节　旅客运输需求和货物运输需求
- 064　第四节　运输需求函数及需求弹性分析

第四章

运输供给与运输生产决策 / 076

- 077　第一节　厂商与运输产品生产者
- 078　第二节　运输供给的概念及特征
- 079　第三节　旅客运输供给和货物运输供给
- 081　第四节　运输供给函数与供给弹性分析
- 084　第五节　运输供给的生产决策分析

第五章

运输成本与运输企业成本费用管理 / 089

- 090　第一节　成本的基本概念
- 091　第二节　成本分析
- 100　第三节　运输企业成本费用及其分类
- 106　第四节　运输企业成本费用管理与控制
- 118　第五节　运输的外部性

第六章

运输价格及其应用 / 127

- 128　第一节　运输价格及其特点
- 135　第二节　运输价格的形成
- 149　第三节　旅客运输价格和货物运输价格
- 153　第四节　运输价格指数

第七章

运输市场与市场竞争 / 162

- 163　第一节　市场经济和价值规律
- 168　第二节　运输市场及其形成与发展

- 172　第三节　运输市场中间商
- 177　第四节　运输市场竞争及其市场态势
- 184　第五节　运输市场竞争的供给策略

第八章
空间运输经济问题 / 190

- 190　第一节　空间经济与区域经济
- 200　第二节　运输与区域经济和空间经济
- 213　第三节　运输客货流的形成及其空间经济特性
- 226　第四节　货流规划的理论和方法

第九章
国际运输经济问题 / 251

- 252　第一节　国际贸易中的货物运输
- 260　第二节　国际运输通道、枢纽和经济廊道
- 263　第三节　国际运输规则
- 274　第四节　国际运输市场的基本特点及影响因素

第十章
宏观运输经济与运输产业政策 / 285

- 286　第一节　宏观经济学流派及其论战
- 294　第二节　运输总需求与总供给
- 297　第三节　运输与经济增长
- 309　第四节　运输产业政策与宏观调控

参考文献 / 322

第一章

经济学思想史及其本质

第一章
思维导图

第一章
课前思考题

学习目标及要求：

1. 了解经济学思想史和各流派观点。
2. 了解经济学的研究视角，掌握经济学的本质。
3. 了解马克思主义政治经济学的研究对象，掌握马克思主义政治经济学的性质。
4. 掌握中国特色社会主义经济制度的本质特征，了解社会主义经济制度的优越性，了解中国特色社会主义经济制度。

本章重点：

1. 经济学思想史和各流派观点。
2. 中国特色社会主义经济制度。

本章难点：

1. 经济学的本质。
2. 马克思主义政治经济学的性质。
3. 中国特色社会主义经济制度的本质特征。

首先，本章通过对重商主义、古典经济学、新古典经济学和当代经济学四个阶段的阐述，揭示经济学的思想与各流派的观点；其次，从人类经济活动切入经济学的研究视角，明确物质资料的生产是人类社会生存和发展的基础，生产力与生产关系的统一构成社会生产方式，同时，明确资源的稀缺性是经济问题产生的根源，资源的稀缺性决定了每一个社会和个人必须作出的选择；再次，对马克思主义政治经济学进行阐释，明确物质资料生产是马克思主义政治经济学研究的出发点，且其研究对象为社会生产关系，同时，明确马克思主义政治经济学是阶级性和科学性统一的科学，具有与时俱进的理论品质，并揭示学习马克思主义政治经济学的意义；最后，对中国特色社会主义经济制度进行介绍，主要包括社会主义初级阶段的基本经济制度、社会主义初级阶段的收入分配制度、社会主义市场经济体制、共同富裕道路等内容。

第一节　经济学思想史及各流派观点

最早产生的经济学思想可追溯到古希腊时期，古希腊哲学家色诺芬在其著作《经济论》中论述了以家庭为单位的奴隶制经济的管理，这与当时的经济发展状况是相适应的。但是，经济学作为一门独立的学科则是与资本主义生产方式的形成同时产生的。经济学的产生及发展主要经历了重商主义、古典经济学、新古典经济学和当代经济学四个阶段。

一、重商主义

重商主义产生于15世纪，终止于17世纪中期，最初出现于意大利，后来陆续产生于西班牙、葡萄牙、荷兰等国，英国是重商主义尤其是晚期重商主义发展较为典型的国家。大多数经济学家认为，重商主义是最早出现的经济学，其代表人物有英国的约翰·海尔斯、威廉·斯塔福德和托马斯·孟，法国的安徒安·德·孟克列钦。托马斯·孟的代表作《英国得自对外贸易的财富》曾被称作"重商主义的圣经"，该书不仅成为英国，而且成为一切实行重商主义政策的国家在政治、经济等方面的基本准则。

重商主义认为，金银形态的货币是财富的唯一形态，一切经济活动的目的就是为了获取金银。为了增加一国的财富，除了开采金银矿藏外，有效的办法就是要通过对外贸易，实现贸易顺差，金银才能流入国内，从而使一国的金银财富增加。因此，重商主义认为，为了国家致富，保证金银流回国内，必须实行有利的贸易差额原则，即多卖少买，保持顺差，因此主张积极的国家干预，如奖励国内工业，实施促进对外贸易的贸易保护政策。

重商主义是在资本原始积累时期产生的一种经济学说和政策体系，反映了资本原始积累时期资本主义经济发展的基本要求，但仅仅停留在流通领域，其重要内容也只是一些政策主张，尚未形成完整的经济学体系。因此，重商主义只能说是经济学的萌芽。

二、古典经济学

古典经济学最早产生于17世纪中叶，由威廉·配第开始，经亚当·斯密发展为完整的体系，最后由大卫·李嘉图推向最高峰。这一时期的主要代表人物有英国的亚当·斯密、大卫·李嘉图、马尔萨斯，法国的让·巴蒂斯特·萨伊、布阿吉尔贝尔、西斯蒙第等，其中，亚当·斯密于1776年出版了里程碑式的著作《国富论》，开创了古典经济学的历程，被称为"经济学之父"。《国富论》的发表被认为是经济学发展过程中对重商主义的革命，该书的基本思想是：财富的源泉是劳动，任何生产部门的劳动都创造财富，增加财富的方法有两种，一种是提高专业工人的劳动生产率，为此就要进行分工；另一种是增加生产工人的人数，为此必须增加资本。

在亚当·斯密之后，大卫·李嘉图在1817年出版了《政治经济学及赋税原理》，进一步发展和完善了劳动价值论、比较优势理论等相关理论，更清晰地分析了使用价值和交换价值的区别，并首次提出决定商品交换价值的劳动不是实际的个别劳动，而是社会必要劳动。与李嘉图同时代的萨伊和马尔萨斯发展了斯密等人的资产阶级古典经济学中的庸俗成分，而成为早期庸俗经济学的代表人物。萨伊在1803年出版的《政治经济学概论》中论述了"供给创造其自身的需求"这一经济学中著名的"萨伊定律"的核心思想，并提出了效用价值论，认为生产只创造效用，物品的效用是物品价值的基础，劳动、资本、土地共同创造了产品的效用，从而创造了产品的价值。

古典经济学将研究的中心从流通领域转向了生产领域，强调财富应是物质产品，要增加国民财富必须通过资本积累和分工来发展生产。因此，研究了经济增长、价值、价格和收入分配等广泛的经济问题。古典经济学的政策主张是自由放任，主张通过价格这只"看不见的手"来调节经济的运行，通过资本积累和发展生产来实现物质产品的增加，使人们在追逐自己利益的过程中合理而有效地配置社会资源。古典经济学自由放任的思想反映了自由竞争时期经济发展的要求。古典经济学家把经济研究从流通领域转到生产领域，使经济学成为一门真正独立的学科。

三、新古典经济学

新古典经济学从19世纪70年代的"边际革命"开始,到20世纪30年代结束。这一时期经济学思想的中心仍然是自由放任,它是古典经济学的延伸。但由于它用新的方法论述了自由放任思想,并建立了说明价格如何调节经济的微观经济学体系,因而被称为新古典经济学。

19世纪70年代初,奥地利经济学家门格尔、英国经济学家杰文斯、瑞士经济学家瓦尔拉斯几乎同时但又各自独立地提出了边际效用价值论,揭开了"边际革命"的序幕。边际效用价值论者认为:效用是价值的源泉,而边际效用是衡量价值的尺度,物品有无价值取决于物品的有用性和稀缺性,而物品的价值量则是由该物品合理使用时产生的最小效用所决定的。他们引入了一种新的分析方法,即边际分析法,来说明其理论。正是这种分析方法使经济学进入了一个新的时期,标志着新古典经济学的开始。其后,1890年,英国经济学家阿弗里德·马歇尔综合了当时的各种经济理论,出版了《经济学原理》一书。他把边际效用价值论和生产费用论等结合起来,应用供求均衡原理建立了一个以"均衡价格理论"为核心的经济学体系,奠定了现代微观经济学的理论基础。因此该书被称为新古典经济学理论的代表作,马歇尔则被认为是新古典经济学理论的主要代表和创始人。

虽然新古典经济学的政策主张仍然是自由放任,但其已不像古典经济学那样只重视对生产的研究,而是将研究重心由过去侧重供给转向了强调消费和需求,他们明确地把资源配置作为经济学研究的中心,论述了价格如何使社会资源配置达到优化。从而在理论上证明了以价格为中心的市场机制的完善性。他们把消费、需求分析与生产、供给分析结合在一起,建立了现代微观经济学的框架体系。由于该体系是以完全竞争为前提的,所以它在20世纪初出现垄断后便与现实发生了冲突。1933年,英国经济学家J.罗宾逊和美国经济学家E.张伯伦分别出版了《不完全竞争经济学》和《垄断竞争理论》,分析了不完全竞争或垄断竞争条件下的资源配置问题,从而对马歇尔所创立的微观经济学体系作了最重要的补充,为微观经济学确立了完整的理论体系,对微观经济学的发展有重大意义。

四、当代经济学

当代经济学是以20世纪30年代凯恩斯主义的出现为标志,这一时期,经济学得到了全面而深入的发展，但由于各国资本主义发展的特点不同，以及经济学家们的研究角度、理论观点、分析方法与政策主张不同，又形成了许多不同的经济学流派。这一时期的经济学分为三个阶段。

第一阶段，凯恩斯革命时期。这一时期是从20世纪30年代到20世纪50年代之前。1929～1933年，资本主义国家爆发空前的经济危机，使得新古典经济学论述的市场调节完善性的神话被打破。传统的经济理论与经济现实发生了尖锐的冲突，经济学面临着它有史以来的第一次危机。在此形势下，1936年英国经济学家J. M. 凯恩斯出版了《就业、利息和货币通论》（以下简称《通论》）一书。这本书从总需求的角度分析国民收入，并用有效需求不足来解释失业存在的原因。在政策上则提出了国家干预经济的主张，并提出了一整套国家干预经济从而进行需求管理的办法。凯恩斯的这些观点被绝大部分西方经济学家所接受，他的政策主张也被西方发达国家的政府采纳，史称凯恩斯革命。这次革命所产生的以国民收入决定理论为中心、以国家干预为基调的理论和政策主张，形成了当代宏观经济学体系。因此，凯恩斯被称为宏观经济学之父。

第二阶段，凯恩斯主义发展时期。这一时期是从20世纪50年代至20世纪60年代末。第二次世界大战后，西方各国都加强了对经济生活的全面干预，凯恩斯主义得到了广泛的传播与发展。美国经济学家P. 萨缪尔森等人把凯恩斯主义的宏观经济学与新古典经济学的微观经济学结合起来，建立了一个适合当代资本主义需要的、既有微观经济理论又有宏观经济理论的新体系，形成了新古典综合派。新古典综合派全面发展了凯恩斯主义理论，并把这一理论运用于实践，其对各国经济理论与政策都产生了重大影响。

第三阶段，自由放任思想复兴时期。这一时期始于20世纪70年代。凯恩斯主义的经济理论和政策在西方各主要资本主义国家广泛推行和发展，国家对经济生活全面干预一方面促进了经济的巨大发展，另一方面也引起了许多问题。生产的进一步社会化使资本更加集中到大垄断集团手中，生产社会化与生产资料私人占有的矛盾更加激化，结果在20世纪70年代初出现了经济停滞与失业和通货膨胀并存的"滞胀"局面，导致资本主义经济面临恶化，凯恩斯主义陷入困境，而以美国经济学家M. 弗里德曼为首的货币主义所主张的自由放任思想却得以复兴。20世纪70年代末80年代初，英国首相撒切尔夫人宣布执行货币主义的政策，这表明货币主义从理论变成了实践。在20世纪70年代之后，又出现了以美国经济学家R. 卢卡斯为首的理性预期学派，该学派以更为彻底的态度拥护自由放任思想。他们从不同的角度论述了市场机制的完善性，提出了减少国家干预、充分发挥市场机制作用的主张。

20世纪80年代中期以后，新经济自由主义的理论和政策受到了人们的普遍怀疑。新经济自由主义自由市场万能的理论和当时各国政府深信的"市场机制最有效，政府干预越少越好"的观念均受到了强有力的挑战和质疑，国家干预主义又重新抬头。20 世纪 80 年代，美国一些有主见的中青年学者——新一代凯恩斯主义者，如哈佛大学的曼昆、萨默斯，斯坦福大学的斯蒂格利茨，普林斯顿大学的伯南克等，他们在继承凯恩斯主义传统和基本学说的基础上，从理论和分析技术上改进原凯恩斯主义，对宏观经济学的微观基础进行了重新构建，提出了许多新的研究成果和实证结论，形成了标明"新凯恩斯主义经济学"的一个新学派，在西方经济学界崭露头角并迅速成为影响最大的学派之一。

从经济学发展的历史脉络中，我们可以清楚地看出，经济学是为现实服务的，经济学的形成、确立与发展是与资本主义市场经济的建立与发展相适应的。

第二节　经济学的研究视角及其本质

一、经济学的研究视角

(一) 人类经济活动

人类为了自身的生存与发展，从来没有停止过利用各种资源进行物质资料生产的活动，即经济活动。物质资料的生产是劳动者运用劳动资料对劳动对象进行加工，按照人们的需要改变劳动对象的形状、性质和地理位置，使之适合于人们的生产和生活需要的活动。人们通过生产活动能够生产出各种产品用以满足生活、生产、文化娱乐及其他各方面的需要。在物质资料生产过程中，人类劳动、劳动对象和劳动资料是这一过程不可缺少的三个基本要素。

人类劳动是具有劳动能力和劳动经验的人改造客观物质对象，使之适合于自己需要的一种活动。它有两个鲜明特点：它是有计划、有目的的活动；它是运用自己制造的生产工具而进行的劳动。

劳动对象是在生产过程中劳动加工的对象，即"人们把劳动力加于其上的东西"。它可以分为两大类：一类是未经人们劳动加工的自然物——自然界原来就有的，如原始森林、地下宝藏等。另一类是经过人们劳动加工的产品——原材料。随着劳动者经验的积累和科学技术的进步，劳动对象的范围、种类、数量乃至加工方法和利用程度不断发展扩大和提高。

劳动资料介于劳动者和劳动对象之间，是把劳动传导到劳动对象上以改造劳动对象的物件；是使人的劳动和劳动对象联系起来的媒介物。劳动资料包括：生产工具与加工劳动对象所需的管道、容器和运输机具。广义的劳动资料如建筑物、道路、运河和土地等，不直接加入劳动过程，但没有它们，生产就不能顺利而完善的进行。

任何物质资料的生产过程都必须具有这三个要素，即人类劳动、劳动对象和劳动资料。劳动对象和劳动资料统称生产资料。人类劳动是生产过程的主观条件，它是生产的主体方面；而生产资料则是生产中的物的因素，它是生产的客观条件。

（二）物质资料的生产是人类社会生存和发展的基础

首先，物质资料的生产是人类社会存在的基础。人类社会要生存，就必须有满足人们生产所需要的物质资料，而这些物质资料就要由人们的生产活动生产出来，人们的生产活动是物质资料的唯一源泉。其次，物质资料的生产是人们从事其他社会活动的基础。人们必须先满足衣、食、住、行等物质生活的需要，然后才有可能从事其他社会活动。没有生存条件，人们是不可能从事其他社会活动的。同时，物质资料生产发展的水平对人们的其他社会活动也起着决定和制约作用。如果物质资料的生产发展水平比较低，社会上大部分劳动者都要从事物质资料生产，那么，人们其他社会活动的发展就要受到限制。反之，如果物质资料生产发展水平比较高，人类社会除了进行物质资料生产以满足人们必需的物质生活需要外，还能抽出较多的劳动力从事其他社会活动，这样就能推动其他社会活动的发展。最后，物质资料的生产是人类社会发展的基础。人类社会是从原始社会到奴隶社会、封建社会、资本主义社会、社会主义社会和共产主义社会，由低级阶段向高级阶段发展的，人类社会之所以会由低级阶段向高级阶段发展，是由物质资料生产活动本身的发展，具体来说，是由生产力的发展决定的。

（三）生产力与生产关系的统一构成社会生产方式

人类要发展进步，就必须在一定的社会生产方式下进行，即在生产过程中形成两个方面的关系：一方面，人们要同自然界发生关系，人类改造自然、征服自然、向自然界获取物质资料的能力就是生产力；另一方面，人们的物质生产活动不是孤立进行的，必须在生产过程中直接或间接地相互结合起来，这种在生产过程中形成的人与人之间的相互关系就是生产关系。生产力与生产关系是人类社会的基本矛盾，生产力决定生产关系，生产关系则必须适合生产力的性质。生产力通过生产关系一定要适合生产力的发展规律，推动人类社会由低级阶段向高级阶段发展。物质资料的生产是人类社会生存和发展的基础，也是经济学研究的出发点。

二、经济学的本质

"经济"一词,在中国古汉语中是"经邦"和"济民"、"经国"和"济世"以及"经世济民"等词的综合和简化,含有"治国平天下"的意思。其内容不仅包括国家如何管理各种经济活动,还包括国家如何处理政治、法律、教育以及军事等方面的问题。在西方,"经济"则源于希腊文,原意是家计管理。19世纪末期,日本学者神田孝平首先用汉语"经济"对译英文"economy"。后来,我国学者在翻译西方著作时,也逐渐采用了"经济"这一译法。

(一) 资源与资源的稀缺性

资源的稀缺性是经济问题产生的根源,存在资源的稀缺性才有经济学。经济学研究的出发点在于资源的稀缺性,研究对象是稀缺资源的配置和利用问题。

1. 资源

资源就是人类社会物质资料生产活动所需要的诸多要素的统称。按资源本身属性可分为自然资源和社会资源两大类。前者包括阳光、空气、水、土地、森林、草原、动物和矿藏等;后者包括人力资源、信息资源以及经过劳动创造的各种物质财富等。

在经济学中,生产要素是指进行社会生产经营活动时所需要的各种社会资源。生产要素一般被划分为劳动、土地、资本和企业家才能四种类型。劳动,又称人力资源,是指人类在生产过程中体力和智力的总和,包括一般劳动者以及受过教育和专门培训的专家。土地是一切自然资源的简称,包括土地本身以及矿藏、森林、河流、空气、阳光等一切自然形成的资源。劳动和土地通常被称为初级生产要素。资本,又称资本品,是指经过人类劳动加工生产出来,再用于生产过程的一切要素,包括厂房、机器、设备、生产工具、道路、原材料等。资本与初级生产要素不同,它既是一种投入品,同时又是经济社会的产出品。企业家才能,又称"企业家精神",是指在寻找资源、创办企业或生产过程中,将各种经济资源组织起来并使之具有活力的特殊能力,包括组织、指导、协调、管理的能力,创新和冒险精神等。

2. 资源的稀缺性

人类社会的基本问题是生存与发展。这就要不断地用物质产品以及劳务来满足人们日益增长的需求。需求源于欲望,而欲望是一种缺乏的感受与求得满足的愿望。

稀缺性是人类社会面临的永恒问题。人的欲望要用各种物质产品或劳务来满足,物质产品或劳务又要用各种资源来生产,而一个社会的资源在一定时期总是既定的。无限的欲望和有限的资源之间的关系就是经济学所说的稀缺性。所谓资源的稀缺性是指相对于人类的无穷欲望而言,资源总是不足的,这种资源的相对有限性就是稀缺性。这里所说的稀缺性不是指资源绝对数量的多少,而是指相对于无限的欲望而言,再多的资源也是稀缺的。

另外,稀缺性的存在是绝对的,它存在于人类社会和人类历史的各个时期。从现实看,无论是发达地区,还是贫困地区都要面对资源的稀缺性问题,只是其稀缺的内容有所不同。所以只要有人类社会,就会有稀缺性。

资源的稀缺性既是相对的,又是绝对的。相对性是指相对于人类社会的无限需求而言,资源总是不足的;绝对性是指稀缺性存在于人类社会的任何时期和一切社会。稀缺性的存在产生了经济学,而经济学的研究对象也正是由这种稀缺性所决定的。

(二)资源的选择与配置

资源的稀缺性决定了每一个社会和个人必须作出选择。选择就是用有限的资源去满足不同欲望的决策,或者说如何使用有限资源的决策。作出选择是有得失的,这就是经济学家所说的"天下没有免费的午餐"。为了得到某种东西而放弃的另一种东西,就是作出选择的机会成本。例如,我们把一块土地用于修建飞机场时,则必须放弃这块土地所能生产的粮食。为修建飞机场所放弃的粮食就是作出修建飞机场这项选择的机会成本。

我们可以用生产可能性曲线的概念来说明稀缺性、选择和机会成本。假定一个社会用它的全部资源可以生产出满足人们一定需要的两种物品,如粮食和水果。如果只生产粮食可以生产5万吨,只生产水果可以生产17万吨,在这两种极端的可能性之间,还存在着粮食和水果的不同数量组合。假设这个社会在决定粮食与水果的生产时,提出了A、B、C、D、E和F六种组合方式,则可以作出表1-1。

表1-1　　　　　粮食与水果的生产可能性组合　　　　　单位:万吨

可能性组合	粮食	水果
A	0	17
B	1	15
C	2	13
D	3	10
E	4	6
F	5	0

根据表1-1，我们可以作出图1-1。

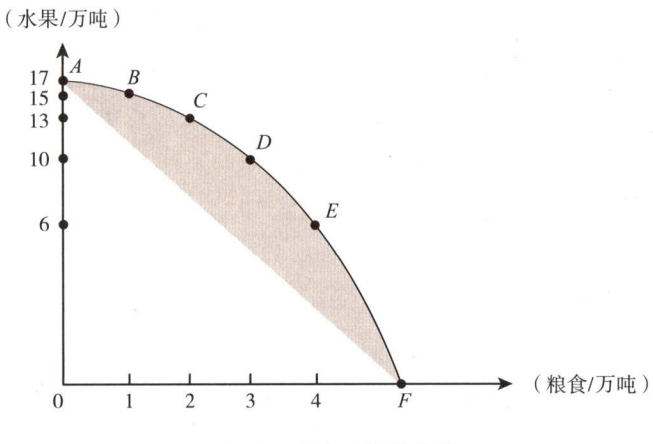

图1-1 生产可能性曲线

在图1-1中，连接 A、B、C、D、E 和 F 点的 AF 线是在资源既定的条件下所能达到的粮食与水果最大产量的组合，称为生产可能性曲线或生产可能性边界。AF 线还表明，多生产一单位粮食要放弃多少单位水果，或者相反，多生产一单位水果要放弃多少单位粮食，因此，其又被称为生产转换线。从图1-1中还可以看出，AF 线内的任何一点粮食与水果的组合，也是资源既定条件下所能达到的，但并不是最大数量的组合，即资源没有得到充分利用。AF 线外的任何一点粮食与水果的组合，是粮食与水果更大数量的组合，但在现有资源条件下无法实现。生产可能性曲线是在资源既定的条件下所能达到的两种物品最大产量的组合，它说明了稀缺性、选择和机会成本这三个重要概念。

人的欲望是无限的，用来满足这种欲望的粮食与水果也应该是无限的，但由于资源是有限的，这个社会不能生产无限的粮食与水果，这就表明社会存在稀缺性。生产可能性曲线之外是无法实现的产量组合，这就表明稀缺性的存在。在稀缺性存在的情况下，人们必须作出生产多少粮食与水果的决策，这就是我们所面临的选择问题，生产可能性曲线上的所有点都是人们所作出的选择。

在资源既定时，多生产一单位粮食就要少生产若干单位水果，或者说为了多得到一单位粮食就要放弃若干单位水果。所放弃的若干单位水果正是得到一单位粮食的机会成本。生产可能性曲线的斜率代表机会成本。在稀缺性资源存在的情况下，人们必须作出究竟该生产多少粮食和多少水果的决策。这就是人类始终所面临的选择问题。

经济学家把选择概括为三个方面：

一是生产什么与生产多少。资源的有限性决定了不能生产人们所需要的所有产品，而必须有所取舍。用粮食与水果的例子来说，就是生产粮食还是生产水果；或者生产多少粮食、多少水果，即在粮食与水果的可能性组合中选择哪一种。

二是如何生产，即用什么方法来进行生产。生产方法实际就是如何对各种生产要素进行组合：是多用资本、少用劳动，还是少用资本、多用劳动，不同的方法尽管可以达到相同的产量，但经济效益是不相同的。

三是为谁生产，即生产出来的产品和财富如何在社会成员之间进行分配。稀缺性是人类社会各个时期和各个社会所面临的永恒问题，所以"生产什么与生产多少""如何生产""为谁生产"的问题，也就是人类社会必须解决的基本问题。这三个问题被称为资源配置问题。

经济学正是为了解决这三个基本问题而产生的。在这个意义上，一般认为，经济学就是研究稀缺资源在各种可供选择的用途中进行合理配置的科学。

（三）资源的利用

在现实生活中，人类社会经常面临这样的矛盾：一方面，资源是稀缺的；另一方面，稀缺的资源往往得不到充分的利用，存在稀缺资源的浪费。而且人类社会为了发展，还要使既定的资源生产出更多的产量，这就又引出了资源利用这一问题。所谓资源利用就是人类社会如何更好地利用现有的稀缺资源，使之生产出更多的物品。资源利用包括下面三个相关的问题：

一是充分就业问题，即如何使稀缺资源得到充分利用，使经济生活中既不存在资源的闲置，也不存在资源的浪费，并且使产量达到最大。

二是经济波动与经济增长问题。资源的充分利用不仅是一个时点的要求，还是一个时期的要求。在资源既定的条件下，一国的产量无法始终保持最大，产量会时高时低，这表现为一国经济的周期性波动。研究资源的充分利用就是要考虑如何用既定资源生产出更多的物品，即实现经济的可持续增长。

三是通货膨胀或通货紧缩问题。现代社会是一个以货币为交换媒介的商品社会，物价的变动对资源配置与利用所引起的各种问题的解决影响都很大。物价水平过低会导致资源利用不足、失业增加，即通货紧缩问题；物价水平过高可能导致资源利用过度，造成通货膨胀问题。因此，经济学研究资源的充分利用，就必然涉及货币购买力的变动，即如何实现物价稳定的问题。

由此可以看出，稀缺性不仅引起了资源配置问题，而且还涉及资源利用问题。正因为如此，经济学家认为经济学就是"研究稀缺资源配置和利用的科学"。同时，尽管各个社会都存在稀缺性，但解决稀缺性的方法却并不相同。人类社会的各种经济活动都是在一定的经济制度下进行的。在不同经济制度下，资源配置与资源利用问题的解决方法也不同。经济制度就是一个社会作出选择的方式，或者说是解决资源配置与资源利用的方式。因此，经济学就是研究在一定的经济体制下稀缺资源配置与利用的科学。

第三节 马克思主义政治经济学

马克思主义是关于人类社会，特别是关于资本主义和社会主义社会发展一般规律的科学。辩证唯物主义和历史唯物主义是马克思主义的基础，科学社会主义是马克思主义的核心，而政治经济学则是马克思主义的主要内容。列宁高度评价了政治经济学在马克思主义理论体系中的重要地位，认为"使马克思的理论得到最深刻、最全面、最详尽的证明和运用的是他的经济学说"。[①]

一、马克思主义政治经济学的研究对象

（一）物质资料生产是马克思主义政治经济学研究的出发点

人类社会从最初至今，已经发生了极大的变化，而推动人类社会发展变化和决定人类社会面貌的基础和终极原因，就是物质资料的生产。

物质资料生产是人类社会存在和发展的基础。人是社会的主体，社会是由人及其关系组成的集合体，人作为生产者是有条件的，而作为消费者则是无条件的，人们要消费，就需要日益丰富的物质资料，而物质资料只能通过物质资料的生产获得，否则，人类就无法生存，因此，物质资料的生产是人类社会存在的基础。不仅如此，物质资料的生产还是人类社会发展的基础。只有物质资料的生产发展了，才有日益丰裕的剩余产品，人类的经济关系才会进步，也才会有日益丰富和不断走向高级的政治、宗教、教育文化等关系和活动，社会才会全面进步，人才能获得全面发展。物质资料生产是人类最基本的经济活动，因而是政治经济学研究的出发点。

物质资料生产就物质内容而言，是人们征服自然、改造自然、从自然中获取物质资料的过程。其中人们所表现出的生产能力，称之为生产力，体现着人与自然的关系。生产力由三个简单要素构成：人的劳动、劳动对象和劳动资料。物质

[①] 列宁选集（第2卷）[M]. 北京：人民出版社，1995：428.

资料的生产，就是人们以一定的方式结合起来，按照自己设想的目的，运用劳动资料去加工劳动对象，改变劳动对象的形状、性质或地理位置，使被加工成的产品能满足人们生产和生活的需要。但是随着社会生产和劳动过程的发展，在"三要素"基础上加入了新的要素，并开始在生产中发挥着日益重要的作用。如管理、信息、文化、教育等，特别是科学技术的发展和广泛应用，日益广泛和深入地渗透到人的劳动、劳动对象和劳动资料之中，引起他们素质的变化，从而大大促进社会生产力的发展。对此，邓小平强调指出："马克思讲过科学技术是生产力，这是非常正确的，现在看来这样说可能不够，恐怕是第一生产力，依我看，科学技术是第一生产力"。[①] 这说明在现代生产力中，科学技术已是首要地占据主导地位的要素。然而，这并不否定三要素的基本要素性质。

据此，在我国现代化建设过程中既要注重生产的基本要素，更要振兴科学技术，加速科技进步。只有实现科学技术现代化，才能从根本上促使劳动者素质的提高，不断改进和采用先进的机器设备和工艺，促使生产管理、工艺流程等的现代化以及扩展劳动对象的范围，向生产的广度和深度进军。科学技术现代化是我国现代化的关键。

社会生产力状况包括生产力性质和水平。生产力性质是指生产力的质的规定，它是由劳动资料，特别是生产工具的性质所决定的；生产水平是指生产力的量的规定，它主要是由各种性质的生产工具在社会生产中的数量和比例，生产力的分布、能源动力的利用程度等规定的。生产力状况就是其质和量的统一。

（二）政治经济学的研究对象是社会生产关系

人们在物质资料生产过程中，除了要和自然界发生关系以外，还必须以一定的方式结成人与人之间的社会关系，我们把这种在物质资料生产过程中所结成的人与人之间的社会关系，称为社会生产关系，也叫经济关系。这种关系本质上是人们之间的物质利益关系，因而是人们所有社会关系中最基本的关系。

人们的这种社会生产关系是一个多层次的体系。它的内容主要是以下几点。

一是社会生产关系中最基本的生产关系。它包括相互联系和相互影响的三个方面：（1）生产资料的所有制形式；（2）各种不同社会集团在生产中的地位以及他们的相互关系，包括互相交换其活动或产品的关系；（3）产品分配形式。其中，生产资料所有制是生产关系的基础，它决定着生产关系的其他两个方面，决定着生产关系的性质。这是社会生产关系中最深刻的层次和最基本的关系。从而规定着社会基本经济制度。

---

① 邓小平文选（第3卷）[M]. 北京：人民出版社，1993：274-275.

二是社会生产运行中的生产关系，这就是在社会生产总过程中的生产、分配、交换和消费关系。生产、分配、交换和消费是社会生产总过程内部的四个环节或主要方面，它们之间存在着相互联系和相互制约的辩证运动关系。生产居于首要地位、起着主导的决定作用，一定的生产决定着一定的分配、交换和消费；而分配、交换和消费并不是消极被动地由生产所决定，它们又积极影响和反作用于生产，促进或制约着生产的发展。

生产对分配、交换和消费的决定作用主要表现为：（1）生产的社会性质决定分配、交换和消费的社会性质；（2）生产决定分配、交换和消费的对象；（3）生产决定着分配、交换和消费的水平与结构；（4）生产决定分配、交换和消费的具体方式。

分配、交换和消费对生产的反作用主要表现为：（1）分配适合生产，就能够调动生产者的积极性，促进生产的发展；反之，则会阻碍生产的发展；（2）交换适应生产，就能够有力地推动生产的发展，反之，则会使生产难以进行；（3）消费适应生产，使生产出来的产品最终得以实现。消费需求增长，还为生产的进一步发展提供动力。反之，则会限制生产的增长和发展。

三是社会生产关系的表现形式，即人们在社会生产中生产和劳动联系的一般形式，这是社会生产关系的表面形式。社会生产关系就是由基本制度关系、经济运行关系和关系一般形式所构成的有机体系，后两个层次体现着经济运行和经济管理体制。在政治经济学研究中，仅仅强调其中的任何一层，而忽视其他方面的研究都是片面的，或者说是肤浅的。政治经济学作为一门社会科学，有自己特定的研究对象，它并不专门研究生产力，而是以社会生产关系作为其特定的研究对象，它不只是专门研究社会生产关系中的某一局部、某一环节或某一层次，而是全面研究社会生产关系总体的科学，因而是一切经济科学的基础、也可以说是一切经济科学的"皇冠"。

（三）生产力和生产关系的相互关系

物质资料的生产过程是人与自然关系和人与人之间的社会关系的对立统一，是生产力和生产关系的对立统一过程。在社会生产中，生产力是社会生产物质内容，而生产关系则是生产的社会形式。生产力和生产关系的有机统一，构成社会的生产方式。

在社会生产方式中，由于生产力是社会生产的物质内容，生产关系是生产的社会形式，因而其中的关系首先表现为生产力决定生产关系，有什么样的生产力，就有什么样的生产关系。生产力决定生产关系的性质，历史上每一种生产关系的出现，都是由一定的生产力发展状况所决定的，缺乏生产力基础的生产关系是不能出现或不能维持长久的，一种生产关系在它所能容纳的生产力尚未发挥出来之前，也绝不会退出历史舞台的，生产关系是为了表现和实现生产力，是为生产力发展服务的，生产关系的性质、优劣与否归根到底是看它能否最大限度地适应生产力发展。1992年初，邓小平在南方谈话中提出："是否有利于发展社会主义社会的生产力，是否有利于增强社会主义国家的综合国力，是否有利于提高人民的生活水平"，[①] 即"三个有利于"的判断标准是这一重要原理的具体体现。

同时，生产关系的发展变化也是由生产力决定的。首先，生产力决定生产关系的部分质变，在一定的生产关系的根本性质不变的前提下，随着生产力的发展，生产关系的某些环节和局部出现不适应，通过改革和调整以适应生产力的发展变化，使生产关系出现部分质变。其次，生产力也决定着旧的生产关系被新的生产关系所代替。当一种生产关系从整体上或根本性质上不适合生产力发展时，这种生产关系就变成旧的、落后的生产关系，以至于成为生产力发展的桎梏，在这种情况下，代表社会前进方向的进步阶级或社会集团就要通过社会革命的方式，变革旧的生产关系，建立新的生产关系，以解放生产力，实现社会的进步。最后，生产关系变化的程度和方向也决定于生产力。人们变革和调整生产关系的程度和方向最终受生产力发展水平和状况的制约，生产关系必须而且只能适应生产力发展的性质和现有状况而发展变化。如果不能反映生产力发展性质，将最终为生产力所抛弃，如果超越了现有生产力状况，人为地过早地变革生产关系，也将限制甚至破坏生产力。生产关系的先进与落后，优越与腐朽最终是由它与生产力的关系证明的，生产关系的变革与调整最终是社会生产力的选择。

在社会生产方式中，生产力决定生产关系这是最根本的方面，但是，生产关系并不是消极被动地由生产力所决定，它对生产力起着巨大的反作用。当生产关系适合生产力发展性质和状况时，就能推动社会生产力的发展，当生产关系不适合生产力发展性质和状况时，就会对社会生产力起限制、阻碍，甚至破坏作用。因而，归根到底，生产关系一定要适合生产力发展的性质和状况。生产关系不仅要适合生产力的状况，更要适合生产力发展的性质。在社会生产中，生产力是不断发展变化的。它是社会生产中最积极、最活跃、最革命的因素。人类社会发展的全部历史证明，生产力不会永久地、长期地停留在某一点上，而是处于经常的发展变化之中，具有不断发展的性质。生产关系只有充分地调动社会生产要素的活力，保持社会资源的高效利用和结构上的优化配置，并不断为生产力发展开辟广阔的道路，提供良好的环境，容纳更大的生产力，

[①] 邓小平文选（第3卷）[M]．北京：人民出版社，1993：372．

才能反映生产力不断发展的性质，才是先进的、优越的生产关系。政治经济学研究生产关系，以发展生产力为前提，就是指导人们去建立、维护和巩固优越的生产关系。

二、马克思主义政治经济学的性质

（一）马克思主义政治经济学是阶级性和科学性统一的科学

在资产阶级古典政治经济学终结和庸俗政治经济学开始形成的同时，代表被压迫、被剥削阶级利益的空想社会主义经济理论也在19世纪大工业机器生产阶段得到发展。空想社会主义思想家们激烈地批评、抨击资本主义制度的各种弊端，揭露资本主义各种矛盾，并设想未来社会。19世纪空想社会主义主要代表人物是圣西门、傅立叶和欧文。尽管他们的学说具有重要的理论价值，有一定的进步作用。但是，因为他们不能揭示资本主义经济关系的实质和发展的规律，没能找到实现社会变革的伟大社会力量，而终究是一种无法实现的空想。

19世纪40年代，资本主义生产方式已在西欧的一些主要国家占据统治地位，它的各种内在矛盾也充分暴露，阶级矛盾日趋尖锐，无产阶级作为一个自觉的阶级出现在政治舞台上，要求自己的思想家对资本主义制度和无产阶级斗争作出科学的说明。马克思、恩格斯在认真审视并批判地吸收经济学史上一切有科学价值的优秀成果，特别是在批判地继承了资产阶级古典政治经济学和空想社会主义优秀成果的基础上，创立了无产阶级政治经济学，即马克思主义政治经济学。马克思、恩格斯立足于当时最典型的资本主义国家——英国，认真总结无产阶级斗争的经验和教训，搜集和研究资本主义发展历史的大量材料，第一次从所有社会关系中划分出生产关系，指明它是一切社会关系中最根本最本质的关系，第一次明确指出政治经济学所要研究的不是物，而是物掩盖下的人与人之间的关系，这种关系在阶级社会中表现为阶级之间的关系，使政治经济学发生了根本变革。他们在充分吸收前人成果的基础上，创建了科学的劳动价值论，并以此为基础，创立了剩余价值学说，奠定了马克思主义政治经济学的坚实基础和基石，揭示了资本主义经济关系的本质及运动规律，揭露了无产阶级和资产阶级对立的根源，发现了无产阶级肩负的崇高的历史使命。[①] 在政治经济学研究中，他们解决了前人未曾解决的问题，并创立了新的经济范畴，揭示了社会经济发展的规律，使政经

---

① 张月华. 马克思主义政治经济学原理［M］. 西安：西北大学出版社，2002：20.

济学发生了划时代的革命。马克思、恩格斯立于资本主义成熟发展和其内在矛盾充分暴露的历史高处,在充分吸取人类优秀成果的基础上,使政治经济学实现伟大变革,是人类历史实践经验和理论智慧的结晶。

马克思主义政治经济学实现了阶级性和科学性的统一。不论是小资产阶级政治经济学,还是资产阶级政治经济学,它们的阶级性和科学性本质上都是矛盾的、对立的。马克思主义政治经济学,既是一门揭示社会生产关系本质及发展规律的科学,又是一门代表无产阶级利益和具有无产阶级性的科学。[①] 在人类历史上,无产阶级与最先进的生产方式相联系,是最先进的阶级,它同广大劳动人民的根本利益是一致的,无产阶级作为最先进生产力和生产关系的代表,其经济地位和阶级利益的要求同社会发展的方向完全一致,同时,它也是革命最彻底,最大公无私的阶级,因此,无产阶级认识和揭示社会经济发展规律,既不同于以往剥削阶级要受到的狭隘的阶级利益的局限,又没有阶级偏见妨碍他们如实地揭示客观真理,正因为如此,无产阶级能够坚持以科学的态度去探索、认识和反映社会经济发展的客观规律。作为无产阶级代表的马克思主义政治经济学,越是能够如实地揭示社会经济关系的本质和规律,越是有利于实现无产阶级的历史使命,越是符合无产阶级和广大劳动人民的根本利益;反过来,马克思主义政治经济学越是坚持无产阶级的立场、观点和阶级利益,强调其无产阶级的阶级性质,就越要客观地反映真理,马克思主义政治经济学实现了阶级性和科学性的统一。

(二)马克思主义政治经济学具有与时俱进的理论品质

《资本论》第一卷于1867年问世,第二卷、第三卷在马克思逝世后由恩格斯整理出版,第四卷由考茨基以《剩余价值学说史》为书名出版,以《资本论》的完成为标志,马克思主义政治经济学科学体系最终建立。这一科学体系揭示了当时资本主义社会生产关系的本质以及发展规律,反映了当时时代的特点和客观要求,为当时无产阶级的斗争和解放指明了方向。恩格斯称《资本论》是工人阶级的圣经,[②] 认为自地球上有资本家和工人以来,没有一本书像《资本论》那样,对于工人具有如此重要的意义,资本和劳动的关系,在这里第一次得到科学的说明。但是,马克思主义政治经济学不是教条,不是封闭的、静止的、凝固的学说,它提供给我们的首先是研究社会生产关系的科学方法和指南,提供给我们的是基本观点、基本原理,是进一步研究问题的基础和出发点。随着人们社会经济实践活动范围的不断拓展,内容的日益丰富和不断走向

---

①② 张月华. 马克思主义政治经济学原理[M]. 西安:西北大学出版社,2002:20,21.

高级的发展，研究它的马克思主义政治经济学，也要不断丰富、创新和发展。只有这样，才能为社会经济的发展提供理论指导，才能永远保持其与时俱进的理论品质。

在马克思、恩格斯逝世后的一个多世纪里，人类社会的生产方式已经发生了巨大的变化。在社会生产力发展方面，科学技术已从社会生产的从属因素上升为现代生产最重要的主导因素，科技革命加速发展，极大地改变了人类生产的面貌，三次重大的科技革命，使生产力水平从机械化发展到自动化和智能自动化的水平。不仅使生产规模迅速扩大，劳动生产率大幅度提高，而且使经济结构出现了多次革命性变革，从第一产业为主到第二产业为主，进而转向第三产业主导型；从轻纺为主到重化体系为主，再到电子信息、生物工程、新材料等高新科技产业主导型。生产的社会化水平不断提高，目前已经达到较高的国际化水平。在生产关系方面，世界从单一资本主义社会变成了资本主义和社会主义两种社会制度并存格局。就资本主义生产关系而言，由于生产力巨大变化，资本主义从自由竞争走向垄断，进而发展成为国家垄断资本主义，资本从单个资本到以股份制为基础的社会资本形式，进而发展成为国内、国际垄断资本，资本主义社会的工人阶级的状况也发生了重大变化，以雇佣劳动制度为基础的劳资关系出现了许多新的特点，资本的剥削方式也越来越隐蔽，新的经济形式、经营方式不断涌现，等等。当代的资本主义虽然本质、基本规律和发展趋势没有改变，但已与马克思时代的资本主义不可同日而语。

就社会主义的生产关系而言，第一个社会主义制度在苏联的建立开辟了人类历史的新纪元，随着从一国到多国的发展，社会主义作为一个世界新体系，极大地改变了世界发展的大格局。这些社会主义国家在社会主义基本经济制度建立的过程中，以苏联为榜样，建立了苏联模式的经济管理体制，取得了巨大的历史性成就，在经济文化相当落后，甚至是在一穷二白的基础上，迅速建立起了完整的国民经济体系和工业体系，劳动生产率大幅度提高，实现了较高的经济增长速度，人民生活得到了改善，国家经济实力迅速增强。但是，这些国家都经历了各种曲折的发展，随着苏联模式弊端的暴露，这些国家的经济都遭受到严重的挫折，走过曲折的弯路，国民经济失去了生机和活力，经济发展速度缓慢以至于停滞。

当代社会主义本质和规律仍然需要当代马克思主义政治经济学去研究和探索，特别是在和平与发展成为时代主题的条件下，在经济国际化、全球化的大背景下，面对这些新情况、新问题和新的材料，马克思主义政治经济学必然要求大的发展，才能体现其与时俱进的理论品质。发展马克思主义政治经济学，要把握习近平新时代中国特色社会主义经济思想，首先要坚持马克思主义政治经济学的基本立场、基本方法和基本理论，不坚持就不可能发展；其次要把马克思主义政治经济学的基本原理与所研究问题的具体实际相结合。要充分采用新方法，研究新情况，解决新问题，从中丰富和发展马克思主义政治经济学。最后还要继承和发扬马克思主义优秀的学术传统，正确认识和对待当代西方经济学，既要深刻认识它的阶级实质，也要批判地吸收其中一切有价值的、合理的科学成分。

三、学习马克思主义政治经济学的意义

学习政治经济学的重大意义是由它在马克思主义理论体系中的重要地位以及在无产阶级革命和建设事业中的重要指导作用所决定的。

1. 有助于我们树立正确的世界观、认清人类社会发展的基本趋势

马克思主义政治经济学帮助我们揭示了社会生产关系的本质。社会是人们各种社会关系的集合体，我们对社会的认识，只有认识到社会生产关系的本质时，才能对社会有了深层的认识，因为生产关系是社会关系中最基本、最本质的关系。同时，马克思主义政治经济学还揭示了社会经济发展的一般规律，特别是揭示了资本主义必然灭亡和社会主义必然胜利的客观规律，从而帮助我们对社会主义和共产主义树立坚定的信念和奋斗的正确世界观。

2. 有助于我们完整、准确地掌握马克思主义

政治经济学是马克思主义的重要组成部分，只有通过学习政治经济学，才能完整和准确地掌握马克思主义这一锐利的思想武器，提高认识是非真假的能力和自觉性，创造性地研究和解决新问题，丰富和发展马克思主义。同时学习和掌握了马克思主义政治经济学，也能帮助我们抵制庸俗政治经济学和各种错误思潮，辨清大方向，认清大局。

3. 有助于我们深刻理解党的各项路线方针和政策，促进社会主义建设和改革事业

马克思主义政治经济学所揭示的社会生产关系本质和运动规律，是中国共产党在领导改革开放和社会主义现代化建设事业中，制定路线、方针和政策的重要依据，马克思主义政治经济学所揭示的社会化大生产的一般规律，特别是揭示的商品经济的一般规律及其运行机制，对于我们改革开放和社会主义现代化建设都具有重要意义。学习马克思主义政治经济学，有助于我们在认识和掌握经济规律的基础上，深刻理解和自觉贯彻党的正确路线、方针和政策，促进社会主义经济的繁荣和发展。

第四节　社会主义经济制度

一、社会主义经济制度的本质特征

社会主义经济制度是一种区别于以前任何经济制度的全新经济制度。它具有如下重要特征。

（一）生产资料公有制

不论物质资料生产的社会形式如何，劳动者和生产资料始终是生产的基本要素，人类要进行生产就必须使劳动者和生产资料结合起来，劳动者与生产资料结合的不同方式和方法，使社会经济区别为不同的历史时期。生产资料所有制的形式决定着劳动者与生产资料的结合方式，从而决定着社会生产和再生产各个环节的特点。因此，生产资料所有制是一种社会经济制度区别于另一种社会经济制度的主要标志。在资本主义社会，生产资料的资本主义私有制决定了劳动者与生产资料的结合方式以雇佣劳动与资本相结合为特征，从而决定了生产、交换、分配和消费等社会再生产的各个环节，都服从于资本家最大限度追求剩余价值的目的。我国社会主义经济制度是随着生产资料私有制的社会主义改造的完成，以及社会主义公有制的建立而建立起来的。在公有制经济中，劳动者是生产资料的主人，生产目的是不断地满足广大劳动人民不断增长的物质文化生活需要。

（二）按劳分配

生产资料的社会主义公有制，决定了劳动者是生产资料的主人，在社会生产过程中处于平等地位，不存在人剥削人的关系。在公有制范围内，人们的劳动成果在做了各种必要的社会扣除后，按照每个人为社会提供的劳动量进行分配，即实行按劳分配。列宁曾指出："人类从资本主义只能直接过渡到社会主义，即过渡到生产资料公有和按每个人的劳动量分配产品。"[①] 按劳分配是社会主义经济制度的一个重要特征。

马克思的按劳分配理论，也是未来社会主义社会的一种按劳分配模式。研究马克思按劳分配的重要观点及其相互联系，就会发现马克思指出的按劳分配模式

---

① 列宁全集（第29卷）[M]. 北京：人民出版社，1985：178.

包括两层内容：一层是根据社会主义的生产资料公有制和劳动特点，对按劳分配所作的本质规定；另一层是根据社会占有一切生产资料和实行有计划的产品经济，对按劳分配所作的具体规定。

《中华人民共和国宪法》第六条指出，"中华人民共和国的社会主义经济制度的基础是生产资料的社会主义公有制，即全民所有制和劳动群众集体所有制。社会主义公有制消灭人剥削人的制度，实行各尽所能、按劳分配的原则"。

（三）共同富裕

社会主义的本质规定之一就是要实现共同富裕。社会主义经济制度的建立，是广大劳动人民的选择，是为不断解放和发展社会生产力，实现广大劳动人民的共同富裕服务的。邓小平同志指出："社会主义的本质是解放生产力，发展生产力，消灭剥削，消除两极分化，最终达到共同富裕。"[1] 这一概括集中反映了社会主义经济制度的内在基本特征，它既体现了社会主义经济制度的根本优越性，又是衡量是否真正搞社会主义的客观标准。这一概括指出了社会主义的根本目的就是要最终实现共同富裕。邓小平同志还指出："一个公有制占主体，一个共同富裕，这是我们所必须坚持的社会主义的根本原则。"社会主义经济制度是以生产资料的社会主义公有制为基础的，广大劳动人民利用共同占有的生产资料进行联合劳动，劳动产品实行按劳分配，这就使得以共同富裕为目标不仅成为必要，而且有了可能。

社会主义经济建设依靠的是广大人民共同努力，经济发展的成果必须也应该由广大人民共同享有，使社会朝着共同富裕的方向稳步前进。走共同富裕道路，不断扩大消费需求，协调消费和积累之间的关系，社会才能持续稳定地不断发展。走共同富裕道路，需要制度的保障。社会主义市场经济体制的确立，一方面能够调动经济主体的积极性，实现各种资源的合理配置，不断增加国民财富。这是走共同富裕道路的物质基础。另一方面由于以公有制为主体和实行按劳分配为主，这也有利于政府在消除贫困和缩小贫富差距等方面发挥积极作用。这是共同富裕的实现机制。

二、社会主义经济制度的优越性

社会主义是我们前进的根本道路，只有通过这条道路，人类才能达到最理想、最先进的共产主义社会。根据历史唯物主义观点，考察历史上任何社会制度是否优越的基本标志，就是看在这种经济制度下，社会生产力发展的速度快不快。如果生产力发展速度快，就表明这种经济制度是适合生产力发展需要的，因

---

[1] 邓小平文选（第3卷）[M]. 北京：人民出版社，1993：373.

而是先进的。反之，如果在这种制度下，生产力发展的速度很慢、停滞甚至倒退，这就表明这种制度不适合生产力发展的需要，因而它是落后的。我们说社会主义制度比资本主义制度优越，就是因为在社会主义制度下，生产力的发展速度比资本主义制度下发展得快。正如毛泽东指出的："所谓社会主义生产关系比较旧时代生产关系更能适合生产力发展的性质，就是指能够容许生产力以旧社会所没有的速度迅速发展，因而生产不断扩大，因而使人民不断增长的需要能够逐步得到满足的这一种情况。"[1]

在社会主义制度下，生产力发展之所以能比资本主义制度下发展得快，从本质上来说，是由社会主义经济制度决定的。社会主义经济制度的优越性主要体现在以下方面。

第一，社会主义制度是建立在生产资料公有制基础上的，这就从根本上消除了资本主义所固有的生产社会性和生产资料资本主义私人占有之间的矛盾，从而摆脱了资本主义的竞争和生产无政府状态，消除了资本主义所固有的经济危机的根源，使社会主义国民经济有可能根据人民日益增长的需要，有计划、按比例高速度地发展。

第二，在社会主义制度下，消灭了剥削和压迫，劳动人民的地位发生了根本的变化。劳动人民成为生产资料的主人，不再是资本的奴隶，他们的智慧和才能可以得到充分的发挥。这样，社会主义制度就为社会生产力中起决定因素的人，即广大劳动者的生产积极性和创造性的发挥提供了广阔的可能。

第三，社会主义不仅从旧社会解放了劳动者和生产资料，也解放了旧社会所无法利用的广大的自然资源。社会主义生产资料公有制的建立，消灭了在资本主义条件下，由生产无政府状态所造成的人力、物力和财力的巨大浪费，使社会主义国家有可能有计划合理地利用设备和自然资源，有计划合理地培养和使用劳动力，从而使社会主义生产发展的速度有可能大大超过资本主义。

第四，社会主义制度为科学技术的迅速发展开辟了广阔的前景。在资本主义制度下，科学技术的发明和运用是服务于对剩余价值的榨取的，只有当科学技术能够为资本家带来更大的利润时，它才被使用和推广，甚至为了保证资本家获得最大限度利润的需要，而把新的科学和技术当作"营业秘密"垄断起来。在生产资料公有制的社会主义制度下，科学技术"摆脱资产阶级的桎梏，摆脱资本的奴役，摆脱做卑污的资本主义私利的奴隶的地位"[2]而得到广泛地运用。社会主

---

[1] 关于正确处理人民内部矛盾的问题. 引自建国以来重要文献选编［M］. 北京：中央文献出版社，1994.

[2] 在国民经济委员会第一次代表大会上的演说. 引自列宁选集（第3卷）［M］. 北京：人民出版社，2012：571.

义采用新技术是为了节省生产中的劳动消耗，改善劳动条件，减轻工人的劳动强度，更好地满足人们日益增长的物质和文化生活的需要。因而在任何一个企业，生产管理和技术革新的先进经验，都成为劳动人民发展生产、满足需要的共同财富，都可以迅速地在其他企业中推广应用。正是由于社会主义从全社会需要出发来发展、利用科学技术，使科学技术真正成为劳动者征服自然、改造自然的锐利武器，从而能够促进和加速生产的发展。

第五，随着生产资料公有制的建立，劳动人民成为社会关系的主人，这就开辟了人们有可能正确认识和自觉运用客观经济规律的新时代。恩格斯指出："人们自己的社会行动的规律，这些直到现在都如同异己的、统治着人们的自然规律一样而与人们相对立的规律，那时就将被人们熟练地运用起来，因而将服从他们的统治。"[①] 这就是说，在社会主义条件下，人们有可能通过实践，逐步地解决客观经济规律和人们主观认识之间的矛盾，更加自觉地利用经济规律为社会主义建设服务，从而促进国民经济迅速发展。

三、中国特色社会主义经济制度

坚持和发展中国特色社会主义，必须有强大的社会主义物质基础为保障。发展社会主义经济，全面建成小康社会，最根本的是坚持以经济建设为中心，不断解放和发展社会生产力。在新的历史时期，中国共产党坚持以经济建设为中心，大力推进实践创新和理论创新，提出了关于改革开放和经济发展的一系列重大理论观点，形成了中国特色社会主义经济理论。

（一）社会主义初级阶段的基本经济制度

经济制度是指在一定历史阶段占主要地位的生产关系的总和，又称社会经济结构。一个国家的经济制度决定其政治制度、法律制度和社会意识形态，并受到政治法律制度的保护。经济体制主要指在经济制度基础上经济运行的具体形式，包括生产资料所有制的具体形式和结构、国民经济的管理制度和管理方式、机构设置和经济运行规则等。经济制度和体制的选择取决于一国生产力发展水平和具体的社会经济条件。中国特色社会主义经济制度和体制，主要包括以下三个方面。

一是基本经济制度。主要是确认生产关系即生产资料所有制的制度。基本经济制度是一个社会经济制度的基础，是决定一个社会基本性质和发展方向的根本

---

① 反杜林论，引自马克思恩格斯选集（第3卷）[M]. 北京：人民出版社，2012：323.

因素。改革开放以来，中国共产党坚持以马克思主义为指导，立足中国基本国情，确立了公有制为主体、多种所有制经济共同发展的社会主义初级阶段基本经济制度。这一基本经济制度揭示了社会主义初级阶段生产关系的本质特征，体现了社会主义经济的性质，反映了中国现阶段生产力发展的要求。

　　二是分配制度。主要是确认分配方式的制度，是经济制度的重要方面。分配方式是由生产方式决定的，一个社会的分配制度取决于基本经济制度。在社会主义初级阶段，既存在按劳分配，也存在按生产要素分配，因此确立了以按劳分配为主体、多种分配方式并存的社会主义初级阶段的分配制度。这一制度适应了中国现阶段生产力发展的水平，有利于促进生产力更好发展。

　　三是社会主义市场经济体制。社会主义市场经济体制是在社会主义公有制的基础上，在国家宏观调控下使市场在社会资源配置中发挥基础性作用的经济体制。具体地说，就是使经济活动遵循价值规律要求，适应供求关系的变化；通过价格杠杆和竞争机制的功能，把资源配置到效益较好的环节中去；运用市场对各种经济信号比较灵敏的优点，促进生产和需求的及时协调；国家对市场进行有效的宏观调控。社会主义市场经济体制的确立从根本上消除了把计划经济和市场经济看作属于社会基本制度范畴的传统思想束缚，有利于发挥社会主义制度的优越性和市场经济的优势。

（二）社会主义初级阶段的收入分配制度

　　收入分配是有关国民收入如何在不同经济主体和个人之间进行分配的制度总和。以按劳分配为主体、多种分配方式并存，是我国社会主义初级阶段的收入分配制度。

　　按劳分配为主体，是建立在以公有制为主体地位的经济基础之上。它可以激发劳动者发挥积极性和主动性去创造社会财富，与此同时也为自己创造更多的财富。按劳分配为主体，也有利于保障逐步实现共同富裕。多种分配方式并存，让劳动、资本、技术、管理等生产要素按贡献参与分配，有利于激发市场活力和资源的合理配置，符合多种所有制经济共同发展的客观要求，有利于推动社会经济发展和国民财富的增长。

　　坚持和完善社会主义初级阶段的分配制度，必须处理好以下两种关系：一是要处理好国民收入初次分配中的效率和公平关系。在提高劳动者收入的同时，保障合法的要素分配收入。二是在国民收入再分配的过程中要更加注重公平问题。要综合运用各种经济手段消除贫困、改善民生，缩小贫富差距，推动共同富裕的实现。

（三）社会主义市场经济体制

社会主义市场经济体制是社会主义制度和市场经济的有机结合。在坚持社会主义政治制度的前提下，不断发展市场经济体制。市场经济体制是指以市场为配置资源基本手段的一种经济体制，其本质是以社会化大生产为基础的高度发达的商品交换关系。

我国实行的是以公有制为主体、多种所有制经济并存的经济制度。一方面，多种所有制经济并存为商品交换提供了客观基础；另一方面，以公有制为主体可以为社会重大经济关系进行协调或调节，有利于克服市场经济的自发性和盲目性，这就要求政府更好地发挥宏观调控和经济治理的功能。

社会主义市场经济必须符合社会主义法律制度的基本要求，在本质上是法治经济。它必须以保护产权、维护契约、统一市场、平等交换、公平竞争、有效监管为基本价值导向。市场配置资源不仅要遵守法律，政府的调控和治理功能发挥也必须遵守法律。市场调节和政府的计划都是经济手段，目的是最大限度解放和发展生产力，最大限度地满足人民群众物质文化需要。

课后作业

1. 什么是选择？它包括哪些内容？
2. 阐述社会主义经济制度的本质特征。

课后思考题

1. 为什么研究生产关系必须联系社会生产力？
2. 如何理解社会主义经济制度的优越性？
3. 案例与讨论：新冠疫情之下社会主义经济制度的优越性（见二维码）。
4. 拓展知识：脱贫攻坚与乡村振兴（见二维码）。
5. 本章知识分解（见二维码）。

第二章 运输与运输经济问题

学习目标及要求：

1. 了解交通与运输的联系与区别。
2. 了解运输的重要意义。
3. 了解运输系统的构成。
4. 掌握运输需求与运输供给。
5. 掌握运输成本与运输价格。
6. 掌握运输市场竞争与区域运输经济。
7. 了解运输新业态、运输产业政策及运输经济增长理论。

本章重点：

1. 了解运输的一般社会意义和经济意义。
2. 了解运输系统的构成。

本章难点：

1. 明确交通与运输之间的共性与区别。
2. 了解运输市场与竞争。

第一节　交通与运输

现代社会中,"交通"与"运输"是一对使用频率很高的专业词汇。虽然人们在使用时并未严格区分它们的含义,而且这样使用似乎也并未产生歧义,但是在具体深入地讨论相关问题时,两者的内涵则需要严密区分。

一、交通与运输的区别

交通的概念分为广义和狭义两种,广义概念下的交通是指人和物的转运和输送,以及语言、文字、符号、图像等的往来、传递和输送;狭义概念下的交通专指人和物的转运和输送。运输所涵盖的内容是明确的,即运输不包括通信,仅仅是指使用运输工具和设备,从一地到另一地运送物品或人员的过程。由于本书研究的核心是运输经济问题,将狭义的交通和运输进行区分才具有意义。

交通按字面可以通俗地理解为"交互通行"或"交叉通行",是指行人、各类交通工具流动的过程,由此构成的流动整体称为交通流。交通强调的是交通工具和人的流动,而与交通工具上所载运的人员与物资的多少和有无没有关系。因此交通过程中不涉及"交易",交通概念的主题意义在于"主动通行",交通重在强调借助五种运输方式实现所连结对象的流通,其核心功能在于保障人和交通工具主动通行的流畅性。因此,交通强调的是人、车、路和环境的协调。

运输可按字面通俗地理解为"载运输送",是指依赖运输工具实现的人与物的位移过程,被运送的人或物统称为旅客与货物,或简称为"客"与"货"。因此运输强调的是运输工具所载运的客和货实现位置的转移,而不强调采用何种运输工具。因此运输过程中涉及"交易",即便旅客自驾出行或者货主自货自运,其实质也是存在交易的,因为不管是旅客还是货主,其采用自运还是他运是对经济性、方便性、时效性等方面衡量过后作出的选择,这就是运输"交易"的本质所在。运输概念的主题意义在于"被动位移",重在强调通过五种运输方式实现对所运对象的位移,其核心功能在于保障客和货被动位移的可实现性。因此,运输强调的是如何更经济、更公平和更高效地完成客和货的位移。

交通和运输核心功能上的差异,使得同样一种要素分别从交通和运输的角度去看,其发挥的作用是有区别的。例如,同样是机动车辆,从交通的视角来看,其是作为服务对象出现的;而运输的服务对象是旅客和货主,机动车辆则作为服务手段而存在。再如，以道路运输方式为例，同样是道路，从交通的视角来看是以满足通行功能为主导目标的；而在运输过程中，道路则是以满足客货位移的需求为主导目标的。因此，从交通的视角来看，道路的设计和建设应尽可能减少冲突点、横向干扰因素和流动过程的障碍，如车辆不可随意停留。但是从运输的视角来看，道路既要保证机动车辆运行过程中的顺畅，又要充分考虑客货位移过程提出的各方面需求，如场、站、装、卸、（旅客）上与下等。而且，若是从便于运输角度考虑，则应允许所有车辆随意进出路段、允许按旅客和货主的需要停靠等，但从交通角度考虑，车辆是不允许随意停放的。

综上所述，交通与运输虽然形似，但它们反映的层面和侧重点有所不同。对二者进行区别，对于建设和优化交通运输系统具有重要的意义。

二、运输的内涵

前文述及，所谓运输，是利用各种运输工具，使旅客、货物沿着特定线路实现空间位移的过程。运输通过提供服务直接满足人员和物资的流动，位移服务就是运输的产品。运输的服务过程和客货的消费过程同时开始也同时结束，因此，运输产品不能存储。

运输把社会生产、分配、交换和消费等各个环节有机地联系起来，既是重要的基础产业，又为人员流动和物资流通提供基本条件。首先，运输是国民经济的基础产业之一，不管是人民生活还是工农业生产和国防建设等，都需要运输为其提供服务。其次，运输是人们生产生活的先决条件之一。人们出行或者货物流动顺畅，需要良好的运输服务作为前提。运输发展不足，尤其是运输基础设施发展不足，会使得人员的往来、技术的传播、商业的洽谈等方方面面受到阻碍。因此，一个国家或者地区要发展，首先要发展运输，运输要适度超前于国民经济的发展，这已经在全世界范围内达成共识。

三、交通与运输的共性

交通和运输经常被合在一起使用，是因为它们具有共同点，不管是交通视角下的人和车，还是运输视角下的客和货，交通和运输有着共同的目的，即为了实现位移。此外，交通和运输在实现位移的过程中，都需要以线路、枢纽或场站、运输工具、组织管理技术等要素为载体。在有载的情况下，交通过程和运输过程是重合在一起的。也正因为此，在许多情况下，交通和运输并不严格区分，而且可以互换使用。

第二节 运输系统构成

本节在分析运输内涵的基础上，论述运输的一般社会意义和经济意义，进而明确运输系统的构成。

一、运输的意义

运输是文明社会从混乱走向有序的必要条件之一，它深入人类生存的各个领域。在当今社会，从经济、社会、环境和政治等各个方面看，运输毋庸置疑是最重要的行业之一，社会经济活动越复杂，运输的作用越重要，小到一个便利店，大到国家之间的战争，没有运输则无法完成相应的活动。因此，运输对于国家和社会生活而言，意义非凡。

（一）运输的一般社会意义

1. 运输促进文明的发展

运输发展的历史证明了运输对一个地区、一个国家和整个世界的文明发展具有重要意义。文明的发展与运输的发展是紧密相连的。例如，古埃及的优势证明了一种运输方式——水运，可以成为一个伟大社会的基础。尼罗河为埃及提供了一种运输货物的方式，一种交流的方式，以及埃及士兵保卫国家的方法。尼罗河的运输系统，也影响着社会的政治文化发展和人们的旅行及交流。再如，在美国、澳大利亚等一些移民国家，不断发展的运输在这些国家的发展、移民和开发的过程中起到了非常重要的作用。因此，在文明的发展进程中，运输对于区域之间的取长补短、相互交融和共同发展功不可没。

2. 运输对政治产生的影响

运输可以帮助创建一个社会结构，因为在一个特定的运输网络范围内旅行或生活的人们，更倾向于彼此分享想法和经历。最终，一个在政治观点、文化、理想和教育方法等方面比较统一的社会则会发展起来。然而，运输方式也会干扰社会的发展。

3. 运输对于军事和国防的意义非凡

运输在军事和国防方面也起着重要作用，这一点已经得到了各国政府的公认。罗马帝国建立了庞大的道路系统，主要是为了军事目的。丘吉尔指出运输是高效作战的必要基础。① 美国在艾森豪威尔管理时期，就授权立法通过了州际和国防公路系统。众所周知，美国的公路系统产生的经济和社会效益已经远远超过了对国防的贡献。换句话说，运输是战争成功的关键因素。我国也一直致力于建设和完善运输系统，形成了今天五种运输方式比较完备的运输网络，其中也存在对军事和国防需求的考虑。

（二）运输的经济意义

1. 运输促进劳动分工和规模经济的实现

世界上大多数工业化国家的经济增长实践证明，经济增长在一定程度上要归功于劳动分工和大规模生产所带来的好处。不同地区的人和自然条件会有所不同，在资源、气候、文化和技能等方面都存在区别，所以不同地区生产的产品种类和数量自然也有所不同。如果没有运输，劳动和生产的专业化可能会导致一个地方的商品供过于求，而其他地区对这些商品的需求却不能被满足。正是运输的存在，才消除了这种供求差距，使得劳动分工和专业化带来的好处得以实现。劳动分工和专业化，则会促使某个或某些地方专门从事某种特定商品或服务的生产，进而形成地域专业化，不同地方所生产的商品需要大规模生产才能实现成本最低，从而实现规模经济。

2. 运输对经济发展具有促进作用

运输在所有工业化经济体系中都具有极其重要的功能。运输为生产者和消费者之间提供了必要的联系。通过运输，来自世界各地不同地方的产品被运送到消费者或生产者所需要的地方。运输越发达，生产者和消费者所能享受的产品范围就越广。因此，人们很早就认识到，运输是经济发展和交流的关键因素之一。任何一个想要发展经济的国家或地区，都会投资运输系统。对运输系统的这种投资经常被称为社会资本，即这种投资会让社会整体受益，因为运输系统的发展和完善，会促进新的企业产生，进而会有更多的就业机会、更高的工资，会增加与流动相关的社会福利，如改善教育系统和增加文化交流等。因此，纵观世界各国，我国和其他发展中国家为了促进经济发展，都在大力建设和发展交通运输。尽管运输系统比较发达的欧美国家，为了确保经济体系发展的需要，也不断评估其运输系统的充分性，进而对其运输系统进行再完善。

3. 运输对国民经济具有重要贡献

各国实践证明，运输作为一个产业，其对国民经济的贡献主要体现在以下几

---

① Robert A. Novack, Brian J. Gibson, Yoshinori Suzuki, John J. Coyle, Transportation: A Global Supply Chain. Boston: Cengage, 2018.

个方面：其一，旅客的出行和货物的流动产生的运输费用是巨大的。根据统计，我国全社会运输成本和物流成本占 GDP 的比值大约为 14%~15%，发达国家的比值大约为 8%~9%。其二，在运输及与运输有关领域的就业人员数量是比较大的，这些领域创造的价值对国民经济的贡献也是巨大的。平均而言，我国交通运输业对 GDP 的直接贡献率接近 4%，发达国家的贡献率达到 8%~9%。其三，政府和各种私人资本也致力于对运输业的投资，其对国民经济的贡献也是不凡的。我国"十二五"期间对交通运输行业固定资产的投资额为 13.5 万亿元，"十三五"期间的投资额比"十二五"增加了 3 万亿元以上。① 其四，运输业是政府税收的主要来源之一。不管是欧美发达国家还是我国，运输业都是国家的纳税大户。其五，运输业是很多其他产业产品的主要消费者，运输业对于石油、润滑油、橡胶、金属等产品的消费数量都是非常大的。

4. 运输是现代社会的生存基础之一

现代社会中，因为有了交通运输，人们才能从他们目前居住的地区快速、安全、舒适、便捷地去到他们想要去的地方，也才能使用到他们想要使用的产品。有了今天发达的运输，一个在北京的主管可以周一早上乘坐高铁去上海参加下午的会议。在下午结束时，晚上可以登上飞往美国的航班参加周三的展览。有了今天发达的交通运输，人们足不出户就可以享受来自世界各地的商品。运输俨然已经成为现代社会生存的必要条件之一了。

5. 运输会促进供应链的构建和优化

运输被人们称为供应链构建和实现的"黏合剂"，运输从战略和战术两个层面优化供应链管理，是供应链构建和优化的重要"助推器"。在全世界范围内的各类组织，都在充分利用和享受运输带给他们的各种利好。例如，运输企业致力于研究和使用各种技术和软件，来改进物流和供应链的效率、有效性和执行力。运输已经从最初一个被动的或辅助的角色转变为一个更积极主动的角色。换句话说，运输决策在各类组织的决策中变得更加具有战略性，而良好的运输决策使这些组织在日益复杂的全球市场竞争中更具优势。

6. 运输是经济区位形成和发展的重要因素之一

所谓经济区位，是地理范畴上的经济增长带或经济增长点及其辐射范围。经济区位是资本、技术和其他经济要素高度集聚的地区，也是经济快速发展的地区。一个地区如果有便利的运输条件，则该地区的资本、技术和其他经济要素的集聚和流动会更方便和更高效，因此，运输条件与经济区位的形成和发展的关系非常密切。例如，美国汽车工业早期主要集中在密歇根州，这里是当时美国的钢

---

① 笔者根据《中国统计年鉴》《中国物流年鉴》《美国物流年报》整理得出。

铁、煤炭、木材等工业原材料的集中地，这里也是水陆运输便利的地区。但后来随着美国的人口和经济重心逐步向西部和南部迁移，密歇根作为汽车工业产地的主要优势就不那么明显了，一些最新的汽车生产厂主要在南方地区，主要原因是南方地区的运输条件更加便利，运输成本更加低廉。

7. 运输能改变资源的分配

根据经济学原理，资源总是向着更能发挥其功能的地方流动。一个地区的运输越发达，运输成本越低，意味着资源向该地区的流动效率越高，那么该地区和其他地区之间的交流越畅通，流向该地区的资源也就越多。实践也证明，运输发达的地区都是资源的主要流入地，如我国的长三角、珠三角地区，不管是对人员还是对投资的吸引都是非常强的，其中很重要的原因之一就是这些地区发达的运输网络。

在为国民经济其他行业提供服务的过程中，运输自身也通过需求和供给产生市场价格。当运输市场形成的价格为运输经营者带来收益的提高时，则会使大量的资源流入运输行业，增加运输供给；反之，则会使运输资源流出运输行业。同时，市场的优胜劣汰机制会使存在于运输行业的资源得以优化，强者越强，获得的资源也越多越好。

8. 运输有利于降低与稳定物价

现代社会中，商品的生产和销售必然会涉及运输。因此，运输对于稳定和降低物价具有重要作用。现代社会中，由于运输的存在，加上信息的畅通，一个地方出售的商品价格加上运费如果高于另一个地方的商品价格，那么人们就会选择购买另一个地方的商品，这样就会促使价格高的地方的商品价格降下来。这样也使得商家无法随意抬高价格，从而使得商品的价格稳定。

尽管上文论述了运输对于社会经济生活的很多作用，但是运输的功能还未能尽述。例如，良好的运输系统还可以提高人民的健康和福利，也有助于改善教育和提升文化。总而言之，运输对于社会经济生活具有广泛、重要且多重的意义。

二、运输系统的构成

运输系统是以各种运输方式所提供的基础设施和载运工具为依托，以现代运输管理技术和信息技术为基础，以安全、便捷、高效和经济为目标，实现客货位移的系统。运输系统按照不同的角度划分，可以有不同的分类。以下对运输系统按照不同角度划分后，对其构成进行阐述。

(一) 按照运输方式划分

按照运输方式划分，运输系统由五种运输方式构成，即由道路运输、铁路运输、水路运输、航空运输和管道运输构成。每种运输方式均由运输供给系统和运输需求系统构成。运输供给系统由线路基础设施、运输枢纽或场站、运输工具、运输人力资源和运输组织和管理系统五个子系统构成的。运输需求系统除了管道运输，其他四种运输方式均由旅客和货物构成，管道运输的需求系统仅由货物构成。虽然五种运输方式的供给系统均由五个子系统构成，但具体构成要素还是有一定区别的，以下对每种运输方式的供给系统分别进行简要阐述。

1. 道路运输供给系统

（1）线路基础设施。

道路运输的线路基础设施主要包括道路、桥梁、隧道以及交通控制和管理设施（如交通标志、标线、交通信号等）。

（2）运输枢纽和场站。

道路运输的场站和枢纽主要有客运枢纽（站）、货运枢纽（站）和综合枢纽（站）。

（3）运输工具。

道路运输的运输工具分为客车、货车和专项作业车。客车主要有小汽车、微型客车、轻型客车、中型客车、大型客车等类型。货车从不同的角度有不同的分类。根据货物的长度和载质量不同，可以分为微型货车、小型货车、重型货车和大型货车。根据货物运输要求的不同，可以分为普通货车和特种货物车辆，特种货物车辆有罐车、厢式车、平板车、冷藏车等类别。专项作业车是指装置有专用设备或器具，在设计和制造上用于工程专项（包括医疗卫生）作业的汽车，如汽车起重机、消防车、混凝土泵车、清障车、高空作业车、扫路车吸污车、仪器车、检测车、电源车、通信车、电视车、采血车、医疗车等，但不包括装置有专用设备或器具且座位数（包括驾驶人座位）超过9个的汽车（消防车除外）。

（4）运输人力资源。

道路运输人力资源是为了保障道路运输的顺利完成，从事和道路运输相关工作的各类人员，包括驾驶员、车辆维修保养人员、乘务员等，也包括道路运输企业和行业的各类管理人员。

（5）运输组织和管理。

道路运输组织包括客运组织和货运组织。客运组织包括对班车客运、旅游客运、包车客运、定制客运等的组织。货运组织包括对整车运输、零担运输、甩挂运输、驮背运输、集装箱运输等的组织。不同的对象，具体的运输组织手段和技术会有区别。道路运输管理包括对运输安全、车辆运行、运输信息、运输价格等方面的管理。

2. 铁路运输供给系统

（1）线路基础设施。

铁路运输的线路基础设施主要包括路基、铁轨、桥梁、隧道以及交通控制和管理设施（如交通标志、交通信号等）。

（2）运输枢纽和场站。

铁路运输的场站和枢纽主要有客运枢纽（站）、货运枢纽（站）和综合枢纽（站）。

（3）运输工具。

铁路运输工具主要包括铁路机车、铁路车辆以及由它们构成的火车列车。铁路机车主要有蒸汽机车、内燃机车和电力机车。蒸汽机车基本已经退出历史舞台。目前世界上的铁路机车主要以内燃机车和电力机车为主。铁路车辆主要包括客车和货车。我国的普通铁路客车包括硬座车、软座车、硬卧车、软卧车等，高铁客车则分为商务座车厢、一等座车厢和二等座车厢。铁路货车包括平板车、厢式车、罐车、冷藏车等。

（4）运输人力资源。

铁路运输人力资源有驾驶员、机车和车辆等维修和养护人员、列车员等，也包括铁路运输企业和行业的各类管理人员。

（5）运输组织和管理。

铁路运输组织包括客运组织和货运组织。因为铁路轨道运行的特点，运输组织对于铁路运输的良好运行极其重要。铁路运输管理包括对运输计划、运输安全、车辆运行、运输价格、运输信息等方面的管理。

3. 航空运输供给系统

（1）线路基础设施。

航空运输没有实际的线路基础设施，航空运输的线路主要是航路和航线。航路是根据地面导航设施建立的走廊式空域，供飞机作航线飞行之用。航线是飞机飞行的运输线路。航路和航线是能够为飞行的飞机提供及时有效的管制服务、信息服务等，防止飞机空中相撞和与地面障碍物相撞，保证飞机安全，促使空中交通有秩序地进行。航线可以分为国际航线、地区航线和国内航线三大类。

（2）运输枢纽和场站。

航空运输的场站和枢纽是航空港，航空港是飞机场及其服务设施的总称。飞机场简称机场，是用于飞机起飞、着陆、停放和维修等活动的场地。机场设有塔台，塔台设有交通管制、导航、通信等设施。在航空港内，除飞机场外，还有客、货运输服务的设施，如候机楼、货运站等。飞机场和航空港是两个含义不同的概念，但在民用航空中往往混用。航空港可以分为民用航空港、军事航空港和军民合用航空港。

（3）运输工具。

航空运输工具主要有民用飞机和直升机。民用飞机根据起飞重量分为小型、中型和大型三种；按航程可以分为远程、中程和近程三种；按用途分为客机和货机。直升机可以执行民用飞机无法执行的任务，但因为直升机的营运成本高，故在客货运输方面应用较少，其主要用于执行各种专业飞行任务。

（4）运输人力资源。

航空运输人力资源有飞行员、飞机维修和养护人员、乘务员等，也包括航空运输企业和行业的各类管理人员。

（5）运输组织和管理。

航空运输组织包括客运组织和货运组织。航空运输管理包括空域、空中交通流量、运输安全、运输信息等方面的管理。

4. 水路运输供给系统

（1）线路基础设施。

水路运输的线路基础设施主要包括航道和航标。航道是船舶进出港口的通道。为了保证通航安全，航道必须有足够的水深和宽度。航道有天然航道和人工航道之分。航标是助航设施，其主要功能是为航行船舶提供定位信息；提供碍航物及其他航行警告信息；根据交通规则指示航行；指示特殊区域，如禁区等。

（2）运输枢纽和场站。

水路运输枢纽和场站是港口。港口根据不同的分类标准有不同的分类。港口按规模分为特大型港口、大型港口、中型港口及小型港口；按港口所在地理位置分为海港、河港、湖港及水库港等；按用途分为商港、军港、渔港、工业港和避风港。为了保证船舶的运输流畅，港口有配套的铁路、道路、仓库、堆场、港口机械、信息监控设施、事故救援设备等。

（3）运输工具。

水路运输工具主要是船舶。按照用途，作为军事用途的船舶称为舰艇或者军舰；用于交通运输、渔业、工程及研究开发的船舶为民用船舶。民用船舶中运送旅客货物的船舶则为运输船。运输船可以分为客船和货船。客船有海洋客船、内河客船、旅游船、汽车客船和滚装客货船等类别。货船有干货船、液货船、冷藏船、集装箱船、滚装船、载驳船、驳船等类别。

（4）运输人力资源。

水路运输人力资源有船员、船舶维修和养护人员等，也包括水运企业和行业的各类管理人员。

(5) 运输组织和管理。

水路运输组织包括客运组织和货运组织。水路运输经营业务大致可以分为定期船业务、不定期船业务和专用船业务。水路运输经营业务不同,运输组织的手段和内容上也有区别。水路运输管理包括运输安全、运输价格、运输信息等方面的管理。

5. 管道运输供给系统

(1) 线路基础设施和运输工具。

管道运输系统和其他四种运输方式具有很大的差异性,其中最主要的差别是管道运输的运输工具是固定的,不需要凭借运输工具的移动完成运输任务。管道运输的线路和运输工具都是管道,管道是管道运输系统中最主要的组成部分。管道运输常按所输送的物品进行分类,可以分为:原油管道、成品油管道、天然气管道和固体浆料管道。管道还可以按照用途分为:集输管道、输油(气)管道和配油(气)管道。

(2) 运输枢纽和场站。

由于管道运输的过程是连续进行的,因此管道两端必须建造足够容纳所载货物的储存槽。

货物经过管道进行运送,必须靠压力来推动,压力站(泵站)就是管道运输的动力来源,通常气体的输送动力来源靠压缩机提供,这类压力站一般设置间距为 80~160 公里,液体的输送动力来源是靠泵提供,泵站的设置间距一般为 30~160 公里。

管道运输需要配备现代化监测器的控制中心,随时监测、检测管道运输设备的运转情况,以防止事故发生。

(3) 运输人力资源。

管道运输人力资源有管道监控人员、管道和设备维护人员等,也包括管道运输企业和行业的各类管理人员。

(4) 运输组织和管理。

管道运输高度自动化,计划性强。管道运输管理包括输送计划、线路、输送设备、输送技术、运输安全、运输价格、通信等方面的管理。

(二) 按照运输系统服务性质及服务对象不同

按照其服务性质及服务对象不同,运输系统可以分为城际运输和城市运输两个子系统,而城际运输又可以分为国内运输和国际运输两个子系统。各个子系统分别由各种运输方式提供不同的运输服务,其结构如图 2-1 所示。

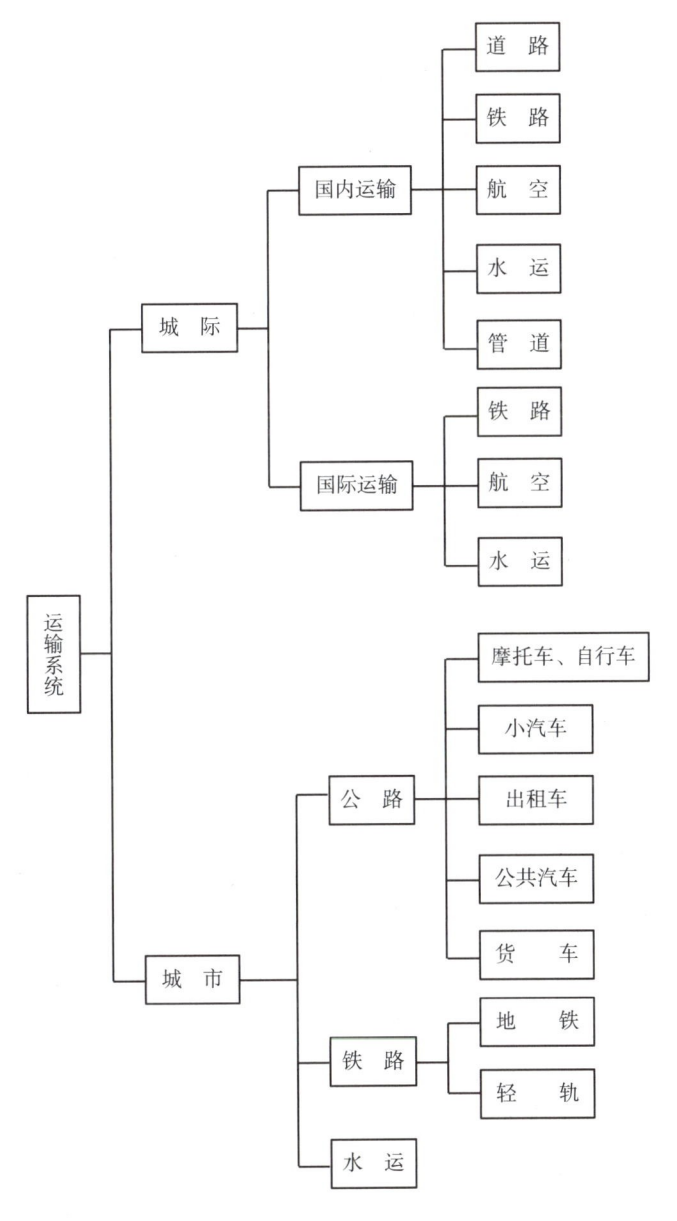

图 2-1　运输系统结构

每一个位移都有起点和终点，只有实现了起点到终点的全部位移过程，才算完成一次完整的运输。当社会经济活动对运输的需求超过任何一种运输方式单独具有的优势时，就难以由其中一种运输方式来实现完整的运输过程，这就要求两种或两种以上的运输方式进行协作。因此，在现代经济生活中，五种运输方式缺一不可，它们彼此不能互相替代，在运输系统中各自发挥自身优势，共同完成社会经济活动产生的位移任务。

第三节 运输经济问题与运输经济学

本节在前两节知识的基础上，重点讨论一下什么是运输经济问题，便于我们更好地理解本书的内容安排和学习重点。经济问题无处不在，任何行业（领域或系统）都需要重视其经济问题。运输行业（领域或系统，以下统称为"运输行业"）作为社会经济系统的重要组成部分，又是社会经济发展的基础性、先导性行业，其经济问题更值得专门研究和关注。本节将从微观层面和宏观层面、传统经典理论和新时代新变化等多个维度阐释运输经济问题。

一、运输需求与运输供给

（一）运输需求

运输需求讨论的是社会经济需要什么样的运输服务，包括规模、结构和品质多个层面。不管作为政府的交通运输主管部门，还是市场中的运输企业，都需要了解这个问题。如果不了解需要什么样的运输服务，我们如何提供运输需求。因此必须以需求为导向。经济学的逻辑起点研究的是需求，最终落脚点也是这样，目的就是更好地满足需求。所以，应该提供什么样的位移服务，这是运输经济问题需要考虑的第一个问题，也是运输行业要考虑的第一个问题。交通基础设施建设绝对不是为了参观的，而是为了运货或者运人，所以整个交通运输系统的终极目标必须是运输需求的满足程度。

需要特别提醒的是，交通需求与运输需求是有区别的。交通需求是运载工具对位移的需求，而运输需求是旅客或货物对位移的需求。交通需求的基本计量指标为交通量，即单位时间通过道路某断面的车辆数目；而运输需求的基本计量单位是运输量，即单位时间内运送旅客或货物的数量，单位为：人（吨）、人公里（吨公里）。当然，两者也有密切联系，见本章第一节的相关内容。

（二）运输供给

运输供给即如何提供位移服务的问题。供给和需求是一对不能分开的概念。了解完需要什么样的运输服务，就需要思考应该如何提供位移服务，这就是运输供给问题。公路、铁路、航空、水运、管道、城市交通都能够提供位移服务，而且每一种位移服务，不同的企业能提供的价格和服务品质都不一样。不同方式由于自身技术经济特征的差异，所提供运输供给的也不一样。那么运输供给到底应该怎样更好地满足运输需求，这就是必须回答的运输经济问题之一，即运输供给的问题。

但实践中，往往对运输供给的研究和调整还远远不够。主要停留在宏观的规模和结构等层面，对如何提供位移服务，更精准满足运输需求的研究很少。其原因在于，由于交通运输同时还具有基础性和普遍服务性等特性。从政府的层面考虑，往往更多地考虑了这两个特性，而忽略或淡化了交通运输的市场性。尤其是在铁路运输和大型水路运输企业，这些具有高度垄断性质的市场领域中更为明显。即便是在道路运输这个市场相对分散的领域，这种情况也存在。我们很少去考虑如何提供更多元、更个性、更精准、更有效的运输供给。当然这也与交通运输自身的发展阶段，以及社会经济的发展阶段密切相关。当下由于交通运输供给规模的不断扩大，新技术的强化应用，以及需求特征的不断细化，都促使现实中各种运输方式和不同运输企业开始重视运输供给的研究和实践。如道路客运中的"定制客运"等。

二、运输成本与运输价格

（一）运输成本（运输会带来哪些成本）

成本是经济学关注的重点之一。以最小的投入获得最大的收益，这是所有经济学问题的基本出发点。由此，经济学中形成了一套完整的成本划分、成本计量和成本分析的理论和方法体系。然而，交通运输由于其先导性、基础性、普遍服务性，同时又兼具市场性，这就使运输成本变得更为复杂。需要专门展开研究，抓住特殊性，形成普适性理论和方法，完善经济学的成本理论。例如，如何分离固定设施成本和运营成本？如何分别从国民经济、运输企业、运输需求者不同角度分析运输成本？如何测度交通运输的会计成本、经济成本、外部成本等？如何从不同对象和视角考虑成本的收益和补偿；等等。

（二）运输价格（如何制定价格）

价格在微观经济学中是市场供需的指挥棒，在整个经济学理论中有着重要的位置。然而，运输价格的复杂性和独特性，为价格理论的完善和优化提供了很好的场景。第一，运输系统由多种运输方式构成，每种运输方式的市场属性及其技术经济结构决定了其价格形成理论差异很大，价格结构同样如此。第二，运输活动或运输服务中，运输组织方式和运输服务运营模式差异很大，这就需要不同的定价方法进行定价。例如，客运班车和出租汽车的差别、集装箱运输和普通货物运输的差别、零担运输和整车运输的差别；等等。第三，运输活动在支撑经济增长过程中，具有先导性和基础性。运输价格与其他商品价格，尤其是生产要素价格密切相关，甚至会影响区域经济的竞争力。同时，提供运输服务的企业具有营利性。因此，运输价格的制定需要在先导性、基础性、营利性三者之间进行抉择和平衡。采用哪种策略进行定价又变得更为复杂。第四，由于运输活动的特殊性，决定了运输定价的利益主体相关方的诉求不同，进而定价策略也不同。从社会经济角度看，运输价格能够体现公平和效率的统一，如农村公交（或农村班车）、城市公共交通等；从区域经济增长看，运输价格要体现区域竞争优势的提升；从运输企业角度看，需要考虑盈利的持续性；从需求者角度考虑，运输价格要价廉质优；等等。另外，仅从交通系统内部来看，运输价格除了调节供需态势外，还需要通过不同运输方式的比价关系调节运输结构，通过不同的价格构成实现运输需求管理，体现交通运输的发展方向和趋势要求。

三、运输市场与竞争（如何实现运输市场的公平有效）

这是研究运输经济中最基本的问题，市场如何公平有序，这里面涉及市场和竞争，尤其是竞争，运输方式之间的竞争，运输企业之间的竞争，竞争呈现怎样的态势，如何判定这种竞争，有了竞争和市场态势，如何通过宏观的手段去调控它，使其既能满足我们社会经济发展和人民的出行需要，同时也能够使市场高效运行，大家都有钱可赚。在涉及关于竞争的问题时，一定要想明白一些道理，不是供给得越多越好，一定是适度的，供给得越多或者说当企业没有利可赚的时候一定会造成运输服务质量的下降，因为企业不可能长年累月的亏钱，但有一种情况除外，就是在前期占有市场的时候，运用低价竞争的策略，类似于网约车，低价进入培养用户习惯，先占有市场，再慢慢提价。所以在运输经济问题中，市场的公平有序是非常重要的。

四、区域运输经济与国际运输经济

（一）区域运输经济问题（如何实现运输与区域经济协调高质量发展）

运输不光是自身，更是人、车和货之间的交易，同时对于区域经济的发展有重要的支撑作用。

（二）国际运输经济（跨国境的运输活动有新的规律吗）

我国现在提倡全域开放，中国已经成为世界上非常有影响力的国家，也是第二大经济体，而且开放是我们一贯秉持的原则，我们以前的开放可能是个别领域，更多是在边境和口岸，未来在交通运输领域，我们将全域开放，也就是任何地区任何领域可能都会有交通运输活动。当全域开放以后，一方面可能是国外的一些企业和运输活动走进国内，另一方面就是我们的很多运输活动要走出去，以前我们相对比较单一，就只走几个口岸，以后会越来越多。例如，现在的中欧班列，中欧班列在西安港务区，已经达到每年1000列以上。全国还有很多，如渝新欧、郑新欧、蒙新欧等。那么这样的一种跨境的运输活动，它在国内的经济制度或文化制度条件下，会有什么新的规则或变化吗？这就需要我们去探讨。

五、新业态新模式运输经济问题（共享、定制、无车承运等）

最近五年，整个社会经济有一个很重要的特征，就是新技术的推动，速度非常快，改变也非常大。例如，人工智能、区块链、大数据、5G，交通领域中的滴滴打车、共享单车等的出现，都发生在这几年，迭代速度也非常快，在这样一些新技术的影响下，出现了一些新业态新模式，如共享，共享打破了我们固有的模式，但共享这种新业态带来的许多关于市场规范的问题也亟待解决。

此外还有定制客运的出现，定制客运和原有的包车以及传统的班车客运的区别在哪，如现在高校间的校车是属于包车还是定制呢，未来定制有很长的发展阶段，我们必须要研究关于它的运行规则和规律。

再如无车承运，其实最早我们有国际货物运输中的无船承运，其核心意思就是说没有船而可以承运货物，这个中间人叫作无船承运人，在全球的船市场中无船承运人承运的货物达到50%以上，当一个系统很复杂的时候，必须专业化分工，无船承运人有非常大的网络优势和商务谈判以及货源优势，这是船公司或者集装箱公司所不具备的。而且在国际货运规则中对无船承运人有非常严格的条件规定，其规定不亚于一个船公司，是实体承担责任的一个法人。近几年在道路运输行业开始推行无车承运这个概念，因为有大量的车主和货主存在信息不对称的现象，只有大量的无车承运人通过平台或者通过其他网络能够大量地组货、调货、配货，实际上无车承运人是市场不可或缺的重要一环。当你只有10台车或者100台车的时候，不一定能掌握那么多信息资源，但一个大的平台或者网络可能会掌握很多的货源或者车源信息，这就是无车承运人所起的作用。当然我们还需要规范无车承运人，使其准入条件更严格。

最后就是关于低碳运输，绿色低碳发展一定是未来的发展趋势，但是低碳如何发展，这就很矛盾，我们常用各种指标去比较，会发现世界各国在经济高速发展过程中都是高能耗，这是由产业决定的。我们如果按照统计年鉴，交通运输碳排放占7%，如果我们把未统计进去的私家车等算进去，大约占13%~14%，而发达国家基本在20%~25%。① 虽然看起来我国占比很少，但我们增速非常快，而且这个增速还会持续增加很多年，换句话说从碳排放的角度可以看出，我们交通运输占整个社会的碳排放还没有达到发达国家的水平，也就是我们的经济发展水平还没有达到那个程度，我们还在高速发展过程中，只有到20%~25%的时候，② 才是一个平稳期，这时候增长才会非常缓慢。当然我们现在的减排力度也非常大，因为我们有承诺在2030年达到高峰，必须要开始下降，所以在低碳的约束条件下，运输活动该如何去组织，这一方面是运输问题，另一方面也和产业经济结构有关。

六、运输经济增长理论（运输如何促进经济增长）

运输增长理论和区域运输经济既有联系，又有差异，在讲运输与区域的协调发展的时候，更多的是从线路等空间因素上考虑如何同区域经济协调，而运输如何促进经济增长，主要是从总量上去考虑如何促进经济增长，这其实是两个维度，换句话说我们熟悉的空间经济类似于运输与区域经济的关系，经济增长更应该像我们常说的经济增长理论，是从规模的角度去讨论。

第四节　运输经济学的学科内涵

一、运输经济学的本质

运输经济学的本质为效率与公平的平衡。所有的经济学研究都起于效率，因为效率带来了公平问题，所以就开始研究政策或者方法去控制，以保证其公平，因此在运输经济学里面首先要考虑效率与公平。包括运输企业利润增长、旅客货

---

①② 陈书雪，王雪成，凤振华. 部分发达国家和地区交通运输低碳发展经验及对我国的启示 [J]. 交通运输研究，2023，9（2）：100-108.

主获得最好的运输服务、有效支撑区域发展和经济增长、减少污染、减少排放、减少环境破坏、提高土地利用、不同方式间的公平竞争、不同企业间的公平竞争、企业与旅客货主之间的公平交易、区域间的公平等。

二、运输经济学的约束条件

首先是资源有限，如运输供给能力提供有限（路、车），不可能满足所有需求，空间资源也有限，所以我们在解决城市交通拥堵问题的时候，最后的办法不是扩路，因为空间资源的有限，没有办法一直扩路。在空间资源有限的条件下我们可以得到一个结论，不是所有的需求都会被满足，也可以理解为需求是无限的。其次是理性人，尤其是在运输经济市场，非常理性，比如说企业要考虑利润，旅客货主考虑安全、价格、方便、舒适等因素。

三、运输经济学的研究主体对象

运输经济学涉及的主体主要有运输企业、旅客货主以及交通运输主管部门。企业和旅客货主为供需两方，交通运输主管部门是政府，与经济学中研究的供、需、政府是对应的。运输经济学主要研究对象为市场的高效和公平、资源的有效利用以及运输与区域的协调发展，这与之前讲的运输经济问题也是对应的。

四、运输经济学研究方法与理论逻辑

首先是问题和目标导向，所有的经济学或者社会科学问题，都是问题和目标导向，一定是来自一个问题，而问题和目标不一样，问题是从之前的理论研究中发现的存在的某个问题，目标有可能是以前存在的问题，也有可能以前不存在。如经济学中的绿色经济，或者绿色交通，目标就是2030年碳排放达到顶峰，这就是目标导向。其次是当问题出现后，一定要弄清楚问题的边界和假设条件，当边界发生改变的时候，结论一定会发生改变的。接下来我们必须要清楚概念，在界定清楚概念后再明确机理。此外还须掌握规范化定量化的分析方法，学会逻辑推理，最后要掌握观点和结论的定性综合分析。

课后作业

1. 分别列举五个交通问题和运输问题。

2. 以一种运输方式为例，分析运输系统的构成。

课后思考题

1. 生态环境部系列宣传短片《环保大咖秀》，思考交通运输带来的环境污染问题。

2. 有人说："运输是经济发展最重要的经济因素。"你是否认同这种观点，试分析之。

参考资料（含音频、视频等资料）

1. CCTV12 纪录片《交通中国》。

2. 我国加快建设交通强国　推动交通运输行业高质量发展（CCTV–1 综合频道）。

3. 案例与讨论：中欧班列运费分段结算估价管理改革（见二维码）。

4. 拓展知识：中国道路运输市场发展轨迹（见二维码）。

5. 本章知识分解（见二维码）。

第三章

运输者行为与运输需求

为了更客观地认识和了解运输经济问题,为了运输供给方能够为运输需求方提供真正需要的产品,只有了解和掌握运输需求方的意愿和特点,才能在最大限度满足运输需求的同时,运输供给方也能实现自身价值的最大化。因此,了解运输需求的特点和规律,就成为运输经济问题研究的出发点,而消费者偏好和消费者行为研究就成为研究运输需求的首要环节。

学习目标及要求:

1. 掌握消费者偏好和消费者行为理论。
2. 掌握运输需求的内涵及特征。
3. 掌握旅客运输需求和货物运输需求的类型和影响因素。
4. 掌握运输需求函数及需求弹性的相关概念和分析方法。

本章重点:

1. 消费者偏好和消费者行为理论。掌握消费者行为理论的基本框架、消费者偏好的内涵、消费者均衡和消费者剩余等相关内容。

2. 运输需求的概念及构成要素。掌握运输需求的内涵和构成要素,认识运输需求的本质。

3. 旅客和货物运输需求的主要特征和影响因素。掌握旅客和货物运输需求的具体特征和影响因素,使学生更全面和深入理解运输需求的本质。

本章难点：

运输需求函数及需求弹性的相关概念和分析方法。掌握运输需求函数和需求弹性的概念和分析方法，运用这些概念和方法分析和解决运输行业中的相关经济问题。

第一节 消费者偏好与消费者行为

目前，各行各业的经济学家和企业对消费者偏好和消费者行为进行大量的研究，是因为消费者偏好和行为是供给方提供产品或服务的基础，更是供给方开发新产品和新服务，保持和提高竞争力的重要前提。

一、消费者行为理论的基本框架

（一）消费者行为的概念

消费者行为可以从狭义和广义角度来理解。从狭义角度分析，消费者行为仅仅指消费者的购买行为以及对消费资料的实际消费。从广义角度分析，消费者行为是指消费者为获取、使用、处置消费物品或服务所采取的各种行动，包括先于且决定这些行动的决策过程。因此，从广义角度分析，消费者行为主要由两个部分构成：其一为消费者的购买决策过程。购买决策是消费者在使用和处置所购买的产品和服务之前的心理活动和行为倾向，属于消费态度的形成过程。其二是消费者的行动。消费者行动包括消费者购买决策的实践过程，也包括消费者在获取产品后对产品的使用和处置等活动。

在现实的消费过程中，消费者行为的这两个部分相互渗透，相互影响，共同构成了消费者行为的完整过程。消费者行为是与产品或服务的交换密切联系在一起的。在现代市场经济条件下，企业或组织研究消费者行为是着眼于与消费者建立和发展长期的交换关系。为此，不仅需要了解消费者是如何获取产品与服务的，而且也需要了解消费者是如何消费产品，以及产品在用完之后是如何被处置的。因为消费者的消费体验、处置旧产品的方式和感受均会影响到消费者的下一轮购买，也就是说，其会对企业（或组织）和消费者之间的长期交换关系产生直接的作用。随着对消费者行为研究的深化，人们越来越深刻地意识到，消费者行为是动态的，它涉及感知、认知、行为及环境因素的互动作用，同时也涉及交易的过程。

（二）消费者行为理论的研究内容

消费者行为理论致力于研究个人、组织或地区如何选择、购买、使用和处置商品、服务、创意或经验，以满足他们的需要和愿望。因此，消费者行为理论是研究不同消费者的各种消费心理和消费行为，以及分析影响消费心理和消费行为的各种因素，从而梳理和揭示各类消费者消费行为产生和发展的规律。消费者行为可以从某个消费者、某类消费者、某个区域的消费者等多层面进行研究。对于企业而言，研究消费者行为对于企业进行需求预测、制定价格、制定营销策略等具有重要价值。对于地区或国家而言，研究消费者行为可以为对外贸易、制定消费政策等提供依据。

消费者行为理论的研究，主要包括三个方面的内容：第一，对消费者偏好、消费者收入及支出预算等影响消费者消费倾向因素的研究；第二，对消费者实际消费结构的影响因素及其变化规律的研究；第三，对消费者消费时的心理和具体行为的研究。

为了实现对消费者行为的深入认知和探索，必须要了解相关的经济学知识和理论，主要包括消费者偏好、效用与无差异曲线、预算线与消费者均衡和消费者剩余。

二、消费者偏好

（一）消费者偏好的概念

消费者偏好是反映消费者对不同产品或服务的喜好程度的个性化偏好，是影响市场需求的一个重要因素。市场中提供各种各样的商品，影响消费者行为的重要因素之一，就是消费者偏好。消费者偏好上的差异会导致消费者在购买商品的决策方面存在重要的差别。

（二）消费者偏好的基本假设

为了分析这个问题，经济学家们根据消费者行为的某些共同特征，提出了关于偏好的基本假定。

（1）消费者偏好具有完备性。完备性是指消费者总可以把自己的偏好准确地排出顺序。也即消费者面对不同组合的商品，总是可以做出更偏好哪一种组合的商品，或者对每一个组合都同样喜欢，偏好没有差异。

（2）消费者偏好具有传递性。假定消费者面对 A、B、C 三种组合的商品，如果消费者对 A 的偏好大于 B，对 B 的偏好又大于 C，那么对 A 的偏好必定大于对 C 的偏好。这一性质可以保证消费者偏好的一致性。

（3）消费者总是偏好较多的商品而非较少的商品。如果两组商品的区别只是在于其中一种商品数量的不同，那么消费者总是偏好商品数量较多的那个组合。

三、效用与无差异曲线

（一）效用

对于消费者而言，面临着很多的消费选择。每个消费者最终的消费行为，会受到很多种因素的影响，诸如消费偏好、经济情况、情绪。基于此，经济学在研究消费者的消费行为时，是以消费者会倾向于选择他认为最有价值的商品和服务为假设前提的，也即消费者是理性的。那么，"最有价值"的衡量就引入了效用这个概念。所谓效用，是指消费者从商品组合中获得的满足程度或偏好水平。我们所研究的消费者，是以其追求效用最大化为前提的。

效用是可以度量的。效用可以用序数来度量，这意味着消费者可以对于给他带来满足的商品进行排序。效用也可以用基数来度量，这意味着效用可以用数值来表示，也即消费者可以把给他带来满足的不同商品的效用进行加总或比较。

研究效用涉及两个重要概念，即总效用和边际效用。总效用指消费者在一定时间内，从商品或劳务的消费中得到的总的满足程度。在一般情况下，总效用取决于消费水平的大小，消费水平上升则总效用会增加，反之亦反。边际效用是指消费者增加一个单位某种商品或劳务的消费所带来的满足程度的增加量。边际效用是总效用的增加量或变化量。例如一个消费者需要烧煤球取暖，假设能对煤球的每一个消费数量给出相应的边际效用，就可以计算出总效用（见表 3-1）。

表 3-1　　　　　消费不同数量煤球的边际效用和总效用

消费煤球的数量（个）	1	2	3	4
边际效用（MU）	20	15	10	5
总效用（TU）	20	35	45	50

总效用等于消费者消费的所有商品的边际效用的总和。如果边际效用大于 0，总效用递增；如果边际效用小于 0，总效用递减；边际效用等于 0，总效用最大。

（二）边际效用递减规律

消费者在消费商品过程中，存在着这样的规律：在一定时间内，在其他商品的消费数量保持不变的条件下，随着消费者对某种商品消费量的增加，消费者从该商品连续增加的每一消费单位中所得到的效用增量（即边际效用）是递减的，也即消费者消费商品数量越多，边际效用越小，这就是边际效用递减规律（见图 3-1）。

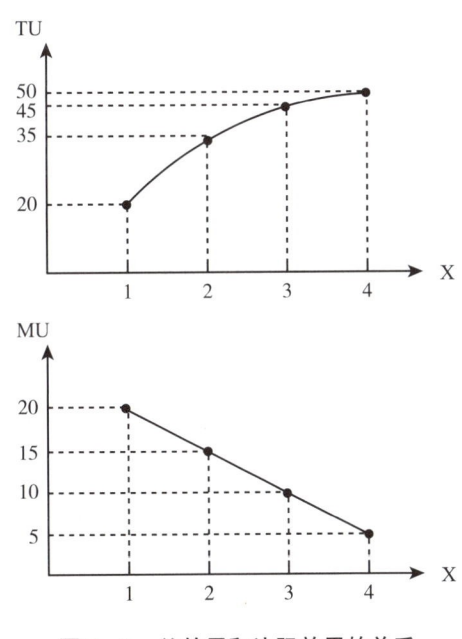

图 3-1 总效用和边际效用的关系

（三）无差异曲线

在上述假设条件下，无差异曲线是用来表示能够给消费者带来相同效用的两种商品不同数量组合的点的轨迹。举例说明，一位从事煤炭运输的公路运输经营者，假设其每天运输煤炭的数量固定，该经营者采用两种规格的货车从事运输，一种是额定载重吨位为 24 吨的货车，另一种是额定载重吨位为 30 吨的货车，对于他每天所要使用的货车总数，可以有 11 种组合。假设我们要求消费者在这 11 种组合中作出选择（见表 3-2）。

表 3-2　　　　某煤炭经营者使用货车的组合

商品组合	24 吨货车（辆）	30 吨货车（辆）
1	50	0
2	45	4
3	40	8
4	35	12
5	30	16
6	25	20
7	20	24
8	15	28
9	10	32
10	5	36
11	0	40

对于该经营者而言，假定表 3-2 中的 11 个商品组合具有相同的效用，在直角坐标系上，横轴表示 24 吨货车的数量，纵轴表示 30 吨货车的数量，将各组合的数据绘制成曲线（见图 3-2），该曲线则被称为无差异曲线，在这个曲线上的任意一点，消费者的偏好是无差异的。

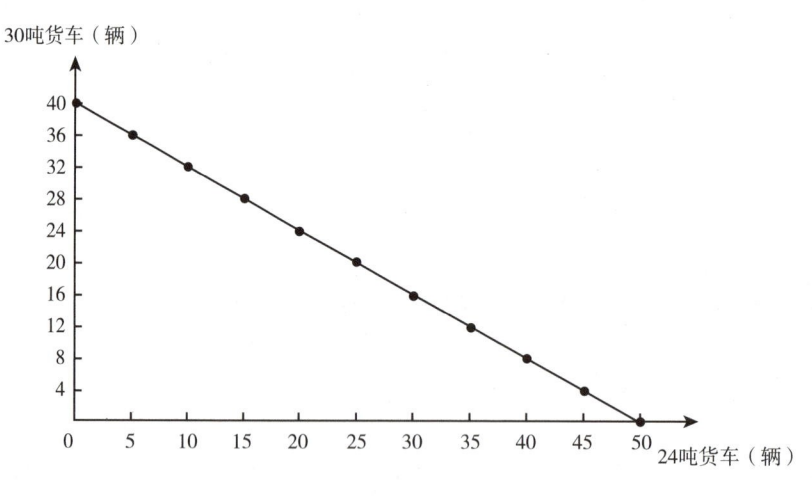

图 3-2　无差异曲线

因为消费者偏好不同，所以不同的消费者可能有不同的无差异曲线，每一条曲线都表示一种不同的满足程度。消费者无差异曲线在消费者行为理论中处于核心地位，以下将对一些特殊情况下的无差异曲线进行说明。图 3-3 中，消费者 C 认为商品 X 是毫无用处的，所以他不在乎自己拥有商品 X 数量的多少。消费者 D 则认为商品 X 是令人讨厌的商品，因此他愿意以减少消费商品 Y 的方式避免消费某些数量的商品 X。然而消费者偏好研究的假设中，要求消费者总是喜欢更多的商品，所以这两种情形并不在我们研究的范围内。

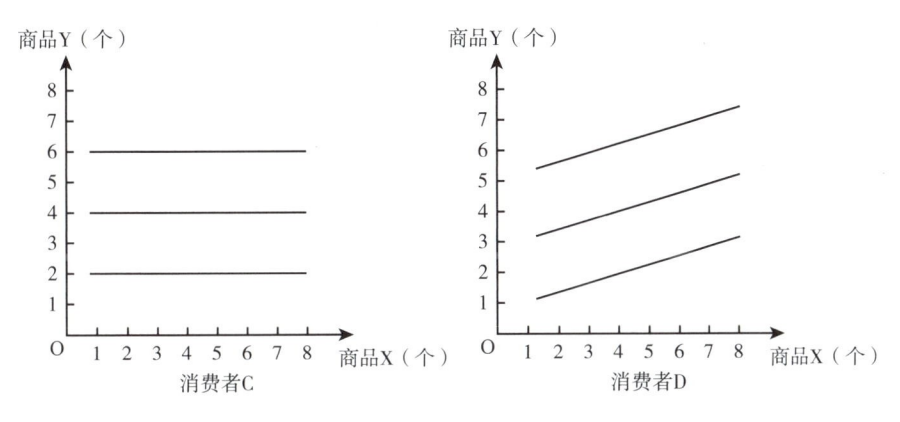

图 3-3　特殊消费者的无差异曲线

（四）无差异曲线的特征

所有的无差异曲线都有着某些共同的特征，具体表现为：第一，无差异曲线是一条向右下方倾斜的曲线，斜率是负的。表明为实现同样的效用，增加一种商品的消费数量，必须减少另一种商品的消费数量。假定每个商品都被限定为多了比少了好，那么无差异曲线一定向右下方倾斜，就是说，其斜率一定为负。只有在图 3-3 所示的情况下，斜率才不为负。第二，在每种商品都不被限定为多了比少了好的前提下，无差异曲线图中位置越高或距离原点越远的无差异曲线所代表的消费者的满足程度越高。也即，较高无差异曲线上所有商品组合带给消费者的效用，高于较低的无差异曲线上所有商品组合给消费者带来的效用。第三，任何两条无差异曲线不能交叉。这是因为两条无差异曲线如果相交，就会产生矛盾。只要消费者的偏好是可传递的，无差异曲线就不可能相交。

四、预算线与消费者均衡

（一）预算线

在已知消费者偏好的情况下，假定消费者是理性的，即消费者会尽量攀上效用最高的无差异曲线。换言之，消费者追求效用最大化。为达到效用最大化目的，消费者必须考虑除自身偏好以外的其他因素，这些因素中最关键的因素是各种商品的价格与自己的收入水平。举例说明消费者的收入和商品价格是如何影响消费者获得商品组合的性质和数量的。为方便研究，假设消费者所能购买的商品仅有两种，即商品 X 和商品 Y，商品 X 的价格是 100 元，商品 Y 的价格是 200 元，消费者的收入为 10000 元。据此，可以列出方程：100X + 200Y = 10000，并绘制出图 3-4。图 3-4 中的直线 AB 则称为预算线。因此，预算线用来表示消费者有能力购买的不同商品的各种数量组合。

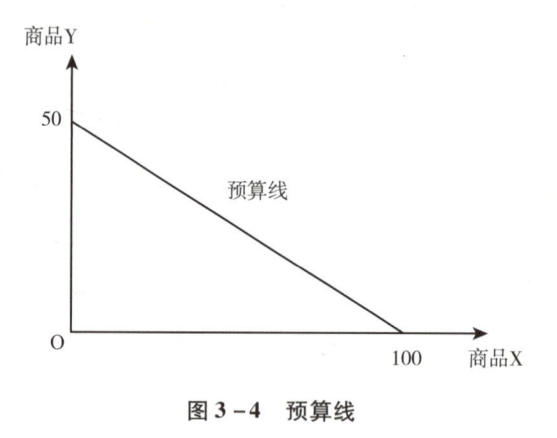

图 3-4 预算线

1. 消费者收入变化对预算线的影响

当两种商品价格不变时，如果消费者收入降低，预算线在坐标轴上的截距减少而斜率不变，预算线由原来的 C 变为 E；如果消费者收入增加，从而导致预算线截距增加，预算线由原来的 C 变为 D。如图 3-5 所示，收入无论增加还是减少，预算线的斜率都不变，变的只是截距的大小。

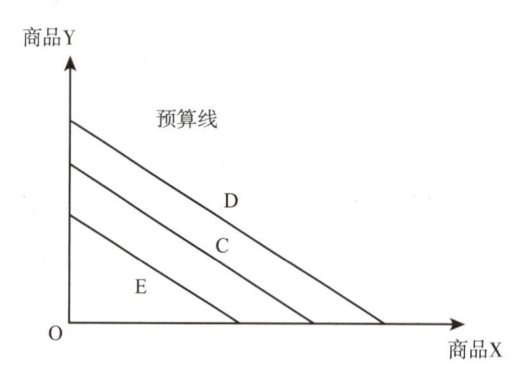

图 3-5 收入变化对预算线的影响

2. 商品价格变化对预算线的影响

当消费者的收入不变，假设其中 Y 商品价格不变，如果 X 商品价格降低，从而导致预算线斜率的绝对值减小，预算线由原来的 F 变为 H；如果 X 商品的价格提高，从而导致预算线斜率的绝对值增加，预算线由原来的 F 变为 G。如图 3-6 所示，很容易理解 X 商品价格下降（或上升）使预算线与 X 轴的交点与原点更远（或更近）。预算线在 X 轴上的截距，表示消费者用一定的货币收

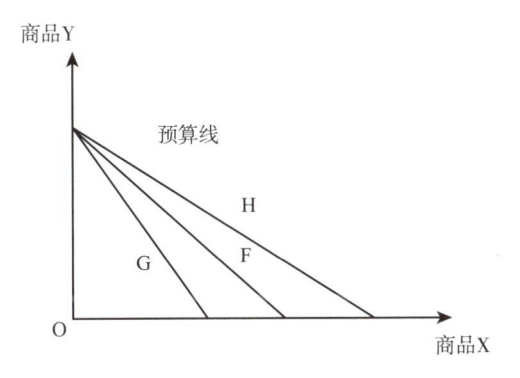

入所能购买的最大数量的商品 X，这一数量显然与商品的价格呈反方向变化。

图 3-6　商品 X 的价格变化对预算线的影响

3. 消费者收入与商品价格同时变化对预算线的影响

如果消费者收入和价格同时变化，预算线则既有平移也有截距的变化。

（二）消费者均衡

消费者所追求的目标，是在既定的商品价格和收入的条件下，能够实现商品购买的最优配置，即追求效用最大化。消费者均衡，则是在消费者偏好、收入和商品价格不变的条件下，消费者选择了可以使其效用最大化的商品组合时的状态。

我们把消费者的无差异曲线和预算线绘制成图 3-7。对于一个消费者而言，不考虑其收入的情况下，仅凭其主观喜好，两种商品的不同组合可以有无数条无差异曲线。但是，由于预算线的存在，意味着消费者只能购买预算线上 U、V 或 W 以及预算线之下的任何一个商品组合，却无法购买如 T 那样的位于预算线上面的商品组合。因此，消费者如果想要获得最大效用的商品组合，则是预算线和无差异曲线的切点 V 上，而切点 V 则代表着消费者均衡点。

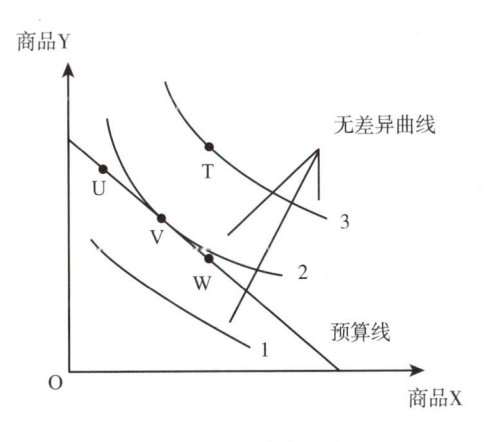

图 3-7　消费者均衡

1. 消费者收入变化对消费行为的影响

前文所述，在商品价格不变的情况下，如果消费者收入发生改变，那么消费者预算线会平行移动，消费者均衡也会发生变化。随着消费者收入的提高，预算线由最初的 A 平行移动到 B、C，相应的消费者均衡点也发生变动，由 U 变为 V、W。将不同的消费者均衡点连接起来，就形成了一条曲线，所得的这条曲线则称为收入—消费曲线（见图 3-8）。

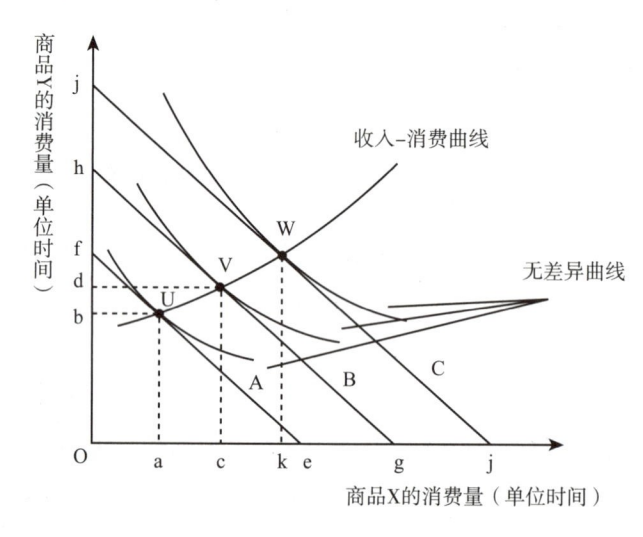

图 3-8　消费者收入变化对消费者均衡的影响

收入—消费曲线描述了在商品价格不变的情况下，消费者收入和消费数量之间的关系，消费者收入提高，消费者消费数量增加，反之亦反。同时，该曲线也体现了消费者收入的增加对消费者消费行为的影响依赖于消费者偏好，也即消费者在原收入条件下选择的商品组合的性质和在新收入条件下选择的商品组合的性质，都受到无差异曲线形状的影响。

2. 商品价格变化对消费行为的影响

假如仍旧是两种商品 X 和 Y，商品 X 价格发生变化。如图 3-9 所示，商品 X 原有价格相对应的预算线为 B，均衡点为 S，如果商品 X 的价格上升，并且新的预算线为 C，那么消费者新的均衡点则变为 T。由此可知，商品 X 价格的提高将导致消费者购买商品 X 的数量由原来的 Or 变为 Ou，购买商品 Y 的数量由原来的 Os 变为 Ov。因此，在消费者收入和其他商品价格不变时，在消费者均衡状态下，某一商品价格提高，消费者对该商品的消费数量减少，反之亦反。

如果对应于商品 X 的每一价格水平，都可以确定其消费者均衡点，将各个均衡点连接起来形成的曲线称为价格—消费曲线。价格—消费曲线被经济学家们关注，原因之一是通过价格—消费曲线，可以推导出消费者对某种商品的个人需求

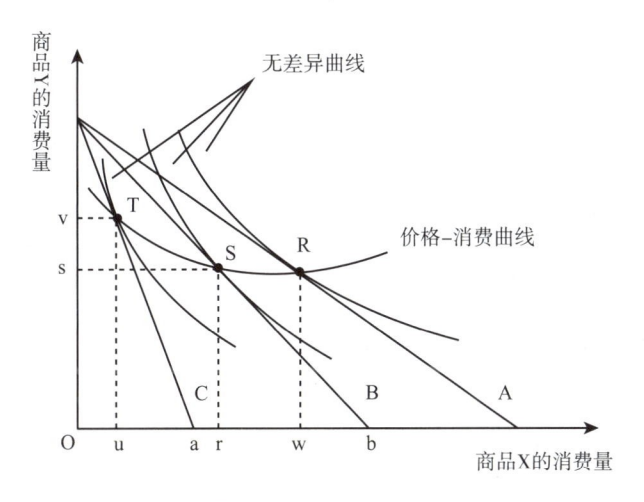

图 3-9　商品 X 价格变化对消费者均衡的影响

曲线。消费者的个人需求曲线描述的是，在消费者的收入、偏好和其他商品价格不变的情况下，消费者购买某种商品的数量随着该商品的价格变化而变化的状态。在消费者行为理论中，个人需求曲线是一个核心的概念。

（三）个人需求曲线

个人需求曲线的推导过程如下：继续图 3-9 所举的例子，当商品 X 的价格为 I/O_a 时，收入—消费曲线显示消费者购买商品 X 的数量为 O_u；当商品 X 的价格为 I/O_b 时，收入—消费曲线显示消费者购买商品的数量为 O_r；当商品 X 的价格为 I/O_c 时，收入—消费曲线显示消费者购买商品 X 的数量为 O_w。这样就得到了个人需求曲线上的三个点。通过这种方法，就可以得到更多的点，最后形成一条关于商品 X 的个人需求曲线 D（见图 3-10）。

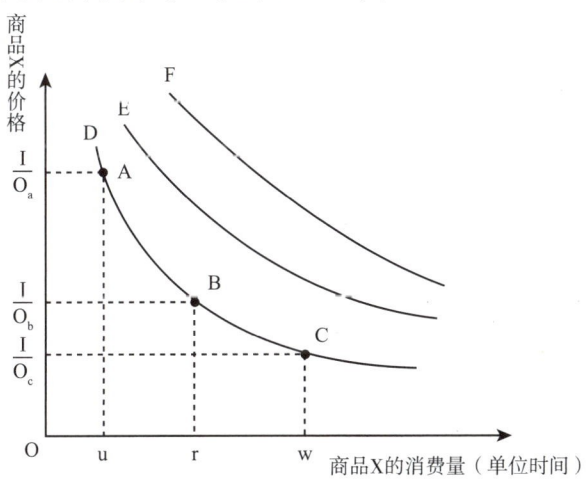

图 3-10　商品 X 的个人需求曲线

个人需求曲线的位置与形状不仅依赖于消费者收入水平和假定不变的其他商品的价格水平，而且还依赖于消费者偏好和商品的性质。如图 3-10 所示，如果消费者的收入水平提高并保持不变，那么可以得到新的需求曲线 E，而不是 D。同理，如果商品 Y 有着较高的价格，那么需求曲线可能是 F，也不是 D。

根据个人需求曲线，消费者对商品的消费数量发生变化，可能存在两种原因：一种是需求曲线保持不变，商品价格的变化导致商品消费数量发生变化；另一种是需求曲线移动导致商品消费数量发生变化。在图 3-10 中，从 A 点到 B 点的移动属于第一种情况；而需求曲线由 D 到 E 的移动则属于第二种情况。

将某一价格下的某种商品所有个人需求量加在一起，就是该价格下的市场需求量。同理，某种商品的市场需求曲线是市场中所有消费者个人需求曲线的横向加总，也即市场需求曲线表示在消费者的收入和其他商品价格不变的情况下，单位时间内在每一可能的价格水平上，市场中所有消费者将购买某种商品的数量。市场需求曲线的信息对于商品生产者或者服务提供者而言非常重要，因为他们需要知道在各种价格水平上所能销售出去的商品或服务数量。

五、消费者剩余

消费者剩余又称为消费者的净收益，是指消费者在购买一定数量的某种商品时愿意支付的最高总价格和实际支付的总价格之间的差额。消费者在购买商品或者服务的时候，所愿意支付的价格取决于该消费者对该商品或服务的效用评价，该商品或服务对于消费者的效用越大，那么他所愿意支付的价格越高。购买一定数量的商品或服务，由于每个商品或服务对消费者的效用是不同的，因此每个消费者愿意支付的价格也不同。在现实中，一般情况下商品或服务的市场价格是一定的，因此消费者消费不同数量的某商品，产生的消费者剩余是不同的。

现举例说明，仍旧以一个消费者消费煤球取暖为例，绘制的消费曲线如图 3-11 所示，需求曲线不仅表示价格与商品的需求量之间的关系，也可以理解为在购买特定数量时消费者愿意支付的最高价格。图 3-11 中 P 为煤球的实际市场价格。第一个煤球对于消费者的效用最大，因此该消费者愿意为第一个煤球支付的价格为 20 元，根据边际效益递减规律，第二个、第三个、第四个煤球给该消费者增加的效用是递减的，因此该消费者愿意支付的价格也会下降，分别为 18 元、16 元和 14 元。市场上的煤球价格为 14 元，因此，该消费者第一个、第二个、第三个和第四个煤球的消费者剩余则为 6 元、4 元、2 元和 0 元。该消费者购买四个煤球所获得的消费者剩余的总和为图 3-11 的阴影部分，这也是该消

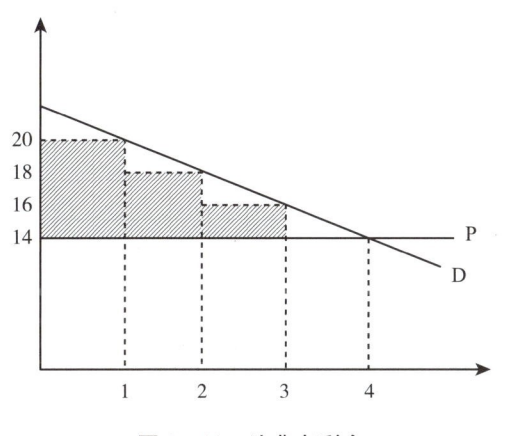

费者在消费煤球的过程中获得的额外的好处。

图 3-11 消费者剩余

消费者剩余理论提出供给者应站在需求者的角度来制定商品或服务的价格，也即对于供应者而言，应该在消费者获得所供给的商品或服务时，可能带来的剩余利益空间的范围内来确定该商品或服务的价格。需要注意的是，消费者剩余中所指的利益是一种综合的概念，它既可以是可度量的利益，也可能是消费者认同的"值"。例如，运输服务过程中时间的节约为旅客带来的可能是经济利益，也可能使旅客乘车所感受到的方便快捷等。只要消费者认为物有所值即可。企业就是根据消费者剩余来确定商品或服务的市场价格空间，并与本企业提供的商品或服务所需支付的成本进行比较后，以利润最大化为目标来为企业的发展战略进行定位。

消费者剩余理论对企业或组织应建立的特色从经济上作出了明确的解释——具有成本优势。它既不是笼统地强调"价廉物美"或"优质优价"，也不是盲目倡导商品或服务的"新""奇""特"。而是以能给消费者提供必要的或更多的"剩余"为前提，来把握企业商品或服务的品质定位。其关键点是根据消费者需求来确定商品或服务品质的市场定位，同时采用新的技术或服务方式，一方面提升商品或服务在消费者心目中的预期价值和满足感，另一方面努力降低生产和运行成本，保持企业或组织在市场竞争中的价格优势。这样既可以不断地保证或提高消费者剩余的空间，也可使企业或组织在市场开拓中受益。例如，高铁的发展对传统的道路客运市场产生较大的冲击，道路客运企业为提高自身竞争力，推出"定制客运"服务，"定制客运"服务更加充分地发挥出道路客运灵活方便的特色和优势。而特色越鲜明，意味着该项服务的附加值越高，消费者获取的"剩余"也就越大，同时，"定制客运"也会成为道路客运企业新的竞争优势和经济增长点。

第二节　运输需求的内涵及特征

消费者行为理论为我们提供了分析需求的切入点，接下来要进一步分析和研究运输需求的规律、特点和构成要素等，以更加深入和系统地了解运输需求，这样才能更客观地认识和解决运输经济问题。

一、运输需求的概念

运输需求是指在一定的时期内，在每个价格水平下，消费者愿意并且能够支付的旅客或者货物位移的服务数量。运输需求被认为是一种派生出来的需求，即它不是本源性的社会需求，而是由社会经济活动中的其他活动所引发的一种需求。

根据运输需求的概念，运输需求的产生源于旅客或者货物对位移改变的需要。因此，运输需求的产生可以主要从以下三个方面分析。

（一）货物对运输的需求

首先，工农业生产需要投入大量的生产要素，如原材料、生产设备、能源等，但是这些要素不可能全部由当地供给，必然需要从其他地区购买，这就产生了运输需求。其次，生产部门生产出来的产品，必须经过流通环节到达消费者手中，随着经济发展水平和技术水平的提高，消费者对商品的需求也越来越多样化，品质也越来越高，消费者希望享受到来自世界各地的商品，这也是现在电子商务蓬勃发展的最根本动因，而这些需求的满足必然对运输需求在数量上的要求会越来越多，在品质上的要求会越来越高。

（二）旅客对运输的需求

人们生活在社会中，需要日常出行、商务出行、旅行观光、探亲访友、文化交流等，这些都会产生大量的运输需求。

（三）军事和国防对运输的需求

虽然经济和社会活动产生的客运和货运需求是运输需求的主体，但国防和军事对运输的需求也是不可忽视的。如在陆路运输系统的建设中要考虑国防和军事公路和铁路的建设，在水路运输系统的建设时要考虑军事港航设施的建设，在空中运输系统的建设中要考虑空域和航线的安排。

二、运输需求的构成要素

需求主体：运输需求的主体是旅客和货主。虽然不同的旅客和货主的运输需求存在差异，但是一定群体的旅客和货主的运输需求是有相似性的，因此可以对旅客和货主的运输需求进行分类研究，如高铁的座位等级有商务座、一等座和二等座，可以按照座位等级对乘坐高铁的旅客需求进行分类分析。

流量：指运输需求数量，通常用运量和周转量来表示。

流向：指货物或旅客需要运达的方向。

流时：指运输需求产生的时间。

流距：指旅客或货物从起始地到运达地之间的距离。

流速：指货物或旅客的运达速度。

运输价格：运输每位旅客或者单位质量（体积）的货物所需要支付的费用。与其他商品和服务一样，高品质的运输需求意味着高的运输价格。

上述 7 个要素中，需求主体反映了运输需求主体的特性；流量、流向、流时、流距和流速反映了运输需求的物理特性；运输价格反映了运输需求的层次特性。

三、运输需求的特征

（一）时间与空间的不平衡性

运输需求在时间上具有不平衡性，其原因主要有旅游的旺季与淡季、农业生产的季节性、商贸活动的旺季与淡季等。运输需求在空间上也存在不平衡，其原因主要为城市的吸引力不同（如节假日期间旅游城市的客流则会迅速增加，大城市的往来乘客数量和频率比小城市高很多）、资源的分布不同、生产力布局等。

（二）派生性

派生性是与本源性相对应的一个概念。如果一种商品的需求是由其他一种或几种商品派生出来的，这种商品的需求属于派生性的，引起派生性需求的商品需求则属于本源性的。对旅客运输而言，旅客出行不是为了出行而出行，而是为了公务、探亲、购物、观光等目的而出行。对货物运输而言，货物运输也不是为了实现位移的变化，而是为了实现对货物进行生产、再加工、消费等目的。因此，不论是客运还是货运，运输需求是为了实现旅客和货主真正目的中的一个中间环节，是派生性需求。

（三）部分可替代性

运输需求的部分可替代性分为内部部分可替代性和外部部分可替代性。运输需求内部部分可替代性是指五种运输方式之间虽然具有各自最佳的运输范围，但在一定程度上仍旧存在着相互替代。运输需求外部部分可替代性是由于技术和经济的发展等，部分运输需求被其他非运输活动所替代，如现在网络和通信技术的发展，会在一定程度上减少人们因办理公务、探亲访友、参加会议、收集资料等方面的出行。再如通过种植、养殖和加工制造技术的推广，可以减少某些货物的运输需求。

（四）多样性

对旅客运输而言，人的偏好多种多样，不同的旅客因为身份、收入、出行目的等方面存在差异，因此对运输服务在时间、速度、方便性、舒适性、准时性等方面的需求也会不同。对货物运输而言，货物在质量、体积、形状、性质等方面存在差异，在运输过程中，对于包装、存储、装卸、运输工具等方面的需求会有所不同。

（五）与经济的互动性

交通运输与经济发展之间存在相互促进的互动关系。一方面，社会经济的专业化、规模化，会促进运输需求在数量上和质量上不断提高；另一方面，数量不断增加、在品质上要求越来越高的运输需求，也会促进社会生产中的专业化、规模化向更高层次发展。

第三节 旅客运输需求和货物运输需求

一、旅客运输需求

运输需求按照运输对象可以分为旅客运输需求和货物运输需求。旅客运输需求，可简称为客运需求，是指运输对象为人的运输需求，被运输的人通常称为旅客或乘客。旅客通常在出行目的、经济承载能力、需求偏好等方面都不尽相同，因此对旅客运输需求进行分类研究十分必要。

(一) 旅客运输需求的类型

根据旅客出行目的，客运需求可以分为生产性客运需求和消费性客运需求。生产性客运需求是旅客因为公务或商务活动所引起的出行需求。一般情况下，生产性客运需求特点为：对价格相对不敏感，没有明显的季节性，对运输服务的要求主要表现为高效和快捷。消费性客运需求是因为旅客个人事务需要，如旅行、购物、度假、探亲、访友等引起的出行需求。一般情况下，消费性客运需求的特点为：对价格相对敏感，有一定的季节性（如探亲、旅游），对运输服务的要求表现多样，有的旅客更追求舒适方便，有的旅客更追求价格便宜，有的旅客更追求按时往返。

根据旅客的经济承载能力，客运需求可以分为品质敏感型客运需求、价格敏感型客运需求和价格—品质联动型客运需求。具有较高经济承载能力的旅客在出行过程中，对运输服务的舒适性、方便性、时间性等要求比较高，对运价不敏感，这类客运需求则为品质敏感型客运需求。这类客运需求一般为生产性运输需求和经济实力较强的消费性运输需求。具有较低经济承载能力的旅客在出行过程中，首要考虑运价，这类客运需求则为价格敏感型客运需求。这类客运需求一般为经济实力较弱的消费性客运需求。在生活中，大多数旅客的运输需求属于价格—品质联动型，也即这类旅客对于运价和运输品质都没有那么敏感，对运价和运输品质追求"物有所值"。

(二) 旅客运输需求的主要影响因素

1. 消费者偏好

根据经济学理论，消费者偏好支配着商品或服务与使用价值相同或接近的替代品之间的消费选择。旅客运输需求亦如此。不同年龄、性格、职业的消费者在进行运输服务的选择上会有所不同。例如，有的人不喜欢乘坐飞机，有的人喜欢自驾旅行，有的人闲暇时喜欢到处旅行。

2. 消费者收入

消费者收入的增减是影响需求的重要因素。一般来说，消费者收入增加，将引起运输需求增加。随着消费者收入的增加，消费者在出行需求方面的花费则可能增加，不管是增加出行量还是提升出行品质，都会引起运输需求的变动。反之亦反。

3. 运输服务及其替代品的质量与价格

运输服务的价格是影响需求的重要因素，一般而言，其他条件不变，某种运输服务的价格和需求是反向变化的，也即某种运输服务的价格下降，会导致运输需求的增加，反之亦反。同样的，其他条件不变，某种运输服务的质量提高，也会导致需求的增加，反之亦反。

除了运输服务自身价格和质量的变化会对运输需求产生影响，该运输服务的替代品的质量和价格，也会对该运输服务的需求产生影响。例如，近些年来，我国高铁的快速发展，高铁客运在价格和服务质量上的优势在一定程度上影响了道路客运需求和航空客运需求。

4. 人口数量及分布状况

人是形成客运需求的前提，人口数量的变化对客运需求的影响是必然的。正常情况下，人口数量越大的区域，客运需求越大。在一定的人口数量下，客运需求的变化会受到人口分布的影响。其表现为：人口越密集的地区，客运需求越大。相同数量的人口分布于城市和农村，城市的客运需求一般会大于农村的客运需求。

5. 社会经济发展

社会经济的发展会对客运需求产生重要影响。社会经济发展会导致生产规模的扩大和经济合作的加强，从而促使人们出行活动增加，客运需求随之增加。社会经济发展促使生产和流通领域的商务出行增加的同时，也会促进人们的消费性出行需求的增加，外出旅游成为最突出的表现之一。

6. 国家政策及社会动向

国家政策是影响客运需求的一个重要因素。一方面，国家政策影响国民经济活动及其他经济行为，从而影响客运需求的变动。如国家出台一系列经济增长措施，则会促使各方面的工商活动增加，相应的客运需求必然会增加。另一方面，国家政策也影响客运业的发展，这势必也会影响客运需求的变化。如国家加大对交通运输业的投资，势必会促进整个运输业的发展，从而影响客运需求的增加。

二、货物运输需求

货物运输需求，可简称为货运需求，是指运输对象为货物的运输需求。货物运输需求体现着国民经济各地区、各部门、各企业之间的运输经济联系，货物的流量、流向、流时、流距和结构能反映出工农业生产的结构、经济特点、发展水平以及各地区（部门、企业等）经济联系的程度。

(一) 货运需求的类型

根据货物对运输过程要求的特殊性，货运需求可以分为普通货物运输需求和特种货物运输需求。特种货物一般包括：大型特型笨重货物、危险货物、贵重货物和鲜活货物等，这类货物的运输需求则为特种货物运输需求。为了保证特种货物的运输安全以及运输工作的正常运行，其在运输的过程中必须要有特定的运输、装卸、保管、监控等技术、组织条件和安全防护措施。

根据需求发生的时点特征分类，货运需求可以分为随机货运需求、季节性货运需求和突发性货运需求。随机货运需求最为常见，属于常规货运需求。突发性货运需求是发生突发性事件时产生的货运需求，如发生地震时需要运送救援物资时产生的货运需求就是突发性货运需求。

(二) 货运需求主要的影响因素

1. 工农业生产的发展水平和发展速度

工农业生产的发展水平和发展速度是影响货物运输需求的首要因素。随着工农业生产发展水平和发展速度的提高，意味着地区之间、城乡之间、工农业之间货物流通在数量上会更多，在品质上要求更高，这必然会引起货运需求在数量上的增加和品质上的提升。

2. 货主的运输偏好

货主对于运输的偏好不同，对于运输服务的要求侧重点会有所不同。有的货主可能看重运输速度，有的货主更看重准时性，有的货主更看重运输工具的匹配，如车型和车况等。

3. 货物种类

不同的货物种类对运输的要求不同。运输不同类型的货物，在运输工具、运送时间、运输技术、运输组织和管理等方面都存在差别。如运输生鲜货物，时效性要求比较高，可能需要冷藏车，可能需要在运输途中为生鲜加冰或加氧等。

4. 产品运输系数

不同的部门、行业对于运输的需求是不同的，我们通常用产品运输系数来描述不同产品的运输需求。产品运输系数是货运中特有的指标，是某一种货物的运输量与该种货物产量的比值。当产品数量一定时，运输系数越大，其运输需求也越大，两者成正比例关系。

5. 资源分布状况和生产力布局

资源分布状况直接影响到运输网络的布局和运力的分配。如煤炭、石油等资源的产地和销地之间必然会形成运输通道或网络。资源分布大都是"先天因素"

形成的，生产力布局则属于后天形成的。合理的生产力布局形成的运输需求，应建设合理的运输网络，予以最大限度的满足，不合理的生产力布局会导致大量不合理的运输需求，从而影响产品的总成本，因此形成的运输需求应加以抑制。所以，在生产力布局的同时，也要考虑运输网络的布局。

6. 运输行业的发展和服务效果

运输业作为国民经济发展的先行官，其良好的发展和服务效果，对于运输需求必然产生重要的影响。如新的运输工具的出现、运输能力的增加、运输成本的降低、运输速度的提高、运输服务质量的改善，都会刺激运输需求在量上和质上发生变化。

第四节　运输需求函数及需求弹性分析

一、运输需求函数分析

（一）运输需求的函数表达

运输需求者在实现位移过程中，其实现位移的数量，取决于很多种因素，如旅客的收入、货物的附加值、消费的偏好、运输方式之间的替代性等。运输需求的大小用运输需求量来表示。如果把对某种运输服务的需求量作为因变量，把影响运输需求者对该运输服务的因素作为自变量，就可以得出运输需求函数：

$$Q = f(P, I, R, \cdots) \quad (3-1)$$

式（3-1）中：Q——旅客或货主对某种运输服务的需求数量；

　　　　　　P——该种运输服务的价格；

　　　　　　I——旅客的收入（或者货物的附加值）；

　　　　　　R——该种运输服务的替代服务的价格。

影响运输需求的因素虽然很多，但不同因素对其影响的程度和效果是不同的。一般情况下，对运输需求影响最大的因素是运输服务的价格。因此，在运输经济理论中，运输需求函数常被简化为运输需求量和价格之间的函数关系。一般情况下，如果没有特别说明，运输需求函数就是指运输需求价格函数。即：

$$Q = f(P) \quad (3-2)$$

式（3-2）中：Q——对某种运输服务的需求数量；

　　　　　　P——该种运输服务的价格。

根据需求法则，在其他条件不变的情况下，运输服务的需求数量与运输服务的价格成反比，即一种运输服务的价格越高，消费者愿意购买的数量就越少，反之亦反。在需求法则下，运输需求函数形式多样，为了简化研究，在研究中经常采用线性函数关系，即：

$$Q = m - nP \quad (3-3)$$

式（3-3）中：Q——对某种运输服务的需求数量；

P——该种运输服务的价格；

m——常数；

n——斜率。

（二）运输需求曲线

运输需求除了可以用需求函数来表达，也可以用需求曲线来反映。典型的运输需求曲线是用横轴表示需求量 Q，纵轴表示运价 P，D 表示运输需求曲线，形成的曲线如图 3-12（a）所示。前面述及，我们经常把运输需求函数简化为线性函数进行研究，形成的需求曲线则为图 3-12（b）所示。运输需求曲线给出了每一个运价水平上，消费者所愿意购买的运输服务的数量，反映出了不同运价下的运输需求数量。

(a) 非线性运输需求曲线　　(b) 线性运输需求曲线

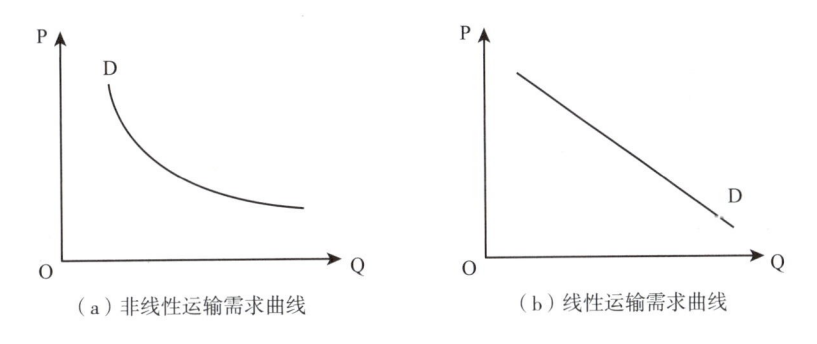

图 3-12　运输需求曲线

（三）运输需求与运输需求量的变动

需要特别注意的是，运输需求和运输需求量是两个不同的概念。根据运输需求曲线所示，运输需求是指整个运输需求曲线，其反映了运输需求数量和价格的关系；而运输需求量是指运输需求曲线上某一个具体的点，其反映了某个具体运价下，消费者愿意购买的运输服务的数量。

1. 运输需求的变动

运输需求的变动是指除了运输服务价格以外的其他因素发生变化所引起的需

求曲线的移动，因此运输需求的变动是在同样的价格水平下，整体需求量的变动。如图 3-13（a）所示，当运价保持不变，其他因素不变，如果消费者收入增加，在同样的价格水平下，运输需求曲线从原来的 D_0 移动到 D，在原需求曲线 D_0 上所对应的 A 点的需求量为 Q_0，在新需求曲线 D 上所对应的 B 点的需求量为 Q。B 点并不在原来的需求曲线上，而是在新的需求曲线 D 上。从整体上看，运输需求曲线 D 在同一价格水平下对应的需求量要大于 D_0。图 3-13（a）展示了消费者收入增加时，运输需求的变动，运输需求曲线表现为右移。反之亦反，当运价保持不变，其他因素不变，如果消费者收入降低，运输需求曲线则会左移。

（a）运输需求量的变动　　（b）运输需求量的变动

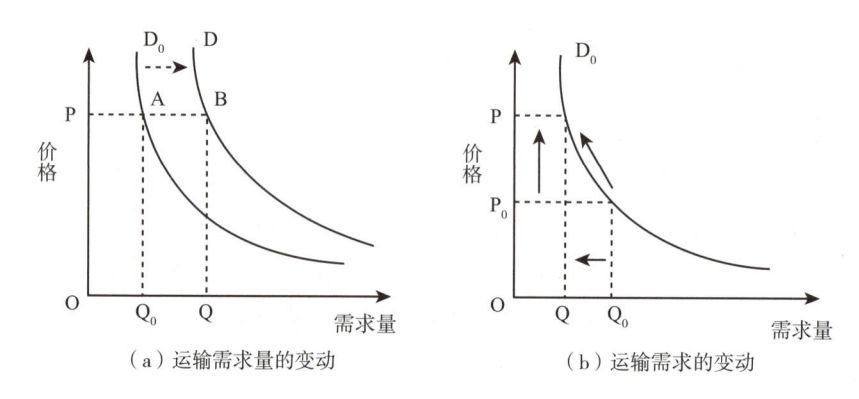

图 3-13　运输需求与运输需求量的变动

2. 运输需求量的变动

运输需求量的变动是指在其他因素不变的情况下，单纯由运价变化引起的运输需求曲线上的点沿着曲线的移动。如图 3-13（b）所示，当某一运输服务价格由 P_0 提高到 P 时，需求量沿着需求曲线 D_0 由需求量 Q_0 减少到 Q。反之亦反。

二、运输需求弹性分析

运输需求的产生和发展会受到很多因素的影响，研究运输需求对这些影响因素的敏感度，即运输需求弹性，是研究运输需求必不可少的内容之一。运输需求弹性对于运输企业分析其在运输市场的价格水平，对于政府制定运价策略以及综合运输规划等，都具有十分重要的意义。

（一）运输需求弹性的概念

运输需求弹性是指运输需求量随着某个影响因素的变化而变化的反应程度，

是运输需求量变化百分率与影响运输需求的某个因素变化百分率的比值。

根据影响因素的不同，运输需求弹性可以分为价格弹性、收入弹性和交叉弹性。

(二) 运输需求价格弹性

1. 运输需求价格弹性的内涵

前文述及，对运输需求影响最大的因素是运输服务的价格。因此，没有特殊说明的情况下，运输需求弹性就是指运输需求价格弹性。运输需求的价格弹性是运输需求量变化的百分率与运输价格变化的百分率的比值，其反映了运输需求量随着运价变化而变化的反应程度，运输需求价格弹性的计算公式为：

$$E_p = \frac{\Delta Q/Q}{\Delta P/P} \tag{3-4}$$

其中，E_p——运输需求价格弹性；

Q——运输需求量；

ΔQ——运输需求量的变化量；

P——运输服务的价格；

ΔP——运输价格的变化量。

根据运输需求价格弹性的概念，可以有以下结论：第一，注意弹性定义使用的是相对变化的百分比，并非实际变化量。这意味着衡量单位的变化不会影响弹性的大小，无论以美元还是人民币衡量运输服务价格，需求价格弹性均保持不变。第二，通常来说，因为运输服务价格的下跌会导致需求数量的增加，所以一般情况下需求的价格弹性系数为负数。但是一般情况下，经济学的研究会忽略负号，换言之，如果我们说某种运输服务的需求弹性系数为1，是指其绝对值为1，其算术值应为 -1。当某运输服务的需求价格弹性大，说明该运输服务受价格影响较大，称其"富有弹性"，是指其绝对值大。反之亦反。

价格虽然是影响运输需求很重要的因素，我们在进行运输需求分析时所使用的价格，并不仅仅是旅客或者货主所支付的运价，而是包括了许多与之有关又互相影响的因素，如时间、安全、方便和舒适等。但因为这种综合性的运输成本不容易准确掌握或衡量，所以在现实的很多情况下，人们还是经常使用容易获得的价格资料进行运输需求分析，这使得运输需求的价格弹性计算结果往往与人们预料的要相差很多，其结果一般都偏低。例如，20世纪70年代以来，很多学者对美国、英国、丹麦、澳大利亚等国家城市内或城市间客运以及跨大西洋航空客运分析得出的运输需求价格弹性都比较低，从 -0.08 到 -0.61

不等。

2. 运输需求价格弹性的计算

运输需求价格弹性的计算有两种：一种是点弹性的计算，一种是弧弹性的计算。

（1）点弹性。

点弹性是运输需求曲线上某一点的弹性 ε_P，表示为：

$$\varepsilon_P = \lim_{\Delta P \to 0} E_P = \lim_{\Delta P \to 0} \frac{\Delta Q/Q}{\Delta P/P} = \frac{dQ}{dP} \cdot \frac{P}{Q} \qquad (3-5)$$

式（3-5）中，ε_P——运输需求价格点弹性；

Q——运输需求量；

ΔQ——运输需求量的变化量；

P——运输服务的价格；

ΔP——运输价格的变化量。

如果运输需求曲线为直线，如图 3-14（a）所示，则曲线上任意一点 M 的点弹性为 $\varepsilon_{PM} = \dfrac{BM}{AM}$；如果运输需求曲线为非线性曲线，如图 3-14（b）所示，则曲线上任意一点 N 的点弹性可以根据过 N 点的切线 AB 进行测定，N 点的弹性为 $\varepsilon_{PN} = \dfrac{BN}{AN}$。

（a）运输需求曲线为直线的点弹性　　（b）运输需求曲线为曲线的点弹性

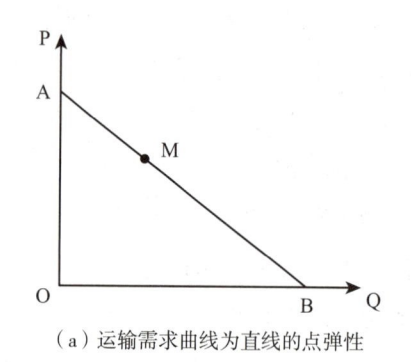

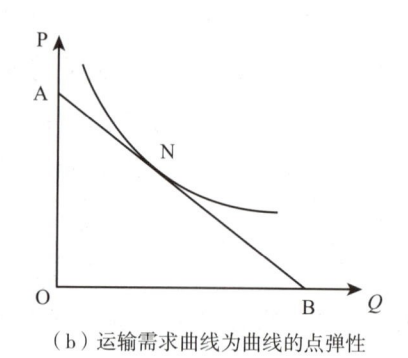

图 3-14　运输需求曲线的点弹性

（2）弧弹性。

弧弹性表示运输需求曲线上两点之间的需求量变动对于运价变动的反应程度，是运输需求曲线上两点间的平均弹性。一般而言，当运价在一定范围内变动较大时，采用弧弹性的计算方法。弧弹性的计算一般采用中点公式。已知运输需求曲线上两点的坐标 (Q_1, P_1)、(Q_2, P_2)，根据公式 $E_p = \dfrac{\Delta Q/Q}{\Delta P/P}$，其中 Q =

$\frac{Q_1+Q_2}{2}$，$P=\frac{P_1+P_2}{2}$，$\Delta Q=Q_2-Q_1$，$\Delta P=P_2-P_1$，则有：

$$E_p = \frac{\Delta Q/Q}{\Delta P/P} = \frac{\frac{Q_2-Q_1}{(Q_1+Q_2)/2}}{\frac{P_2-P_1}{(P_1+P_2)/2}} = \frac{Q_2-Q_1}{P_2-P_1} \cdot \frac{P_1+P_2}{Q_1+Q_2} \qquad (3-6)$$

式（3-6）中：E_p——运输需求价格弧弹性；

　　　　　　Q——运输需求量；

　　　　　　ΔQ——运输需求量的变化量；

　　　　　　P——运输服务的价格；

　　　　　　ΔP——运输价格的变化量；

　　　　　　Q_1——运输需求曲线上第一个点所对应的运输需求量；

　　　　　　Q_2——运输需求曲线上第二个点所对应的运输需求量；

　　　　　　P_1——运输需求曲线上第一个点所对应的运输价格；

　　　　　　P_2——运输需求曲线上第二个点所对应的运输价格。

3. 运输需求价格弹性的类型

根据运输需求价格弹性 E_p 的大小，可以将运输需求价格弹性分为以下五种类型。

（1）当 $|E_p|=0$，称为完全无弹性［见图3-15（a）］。在这种情况下，无论运价怎样变动，运输需求量均保持不变，运输需求曲线是与纵轴平行的一条垂线。这种情况下，在实际的运输中很少见。

（2）当 $|E_p|=\infty$：称为完全弹性或完全有弹性［见图3-15（b）］。在这种情况下，运价保持一定的水平不变，运输需求量无限增加，需求曲线是一条与横轴平行的垂线。

（3）当 $|E_p|=1$，称为单位弹性或单一弹性［见图3-15（c）］。在这种情况下，运输需求量变动的百分率等于运价变动的百分率，运输需求曲线是一条止双曲线。

（4）当 $0<|E_p|<1$，称为缺乏弹性或不富弹性［见图3-15（d）］。在这种情况下，运输需求量变动的百分率小于运价变动的百分率，运输需求曲线比较陡峭且斜率较大。对运价不太敏感的旅客或货主属于这种情况。

（5）当 $|E_p|>1$，称为富有弹性［见图3-15（e）］。在这种情况下，运输需求量变动的百分率大于运价变动的百分率，需求曲线比较平缓且斜率较小。对价格比较敏感的旅客或者货主属于这种情况。

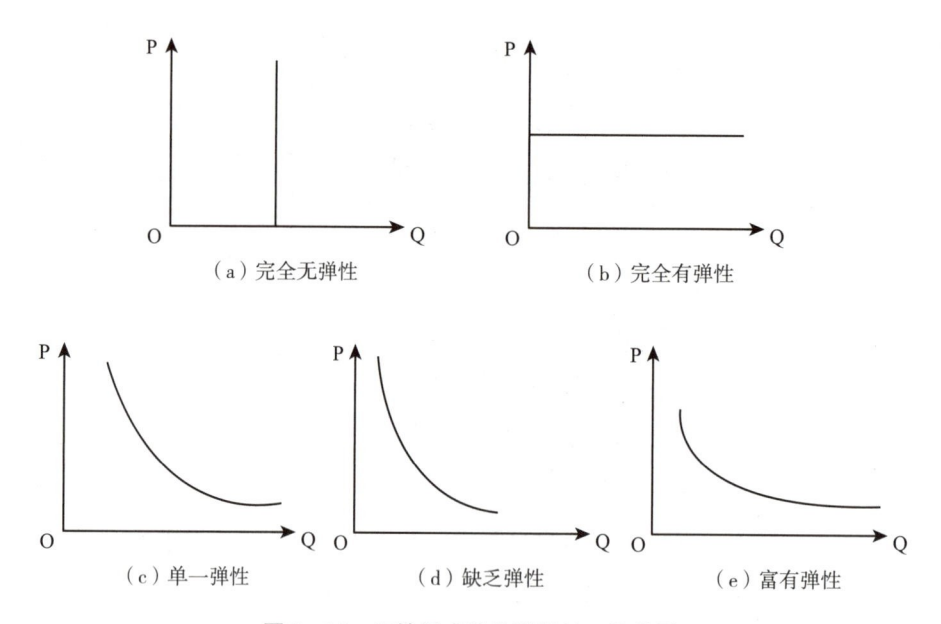

(a) 完全无弹性　　　　　　　　(b) 完全有弹性

(c) 单一弹性　　　　(d) 缺乏弹性　　　　(e) 富有弹性

图 3-15　运输需求价格弹性的五种类型

通过对运输需求弹性大小的比较和对其变化的分析，运输企业或行业管理部门可以了解运输需求量与运价变化的规律，对于运价的制定具有重要作用。

如图 3-16 所示，运输需求曲线 $|E_p|>1$。当运价为 P_M 时，运输收入为 S_1+S_2；当运价降为 P_N 时，运输收入为 S_2+S_3，从图中显而易见 $S_1<S_3$。所以，当运输需求曲线富有弹性时，采用"低价策略"可以增加运输收入，采取"高价策略"则会减少收入。图 3-17 所示，运输需求曲线 $0<|E_p|<1$ 时，因为 $S_1>S_3$，所以，当运输需求曲线缺乏弹性时，采用"高价策略"则会增加运输收入，采取"低价策略"则会减少运输收入。当运输需求曲线 $|E_p|=1$ 时，因为运价与运输需求量同比例变化，因此"高价策略"和"低价策略"无差别。现将以上结论归纳于表 3-3。

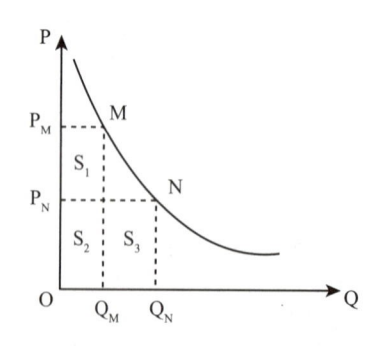

图 3-16　富有弹性的运输需求曲线 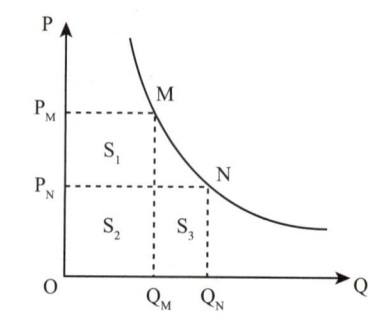　　　图 3-17　缺乏弹性的运输需求曲线

表 3-3　　　　　　　　运输需求价格弹性与价格策略

项目	运价变动	运输需求量变动	运输收入变动	运价策略
$|E_p|>1$	上升	下降更多	下降	低价策略
	下降	上升更多	上升	
$0<|E_p|<1$	上升	下降较少	上升	高价策略
	下降	上升较少	下降	
$|E_p|=1$	上升	同比例下降	不变	低价策略和高价策略均可
	下降	同比例上升	不变	

4. 运输需求价格弹性的影响因素

（1）旅客运输需求价格弹性的影响因素。

第一，出行目的。出行目的不同对客运需求弹性会产生一定的影响。如生产性客运需求和品质敏感性客运需求，其需求特点对价格相对不敏感，因此，这类需求的价格弹性会相对较小。

第二，费用支付方式。费用支付方式不同也会对客运需求弹性产生影响。例如，一个人自驾出去旅行，私人小汽车的燃油费等直接费用，相对于既包括燃油费又包括保险、保养和折旧等间接费用的全部成本而言，只是一小部分，这就使得此次出行的需求弹性，按照直接费用和按照全部成本计算，结果则会不同。

第三，计算期的长短。考察客运需求弹性可以从长期和短期等不同时间长度进行计算和分析。然而不同的计算期，运输需求弹性也会有所不同。例如，某条线路的道路客运价格上涨，在短期内，这条线路的客运需求可能会下降较为明显，因为旅客可以选择其他运输方式，但一段时间过后，人们逐渐适应这种价格上涨，可能会有一部分旅客因为方便、快捷等原因又重新选择这条线路的道路客运，因此，客运需求弹性则会表现为短期富有弹性而长期缺乏弹性。

第四，运输距离或支付总额。运输距离或支付总额的差别也会导致客运需求弹性不同。假设两种运输服务的票价分别是50元和500元，如果都上涨20%，50元票价和500元票价上涨后的结果会使人反应不同。有研究结果表明，对休闲旅行需求而言，长距离出行的价格弹性要大于短距离的价格弹性。

（2）货物运输需求价格弹性的影响因素。

第一，运费占商品总成本的比重。货运需求的价格弹性，与运费占商品成本的比重密切相关。而运费占商品总成本的比重，往往取决于货物的价值。货物的价值越高，运费占商品总成本的比重越小，货主对运输的安全性、时效性等方面的要求会越高，对于运价的敏感度越低，因此，运输需求的弹性则较小。反之，货物的价值越低，运费占商品总成本的比重越大，货主对运价的敏感会较大，运输需求的弹性则较大。

第二，运输服务的替代性。如果一种商品有多种运输方式可以提供运输服务，或者仅有一种运输方式可以为其提供服务，但这种运输方式下有多个运输企业可以提供服务，这意味着货主可以有更多的选择机会，也即该商品的运输服务替代性较强，从而形成较大的运输需求价格弹性。反之亦反。

第三，货物对运输时效性的要求。不同的货物，对于运输时效性的要求会有所不同。如果某种货物急于进入市场销售或者属于易腐易烂的食物等，货主会宁愿选择运价高但时效性强的运输服务，因此，在这种情况下，运输需求的价格弹性则会较小。也即，当货物对运输时效性要求比较高的情况下，运输需求的价格弹性则会较小。反之亦反。

（三）运输需求的收入弹性

运输需求的收入弹性是运输需求量变化的百分率与消费者收入变化的百分率的比值，其反映了运输需求量随着消费者收入变化而变化的反应程度，主要用于分析客运需求。运输需求收入弹性的计算公式为：

$$E_I = \frac{\Delta Q/Q}{\Delta I/I} \quad (3-7)$$

式（3-7）中：E_I——运输需求的收入弹性；

　　　　　　Q——运输需求量；

　　　　　　ΔQ——运输需求量的变化量；

　　　　　　I——消费者的收入；

　　　　　　ΔI——消费者收入的变化量。

同理，运输需求收入点弹性的计算公式为：

$$\varepsilon_I = \frac{dQ}{dI} \cdot \frac{I}{Q} \quad (3-8)$$

式（3-8）中：ε_I——运输需求收入点弹性；

　　　　　　Q——运输需求量；

　　　　　　I——消费者的收入。

运输需求收入弧弹性的计算公式为：

$$E_I = \frac{Q_2 - Q_1}{I_2 - I_1} \cdot \frac{I_1 + I_2}{Q_1 + Q_2} \quad (3-9)$$

式（3-9）中：E_I——运输需求的收入弹性；

　　　　　　Q_1——运输需求曲线上第一个点所对应的运输需求量；

　　　　　　Q_2——运输需求曲线上第二个点所对应的运输需求量；

I_1——运输需求曲线上第一个点所对应的消费者收入;

I_2——运输需求曲线上第二个点所对应的消费者收入。

运输需求收入弹性一般为正值,这是因为运输需求量和消费者收入水平一般会同方向变动,消费者收入增加,消费者出行需求或者对商品的运输需求增加,消费者收入降低,消费者出行需求或者对商品的运输需求减少。

对于生产性旅客运输需求而言,收入弹性通常没有弹性或者弹性很小,因为生产性运输需求通常是必需的出行需求,收入增加与否对于出行量没有影响或者影响很小。对于消费性旅客运输而言,收入弹性通常较大,因为旅客收入增加,出行量通常会增加,而且随着收入的逐步提高,旅客通常会选择更高价格的运输服务,因为他们在方便、快捷、舒适等方面会有更高的要求。

(四) 运输需求交叉弹性

运输需求交叉弹性是指一种运输服务的需求量对另外一种可替代的运输服务价格变化的反应程度,可以用该种运输服务需求量的变化率与另一种运输服务价格变化率的比值表示为:

$$E_{ij} = \frac{\Delta Q_i / Q_i}{\Delta P_j / P_j} \qquad (3-10)$$

式 (3-10) 中:E_{ij}——运输需求交叉弹性;

Q_i——第 i 种运输服务的需求量;

ΔQ_i——第 i 种运输服务需求量的变化量;

P_j——第 j 种运输服务的价格;

ΔP_j——第 j 种运输服务价格的变化量。

运输需求交叉点弹性的计算公式为:

$$\varepsilon_{ij} = \frac{dQ_i}{dP_j} \cdot \frac{P_j}{Q_i} \qquad (3-11)$$

式 (3-11) 中:ε_{ij}——运输需求交叉点弹性;

Q_i——第 i 种运输服务的需求量;

P_j——第 j 种运输服务的价格。

运输需求交叉弧弹性的计算公式为:

$$E_{ij} = \frac{Q_{i2} - Q_{i1}}{P_{j2} - P_{j1}} \cdot \frac{P_{j1} + P_{j2}}{Q_{i1} + Q_{i2}} \qquad (3-12)$$

式 (3-12) 中:E_{ij}——运输需求交叉弧弹性;

Q_{i1}——运输需求交叉弹性曲线上第 i 种运输服务第一个点所对应的需求量;

Q_{i2}——运输需求交叉弹性曲线上第 i 种运输服务第二个点所对应的需求量;

P_{j1}——运输需求交叉弹性曲线上第 j 种运输服务第一个点所对应的价格;

P_{j2}——运输需求交叉弹性曲线上第 j 种运输服务第二个点所对应的价格。

运输需求交叉弹性反映了两种运输服务的关系,交叉弹性值不同,得出的经济含义不同,具体有以下三种结论:

交叉弹性 $E_{ij}>0$,说明运输服务 j 的价格变动会引起运输服务 i 的需求同方向变动。例如,航空票价提高,可能会促使铁路客运需求量增加,表明航空客运与铁路客运具有一定的可替代性。再如,铁路货运和公路客运同为陆运方式,二者存在一定的竞争性。当铁路货运涨价的时候,道路货运的需求量可能会增加,二者之间存在一定的可替代性。

交叉弹性 $E_{ij}<0$,说明运输服务 j 的价格变动会引起运输服务 i 的需求反方向变动。例如,航空票价提高,可能会促使机场大巴、机场地铁或机场出租车需求量的减少,表明两种客运服务存在互补性,即他们之间的合作,更能满足旅客的需求。再如,水运价格提高可能会使疏港汽车的运输需求量也随之减少,两者之间存在一定的互补性。

交叉弹性 $E_{ij}=0$,说明运输服务 j 的价格变动对运输服务 i 没有影响,表明两种运输服务相互独立,没有关联。例如,航空票价提高,对农村道路客运需求量基本没有影响,二者几乎没有替代性和互补性。再如,航空货运的价格降低,对于管道运输的货运需求没有影响,二者无替代性和互补性。

课后作业

1. 以某种运输方式为例,分析旅客运输需求和货物运输需求的异同点。
2. 分析不同类型旅客的运输需求特征。
3. 分析不同类型货物的运输需求特征。
4. 分析不同类型旅客的运输需求弹性。
5. 分析不同类型货物的运输需求弹性。

课后思考题

1. 新形势下我国旅游客运需求的特征分析。

2. 以某种运输方式为例，分析新形势下，我国旅客运输或货物运输需求产生哪些新的特征和新的影响因素。

3. 选择运输行业中的一个具体现象，试用消费者行为理论分析之。

4. 案例与讨论：交通运输需求整体将持续复苏（见二维码）。

5. 拓展知识：交通需求（见二维码）。

6. 本章知识分解（见二维码）。

第四章

运输供给与运输生产决策

运输供给和运输需求是一对孪生兄弟,都是运输市场的重要组成部分,对运输供给开展系统研究有利于实现运输市场的合理均衡。本章从运输需求转到运输供给,两者分析的范式相同,但分析内容,其变化关系正好相反,一个是需求者,另一个是供给者。运输供给分析主要是根据各运输方式本身的特点和现有的设备条件、人员情况和组织方法,为企业供给分析或决策分析提供方法,从而更好地满足运输需求。本章介绍厂商与运输产品生产者、运输供给的内涵与特征(包括运输产品及其品质)、旅客运输供给和货物运输供给、运输供给函数与供给弹性分析、运输供给的生产决策分析(包括实际应用)等相关内容。

学习目标及要求:

1. 掌握旅客运输供给和货物运输供给的性质及影响因素。
2. 掌握并会运用运输供给函数及运输供给曲线。
3. 掌握运输供给弹性分析理论及影响因素。

本章重点:

本章重点为旅客和货物运输供给的影响因素,运输供给弹性分析,总产量、平均产量、边际产量的关系,边际收益递减规律和运输规模收益。

本章难点：

本章难点为运输供给内涵与特征的理解，运输生产决策分析的应用。

第一节　厂商与运输产品生产者

一、厂商的概念及组织形式

生产者亦称厂商或企业，它是指能够作出统一的生产决策的单个经济单位。换句话说，厂商能够统一地调配、集合、优化所有生产资源，继而生产出一定数量的某种产品。

从企业架构或资本的构成角度来说，组织形式包括个人企业、合伙制企业、公司制企业。其中个人企业为单个人独资经营的厂商组织；合伙制企业为两个人以上合资经营的厂商组织；公司制企业为按公司法建立和经营的具有法人资格的厂商组织。

二、运输产品生产者的概念及目标

运输产品生产者是指提供运输服务（即位移）的一些厂商，包括企业、个体户、运输劳务中间商等一切可以向运输市场提供运输劳务的生产者。

在运输领域中，一类为直接提供位移的，是大部分的厂商。另一类为中间商，是为货主、托运人、旅客运输的供给者解决中间信息对称问题以及全程组织问题的厂商。在比较明确的几类中间商中，定位确定为运输服务的实际提供人。中间商对旅客直接负责，旅客不需要找背后的实际承运人。对于实际承运人来说，只需要和中间商进行结算。比如在道路货物运输中存在无车承运人，当有庞大的货源或车源信息时，能够整体上节约社会资源，对货源和车源进行优化和匹配，提高效率。

在微观经济学中运输产品生产者的目标为追求最大的利润，在现实经济生活中其目标为实现销售收入最大化或运输市场销售份额最大化。这些运输产品生产者在公平公正不损害社会利益的情况下追求利润，同时应有社会担当和社会责任。

第二节　运输供给的概念及特征

一、运输供给的概念

在完全市场竞争条件下，运输供给是运输生产者在某一时刻，在各种可能的运输价格水平上，愿意并能够提供的各种运输产品的数量。假定运输生产者是实际承运人，要得到行业的许可或备案才可以提供运输供给。

二、运输供给的特征

（一）动态生产

运输不在固定的地方生产，固定的地方用来储备生产物资，如车、人、场站，这是运输行业与其他行业相比最特殊的地方，因此政府对运输的管制要严格得多。

（二）生产与消费同步

运输产品不可储存，和电力供给很接近，只能储存生产物资但不能储存产品。在运输过程中，只有边生产边消费才有价值。因此运输产品生产者必须在运量上作精准判断，在日常生产过程中作精心的组织和调动。

（三）运输供给的产品具有多重经济属性

产品的经济属性分为公共产品、私人产品及混合产品，公共产品为具有消费或使用上的非竞争性和受益上的非排他性的产品；私人产品是具有效用上的可分割性，消费上的竞争性和受益上的排他性的产品；混合产品是兼具公共产品和私人产品属性的产品。而这三个经济属性运输都完全不符合，不管是哪类运输，首先满足人的出行需要和货物基本的流动需要，如在班线客运中，运价为政府指导价，客运一直在亏本，包括高铁也是在以货养客，没有哪条铁路线是赚钱的，例如，京沪高铁从三年前的数据来看，也只达到了票价收入的维持运营。

（四）运输供给生产者同宗异构

不同的运输方式，其技术和经济性能差异很大。举个例子，现在最受欢迎的交通工具是高铁和飞机,这两种交通工具的速度都很快,而且坐起来也舒服,所以很多人在出门的时候都不知道怎么选。但高铁与飞机存在排班差异和载客差异,高铁必须存够大量的旅客才可以出发,该运输方式的排班较飞机而言要少得多,因此,对于需要临时出差的旅客而言,会更倾向于选择飞机。

(五) 部分替代性

运输供给无法完全替代。我国经历了"铁老大"时代、公路快速发展时代,在做线路规划及资源配置的整个过程中都在强调哪种运输方式更重要,没有充分发挥各种运输方式的长处,导致了资源浪费。不论从宏观的国家规划或资源配置层面,还是从企业经营的层面看,概念意识中都只有不同运输方式的竞争而没有竞合。现如今,需要特别强调不同运输方式的竞合,各种运输方式应该寻求互相合作,发挥综合运输时代的优势区域,从而提升总需求量和总供给量。

(六) 运输供给溢出效应明显

交通运输的正溢出和负溢出效应都明显。正溢出效应主要表现为运输供给所获得的收益不是运输产品所带来的价值的全部,甚至只是很少的一部分,其真正的收益为带动地方经济的发展、形成产业带及改变社会分工等,"要想富先修路"便是这个道理。同时,运输的负溢出表现为噪声污染,生态破坏,交通拥堵;等等,因此如何发挥正溢出、抑制负溢出,用经济的手段去调整负溢出效应是当下应思考的问题。

第三节 旅客运输供给和货物运输供给

一、旅客运输供给和货物运输供给的性质

(一) 货物运输供给

根据运输对象区分,货物运输供给分为生产性的运输供给和消费性的运输供给。生产性的运输供给为生产过程在流通领域的继续,消费性的运输供给为日常消费所需的运输供给。

（二）旅客运输供给

与货物运输供给的区分方式相同，旅客运输供给也分为生产性的运输供给和消费性的运输供给。生产性的运输供给主要为通勤、出差等提供的运输供给，消费性的运输供给为休闲、旅游等提供的运输供给，该种运输供给的关注度更高。

二、旅客运输供给和货物运输供给的影响因素

从宏观层面来看，运输供给的影响因素包括经济发展水平、产业结构调整和技术发展水平。

首先，从经济发展水平来看，一个国家或地区的经济状况直接影响着运输供给的发展，影响到对运输工具的建设要求。综观世界各国运输的发展，经济发达的国家，其运输业也相当发达。而经济相对落后的发展中国家，其运输业也相对落后，运输供给短缺。国家或地区的经济实力越强大，越可能将更多的国民收入投入到运输基础设施建设和运输设备制造中去，从而促进运输供给的发展。

其次，交通运输业与产业结构之间是相互影响相互促进的，交通运输业是第三产业中的重要产业，产业结构的优化必然会带动交通运输业为适应新的产业结构而进行演变和发展。

同时，科学技术是推动社会发展的第一生产力。运输工具的发展，离不开科技的发展，科学技术对于提高运输生产效率、降低运输成本、提高运输服务质量和提高生产的组织管理水平起着重要作用。科学技术的应用对提高运输供给量、运输供给能力起到推动作用。

从微观层面来看，运输供给的影响因素包括运输产品价格、运输生产成本、市场竞争态势。

首先，运输价格是影响运输供给的重要因素之一，在其他因素不变的情况下，运输价格同运输供给量呈相同方向的变化。价格上升，刺激运输供给量增加；价格下降，运输供给量相对减少。因此，价格因素能在一定程度上起到调节运力的作用。在运输行业中，资金一定会流向利润率比较高的生产者，只有价格高了生产者才愿意提供运输产品。

其次，运输生产成本是运输供给的价值或经济因素。影响运输成本变动的因素主要是生产要素的价格和生产技术状况，生产要素的价格上涨，必然导致运输成本增加，使运输供给减少；而生产技术的进步则意味着运输能力的提高或运输成本的降低，其结果是能够在原运价水平下，增加运输供给量。运输的相关市场如运输工具的制造市场、运输工具的买卖市场等，其价格也将影响投放到运输市

场上的供给能力。

同时，运输供给特征受到需求的影响，市场结构接近完全竞争状态更能够有效满足运输需求；当需求多样化与市场组织一体化都处于较高水平时（尤其是在极限高点时），运输市场结构为完全垄断状态能够更加有效满足运输需求，因为需求的极端多样化必须采用市场组织的高度一体化（尤其是整个市场统一组织），才能够满足运输需求；当需求多样化与市场组织一体化水平都处于中间状态时，市场结构表现为垄断竞争或者寡头垄断的市场竞争态势。

第四节　运输供给函数与供给弹性分析

一、运输供给生产函数

（一）概念

生产函数总是与一定时期一定的技术水平一一对应，技术水平或技术条件变了，生产函数也会随之改变。比如高铁和普通的电力机车，给定同样的要素带来的产出是不一样的，这就是技术对运输生产带来的影响。

运输供给生产函数的一般表达式为：

$$Q = f(L, K, N, E)$$

其中：

Q——产品（或服务）的产量；单位为人公里、吨公里等；

L——劳动要素；

K——资本要素；

N——土地要素；

E——企业家才能要素；

f——函数符号，正值。

（二）运输供给曲线

运输供给曲线表示运输生产者在每个价格上愿意生产运输产品的数量。在影响供给量的诸多因素中，运输价格是最灵敏、最重要的因素。

在图4-1中，横轴表示供给量（q），纵轴表示价格（p），供给曲线是向右上方倾斜的曲线。一般情况下，供给量随运价上涨而增加。

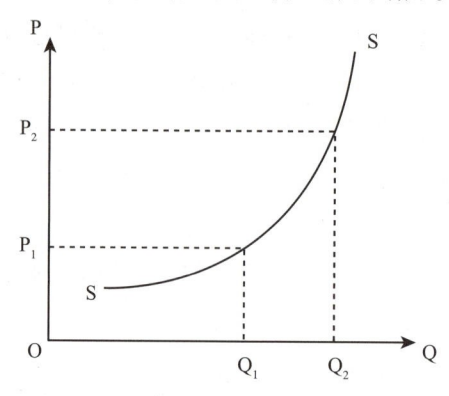

图 4-1 供给和价格关系的曲线

图 4-2 为两种情况下运输企业的供给曲线。首先，对于考虑进入市场的运输企业来说，在价格低于由平均成本最低点所表示的临界价格时，企业的供给为零。其中，平均成本曲线总是先降后升，随着产品生产量的增多，单位产品所分担的固定成本会越来越少，所以平均成本会降低。但降低到一定程度之后，随着规模的增大，其他的投入也越来越大，导致平均成本曲线再增加。当价格高于临界价格时，企业的供给曲线与边际成本曲线重合。另一种情况是对于花费沉没成本的运输企业来说，只要价格超过平均可变成本曲线的最低点，该企业进行生产。

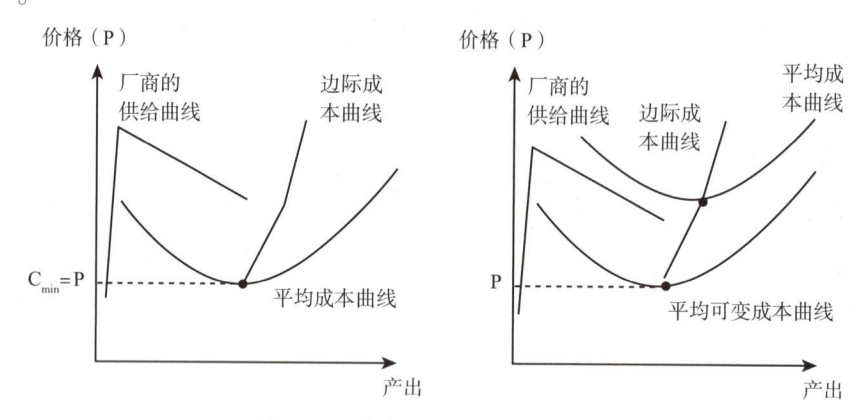

图 4-2 单个运输企业的供给曲线

二、运输供给弹性分析

（一）运输供给弹性分析理论

运输供给弹性分析所依托的基础理论依然是经济学的弹性理论，但是运输供给弹性的经济内涵与其他商品的经济内涵存在很大不同，其主要表示运输服务能力随着其他影响因素变化而变化的趋势，具体表现为运输服务能力变化的百分比与其他影响因素变化百分比的比值关系。

运输供给的价格弹性是指在其他条件不变的情况下，运价变动所引起运输供给量的变动程度。如果用 P 表示运价，∂p 表示运价的变动量，Q 表示运量，∂Q 表示运量的变动量，则运输供给的点弹性系数 E_{st} 为：$E_{st} = \frac{\partial Q}{\partial P} \cdot \frac{P_t}{Q_t}$。

运输供给的弧弹性计算公式为：

$$E_S = \frac{(Q_2 - Q_1)}{(P_2 - P_1)} \cdot \frac{(P_1 + P_2)}{(Q_1 + Q_2)} \qquad (4-1)$$

（二）影响供给弹性的因素

1. 运输成本

如果一种运输服务增加供给引起的成本增加较大，那么，其供给弹性就小；反之，如果增加的成本不大，供给弹性就大。如旅客运输在满员情况下还能超员运输，其成本随运量变化而增加的幅度小，则供给价格弹性大。相对而言，处于运量饱和的货物运输再增加运量，就需增加运输工具等，因此带来成本增加幅度大，此时的供给价格弹性小。

2. 调整产量的难易程度

一般来说，能够根据价格的变动灵活调整运力的产业，其供给价格弹性大；反之其价格弹性就小。定期船市场与不定期船市场相比，前者调整运力较困难，供给价格弹性较小，后者调整运力较容易，供给价格弹性较大。

3. 考察时间的长短

运输业是资金密集型产业，有初始投资大、建设周期长、运力贮备风险较大等特点，所以短时间内调整运力不易做到，供给价格弹性较小。但从长期考察，运输市场在运价的作用下，供给与需求会逐步趋于相互适应，表明在长期内，运输供给具有足够的弹性。

4. 运输供给的交叉价格弹性

由于不同的运输方式之间存在某种程度的可替代性和互补性，因此需要研究在运输企业、各运输方式之间的供给交叉价格弹性，即某种运输服务价格的变动引起的另一种运输服务供给变动的灵敏程度。用运输供给交叉弹性系数来表示，计算公式为：

$$E_{SAB} = \frac{\Delta Q_A / Q_A}{\Delta P_B / P_B} = \frac{\Delta Q_A}{\Delta P_B} \cdot \frac{P_B}{Q_A} \qquad (4-2)$$

式（4-2）中：Q_A、ΔQ_A——A 种运输服务供给量及供给量的变化值；

P_B、ΔP_B——B 种运输服务价格及价格的变化值

第五节　运输供给的生产决策分析

一、总产量、平均产量和边际产量

从运输企业的生产函数出发，我们需要计算 3 个重要的产量概念：总产量、平均产量和边际产量。总产量（TP）是使用一定量生产要素所生产出来的全部产量。平均产量（AP）是平均每单位生产要素所生产的产量。边际产量（MP）是每增加一个单位生产要素所增加的产量。

如图 4-3 所示，三个生产函数的曲线图都是先向右上方倾斜，而后向右下方倾斜。即先上升而后分别下降。总产量 TP 与边际产量 MP 的关系为边际产量是总产量的一阶导数，增减变化一致，当边际产量大于 0 时总产量增加，当边际产量小于 0 时总产量减少；总产量 TP 与平均产量 AP 的关系为平均产量是总产量与该要素投入量的比值；平均产量 AP 与边际产量 MP 的关系为二者都是先上升后下降，但边际产量上升和下降的速率都比平均产量快。当平均产量上升时，边际产量大于平均产量，当平均产量下降时，平均产量大于边际产量。所以边际产量与平均产量相交于平均产量的最高点。

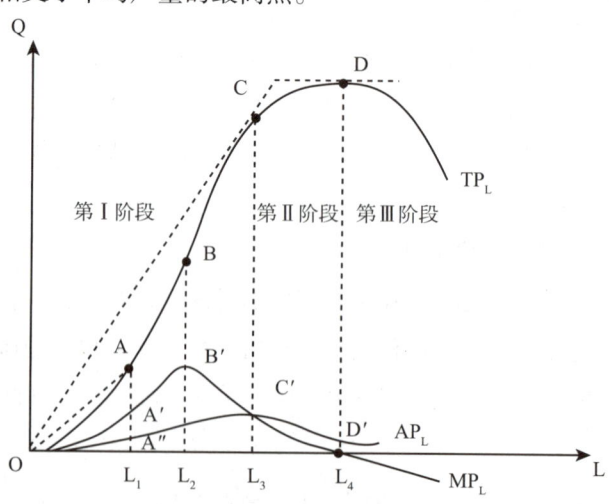

图 4-3　生产函数曲线

二、边际收益递减规律

使用生产函数，我们可以理解经济学中最重要的一个规律，即边际收益递减规律：

在短期生产过程中，在其他条件不变（如技术水平不变）的前提下，增加某种运输生产要素的投入，当该生产要素投入数量增加到一定程度以后，增加一单位该要素所带来的效益增加量是递减的，边际收益递减规律是以技术水平和其他生产要素的投入数量保持不变为条件进行讨论的一种规律（见图4-4）。

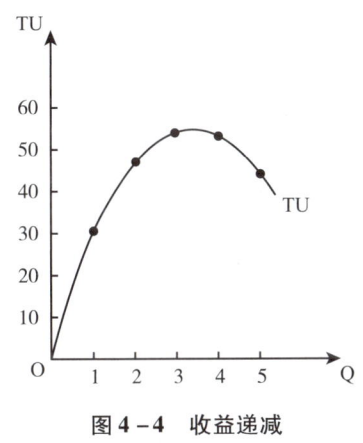

图4-4 收益递减

我们可以使用生活中的例子来说明边际收益递减规律，如吃饭时的狼吞虎咽、细细品味、茶足饭饱到最后腹撑难咽的过程体现了这一规律。还有，在春运期间，道路旅客运输企业在日常储备供给投入的情况下，增加第一辆车，车票供不应求；当增加到第100辆车时，对车票的需求就没有那么迫切，当继续增加更多车辆时，最后一辆车的车票可能就没有需求了。

三、运输规模收益

边际收益递减指的是当所有其他投入保持不变时，产出对于单一投入增加的反应。但有时，我们却对增加所有投入的后果感兴趣，这便涉及运输规模收益，即投入的规模增加对产出量的影响。换句话说，规模收益表明当所有投入同比例增加时，运输总产量的反应程度。首先，所投入的生产要素所抵消的固定成本有更多的量去抵消，即分摊固定成本；除了这个要素以外，有协作分工带来的收益；有了规模以后会优化调度合理安排，投入先进的组织方式和信息技术手段来提高生产效益。

但并不是规模越大就越有效益，应当区分以下三种重要情况：

规模收益不变：所有投入的增加导致产出的同样比例的增加。当劳动、资本和其他投入增加一倍，在规模收益不变的情况下，运输产出也增加一倍。

规模收益递增：所有投入的增加导致产出水平以更大比例地增加。当劳动、资本和其他投入增加10%，会引起总产出超过10%的增长。

规模收益递减：所有投入的均衡增加导致总产出以较小比例地增加。当运输企业规模变得过大，设备利用非效率的风险变得很大。

我们一般希望市场为垄断竞争性的市场，保持有几家企业但是相互竞争的状态。

四、短期和长期

考虑到时间在生产和成本中所起的作用，这里区分两种不同的时期，分别为短期和长期。短期和长期的划分是以生产者能否变动全部要素投入数量作为标准，并非按照具体的时间长短。

短期是生产者来不及调整全部生产要素投入数量，至少有一种生产要素投入数量是固定不变的时间周期。生产要素投入分为不变要素投入（如场站、车辆等），可变要素投入（如燃油、轮胎等）。

长期是生产者可以调整全部生产要素投入数量的时间周期。在长期内，所有生产要素投入都是可变要素投入。

例如，对于不同的产品生产，短期和长期的具体时间的规定是不同的。变动一个民航企业的规模可能需要两年，则其短期和长期的划分以两年为界；而变动一个道路运输企业的规模可能只需要三个月，则其短期和长期的划分仅为三个月。

五、技术变革

技术变革指生产物品的过程与劳务过程的改进，旧产品的革新或新产品的发明。

我们来回顾历次技术革命及其对交通发展的影响。第一次工业革命使得运河、铁路和蒸汽船得到发展，水运随蒸汽机应用于船舶而发展，英国在1825~1835年，运输32000人/年；1836~1845年，年运输71000人/年。美国在1830~1839年铁路总里程增加4828公里；19世纪50年代总里程达1.4万公里。第二次工业革命（1840~1930年）是以电与石油为标志的电气化革命；促进了自动化、铁路的发展，改变了全球经济与工业结构，德国、美国取代英国、法国成为新的世界强国，日本抓住机遇实现了快速发展。在第三次工业革命中，计算机、软件、互联网、微电子等产业得到快速发展；传统铁路步入衰退，1930年美国铁路货运量占全国的74.3%，1965年变为43.5%。高速铁路、机器人以及智能装备制造业在第三次革命中飞速发展。1945 年"二战"结束后,全球车辆制造技术获突破。高速公路与公路运输业得到高速发展。

由此看来,历次技术革命促进了全球化一体化发展,促进了全球经济规模的增长,促进了城市化与城市交通发展,改变了全球经济发展格局。从技术上看,科技进步以更快速度改变了人类生活与社会运行模式,改变了客货运输方式。

第四次工业革命以多种技术的融合为特征,包括增材制造、物联网、人工智能、机器人、虚拟现实等新技术相互融合的智能化革命。相比数字信息技术的逐步发展,工业4.0 是对当代技术模式的颠覆性变革。它将彻底改变现有的感知、计算、组织、行为和交付方式,从而改变产品与服务的生产和运输方式,最终改变沟通、协作和体验世界的方式(见图4-5 和图4-6)。

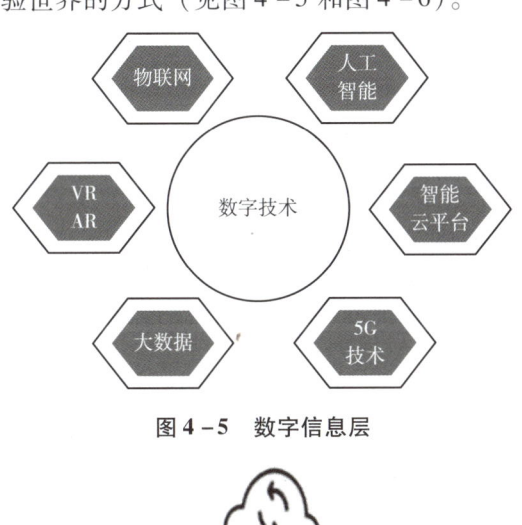

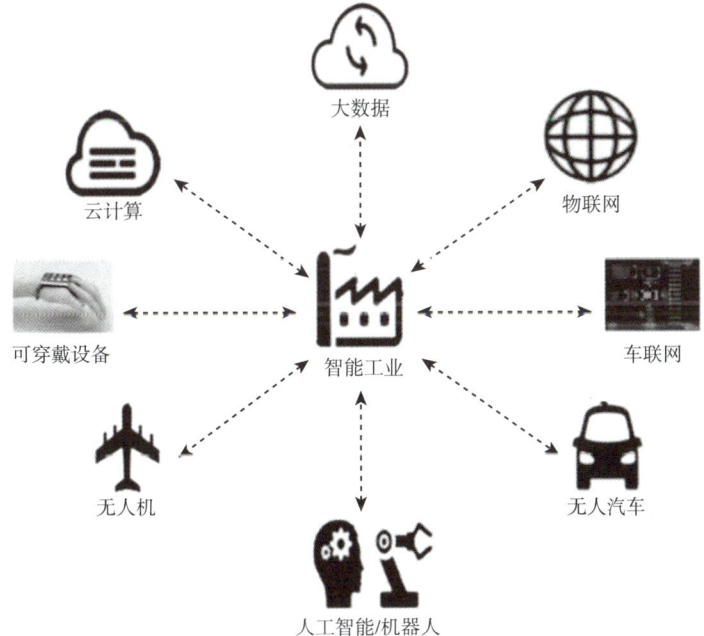

图 4-5 数字信息层

图 4-6 工业制造层

当前正处于科技发展与全球运行环境变革时期。这里有几点讨论，共享理念、增材制造技术推动供需模式变革，降低交通运输系统发展规模；大数据与信息技术应用挑战人类伦理，激发社会隐私保护冲突；智能化改善交通安全与运输效率，或触发人类生存（发展）危机。经历了较长时间的快速发展之后，研究我们面临的新形势，对于制定未来发展规划与各种变革的快速响应策略具有深远意义。

课后作业

1. 总产量、平均产量、边际产量三者是什么关系？
2. 什么是边际收益递减规律？运输生产决策分析中如何应用？
3. 如何理解运输规模收益？运输生产决策分析中如何应用？
4. 运输供给中的短期和长期是如何判断的？两者有何关系？
5. 西安到宝鸡旅客运输市场的运输产品生产者有哪些？其中某道路运输企业如何分析自身2021年度的运输生产决策。

课后思考题

1. 如何从社会经济宏观层面和企业经营层面理解运输供给的内涵。
2. 如何理解技术变革对运输生产决策的影响。

3. 案例与讨论：量增质更优，让增长更有底气（见二维码）。

4. 拓展知识：公共产品和私人产品（见二维码）。

5. 本章知识分解（见二维码）。

第五章

运输成本与运输企业成本费用管理

成本费用作为一个价值范畴，在社会主义市场经济中是客观存在的。运输企业加强成本费用管理，努力降低成本费用，对于提高企业经济效益和整个国民经济的宏观经济效益，都具有重要作用。

学习目标及要求：

1. 掌握成本的基本概念。
2. 树立社会主义市场经济体制下的成本观和价值观。
3. 提高分析问题和解决问题的能力。

本章重点：

1. 掌握成本的基本内涵，理解广义成本与狭义成本的联系与区别。
2. 理解成本分析的基本概念，掌握长短期成本函数曲线。

本章难点：

1. 明了影响运输企业成本的因素，掌握运输企业成本分析过程。
2. 掌握如何对运输企业进行成本管理与控制。

第一节 成本的基本概念

运输企业的生产过程，同其他物资生产部门一样，是生产要素的消费过程。运输企业的产品就是提供客货运输及其他相关业务。在运输生产过程中，一方面完成生产过程，提供运输劳务，实现被运送旅客和货物空间位置的转移，另一方面要发生各种物化劳动和活劳动的耗费。这些耗费就构成了运输企业营运活动的成本费用。

运输成本是运输经济学中一个知识要点。在市场经济环境下，任何运输活动都有成本，故无论是基于运输企业的微观决策，还是政府的宏观调控，都需要对成本问题加以考虑。成本与企业息息相关，企业管理者在获得营运收入的过程中，应该对企业资源的耗费有所了解，并对企业成本费用进行合理的管理与控制。

成本在经济学中有着丰富的内涵，成本一般是指厂商为了生产一定数量或质量的产品或劳务而花费的生产费用或代价，此代价主要是为生产这些产品和劳务而购买的生产要素所支付的货币代价，所以，成本一般是所耗费的生产要素的数量与单位价格的乘积。

本部分讨论的是成本内涵的共性内容。成本的内涵有广义与狭义之分。

一、广义成本

广义成本泛指所有耗费。关于广义成本有多种表述，其中有代表性的定义如下。

美国会计学会（AAA）所属的成本概念与标准委员会1951年对成本的定义为："成本是指为了实现特定目的而发生或应发生的可以用货币度量的价值牺牲。"

美国会计师协会（AICPA）1957年发布的《第4号会计名词公报》对成本的定义为："成本是指为获取资产或劳务而支付的现金或以货币衡量的转移其他资产、发行股票、提供劳务、承诺债务的数额。"

美国财务会计准则委员会1980年发布的《第3号财务会计概念公告》对成本的定义为："成本是指经济活动中发生的价值牺牲，即为了消费、储蓄、交换、生产等所放弃的资源。"

上述定义是对成本非常宽泛、广义的界定，泛指为达到一定目的而发生的资源耗费，甚至包括了投资活动。

二、狭义成本

狭义成本指对象化的耗费。所谓对象化耗费，就是指按照成本核算对象归类的耗费。成本计算对象是分配成本的客体。比如，我们计算产品成本时，需要将资源耗费分配给不同的产品，这时产品就是成本计算对象。产品是我们最熟悉也最为常见的成本计算对象，但是成本计算对象绝不仅仅局限于产品。它可以是人们关心的、希望了解其成本数据的任何事物，如顾客、部门、项目、作业等。当需要了解为不同顾客发生的资源耗费时，就需要将成本分配给不同的顾客，这时顾客就成了成本计算对象。当需要了解不同部门的资源耗费时，就需要将成本分配到不同的部门，这时部门就成了成本计算对象。当需要了解不同项目所耗费的资源时，就需要将成本分配给不同的项目，这时项目就成了成本计算对象。当需要了解不同作业的资源耗费时，就需要将成本分配给不同的作业，这时作业就成了成本计算对象。通俗地讲，需要了解谁的成本，谁就可以成为成本计算对象。当我们只将产品作为成本计算对象时，只能计算出产品成本，成本信息是有限的，依据成本信息只能进行产品盈利性分析等有限的管理活动。当我们将顾客、部门、项目、作业等作为成本的计算对象时，可以得到不同顾客、部门、项目和作业等的成本，这些丰富的成本信息可以为多种管理提供支持，比如顾客盈利性分析、部门业绩评价、项目评估、流程设计等。

第二节　成本分析

一、成本的经济分析

马克思在《资本论》中对资本主义经济的细胞——商品作了透彻剖析，揭示了成本概念的经济内涵。他指出：按照资本主义方式生产的每一商品的价值 W，用公式表示是 $W = c + v + m$，公式中（c + v）部分即所消耗的生产资料价格和所用的劳动价格，这就是商品的成本价格。

马克思从耗费和补偿两方面对成本进行论述。成本从耗费的角度看，是商品生产中所消耗的物化劳动和活劳动中必要的劳动价值，即（c+v）部分，它是成本最基本的经济内涵；成本从补偿的角度看，是指补偿商品生产中资本消耗的价值尺度，即成本价格，它是成本最直接的表现形式。即成本是已耗费又必须在价值和实物上得以补偿的支出。

（1）从成本经济性质上看，成本是生产经营活动中劳动耗费的价值度量，体现了成本的可计量性。

（2）从成本经济内容上看，成本是商品价值（c+v+m）中的前两部分。商品价值取决于生产该产品的社会必要劳动量，而成本是生产该产品的个别劳动耗费，体现了成本的个别性。

（3）从成本经济本质上看，成本是为生产一定数量和质量劳动成果发生劳动耗费的价值补偿，体现了成本的可补偿性。

在社会主义市场经济中，商品的价值仍然由三部分组成：（1）已耗费的生产资料转移的价值（c）；（2）劳动者为自己劳动所创造的价值（v）；（3）劳动者为社会劳动所创造的价值（m）。c+v部分是商品价值中需补偿部分，构成商品的理论成本。

可以将理论成本的内涵概括为：在生产经营过程中所耗费的生产资料转移的价值和劳动者为自己劳动所创造的价值的货币表现，也就是企业在生产经营中所耗费的资金总和。理论成本的内涵和本质是指导企业进行成本管理的指南，是实际工作中制定成本开支范围、考虑劳动耗费的价值补偿尺度的重要理论依据。

运输企业的成本除了满足成本最基本的特征外，其在运输企业中扮演着重要的角色功能。运输企业一般不生产产品，运输成本是指运输企业在运输过程中所发生的各种消耗和费用。斯蒂格利茨在《经济学》中描述"市场规模取决于运输成本"，运输成本在经济社会中已被证实其不可代替的重要作用。

运输成本是一个重要的综合指标，能够全面反映运输企业的生产技术、经营管理水平。运量的增减，运载率的高低，技术设备的更新改进与利用程度的好坏，以及耗材的消耗水平等，都会反映在运输成本中。因此，运输成本对于运输企业的生产与经营管理都至关重要。

（1）运输成本是运输企业维持简单再生产资金的主要保证。对于运输企业而言，安排好各种维修、养护支出，运用运输设备，完成运输任务和提高设备质量，保证运输过程安全等有重要作用。

（2）运输成本是反映运输过程消耗及补偿的重要尺度。运输成本说明运输企业生产耗费的多少，只有当运输收入至少能弥补运输成本的情况下，运输企业才能收回在生产中所耗费的资金，保证再生产得以顺利进行，并取得利润，为扩大再生产创造条件。

（3）运输成本是制定和调整运价的重要依据。只有在运输成本的基础上加上适当的盈利，按照国家的运价政策，才能制定出大体上符合运输价值和价格政策的运价。

（4）运输成本是进行技术经济分析、评价经济效果和进行决策的重要依据，也是进行各种运输方式运量分配和调整生产力布局的重要因素。

（5）运输成本也是考核和改善企业经营管理水平的有力杠杆。

二、经济成本与会计成本

经济成本是指显性成本与隐性成本之和。显性成本是指生产者为生产产品而投入的货币成本，比如原材料、职工薪酬、厂房或设备的费用以及支付的利息、广告费等。由于这些费用是可见的，可以采用货币形式记载在账面上，所以称为显性成本。隐性成本是指生产者在形式上不需要支付货币投入的成本，主要是利用自有资源，比如，个体经营的餐厅，对于家庭成员的服务不需要支付工资，这就属于隐性成本。

会计成本也称财务成本，是以实际发生的成本为基础，一般认为，企业在生产过程所发生的各项费用支出均为成本。会计成本是对已经发生支出费用项目的记录，是经济核算的重要工具，能够为生产者提供有关产品与劳务的定价或企业利润计算方面的依据，帮助企业进一步挖掘可以节约的潜能。会计成本表现为显性成本。

经济学者和会计学者都重视成本，动机都是出于对利润的关心，然而，他们的侧重点是不同的。经济学侧重于成本概念的讨论和成本性态的分析，而会计学则侧重于成本的准确计量。经济成本是一个更加抽象的概念。经济学者侧重于利润是如何获得的，会计学者则侧重于成本是如何计量的。经济学的目的是怎样配置资源，以使利润最大化；而会计学的目的是计量成本，以确定利润的具体数额。经济成本和会计成本有着较大差别。经济学家通常聚焦于研究企业的生产与定价决策等，这些决策通常会既考虑显性成本又考虑隐性成本，因此经济学家在衡量成本时就包含这两种成本；但与之相对的是，会计相关工作主要是记录企业经营成果与货币流动，因此会计成本通常只包括显性成本。

三、机会成本

机会成本为经济学意义上的成本，西方经济学家认为，经济学是要研究一个经济社会如何对稀缺的经济资源进行合理配置的问题。从经济资源的稀缺性这一前提出发，当一个社会或一个企业用一定的经济资源生产一定数量的一种或几种产品时，这些经济资源就不能同时被使用在其他的生产用途方面。机会成本往往并非做某件事时实际发生的账面费用，更多的是指为了做这件事而不得不放弃做其他事的观念上的一种代价。一个企业在开始生产之前就需要对资源配置作出安排，分析哪个方案更好、更优，从而作出决定，这实际上都使公司失去了做其他事的机会。例如，当某运输公司用一辆载货车去运送沙土赚 500 元时，公司不可能同时用这辆车去运送水泥赚 400 元。后者就是被前者错过的机会成本。

机会成本的成立通常需要满足以下条件：

（1）资源是稀缺的：人的欲望是无穷的，但资源总是稀缺的，所以必须作出取舍，进而产生机会成本。

（2）用途的多样性：所使用的资源至少有两种用途。机会成本是放弃的其他用途所能带来的利益。如果资源的用途只有一种，没有选择和比较，那就谈不上各个机会的收益比较与替代。

（3）收益可比较：不同用途所带来的收益是可以比较的。如果不同可能的收益有的是效用，有的是货币，有的是产品，那就很难客观地选择，所以不同项目收益需要通约和还原。

（4）资源可以自由流动：如果资源不能自由流动，你将无从选择，必须接受，自然就没有了机会成本。

机会成本通常由显性机会成本和隐性机会成本组成。使用他人资源的机会成本，即付给资源拥有者的货币代价被称为显性成本。因为使用自有资源而放弃其他可能性中得到的最大回报的那个代价，被称为隐性成本。

任何稀缺资源的使用，不论在实际中是否为之而支付代价，总会形成"机会成本"，即为了这种使用所牺牲掉的其他使用能够带来的益处。因此，这一概念拓宽和深化了对消耗在一定生产活动中的经济资源的成本的理解。通过对相同的经济资源在不同的生产用途中所得到的不同收入的比较，将使得经济资源从所得收入相对低的生产用途上，转移到所得收入相对高的生产用途上，否则就是一种浪费。

四、成本函数

（一）运输总成本、平均成本、边际成本

首先我们来介绍成本分析中常用的成本概念。

运输总成本是指运输企业为提供某种运输服务所耗费的成本总额。由固定运

输成本与变动运输成本构成。

运输平均成本为单位运输工作量所耗费的成本。

$$平均成本 = \frac{运输总成本}{运输工作量} = \frac{固定成本 + 可变成本}{运输工作量}$$

运输边际成本是增加单位运输工作量所增加的运输成本。

$$边际成本 = \frac{运输总成本的增量}{运输工作量的增量}$$

为了方便描述，我们常用 TC 表示总成本，FC 表示固定成本，VC 表示可变成本，Q 表示运输工作量，ATC 表示平均总成本，AFC 表示平均固定成本，AVC 表示平均可变成本，则各种运输成本间的关系可以用如下公式表示：

平均总成本　　　　ATC = TC/Q = AFC + AVC

平均固定成本　　　AFC = FC/Q

平均可变成本　　　AVC = VC/Q

边际成本　　　　　MC = ΔTC/ΔQ

（二）增量成本与沉没成本

增量成本是指随某一特定决策而发生变动的成本。与此相反，如果成本不因决策而发生变化，并且无法收回作为再投资的资本，那么这种成本就是沉没成本。例如，某运输公司在新增运输业务后将会引起可变成本（燃料、物料、直接生产工人的薪酬等）的增加，但不会引起固定成本（折旧费、管理费、保险费等）的变化。这里，变动成本的增加部分就是增量成本。但如该运输公司拟增加生产要素投入以扩大运输服务能力，则所增加的"固定成本"也将被称为增量成本。而如果企业拟转产，原来的一些专用设备无法使用，只能丢弃，这些旧设备的投资将无法收回，称为沉没成本。

（三）运输成本函数

运输成本函数是反映运输服务的生产量与投入量之间关系的函数。运输成本函数主要依赖于运输企业的生产函数和其投入要素的市场供给函数。运输企业的生产函数表明了运输的投入与产出之间的关系。将这种关系与投入要素的价格结合起来就决定了运输服务的成本函数。

对运输企业而言，如果企业的规模收益率保持不变，基于这种情况，成本与运量之间就存在着正比关系，成本函数为一个线性函数，它表示运输服务的投入量每增加一倍，其产出量即运输服务量随之增加一倍。由于投入要素价格不变，投入量增加一倍，运输总成本也会增加一倍［见图 5 - 1 (a)］。

如果运输企业的生产条件使规模收益率递增，那么，当运输服务量增加一倍，只需增加一倍以下的投入量即可，由于投入要素价格不变，该运输服务生产体系下的总运输成本函数如图 5-1（b）所示。

如果运输企业的生产条件使得规模收益率递减，要使运输服务的产出量增加一倍，投入量就得增加一倍以上，由于投入要素价格不变，这种运输服务生产体系下的总运输成本函数将如图 5-1（c）所示。

如果运输企业的规模收益率呈现先递增后递减，则运输成本函数曲线如图 5-1（d）所示，即在规模收益率递增的运量范围内，总成本的增长率低于运量的增长率，而在规模收益率开始递减后，总成本的增长率则高于运量的增长率，使得运输成本曲线呈现反 S 状。

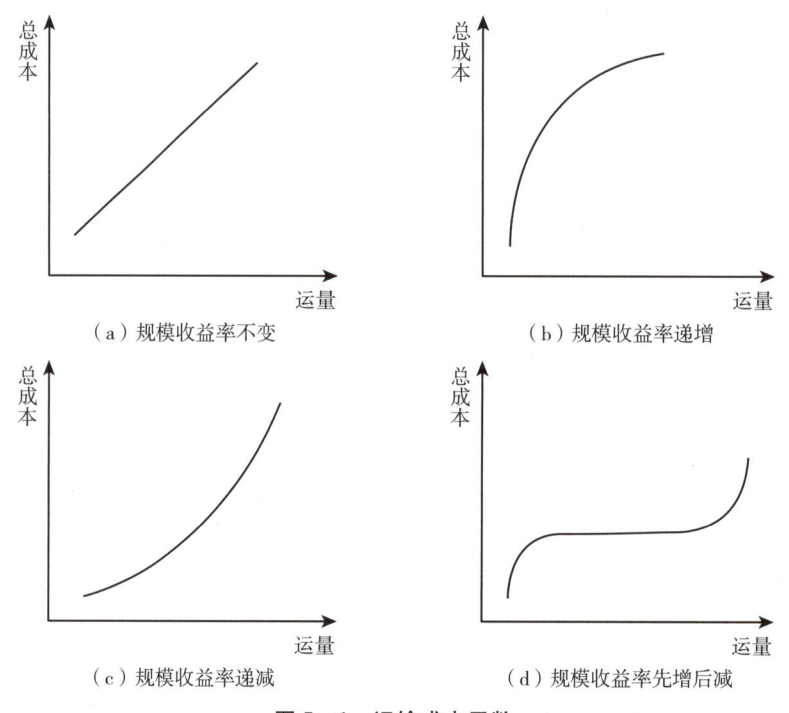

（a）规模收益率不变

（b）规模收益率递增

（c）规模收益率递减

（d）规模收益率先增后减

图 5-1　运输成本函数

需要指出的是，上述运量与成本之间的函数关系都是建立在投入要素价格不变的基础上。所以，当我们在研究运输成本与运量之间的关系时，需要首先考察投入要素价格变化情况，然后再根据生产函数去估计成本函数，此时，投入要素的价格与生产函数共同决定运输成本函数。

五、短期成本曲线和长期成本曲线

成本曲线是反映产品产量与成本之间关系的曲线，其中产量（Q）为横坐标，成本（C）为纵坐标，分为短期成本曲线与长期成本曲线。

（一）短期成本曲线

短期成本曲线是指在短期企业规模不变的基础上，一些生产要素如厂房、机器设备等的投入并不会随着产量的变化而变动。这些不会随着生产量变动的生产要素称为固定要素，将购买固定要素的费用称为固定成本；而随着生产量变动而变动的部分要素如人工、原材料、燃料等被称为变动要素，支付变动要素的费用就为变动成本。短期成本曲线最显著的特点就是固定成本保持不变，可变成本随产量的变动而变动。

对每个运输企业而言，重点关注的是运输量与成本之间的关系，如图5-2，每个运量上的总运输成本都为固定运输成本与可变运输成本之和。图5-3为对应的短期单位成本曲线。对比两个图，可以发现短期成本曲线有如下特征：

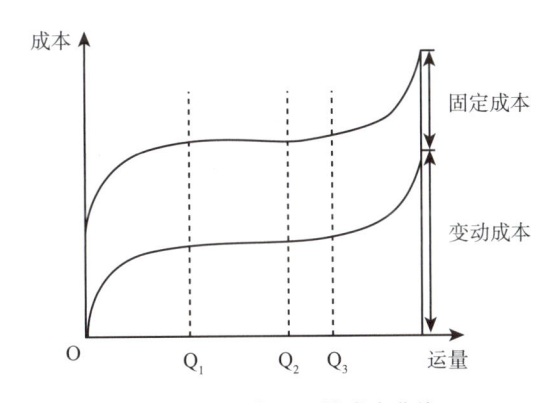

图 5-2 短期总运输成本曲线

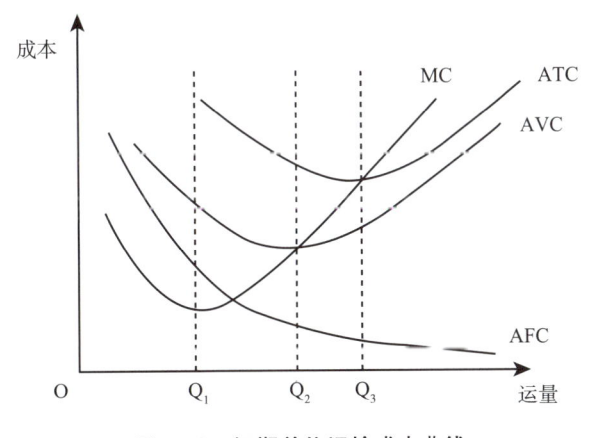

图 5-3 短期单位运输成本曲线

首先，由于固定成本FC在短期内保持不变，总运输成本曲线的形状完全取决于变动成本的曲线。也即是说，在每一运量水平上，总运输成本曲线的斜率完全等于可变成本曲线的斜率，只是把总运输成本曲线升至更高水平，这意味着边际运输成本与固定运输成本无关。由于边际运输成本是因为运量的增减而发生的运输成本变动，而固定运输成本与运量增减无关，因此，短期内固定运输成本的变化并不能对边际运输成本产生影响。

其次，总可变成本曲线 VC 的形状以及总成本曲线 TC 的形状在很大程度上取决于运输活动中使用的可变投入要素的运输生产率。从图 5-3 中我们可以看出，总可变成本曲线 TC 在到达运量 Q_1 之前，当可变投入要素的生产率递增时，即每后一单位投入增加的效益要优于前一单位投入增加的效益，这说明边际成本 MC 逐渐下降。在运量达到 Q_1 之后，可变要素投入的生产率呈递减状，即每增加一单位投入的效益都不如前一单位投入增加的效益，这说明边际成本 MC 在逐渐上升。Q_1 正好是边际成本由下降转为上升的临界点。对于 Q_1 这点的解释如下，运输企业的固定要素投入都是按一定水平设计的，当运量低于这一水平时，运输能力尚未被充分利用，只需要较少的可变要素投入即可获得较大的收益，但当运量超过这一水平的固定投入要素的可承受限度时，就需要进行其他投入，才能承担该运量水平的工作量，就好比可以运输 10 吨的载货车，开始运量低于 10 吨时，随着运量的增加，只需要投入较少的可变要素，但运量超过 10 吨时，运输能力的利用将超过限度，为了完成该运量，人、车加班加点，车辆得不到维护，事故率上升，收益递减规律开始作用，运量的增长率逐渐低于可变要素投入的增长率。

最后，平均运输成本曲线 ATC 也显示出短期运输成本与可变投入要素生产率之间的关系，即边际运输成本曲线首先由于运输生产率的递增而下降，后由于生产率的递减而上升，使得平均运输成本曲线 ATC 与单位平均可变成本 AVC 曲线均呈现"U"形。同时可以看到，边际成本曲线 MC 分别与这两条曲线的最低点相交，如图 5-3 的 Q_2 与 Q_3。之所以会出现这一状况，是因为当边际成本低于平均成本时，即边际成本曲线位于平均成本曲线的下方，平均成本必然受边际成本的影响而下降；当边际成本高于平均成本时，即边际成本曲线位于平均成本曲线的上方，平均成本必然因受边际成本的影响而上升；当边际成本等于平均成本时，两条曲线则会相交于平均成本的最低点。也就是说，边际成本上升会导致平均成本上升；边际成本下降，平均成本也会下降，只有在两者相等的时候，平均成本既不上升也不下降，因此，边际成本曲线穿过平均成本曲线的最低点是必然的。

（二）长期成本曲线

企业的经营以可持续发展为目标，从长远角度看，运输企业没有任何固定约束，企业规模可以发生变动，所有要素投入同样可以改变。

为了方便描述，图 5-4 基于企业发展历程，给出了某运输企业四种生产规模下的短期平均运输成本曲线（SAC_1、SAC_2、SAC_3、SAC_4），如图 5-4 所示。在第一阶段 0 至 Q_1 的运量范围内，企业的运输成本 SAC_1 较低，在第二阶段 Q_1 至 Q_2 的运量范围内，企业的运输成本 SAC_2 较低，在 Q_2 至 Q_3 的运量范围内，企业的运输成本 SAC_3 最低，而在第四阶段超过 Q_3 的运量范围内，企业的运输成本 SAC_4 较低。运输企业可以根据某一阶段的运量范围调整企业的最优的生产规模。

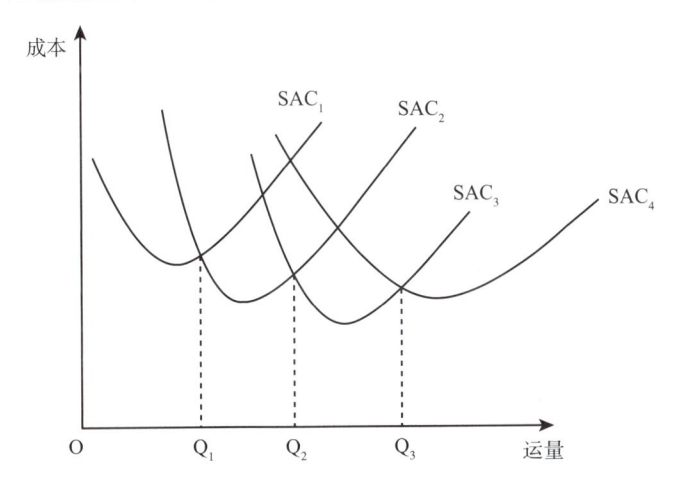

图 5-4　四个不同生产规模下的短期运输成本曲线

如果该企业在发展过程中不断调整生产规模，使得两次调整之间的运输生产规模幅度相差很小，以获得更好的经济效益，我们就可以得到一条长期平均运输成本曲线 LAC，这条长期成本曲线与每一条短期成本曲线相切，将其称之为 SAC 曲线的"包络线"（见图 5-5）。

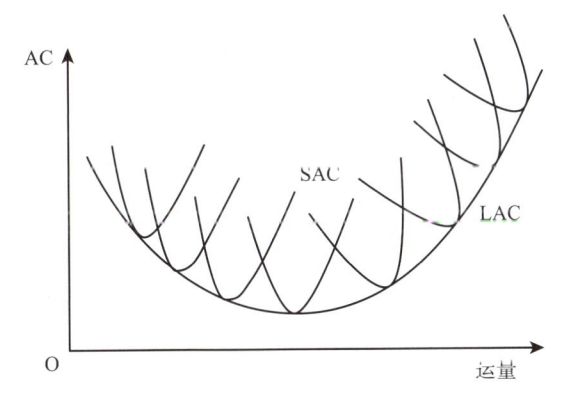

图 5-5　长期运输成本曲线

长期运输成本分析可以为运输企业的长期发展提供依据。企业可以根据下阶段发展计划的运量来调整要素投入量，建立一个适度的生产规模，以最低的成本获得最大的收益。但一旦企业确定了生产规模，就只能按照既定的生产规模组织运输生产。所以对于运输企业来说，需要在长期计划，在短期中经营。故长期成本曲线通常也被称为计划曲线，可以有效指导企业的长期决策。

第三节　运输企业成本费用及其分类

一、运输企业成本费用的内容

本部分内容侧重于研究专业的道路运输企业具有特色的运输及相关业务，即旅客运输和货物运输业务、站场业务的成本费用及管理问题。涉及的范围还包括期间费用，但不涵盖投资活动。因此，本部分所讲述的成本介于上述狭义成本和广义成本之间。

运输企业的生产经营过程，主要是为旅客、货物提供运输及其他服务的过程，其生产经营的成果表现为旅客和货物的位移，是生产过程和销售过程的统一，运输生产的完成也就是销售的实现，同时也是物化劳动和活劳动的消耗过程。运输企业为进行运输生产经营及其他相关业务活动所发生的各种耗费，就构成了运输生产经营活动的成本费用。如运输企业在旅客和货物的运输服务过程中，要消耗燃料、润滑油、材料、轮胎、备品备件等材料物资，发生车辆和其他固定资产的价值损耗，支付职工的工资以及发生管理费等。所有这些耗费，都是成本费用的有机组成部分。

按照制造成本法的原理，运输企业在运输生产经营中发生的全部耗费相应地划分为营运成本和期间费用两部分。营运成本是指运输企业运输生产、站场经营及其他营运业务中所发生的耗费总额。包括人工费用、燃材料费用、轮胎费用、维修费、折旧费等。营运成本根据运输企业的经营业务种类不同，可以分为运输业务成本、站场业务成本、商品销售业务成本、车辆维修业务成本等其他业务成本。期间费用则是与企业经营期间有关的消耗，包括管理费用、销售费用和财务费用。

费用和成本既有区别又有联系。二者均是对生产经营中的耗费按经济用途进行的分类。费用是对耗费按期间进行的归集，成本是对耗费按对象进行的归集。比如，对运输业务来讲，运输业务成本就是一定时期完成的运输周转量（或业务工作量）所承担的费用，是具体到运输业务对象上的费用。企业在运输生产经营过程中发生的耗费种类繁多，由于费用的经济性质、具体用途不同，不能把企业所发生的一切耗费全部计入营运成本，而要按费用的经济内容、经济用途和成本计算对象进行归集。能够分清归属于某种经营业务发生的耗费，可以计入该种业务成本；归属于营业期间发生的耗费，则计入期间费用。

在现代市场经济条件下，伴随着市场化的发展导向，一些专业运输企业仍然继续围绕"车"与"站"的优势资源，以道路运输业务、站场业务为主营业务；一些运输企业的生产经营业务有多样化发展趋势，开始迈出多元化筹资、多样化投资、多角化经营的步伐，以道路运输业务和站场业务为主营业务的特征在逐步淡化，代之以燃材料销售业务、汽车整车销售业务、汽车后服业务、旅游业务、维修业务、租赁业务等多种业务形式蓬勃发展。

二、运输企业费用的分类

运输生产经营过程中的各种耗费种类繁多，其节约和浪费直接影响营运成本和期间费用的水平。为了科学地进行成本管理，正确计算营运成本和期间费用，研究和分析营运成本和期间费用变动的趋势及原因，需要对生产经营耗费进行合理分类。运输企业的各种耗费，可按不同的目的及标准进行分类，其中最基本的是按费用的经济内容和经济用途分类。

（一）按费用经济性质或经济内容分类

运输企业的生产经营过程，也是物化劳动（劳动对象和劳动手段）和活劳动的耗费过程，因而运输生产经营过程中发生的费用，按其经济内容分类，可划分为劳动对象方面的费用、劳动手段方面的费用和活劳动方面的费用三大类。这三类可以称为费用的三大要素。为了具体反映各种费用的构成和水平，还应在此基础上，将其进一步划分为以下费用要素。所谓费用要素，就是费用按经济内容的分类。

（1）外购材料。是指运输企业为进行运输生产经营而耗用的一切从外部购进的原料及主要材料、辅助材料、包装物、修理用备件和低值易耗品等。

（2）外购燃料。是指运输企业为进行运输生产经营而耗用的一切从外部购进的各种燃料。

（3）外购动力。是指运输企业为进行运输生产经营而耗用的一切从外部购进的各种动力。

（4）职工薪酬。是指运输企业为进行运输生产经营而发生的职工薪酬。

（5）折旧费。是指运输企业按照规定的固定资产折旧方法，对用于运输生产经营用固定资产所计算提取的折旧费用。

（6）轮胎。是指运输企业为进行运输生产经营而发生的营运车辆耗用的轮胎费用。

（7）修理费。是指运输企业为进行运输生产经营而发生的营运车辆各级护养和修理所发生的费用。

（8）利息支出。是指运输企业应计入财务费用的借入款项的利息支出减利息收入后的净额。

（9）其他支出。是指不属于以上各要素但应计入营业成本或期间费用的各种支出，如行车杂支、差旅费、租赁费以及保险费等。

按照以上费用要素反映的费用，称为要素费用。将费用划分为若干要素费用的作用是：

（1）反映运输企业一定时期内在运输生产经营中发生了哪些耗费，数额各是多少，明确反映运输生产经营活动所消耗资源的种类、数量，据以分析企业各个时期各种费用的构成和水平。

（2）反映运输企业运输生产经营中外购材料、燃料和动力费用以及职工薪酬的实际支出，可以分析各个时期费用的支出水平和总体情况。因而可以为企业核定储备资金定额、考核储备资金的周转速度，以及编制燃料采购资金计划和劳动工资计划提供资料。

但是，这种分类不能说明各项耗费的用途，因而不便于分析各种耗费的发生是否节约以及支出是否合理的问题。

（二）按费用经济用途分类

费用按照运输生产经营活动的经济用途分为营运成本和期间费用两大类。

1. 营运成本

营运成本是运输企业运输生产、站场经营及其他营运业务所发生的耗费总额。是反映运输企业工作质量的一个重要的综合性指标，在很大程度上标志着运输企业全部生产活动的经济效益。企业运输生产过程中各项资源消耗的多少，车辆运用效率的升降，劳动生产率的高低，运营支出的节约或浪费，生产组织和管理水平的优劣等，最终都要从营运成本中反映出来。

运输企业不同种类的经营业务，其营运成本的构成不尽相同。下面主要分析运输业务、站场业务的成本构成内容。

运输业务是指旅客运输和货物运输业务。其成本内容主要包括人工费用、燃材料费用、轮胎费用、车辆通行费、桥、渡、路、隧道费、车辆保险费、行车事故损失、站务费、代理费及其他费用等。

站场业务主要包括客运站场业务和货运站场业务。其成本内容主要包括人工费用、燃料及动力、服务物料消耗、轮胎费、折旧费、修理费、信息通信费、外付装卸费、事故损失费、堆存费、集装箱服务、水电气费用、差旅费、市内交通费、警卫消防费、文具印刷费、排污、清洁及环保费、保险费、低值易耗品摊销、劳务费、租赁费、劳动保护费及其他。

2. 期间费用

期间费用是指运输企业在生产经营过程中发生的、与产品生产和劳务提供活动没有直接联系的，属于某一时期发生的直接计入当期损益的费用。期间费用按照经济用途划分为管理费用、财务费用和销售费用。

（1）管理费用。管理费用是指运输企业为组织和管理运输生产经营活动所发生的各项费用。包括企业的董事会和行政管理部门在企业的运输生产经营管理中发生的，或者应由企业统一负担的公司经费（包括行政管理部门职工薪酬费用、修理费、机物料消耗、低值易耗品摊销、办公费和差旅费等）、工会经费、社会保险费、待业保险费、劳动保险费、董事会费（包括董事会成员津贴、会议费和差旅费等）、聘请中介机构费、咨询费（含顾问费）、诉讼费、业务招待费、技术转让费、矿产资源补偿费、无形资产摊销、职工教育经费、研究与开发费用、排污费、存货盘亏或盘盈（不包括应计入营业外支出的存货损失）等。

（2）财务费用。财务费用是指运输企业为筹集运输生产经营所需资金而发生的各项费用。包括利息支出（减利息收入）、汇兑损失（减汇兑收益）以及相关的金融机构手续费等。

（3）销售费用。销售费用是指运输企业对外整车销售、销售自制产品，提供劳务作业，让售燃油料、配件等材料物资、油品销售以及专设销售机构（含销售网点、售后服务网点等）等业务活动中所发生的费用。提供客货运输服务的运输企业，虽然没有直接的销售费用，但是通过广告宣传、新闻媒介和销售部门成员上门宣传，发挥推销运输劳务的重要作用；通过上门征求客户对本企业运输服务的意见和建议，稳定与争取客户，改进服务，为未来扩大运输劳务创造条件。

费用按经济性质分类和按经济用途分类，在会计核算的内容、时间范围上有明显的区别。其主要区别有以下三点：

（1）归集的原则不同。费用要素是按期间归集分配的，营运成本则是按成本核算对象归集分配的。

（2）归集的范围和内容不同。费用要素是企业在一定时间内实际发生和支付的全部生产经营耗费。营运成本则是按各类业务成本项目归集的，它是企业在一定时期内营运业务应负担的费用，是对象化的费用。

（3）费用归集的时间不同。按费用要素项目归集分配的费用，是企业在一定时期为进行运输生产经营活动发生的全部耗费。只要是在一定时期内发生和支付的耗费，都要计入该期间的费用中；按成本项目归集分配的营运成本，则不受一定时期的限制，凡是当期营运成本应负担的费用，不论是否支付和发生，都应计入当期的营运成本。

（三）按费用与运输业务量的关系分类

运输生产过程中的各种消耗，主要是运输工具的消耗。这些消耗一般与车辆的行驶里程有着密切的联系，而不随载客及载货量的变化而同比例变化。在营运过程中，车辆也避免不了空驶，而空驶所发生的各项消耗也要由重载行驶所实现的运输业务来承担。虽然车辆的运行是为了提供运输劳务，但是，车辆行驶的总行程与实现运输业务量的多少没有直接关系，但是对运输业务成本却有较大的影响。因此，费用按照与运输业务量的关系，可分为变动成本和固定成本。

1. 变动成本

变动成本是指其总额随着运输业务量变化而变动的费用。比如燃料和动力费、过桥过路费、轮胎费、修理费、装卸整理费、堆存费以及安全救助费等都属于变动成本。

变动成本又可区分为随车辆行驶里程变动而变动的成本（以下简称"车公里变动成本"）和随实现的运输周转量变动而变动的成本（以下简称"周转量变动成本"）。周转量变动成本与运输业务量的变化直接相关，成正比例变动，但在汽车运输业务总成本中的比重不大。车公里变动成本与完成的运输业务量没有直接关系，但运输生产是以提供一定的运输劳务为目的，没有车辆行驶的车公里就不可能有运输劳务，二者又是紧密相关的。单位运输劳务量所负担的车公里变动成本的多少直接受车辆利用效率（一般用载运系数表示）的影响。

载运系数 =（里程利用率×平均吨(座)位×吨(座)位利用率）/（1－拖运率）

运输业务量(周转量) = 总行驶里程×载运系数

变动成本总额 = 车公里变动成本 + 周转量变动成本

= 单位车公里变动成本×总行驶里程 + 单位周转量变动成本×周转量

= 单位车公里变动成本/(载运系数 + 单位周转量变动成本)×周转量

因此：

运输业务量的单位变动成本 = 单位周转量车公里变动成本 + 单位周转量变动成本

由上述可见，只有当载运系数一定时，车公里变动成本与运输业务量（周转量）的比例关系才能稳定，而在实际运输生产过程中，由于客观条件不同，车辆利用效率（载运系数）随时都可能发生变化。另外，因汽车的类型、行驶的路面等级、地区的自然环境、装运货物的种类不同，各自营运成本水平也有较大的差异。车辆行驶里程决定了汽车运输生产过程的主要成本耗费；运输生产所完成的运输业务量的数量决定了汽车运输生产的成本水平和经济效益的高低。

2. 固定成本

固定成本指其总额在一定期间和一定运输业务量范围内，保持相对固定的成本。在此期间或相关范围内，其总额不受车辆行驶里程和完成周转量多少的影响。对于运输工具固定费用和共同费用就属于固定成本，比如检验检疫费、车船税、劳动保护费、固定资产折旧、租赁费、保险费、驾驶及相关操作人员薪酬等。

某项费用是固定成本还是变动成本，与所采用的成本核算方法有关。如营运车辆按工作量法计提折旧时，折旧是变动成本；按直线法计提折旧时，折旧就成为固定成本。由于成本核算方法的原因，在一项费用中可能同时存在固定成本和变动成本。如驾驶员薪酬中，基本工资是固定成本，行车津贴和奖金则是变动成本。

按费用与运输业务量的关系分类，有助于对运输成本习性的理解和分析，为运输企业做好成本核算工作，以及为分析成本升降原因提供依据，从而为企业寻求降低成本的途径，加强企业成本管理和控制，提高经营决策水平提供帮助。在应用盈亏平衡分析法时，这种分类方法是非常必要的。

（四）按费用与营运业务过程的关系分类

按照费用与营运业务过程的关系不同，可以分为直接营运费用和间接营运费用，也可称为基本费用和一般费用两类。

1. 直接营运费用

直接营运费用是指由于营运业务过程本身引起的、直接作用于营运业务的各项费用。如直接作用于运输生产过程的燃料、司乘人员薪酬、运输工具的折旧费用等车辆直接费用。

2. 间接营运费用

间接营运费用是指与营运业务过程没有直接联系，间接作用于营运业务的各项费用，是组织与管理营运业务过程而发生的费用，如车队、站场等部门发生的日常管理费用。

按营运费用与营运业务过程的关系分类，有利于分析运输企业成本结构，考核企业管理水平的高低。

（五）按费用与成本计算对象的关系分类

费用按照计入成本计算对象的方式不同，可以分为直接计入费用（一般称为直接费用）和间接计入费用（一般称为间接费用）。

1. 直接计入费用

直接计入费用是指在营运业务活动中直接发生的，能分清是某种营运业务消耗的，可以直接计入该营运业务成本的费用。如营运车辆消耗的燃料费、轮胎费等可以直接计入运输业务成本。

2. 间接计入费用

间接计入费用是指营运过程中发生的，不能分清是某种营运业务消耗的，无法直接计入某种营运业务成本，就需要采用合理系统的方法，按照一定的标准和比例分配计入某种营运业务成本的费用。如车队、站场等部门发生的日常管理费用等。

按费用计入成本计算对象的方法不同分类，有利于正确、准确计算营运成本。

费用按与营运过程的关系和按与成本对象的关系分类既有区别又有联系。它们之间的联系表现在：直接营运费用在多数情况下是直接计入费用，如车辆消耗的燃料费用，即直接营运费用也是直接计入费用；间接营运费用在多数情况下是间接计入费用，如车队、站场等部门发生的日常管理费用等。但是它们毕竟是对费用的两种不同分类，直接营运费用与直接计入费用、间接营运费用与间接计入费用不能完全等同。例如，在只生产一种产品或只提供一种劳务的企业（或部门）中，直接营运费用和间接营运费用都可以直接计入这种产品或劳务的成本，因而均属于直接计入费用。

费用的各种分类方法是相互联系的，各有其不同的作用。其中，对费用按照经济内容和经济用途进行划分，是主要分类方式，也是其他几种分类方法的基础。

第四节 运输企业成本费用管理与控制

一、运输企业成本费用管控的任务与要求

（一）运输企业成本费用管理的任务

运输企业成本费用管理的基本任务，就是通过成本费用预测、决策、计划、控制、核算、分析与考核，反映企业的生产经营成果，挖掘降低成本和费用的潜

力，努力降低成本，减少费用支出，提高经济效益。运输企业的一切经营管理工作，都要围绕提高经济效益这一中心。在市场经济条件下，企业微观经济运行的目标之一是利润最大化。要实现这一目标，首先取决于企业的生产经营规模，即营运业务量的大小。但是生产经营耗费的高低，同样处于决定性的地位。依据价值工程理论，降低成本与提高业务量都可增加企业利润，但降低成本增加的利润比扩大业务量增加的利润更加快捷、有效。因此，在成本费用管理中，有效降低消耗和成本，才能显著提高运输企业的经济效益。

运输企业成本费用管理工作，要由单纯执行性的成本费用管理转化为决策性与执行性并重的成本费用管理。这就要求企业的成本费用管理从日常的反映、监督扩展到成本费用预测、决策、计划、控制、核算、分析与考核上来。进行成本预测、参与经营决策、编制成本计划，为企业有计划地进行成本管理提供基本依据。严格控制各项成本费用的开支，及时进行成本费用核算，并将成本控制分解到各个部门，强化人力成本、质量成本、技术成本、安全成本、服务成本等意识，明确不同部门各自的重点控制内容。运输企业应当全面落实量化考核，考核成本计划的完成情况，为进行成本分析提供有用信息。

（二）运输企业成本费用管理的要求

1. 对成本费用实行全员管理和全过程控制

运输企业成本费用降低任务和指标，要落实到企业内部各职能部门，充分发挥各职能部门在加强成本管理中的作用。要把成本费用计划，按照全员成本管理的要求，按部门分别落实责任指标，定期考核执行情况，分析成本费用升降的原因，做到分工明确、职责清楚、奖惩合理。运输企业必须明确各级组织和各职能部门费用管理方面的权限与责任，建立健全费用管理的责任制度。

全员、全过程的成本管理，贯彻"技术与经济相结合，生产与管理并重"的原则，从单方面的生产过程成本管理扩展到企业资金筹集、项目可行性研究、运输服务方式、物资采购供应、运输生产与控制等环节的全过程的成本费用管理；从单纯财务会计部门管理扩展到生产、技术、安全、运营各个职能部门，从仅仅依靠财务会计人员扩展到自上而下的全员成本管理。

2. 实行费用归口、分级管理和预算管理，加强成本考核工作

运输企业要将费用预算的各项指标，按其性质和内容进行层层分解，既分解到各职能部门，又逐级落实到各级组织。各个归口职能部门，既要完成本部门的各项费用指标，也要负责完成运输企业下达的归口指标，并进一步把归口指标分解下达到有关执行单位和部门，从而形成一个上下左右、纵横交错、人人负责的费用管理体系。根据权、责、利三者结合的原则，在建立费用管理责任制的同时，赋予责任单位和部门一定的经济权限和利益，使其具有控制本单位责任费用的相对自主权，以调动职工积极性。运输企业应当根据自身实际建立必要的费用开支范围、标准和报销审批制度。

成本考核是企业对内部各成本责任中心定期考查，审核其成本计划指标的完成情况，并评价其成本管理工作的成绩。成本考核以成本计划指标作为考核的标准，以成本核算资料作为考核的依据，以成本分析结果作为评价的基础。通过成本考核，可以监督各成本责任中心按时完成成本计划，也能全面、正确地了解企业成本管理工作的质量和效果。

二、运输企业成本控制

成本控制是指在成本形成的过程中，根据事先制定的成本目标，对各项运输生产经营活动进行指导、制约和监督，及时发现偏差，采取纠正措施，使企业各项运输生产耗费被控制在既定的范围之内，以保证实现企业的成本目标。

成本控制是现代成本管理的重要方法之一。从成本形成过程来看，要做好成本管理工作，必须了解成本控制的三个环节，即事前控制、事中控制和事后控制。事前控制就是在运输生产之前先做出规划，对影响成本的经济活动和投资效益进行预测、计算。事中控制就是对运输生产过程中的各项费用、人力和各种材料物资消耗进行控制。事后控制就是对成本进行分析，分析成本超支、节约的因素和确定责任的归属，并对有关责任部门进行评价和考核。

(一) 运输企业成本的特点

相比于生产物质产品的工业企业的生产成本，运输成本具有以下特点。

1. 成本计算对象和单位不同

从成本计算对象和计算单位看，工业企业成本是对原材料进行加工后核算的产品成本，它是分产品品种、步骤或批别等计算成本的。而运输企业不生产产品，只提供旅客和货物位移服务。运输成本的计算对象是旅客和货物运输两大类。运输成本的计算单位也不同于工业企业。运输业务是以运输业务生产量的计量单位为依据的。客车运输业务的基本计量单位为人公里，货车运输业务的基本计量单位为吨公里，采用运输数量与运输距离的复合计量单位。这是因为运输距离的不同所消耗的费用也不同，只用旅客人数与货物吨数不能反映真实的运输成本与消耗水平。

2. 成本构成内容不同

从成本构成内容来看，一般工业企业成本中产品实体的原材料耗费占较大比例。而运输企业不生产有形的物质产品，只提供运输服务，因而在其成本构成中，不像一般的工业企业那样消耗原材料，只消耗相当于原材料那部分流动资本的燃料、能源或动力等。这是因为运输业的发展需要大量的固定资本投入，耗费大量资金购买运输设备，建设运输线路、港、站，枢纽等运输基础设施。在运输成本中，一般占比重最大的是固定资产折旧费，其次是燃料费和工资。这与工业产品成本的构成是不同的。

3. 成本计算内容不同

从成本计算类别看，工业企业要分别计算生产成本与销售成本。而运输服务不能脱离运输过程单独存在，运输生产过程就是其提供运输服务的过程，其生产过程与销售过程高度统一。因此，运输成本没有生产成本与销售成本之分，也没有半成品与产成品之分，运输成本只计算它的完全成本，运输企业的生产成本就是其提供运输服务的成本。

4. 成本与产品数量关系不同

从成本与产品数量关系来看，工业生产过程中耗费的多少，与完成的产品数量直接相关。而运输服务则有所不同，尽管它的生产成果为所完成的运量与周转量，其经济效益又体现在以人公里、吨公里为计量单位的劳动消耗上，但其生产耗费的多少，主要取决于车、船、飞机等运输工具运行距离的长短，而不是取决于完成周转量的多少。因为运输服务过程中，车、船、飞机不可避免有空驶情况存在，完成的周转量与实际的运输消耗不完全相同。若存在较大的空驶，虽然完成的周转量不多，但实际消耗依然很大。

（二）影响运输企业成本的因素

影响运输成本的因素主要包括运输规模、运输距离、运载率以及空驶率等基本影响因素。

1. 运输规模

运输企业的规模会直接影响运输成本。规模经济是运输行业的基本经济现象。运输业的规模经济是指随着运输规模的增大，单位运输成本降低的经济现象。在运输业中，每一种运输方式都有规模经济现象，即适度的规模可以使运输成本达到最低。

（1）铁路运输中的规模经济问题主要是机车的牵引力、功率的大小与线路上的行车密度。在货源充足的情况下，大牵引力机车会比小牵引力机车的运营成本低，之所以会出现这种状况，一方面是因为机车的造价并非与其牵引力等比例增加，因而大牵引力机车分摊到单位货物上的设备成本要小于小牵引力的机车。另一方面是因为就每吨公里货物所分摊的各项成本而言，运量大的列车会低于运量小的列车。因此，铁路实现由粗放经营向集约经营转变的重大举措就是开行长、大列车，试行货物运输重载化。

（2）公路运输中车辆的载重也存在规模经济问题，随着车辆载重吨位和载客能力的增加，每吨公里、人公里的成本必然降低，其原因就是大型车辆的人工费、燃油、检修费与其他费用相对于小型车辆都更为节省，有较高的设备产出率。

（3）在航空运输中，飞机的舱容也体现了规模经济问题，大型飞机的运输成本之所以低于小型飞机，除了其造价与舱容存在非等比关系外，还因为随着载客量的增加，燃油、空勤人员的工资等分摊到单位运量上的费用减少。

（4）水路运输中规模经济问题主要是船舶的大小。吨位越大的船舶，每吨公里的运输成本越低。因为随着货运量的增大，分摊到单位运量上的固定费用减少，所以船舶的大型化趋势明显。此外，水路运输成本还受到港口水深、码头长度、航道通过能力以及货源地等诸多条件的限制。

（5）管道运输的规模经济特性在于管道的直径越大，单位运输成本越低。国外有研究表明，管道运输能力每增加1倍，每吨公里的运输成本可降低30%。当然，这是建立在有充足货源和多年保证足量运输的基础上。

交通运输业的规模经济除了上述运载工具的规模之外，还有交通基础设施的规模，即运网的水平、通达程度，其运网密度越大，通达性越高，规模经济效益越好。此外，在既定运输线路上，运输线路通行密度的大小也可以归结为规模经济问题，有些学者也称其为密度经济，但实际上是规模经济的一种特殊表现方式。例如，铁路用计算机操控，建立自动化信号系统、电子自动闭塞，增加线路行车密度，可以降低成本，这主要是因为行车密度加大后，每吨公里货物和人公里旅客所分摊的运输线路等基础设施的投资及维护成本都大大减少；高速公路在保持安全行车距离的前提下，车流量的增大也会创造规模经济效益，但车流量过大会使行车速度下降，反而使经济效益下降，故要进行综合考量。

2. 运输距离

由于各种运输方式的技术经济特点不同，每一种运输方式都有自己经济合理的运距范围，称为经济运距。一般来说，航空运输与海洋运输最适合长距离运输，铁路和内河运输最适合中、长距离运输，公路运输在短途运输比较有优势。在经济合理的运距范围内，各种运输方式的平均吨公里、人公里的运输成本随着距离的延长而递减。这是因为运输成本可分为线路成本和站点成本，按运输成本与距离的关系，运输作业中的发到作业与中转作业等站点成本与距离无关。因此，随着距离的延长，分摊到每吨公里、人公里的发到作业、中转作业等站点成本减少，单位运输成本也随之降低。

在航空运输中,这种单位成本的下降主要来自两个方面:一是随着飞行距离的延长,飞机起飞、滑行、上升、降落的时间在总飞行时间中的比重下降,所以与此相关的成本也在下降;二是间接飞行成本中的售票、订票、行李服务费等与距离无关的费用随着飞行距离的延长,分摊到每公里货物、旅客的费用下降。

在水路运输中,航程越远,单位成本所分摊的装卸费用、中转费用、港口使用费以及折旧费、保险费、借贷利息等越少,只有燃料费用随航程延长而等距离增加,因而距离越长,水运的经济性也就越好。铁路运输也有类似的情况,但公路运输稍有例外。

还需要明确的是,即使是同一种运输方式,由于运输设备的大小和性能的不同,经济合理的运距范围也有所不同,在一定距离范围内,延长运距可降低成本,但超过合理的运距范围,延长运距反而会增大成本。因此,每一种运输方式,甚至每一种具体的运输生产过程,都有运输设备的规模与运距合理搭配的问题。例如,飞机、汽车、船舶的大小,管道直径的粗细以及火车机车牵引力的大小与其经济运距的关系是在这些运输设备设计和制造时就已经考虑到的,因而其经济性与运距有直接关系。

3. 装载率

装载率也称装载系数,即实际装载重量与额定装载量的比例或实际载客量与额定载客量的比例。装载率对运输成本有极大的影响。各种运输方式下的运输设备,其运行成本的高低,都与装载率有密切的关系。

在一般情况下,在额定的装载量范围内,随着装载量的增加,单位运输成本下降,这是由于无论是船舶、汽车还是飞机,从半载到满载的总成本增加非常有限,因为设备磨损并无差别,况且作为营运成本中的人工费和维修费几乎不变,虽然燃料费会有所增加,但由于运输设备自重的影响,燃料费并非等比增加,所以平均成本是装载系数的函数,它随着装载系数的提高而下降。在距离已定的情况下,运输成本随运输设备的装载率的增加而下降。所以对于运输企业而言,要想提高经济效益,需要尽可能让运输设备满载运行,如水运要对船舶进行科学配载,才能充分利用舱容和载重力,但也要注意道路规则,公路的超载就是过度利用满载效益的例子,但容易引发交通事故,是绝不提倡的。

4. 空驶率

空驶率指运输企业运载设备空驶行程占总行驶里程的比例。运载设备空驶是不可能完全避免的,因为运载工具必定是往返运行的,有时在回程即使没有装载货物,也必须空驶返回原处,因此空驶行程是运输生产活动中一个必要的组成部分。影响运载设备空驶的因素很多,例如,货流的平衡性、运载设备与货物相适应的程度、港站布局等。

正因如此，运输企业要提高经济效益，应尽可能让运输设备减少空驶里程，比如合理利用返程运力，提高车辆的调度效率等。

（三）运输成本的复杂性

1. 成本不可归依性问题

运输成本分析的一个难点是运输成本的不可归依性，运输成本的不可归依性指的是有些运输成本的发生无法归结或分摊到某一具体的旅客或货物运输上。比如客货混行的某段铁路线路上同时行驶着旅客列车与货物列车，线路磨损产生的维护成本很难准确归结到某一列车上。一次飞机航班运送旅客，同时下层货舱装载着货物，飞行成本在旅客与货物中的分摊也是一个问题。

运输成本出现不可归依性的原因是运输业范围经济的存在。范围经济是指两种或两种以上的产品或服务由一个企业提供比由两个或多个企业分别提供时的成本更低或效率更高。运输业产品或服务的多样性使得运输业的范围经济现象十分普遍，即由同一运输企业提供多种多样不同的运输产品或服务。运输企业合并运量、充分利用固定设施和运载工具的能力，在很大程度上也是发挥其范围经济的优势。

2. 增量成本问题

增量成本是指新增加的产品成本所带来的成本。增量成本和边际成本有一定的联系。边际成本是指每增加1单位产品产量或劳务所带来的成本。如果新增加的产品就是1个单位，此时的增量成本就是边际成本。对于大部分工业产品的生产来说，边际成本分析要常用一些，但如果新增加的产品需要若干单位聚合在一起更有意义，这时会用到增量成本分析。

在运输成本分析中，增量成本有时比边际成本的概念更重要。运输服务的度量单位一般是吨公里或人公里，运输服务的边际成本是指增加1个单位的吨公里或人公里数所增加的运输成本，然而吨公里或人公里并不是实际的运输产品，因此传统的边际成本分析在此处也体现出一定的局限性，以吨公里或人公里计算的边际成本仍然带有某种平均的性质。以旅客运输服务为例，增量成本是要计算某一特定的航程服务中，假定系统其他条件不变，新增加1个旅客的成本，而不是新增加1个人公里的成本。可以看出，边际成本和增量成本有一定的联系又有所不同，在运输经济中有时增量成本分析更重要。

3. 联合成本问题

联合成本是指提供甲产品或服务必定会同时带来乙产品或服务时，乙产品或服务的成本就是甲产品或服务的联合成本。甲和乙称为联合产品（或联合服务），联合产品是指两种产品（或服务）以某种无法避免和改变的比例关系被同时生产出来。联合成本的出现是由于联合产品（或服务）的存在。

比如，一架150座的客机在为机上任何一个客座提供飞行服务时，也就同时提供了其余149个客座的飞行服务，这无法随意改变，因此这1个客座与其余149个客座的飞行服务也是联合产品，而这150个客座的飞行成本也是不可分割的联合成本。联合成本还体现在固定运输设施方面。例如，一条公路建成通车后每天24小时都可以使用，如果要把它分成每小时一段的公路使用服务，并且把每天下午3:00~4:00那一段的建设成本分离出来，是不可能的。该公路的建设成本应该是每天24小时的联合成本。联合成本的存在给运输成本分析增加了一定的难度。

4. 共同成本问题

共同成本是指多种产品或服务需要使用相同的资源要素，这些资源要素的费用支出就成为这些产品或服务的共同成本。

共同成本与联合成本有相似之处，但是概念不同。联合成本指在一种生产过程中同时出现两种或两种以上产品时所发生的成本，并且这些产品或服务以某种无法避免和改变的比例关系被生产出来；而共同成本的出现则往往意味着多种产品或服务的生产正在使用同一种不可分割的资源，使用资源提供某一种产品或服务并非不可避免地导致另一种产品或服务。

运输中有关共同成本的一个经典例子就是道路设施供给，一条道路可能同时被货车和客车使用，道路的使用成本就是共同成本，这些成本将由货车与客车的使用者共同承担。共同成本存在的问题是常常难以准确界定不同使用者的责任，因此成本在各个责任者之间如何分担比较困难。

虽然共同成本与联合成本同样都为运输成本分摊造成了困难，但其原理与联合成本还是有区别的。共同成本可以使其中的某一部分增量成本找到相应的对象，而联合成本中的任何一部分都不可能分离出来。例如，一列运货列车有20节车厢，这列列车的运输成本对这20节车厢来说是共同成本，而不是联合成本，其原因在于列车的长度是能够改变的，车厢可以多一些也可以少一些，从技术上看，这20节车厢不是绝对不可分的。

（四）运输企业成本分析

运输业的主要任务是实现服务对象的空间位移，可以说运输距离是影响交通运输成本的最重要的因素之一。另外，运载工具运用的效率、劳动生产率的高低以及燃料、材料的使用率最终都会影响到运输支出的增减和运输成本的升降。加强对运输成本的分析，可以及时了解运输生产服务过程中各项费用的节约和超支情况，找出运输成本发生变化的原因及各种因素对其影响的程度，提高交通运输企业的现代化管理水平。

1. 运输距离影响分析

假定甲乙两地相距 L（公里），现有数量为 Q（万吨）的货物要从甲地运往乙地，运输总成本（TC）可分为始发到达作业成本（TC$_{发到}$）、中转作业成本（TC$_{中转}$）和运行作业成本（TC$_{运行}$）三部分。其中始发到达作业成本与中转作业成本为站点作业成本，只和货物数量有关，与运输距离无关；而运行作业成本为线路成本，既与货物数量有关，也随着运输距离的增加而增加。

$$TC = TC_{发到} + TC_{中转} + TC_{运行} = a \times Q + b \times Q + c \times Q \times L \quad (5-1)$$

式（5-1）中：TC——运输总成本（元）；

TC$_{发到}$——始发到达作业成本（元）；

TC$_{中转}$——中转作业成本（元）；

TC$_{运行}$——运行作业成本（元）；

Q——货物运输量（万吨）；

L——运输距离（公里）；

a——始发到达作业费率（元/万吨）；

b——中转作业费率（元/万吨）；

c——运行作业费率（元/万吨·公里）。

由于始发到达作业成本与中转作业成本和运输距离的长短无关，因此，当运输距离延长时，虽然运输支出总额也会增加，但单位运输成本分摊的这部分费用却会减少，从而使平均运输成本降低：

$$AC = \frac{TC}{Q \times L} = \frac{a+b}{L} + c \quad (5-2)$$

式（5-2）中：AC——平均运输成本（元/万吨·公里）；其余变量含义同上。

从式（5-2）中看出：平均运输成本中的发到作业成本和中转作业成本与运输距离成反比，运行作业成本固定不变。总体上，平均运输成本与运输距离成反比关系。

2. 运输数量影响分析

运输数量的大小也会对运输成本产生影响。运输数量对运输成本的影响一方面是受规模经济的作用，即大规模的运输数量会降低平均运输成本；另一方面，从微观层面，运量大小更直接地影响运行作业成本的高低，这更多的是由运载工具的运用效率提高所决定的。

运输公司加强运输组织工作和采用先进工作方法，改进运载工具运用过程，或对运载设备进行技术改造，都可使运载工具的运用效率提高。运载工具的运用效率变化可直接影响运载成本。因为与运量有关的可变支出和运载工具运用工作量及运载工具需要量是直接关联的，提高运载工具运用效率，无论是提高车辆装载率，还是加速运载工具周转，都会在不同程度上使完成一定运输周转量的运载工具运用工作量或运载工具需要量减少，从而使运输成本降低。

运载工具运用效率主要会影响运行作业成本。在式（5-1）中，用简化的运行作业费率来计算平均运行作业成本。实际上，运载工具对运行作业成本的影响分两部分：一部分和运载工具的装载量多少无关，只和运输距离相关，相对于运量来说是固定支出；另一部分既和运输距离相关，也和运量相关，为可变支出。

$$TC_{运行} = c \times Q \times L = d \times L + e \times Q \times L \tag{5-3}$$

式（5-3）中：$TC_{运行}$——运行作业成本（元）；

Q——货物运输量（万吨）；

L——运输距离（公里）；

c——运行作业费率（元/万吨·公里）；

d——运载工具固定支出费率（元/公里）；

e——运载工具可变支出费率（元/万吨·公里）。

运载工具固定支出主要包括设备折旧、维护费用、管理费用等，这些支出和货物运输量的关系不大，属于固定支出。其他像燃料消耗、直接运输员工费用等和运量相关，属于可变支出。由于运载工具固定支出与运量大小无关，因此，随着设备实载率的提高，货物运输数量的增加，平均运行作业成本，即运行作业费率会降低：

$$c = \frac{TC_{运行}}{Q \times L} = \frac{d}{Q} + e \tag{5-4}$$

从式（5-4）中可知，平均运行作业成本，即运行作业费率与运输数量成反比关系。但对平均运输成本 AC 来说情况比较复杂。一方面，运输数量的增加会降低运行作业费率；另一方面，运输数量的增加可能会致使发到作业的难度和中转作业的复杂性提高，因此对始发到达作业费率和中转作业费率的影响可能是非线性的，有可能使之增加，也有可能使之减少。这样，运输数量对平均运输成本的影响不像运输距离的影响简单。尽管如此，在大部分情况下，随着运输数量的增加，平均运输成本一般也呈下降的趋势。

（五）运输企业成本管理与控制

运输企业生产经营的特点，决定了成本控制的特殊性，不是简单的成本压缩。成本控制的主要内容是对各种费用开支、人力、物力消耗的控制。有些控制是绝对控制，有些控制是相对控制。绝对控制是对费用开支总额的控制，控制其不超过预算数；相对控制是把工作量、成本、收入等指标结合起来而进行的控制。因此，认真做好运输企业成本分析，节约运输环节各项费用，以降低交通运输成本，提高企业经济效益，构筑运输企业竞争优势。

1. 优化运输成本结构，做好成本管控的基础工作

运输企业的成本可以分为固定成本和变动成本，运输设备的采购及维护成本，场地等不动产的基本设置建设成本等都是相对固定的，不受货物运送量及旅客流量变化的影响。这类成本一般应实行绝对控制，即要控制各项费用的总发生额，使发生额保持在计划或预算范围。而燃料消耗费、道路过桥费、人员的薪资薪酬、保修、大修、折旧、货物装卸费以及运输工具的使用税费等要同货物运送量及旅客的流量的变化而改变的，是可变的。这类成本应采用相对控制方法，要根据运输生产任务和盈利情况进行分析和控制。针对固定成本和变动成本两个方面，进行成本管控目标的科学预测、决策，对成本管控各环节全力协调、合理监督、准确迅速地进行信息传递，对内外环境变化及时进行调整，有效规避交通运输企业成本管控在各环节的风险。

2. 加强成本预算管理，把成本预算纳入企业的预算管理之中

落实成本预算，是根据具体分析对象的数据历史性及其所掌握的现有各方面的信息资料，运用科学的方法来分析未来将发生的成本及最有可能的变动趋势，作出合理推断，制订预算计划的过程。进行成本预算，主要是为了提前估判市场变化方向，从各角度思考涉及成本的构成参数，预测各参数变动对计划成本和真实成本的相关度，以便编制合理的成本计划与费用预算。运输企业的成本预算是通过预算给予管理，是企业成本管控的首要组成，估判各项成本指标、确定预算编制，有效执行预算标准，判定预算与实际的偏差的具体工作。根据运输企业本身的具体情况，建设合理的预算管理模式，在保证新旧体系平稳过渡的基础上，既要在原有的制度体系上不断完善改进，又要引入全新的成本管控模式。合理制定人力、物资等费用的定额，做好成本预测、决策工作。

3. 构建便捷的运输服务网络

合理结合利用各种运输工具，实现优势互补，航空、高铁、水运、客运等部门科学对接，享受高科技带来的便捷，有效利用互联网时代的电子信息技术和先进的办公系统，推进运输企业基础信息系统的应用。随着网络的不断普及，通过网络完成企业资金、信息的传递，具体包括：推进城乡运输一体化，设置各级道路运输的分析系统，用各种管理信息的相关软件如电子监控系统以及计算机仿真技术模拟现实的运作等。运营中应用多种技术平台，科学合理地降低各项成本。

运输企业发展的这些年来，行业利润空间缩小，在不影响产品质量的前提下,科学有效地控制运输成本已成为运输企业发展的关键。该类企业的成本管控,关键在于选择合适的方式方法,只有加大成本管控力度,提高企业自身的竞争力,才能应对变幻莫测的市场环境,扩大市场占有份额。

4. 运输周转量和车辆运用效率指标控制

道路运输耗费主要体现在营运车辆运行过程中的耗费,而道路运输生产成果则体现在用周转量计量的客货位移上。所以,运行耗费的节约也许不是真正的节约;只有单位周转量成本降低才真正体现了经济上的高效率。这意味着,着眼于运输业务成本的降低,提高营运车辆的运用效率(包括运转效率和载运效率)要比降低运行耗费更为重要。车辆运用效率指标的提高或降低,会直接影响到运输周转量的增减变动,而运输周转量的变动,又会影响到单位运输成本的升降。一般来讲,对运输周转量指标应进行相对控制,对车辆运用效率指标要进行绝对控制,特别是里程利用率和拖运率指标,必须实行绝对控制。

车辆生产率是反映和考核车辆生产效率的一项重要指标。该指标主要有单车期产量、车吨(座)期产量、车公里产量等。单车期产量是指每辆车在一定时期内完成的运输周转量,但由于车辆吨(座)位大小不同,因此,单车期产量是一项不可比指标。车吨(座)期产量是指车辆每一吨位在一定时期内完成的运输周转量,它是综合反映车辆运用效率和生产效率的一项指标。车公里产量是指车公里完成的周转量,它也不能综合反映车辆不同吨位大小之间的生产效率,只反映车辆车公里的生产效率。因此,提高车吨(座)期产量,是增加产量和降低运输成本的有效途径。

车吨(座)期产量的计算公式是:

$$\frac{车吨(座)}{期产量} = \frac{计算期}{日历天数} \times \frac{车辆}{工作率} \times \frac{平均车}{日行程} \times \frac{行程}{利用率} \times \frac{吨(座)}{位利用率} \times \frac{1}{1-拖运率}$$

上述公式中除计划期日历天数外的其他五项指标,任何一项指标的变动都会影响车吨期产量的高低,但它们对单位运输成本水平影响的程度却不相同。上述公式中的前三项,即表现为车辆总行程;后三项指标表现为车辆的载运系数,即运输效率。假定车辆的载运系数不变,仅靠提高车辆总行程指标来增加车吨期产量,那只能降低单位成本中固定成本,变动成本并不能因此而降低;如果车辆的总行程不变,通过提高车辆的载运系数而增加周转量,则不仅可以减少单位成本中的固定成本,还可以减少单位成本中的变动成本。

由此可见,里程利用率、平均吨位、吨位利用率以及拖运率指标是影响单位成本升降的主要因素,即只增加少量的车公里变动费用,却可以有效地降低运输成本。但是,实载率和拖运率的提高也有一定的限制,它们往往受货源、道路条件、车辆技术状况、生产组织、车辆调度工作等因素的影响。因此,企业应加强货源组织和客流的调查以及车辆的调度工作，做到按计划运输，合理调配车辆，积极推行拖挂运输以提高实载率和拖运率；与此同时，也应提高工作率和平均车日行程。只有这样，才能真正有效地降低运输成本。

由于运输企业成本形成的多因素性和全过程性，涉及企业运输生产经营的全过程。因此，运输企业成本控制，也就必须从成本形成的全过程进行全面控制。不仅要控制各项费用的支出，还要控制人力、各种燃料、材料消耗量、各种技术经济定额以及运输周转量和车辆运用效率指标等，使运输周转量、人力资源、燃材料消耗以及费用支出控制在既定的范围内，以达到降低运输企业成本的目的。

第五节 运输的外部性

交通运输行业的发展助力了国民经济的进步，但同时也会对社会环境造成影响。站在政府的角度，基于宏观视角对运输行业进行有关成本问题的分析时，就不能仅从企业内部衡量运输成本，因为运输具有外部成本，运输企业本身所负担的成本即企业成本与外部成本共同构成社会成本，社会成本是包括该企业在内的全社会和公众承担的成本。其中外部成本是该企业以外的社会和公众所负担的成本，它是社会成本中的主要研究对象。

一、外部性概述

（一）外部性的概念

1. 外部性的界定

在经济学中，有关外部性的定义很多，"外部经济""外部效应""外部影响""外在性""外溢效应"等概念是各个时期对"外部性"的不同称谓。从形式上说，当一个经济主体的行为对另一经济主体的福利产生效果，而这种效果并没有从货币上或市场交易中反映出来，就产生了外部性。因此，从与市场的关系来看，外部性是未被市场交易包括在内的额外成本及收益统称（若外部性被纳入市场交易，我们称之为"内部化"）。外部性必须满足四个条件：（1）外部性不能单纯是某种物质影响，而必须是某种福利影响的效应；（2）产生外部性的主体必须是个人或集团人群，或处于人的控制之下的事物，受影响的一方也必须是人或人所拥有的事物；（3）外部性造成的福利影响，无论是利益还是损失，都是不支付代价的；（4）外部性通常是一种经济活动的副作用，带有偶然性和附随性，而不是一种经济活动主导和有意识造成的影响。

2. 外部性的分类

在多年的经济学研究历程中，关于外部性的概念不但没有统一反而存在散化的趋势，人们的观点存在很大的差异。有的以外部性是否为正将其分为"外部效益"（或"社会效益"）与"外部成本"（或"社会成本"）；有的以经济实体（企业或物品供给者）和个体为界划分内部性（内部经济）和外部性（外部经济）；有以群体（代际）为界划分内部性和外部性的；有以系统（以一项买卖交易活动的双方为一个系统）或交易活动为界划分内部性和外部性的；还有的以外部性产生原因为研究对象将外部性界定为制度外部性，作为制度变迁和政府干预的解释工具的。不过，以上各观点大多倾向以"市场"为界划分的内部性和外部性，即能够通过市场机制或价格机制内部化的都属于内部性，这部分外部性又被称为经济外部性，而不能够通过市场机制和价格机制内部化的是真正的外部性，即技术外部性。可见，外部性与内部性的界限是多样化的。物理界限（以"账户"为界）和观念界限（以"市场机制"为界）混合存在，从而导致外部性边界也是不确定的。许多学者在分析外部性时同时采用两种以上的划分依据，这是造成外部性研究观点纷争且往往争论无果的主要原因之一。

3. 经济外部性和技术外部性

这两种外部性的表面区别是：当技术外部性出现在生产（或消费）中时，它们必须表现在生产（或效用）函数中，而经济外部性就不是这样。比如说，当一家企业的成本受其他厂商在生产要素买卖中的行为所引起价格变动的影响时，就产生了经济外部性效应。

技术外部性是真实的资源成本（即"真正的外部性"），如果决策时要确保得到最佳效率，就应该仔细考虑资源成本。总体来说，经济外部性不涉及资源成本（因此又被称为"假外部性"），但它们通常具有重要的分配意义。存在与项目有关的经济外部性这一事实，并不会减少总的净收益，但却表明在整个经济中存在调节，这种调节影响谁得收益谁受损失，因此在评估公共运输投资时，区别技术外部性和经济外部性具有重要意义，因为人们关心的除投资总水平外，还要关心成本和收益的发生方式。

4. 纯拥挤与纯污染

传统的福利经济学根据所涉及对象的不同类型来区分各种各样的外部性类别，有学者提出了一种简单的两分法，在运输领域内它可能比某些复杂的分类方法更加有用。

纯污染——"损人利己"。一些使用者确实滥用生活环境而被称为污染者；而另一些人成为这种滥用的相对被动的受害者。例如，对于喷气式飞机发出的噪声，机场附近的家庭不得不忍受它。

纯拥挤——"损人不利己"。如公路交通是拥挤的典型例子，那么与之相关的人与人之间的主要分配事实就是，所有的使用者都以完全相同的方式使用生活环境（公共物品）。每个人都在破坏他人和自己的服务质量，对自己和他人破坏的比率对所有使用者来说大致相同。全体使用者由于他们自己施加的相互作用而均匀地遭受损失。

需要指出的是，在讨论外部性时，"内外部"的界定非常重要。例如，拥挤的公路上某一驾车者的加入，对其他驾车者的延误影响确实是外部性的。但对公路上所有的驾车者这个"俱乐部"来说，这种影响又是内部的。这里，以某一驾车者为界还是以所有的驾车者为界会影响我们对外部性的判断。

（二）交通运输的外部性

由于研究目的的不同，对于运输的外部性有着不同的分类。如根据外部性的不同性质，可以分为运输外部经济和运输外部不经济；根据不同的运输方式，可以分为铁路运输外部性、公路运输外部性和航空运输外部性等；根据具体的内容，可以分为环境污染（如大气污染、水污染、噪声污染等）、交通拥挤、交通事故等；根据运输外部性产生的不同原因，可以分为运输活动产生的外部性、运输基础设施存在而产生的外部性等。由于视角与界定范围的差异，在讨论运输的外部性时存在着很多争议。

1. 运输基础设施产生的外部性

运输基础设施产生的外部性可以分为正外部性和负外部性，正外部性通常也是政府作为运输设施供给者的主要原因：（1）运输设施通常用于公共服务，例如，基本的社会沟通、军事目的以及其他社会目的；（2）运输设施有利于促进边远和不发达地区的发展，有利于平衡地区间的收入分配；（3）可以通过系统的运输网络规划实现国家开发利用能源的目的。而运输设施供给的负外部性则包括：（1）土壤和水污染，土地表面风化；（2）生物圈、生态多样化和自然栖息地受到干扰；（3）人类沟通被隔离；（4）视觉障碍。

对于上述观点的主要争论集中于正外部性，认为当供给者身份不同时其能否作为外部性是存在差异的：如果供给者是政府，那么上述三个方面的正外部性是政府决策该运输项目必须考虑的内部效益，也是该运输项目得以建设的主要需求源，特别是其已经在该运输项目费用效益分析时计算在内了，如果仍然将其算作外部性则属于重复计算。

但是如果运输基础设施的供给者是私人，那么问题就不一样了，因为私人仅仅考虑该项目所能带给他的私人收益和私人成本，而上述正外部性并不能纳入该私人供给者账户，因此是外部性。

2. 运输活动产生的外部性

运输设施使用的外部性也包括正外部性和负外部性。关于运输设施使用的正外部性存在两类截然不同的观点：一种认为人们选择该种运输方式的原因是可通达性提高和成本降低（时间节约等），这些可以在费用效益分析中考虑，因此运输设施使用不存在正外部性。另一种相反的观点则是比较宽泛的，将运输设施产生的新的消费和新型物流组织均计入其正的外部性。最近又有观点认为，运输设施使用的正外部性是显著的，可以分为金钱正外部性和技术正外部性。金钱正外部性是指因运输成本降低导致的：劳动力市场扩大、产品市场扩大、智力投资、支付效益以及降低医院成本等；而技术正外部性主要是指由于运输设施提供了便捷快速的运送病人的条件而使病人减少的痛苦和伤残程度。

运输设施使用的负外部性主要有四个层面。

一是交通拥挤所带来的额外时间和运营成本，即拥挤成本。关于拥挤成本是否是运输设施使用的负外部性，持不同划分界限观点的人给出的答案是不同的：如果以供给者"账户"为界，则交通拥挤成本一部分由供给者承担，另一部分由使用者承担，前者无疑是"账户"以内的，不构成外部性，而后者则是"账户"以外的，可以算作负外部性；如果以运输产品交易系统为界，在不考虑拥挤带来的大气污染等因素的前提下，拥挤成本分别由交易活动的双方（供给者和使用者）分担，虽然分担比例因运输产品交易契约安排的不同而有所差异，但仅是系统内的现金流转移，属于系统内部性。关于拥挤成本属于内部性的观点由以"市场机制或价格机制"为界限划分外部性的派别重新解释为，过度拥挤的运输设施并不是公共物品，而是俱乐部物品，其已经具备了私人物品的主要特征。因此，其配置可以通过市场法则组织，无论是谁（政府或私人）供给运输设施，都可以根据拥挤程度和支付意愿征收不同的使用费，这样拥挤外部性就消失了。

二是运输设施供给中没有涵盖的费用，即纳税人与使用者的现金流错位。这种观点的主要立论依据是，运输设施通常是由政府供给的，政府资金来自纳税人，因此，纳税人是真正的供给者。但是使用运输设施的人群仅是纳税人中的一部分，甚至一些没有履行纳税义务的人，这样使用者无意中将一部分使用费用转嫁给了那些没有参与运输活动的纳税人，即第三群体，使他们无意中受到影响，这种现金流的错位部分就构成负外部性。但是新的相反的观点认为，运输设施投资决策是由纳税人的代表——国家做出的，存在这种错位可以事先预料；或者如果运输设施建设的基本目的不是经济性的而是为了改善社会条件，那么这部分费用应该被看作是公众的自愿负担，而不是外部影响，也不是负外部性。

三是与运输活动相关的环境影响，包括噪声、大气污染、气候变化、水和土壤污染以及运输设施运营带来的不舒适感和损害等。

四是交通事故造成的人力资源损失，这里的运输负外部性即事故成本，主要表现为交通事故造成人员伤亡的损失，其具体计算公式为：

$$事故成本 = 人员伤亡损失额 - 意外伤害保险偿付额等$$

二、运输外部成本的评估与量化

（一）外部成本计量的复杂性

很少有人会怀疑未受污染的环境对人类来说很重要，有效的管制通常都要求管制者能够确定外部性影响的货币价值。例如，如果污染排放费能根据社会边际成本和社会边际收益来确定，则我们显然就必须计算出污染的社会危害。如果受影响的是市场物品和服务的话，则危害的测量相应地也就会比较直接；如果新建一条马路需要拆掉路边的房子，则我们也可以计算出替代住所的市场价值。

但是，计量非市场部分的价值确实是一个难题，运输外部性研究的主要问题就源于许多损失无法在市场上标价。困难首先在于其影响的角度和范围可能是非常多、非常大的。许多运输外部成本都是直接对周围产生影响的，例如，拥挤、噪声、振动和引起人们呼吸和视觉障碍的排放物等，但也有一些外部影响会在较长时间以后才反映出来，例如，污染物对人体的其他有害影响、某些污染物对当地植物或建筑物的损害等。在国家级或跨地区的层次上，一些污染物包括引起酸雨的氮氧化物和硫等气体，对水体的污染等，会在相当大的范围内扩散，危害远离污染排放地点的林地和湖泊，但这种作用一般需要一定的时间和累积，往往不是立即就出现的。特别是大量二氧化碳的排放会引起温室效应，改变全球气候，加快荒漠化和海平面的上升，氟利昂等有害物质的过度使用则破坏大气中的臭氧层，这些都是更为长期和更大范围的影响。运输外部成本这种在多时空层次上的多样化影响，使得对这些影响的评估和币值计算变得十分复杂，而且必然增大了有关政策制定的难度。目前运输外部性的评估方法一般只局限在较低的区域级层次上使用，对于跨地区或国家级层次的评价或计算，这些方法已经很难适应。

运输外部性币值计量的另一个重大难点是，物理性的外部影响与其货币估价之间的联系在很多情况下并不是直接的，例如，计算汽车排放尾气对林业造成的影响，就要从测量特定时间和特定地域的尾气排放量开始，到测定这些尾气对一定时期内环境所造成的影响，再到测定有关地区内林木因此而遭受的损害程度，最后才是对林木价值的估计。在很多情况下，人们对其中每一种联系的理解都有很多模糊不清之处，因此有时要衡量某一外部性的物理或生化影响本身都很困难，更不用说对其进行价值估计了。在这方面如果再把很多外部性通常具有显著的非线性特征，以及在很多变化或影响或过程中会出现的关节点和临时阈值，即从渐变转为突变考虑进去，问题就更复杂了。

（二）运输外部成本计量的方法

尽管存在着这些困难，对于计量运输活动所造成的环境、拥挤或事故成本的方法，近年来还是取得了一定进展，有人把有关的方法大体分成了如下几类。

1. 判例法

判例法是指采用历史判例来对环境的某些方面进行估价的方法，该方法主要受到长期一致性原则的指引。这方面的判例主要是关于环境破坏在赔偿方面的立法和司法裁决。表面上这种方法受到很多人关注，但实际上仍然受到多方面的制约。

尽管许多案例是关于运输服务供给者，比如船舶公司不得不对有毒污染物泄漏事故进行赔偿，以及对机场扩建带来的附加噪声污染赔偿等的情况，但这种方法在交通运输中的主要应用还是对交通事故伤亡情况的评估。

判例只存在于那些权利已经被明确界定的领域，而这些判例又很少延伸到环境问题方面。即使没有这些实际限制，这种方法也会受到许多法律体系自身特性的限制。事故受害人（包括被害者亲属）在余生中需要获得照料，而法律通常是用来满足这种需求的。因此当环境破坏造成人员死亡时，人们不会考虑死者的"成本"。同样的，对动植物造成破坏的赔偿也不在法律裁决的考虑范围之内。最后，通过查阅在某些地方已经实证化的法律判例发现，它们并没有体现出一种连续一致的存在模式。

2. 规避成本法

人们可以隔离运输产生的那些对环境不利的结果：双层玻璃可以减轻噪声干扰；运输基础设施（如涉及路况、航空交通管制雷达等）及其使用方式（如为了限制速度等）和相对应的运输工具上的附属产品（如气囊和安全带等）采用更为安全的工程设计标准等，而应用更为广泛的方法是实现破坏环境的成本，与规避风险的成本相等，这就是所谓的"预防支出法"。

该方法的主要问题是，难以从包含其他收益的混合支出中分离出那些针对环境问题所作出的特定支出，例如，上面谈到的双层玻璃（它带来了取暖费用的减少和室温的降低）。噪声隔离的方法有局限性，假如人们在花园中或者打开窗户时，隔离措施就不能提供保护了。从更根本的角度说，这个过程中存在着一个采取规避措施的最优水平。

当人们研究降低生产的环境成本，以及弥补环境破坏过程中带来的损失，例如，将石灰添加到被汽车尾气污染过的水中，对这些情形的估价实质上是规避行为的一种反映。环境污染给健康带来的成本可以与损失的工作时间联系起来，例如，受燃料添加剂影响导致的愈加频繁的哮喘，或者飞机噪声导致睡眠减少从而造成工作时间的损失。分离这部分成本是很困难的，因此就需要在一个周期范围内来评估它们对个人或生产造成的影响。

3. 显示性偏好法

在某些情况下，环境资源的消费者通过自身的行为，含蓄地显示他们对环境资源的估价。他们会牺牲一些金钱利益作为交换来限制资源环境的使用或者获得一些环境利益。典型的例子就是人们愿意多付钱而住到远离喧嚣的机场、公路的地方，或者出高价住远离繁忙街道的酒店房间。因此，交通、震动、噪声和其他污染超过一定水平，就会使暴露在其影响下的有关住房等不动产价值遭受贬损，该方法就是根据住房等市场价格与环境质量方面的联系，推断交通污染所引起的环境成本。

4. 旅行成本法

新的运输基础设施会破坏以往无偿提供给人们的一些休闲娱乐场所，如公园、池塘等，被污染的河流湖泊会损害在那里钓鱼和游泳的人。失去娱乐机会的价值可以通过计算它的机会成本（人们愿意为类似的娱乐支付的价格）来衡量。由于环境遭到破坏后人们只能旅行去城市的其他地方甚至到外地去寻找这类休闲场所，以便享受曾经很方便就能获得的自然乐趣。于是，我们可以用这种旅行的成本，包括时间和金钱，来间接地衡量运输基础设施带来的外部性。

5. 表述性偏好法

表述性偏好法又称或发价值法，这种方法不是通过观察实际情况来给环境成本定值，而是力求从人们愿为假定的情形所支付的价格中引出信息。使用得最广泛的方法是问卷调查，即询问有关的一组人，如果发生预先明确的运输造成的环境破坏，他们需要什么补偿以保持现有的福利水平，或者他们愿意付出多少代价来阻止破坏的发生。

这些评估方法各有自己的长处，也都存在局限性，我们很难使用某种方法来评估所有不同的外部性影响。甚至对同一种外部成本，不同的分析人员或在不同的国家所使用的评估方法也不同，计算结果也可能存在很大差别。这里面当然也就产生了问题，就是以不同方式计算出来的运输外部性定量分析结果有时候很难进行简单的比较,也无法相加求和。例如,是否能把从规避研究得出的噪声污染价值和从既定偏好得出的空气污染价值相比较?所以,很多时候会引起人们对其真实程度的怀疑,并影响到其在实际中的应用。因此,我们常常利用不同的定量计算方法应对不同的外部成本,或者综合使用一种以上的评估方法来量化某一种外部成本。

基于以上分析,在讨论运输企业的运输成本时,当站在一个宏观的立场上时,就不仅仅要考虑企业的内部成本,同时需要将外部成本纳入决策范围,这样才能保证社会福利的最大化。虽然现今关于外部成本的判断与计量还存在一些困难仍待解决,但这为我们站在国家或者整个社会层面进行决策提供了思路,以待之后进一步完善。

课后作业

1. 如何理解经济学家萨缪尔森所说的"在所有经济学的领域中,边际成本是最重要的概念之一"?
2. 举例说明什么是经济成本、会计成本、机会成本、显性成本、隐性成本。
3. 请解释为什么 MC 与 AC 和 AVC 的最低点相交?
4. 短期成本曲线与长期成本曲线有何不同,分别适用于什么场合?
5. 沉没成本的含义是什么?对于投资决策有什么意义?
6. 交通运输成本计算的复杂性体现在哪些方面?
7. 联合航空公司的航班从洛杉矶飞往纽约的往返票价如表 1 所示。请分析:为什么航空公司对同一趟航班收取不同的价格?为什么会存在退票罚金?

表 1　　　　　　　　　联合航空公司票价情况

价格(美元)	提前购票	退票罚金
418	14 天以上	100%
683	3~14 天	100%
1900	3 天以内	无

课后思考题

1. 宏观与微观角度的成本理解有何不同?
2. 可以从哪些视角进行成本分析?
3. 如何创新成本管理与控制方法?

4. 案例与讨论：铁路运输成本影响（见二维码）。

5. 拓展知识：固定资产折旧；盈亏平衡分析法（见二维码）。

6. 本章知识分解（见二维码）。

第六章

运输价格及其应用

学习目标及要求：
1. 掌握运输价格的基本概念。
2. 掌握社会主义市场经济体制下运输价格的形成理论和方法。
3. 提高分析和解决运输价格问题的能力。

本章重点：

本章重点集中于对运输价格的理解及进行运输价格分析。

本章难点：

掌握运价的结构和形式，了解运价理论。

运输价格是运输市场运行的核心，是运输供求关系的自动调节器和重要杠杆。运输价格受价值规律支配，受供求关系、国家政策和其他诸多因素的影响，同工农业产品的价格、运输业的建设和发展密切相关，是调节运输资源配置的重要手段。本章介绍运输价格的概念及其特点、运输价格形成理论、旅客运输价格和货物运输价格、运输价格指数等相关内容。

第一节　运输价格及其特点

运输价格是运输劳务的价格，是运输市场运行的核心。运输价格既有一般市场价格的共性，又具有自身的特殊性。

一、运输价格的概念及其作用

站在不同的角度，运输价格有不同的概念内涵，如供给价格、需求价格、市场价格等。从供给者的角度来讲，运输价格是指运输供给者（运输企业、个体户等）对特定货物或旅客所提供的运输服务的价格，是货物运输劳务或旅客运输劳务的销售价格，是承运单位货物（旅客）的运输价格。从需求者的角度来讲，运输价格是指运输需求者（货主或旅客）获得单位运输劳务所付出的代价。此外，还有运输市场价格，即运输劳务交换时的价格。本教材遵循马克思的劳动价值论，从理论上将运输价格的概念界定为运输劳务价值的货币表现，反映了运输生产活动所耗费的社会必要劳动时间。

运输价格对于经济社会、运输行业、运输企业、运输需求者等都有着十分重要的作用，主要体现在以下几个方面。

（一）合理的运价有利于促进国民经济的发展

运输起着国民经济各个部门、地区和城乡之间经济活动的"纽带"作用，合理的运价可以从经济上保证这种作用的充分发挥。运价还能与其他商品的价格形成合理的比例关系，有助于国民经济各部门的均衡发展。同时，合理的运价对整个运输业的发展起着积极的推动作用，可以在经济上刺激运输企业改善经营管理，降低运输成本，提高服务质量，以利于发展国民经济，提高人民的生活水平。

（二）合理的运价有利于促进商品的流通

商品的流通必须通过运输来实现，但是运输费用的高低直接影响流通的进行。运价过高，会使流通费用增大，增加商品的售价，甚至成为市场无法接受的价格，从而使流通无法进行。

（三）合理的运价有利于促进生产力的合理布局

货物运费是产品价格的重要组成部分。产品生产地点距离原材料产地及销售市场的远近对产品价格中运输费用所占比重有很大影响。运输距离越长，所支付的运费越多。因此，正确确定同一生产系列的原料、燃料、制成品的运价比例关系，正确制定各种货物运价率随里程的变化关系，以及正确规定某些特定的运价，既有利于资源的开发和利用，也有利于工农业、商业地点的合理布局。

（四）合理的运价有利于促进各种运输方式之间的合理分工

运输量在各种运输方式之间的合理分配是组织合理运输的一个重要方面。正确制定各种运输方式运价间的比例关系，有利于运输量在各种方式之间的合理分配。例如，为了促使短距离运量由铁路转向道路运输，可以把铁路短距离运价规定得相对高些；为了加强陆港合作，鼓励联运，可以实行水陆联运特价，规定凡经由水陆联运的货物，实行减成计费等。

二、运输价格的分类

根据不同的分类方法，运输价格可以分成不同的类型。

（一）按运输对象划分

运输价格可分为旅客运价（或票价）、货物运价和行李包裹运价。不同运输方式，旅客运输价格和货物运输价格形式多样，在每种运输方式内部，又可以细分为不同的类型。

以道路旅客运输为例，根据中华人民共和国交通运输部令2022年第33号《道路旅客运输及客运站管理规定（2022）》第三条，道路客运经营包括班车（加班车）客运、包车客运、旅游客运。相应地，道路旅客运输价格可分为这三种运输服务类型的运价，其中班车（加班车）客运针对不同旅客，可分为不同的价格类型。如《交通运输部　国家发展改革委关于深化道路运输价格改革的意见（2019）》规定，班车客运经营者和汽车客运站应对持《中华人民共和国残疾军人证》的伤残军人、持《中华人民共和国伤残人民警察证》的伤残人民警察、持国家综合性消防救援队伍残疾人员证件的残疾消防救援人员执行客票半价优待，具体按照所乘班次执行票价的50%计算；除9座及以下客车外，符合条件的儿童享受免费乘车或者客票半价优待。

货物运输运价以按托运数量为例，可分为整车运价、零担运价和集装箱运价。整车运价适用于一批重量、体积或形状需要以一辆货车装载，按整车托运的货物。通常有两种计费形式，一种是按吨计费，另一种是按车计费。大多数国家采用按吨计费,也有一些国家采用按车计费。零担运价适用于批量不够整车条件而按零担托运的货物,是铁路运输和公路运输普遍采用的运价形式。一般来说,由于零担货物批量小、到站分散、货物种类繁多、在运输中需要比整车花费较多的支出,所以同一品名的货物零担运价要比整车运价高得多。集装箱运价适用于使用集装箱运送的货物。各种运输方式对于集装箱运价都有不同的规定。集装箱运价一般有两种形式,一种是单独制定的集装箱运价,另一种是以整车或零担为基础计算的运价。一般来说,集装箱运价按低于零担、高于整车运价的原则来制定。

(二)按运输方式划分

运输价格可分为公路运价、铁路运价、水运运价(包括长江运价、地方内河运价、沿海海运运价和远洋运价)、航空运价、管道运价以及当货物或旅客位移是由几种运输方式联合完成时在各种运输方式运价基础上形成的联运运价。

(三)按运价适用的地区划分

运输价格可分为适用于国际运输线路、航线的国际运价,适用于国内旅客和货物运输的国内运价和适用于某一地区的地方运价。国际运价如《国际航空运输价格管理规定》(CCAR-221)中的国际航空运输价格,是指公共航空运输企业经营中华人民共和国境内地点与境外地点间的定期航空运输业务时,运送旅客、货物的价格及其适用条件。

(四)按运价适用的范围划分

运输价格可分为普通运价、特定运价和优待运价等。普通运价是运价的基本形式,如铁路有适用于全国正式营业线路的全国各地统一运价,其他运输方式也有普通运价这种形式。特定运价是普通运价的补充形式,适用于一定货物、一定车型、一定地区、一定线路和航线等。优待运价属于优待减价性质,如客票中有减价的小孩票、学生票,也有季节性的优惠票。货运优待运价适用于某些部门或有专门用途的货物以及适用于回空方向运输的货物等。

(五)按运输价格的管理方式(制定主体)

运输价格可分为市场调节价、政府指导价和政府定价。市场调节价是指由经营者自主制定,通过市场竞争形成的价格。目前,道路运输领域的货物运价、旅客包车运价、非定线旅游客运运价均为市场调节价。铁路运输方式中,铁路集装箱、零担各类货物运输价格，以及整车运输的矿物性建筑材料、金属制品、工业机械等 12 个货物品类运输价格实行市场调节，由铁路运输企业依法自主制定。政府指导价是指依照《中华人民共和国价格法》规定，由政府价格主管部门或者其他有关部门，按照定价权限和范围规定基准价及其浮动幅度，指导经营者制定的价格。如根据《交通运输部 国家发展改革委关于深化道路运输价格改革的意见（2019）》，同一方向上运输方式单一且同业竞争不充分的道路班车客运，实行政府指导价（最高上限价格）管理。政府定价是指依照《中华人民共和国价格法》规定，由政府价格主管部门或者其他有关部门按照定价权限和范围制定的价格。目前，铁路客运运价仍为政府定价。

三、运输价格的构成形式

根据运价的不同组成形式及其各组成部分相互的比例，运价有不同的确定原理和结构。

（一）里程式运价结构

里程式运价结构是指基于运输距离的远近而确定运价的一种定价形式，可以分为平均里程定价和递远递减定价，是最简单、最基本的运价结构形式。平均里程定价是按距离的远近平均计算单位运输价格，如 1 吨货物 1 公里的运价是 0.4 元，则 100 公里是 40 元，1000 公里是 400 元，即运价与运输距离成正比例变化，也称为纯里程运价。但实际中并不完全按照这一原则定价，铁路运输、水路运输、航空运输大多采用递远递减运价。递远递减定价是根据一定范围内运输距离越远单位运输价格越低的原则确定运价。运价随着距离的增加而增加，但不如距离增加得快，就如同大多数运输成本的变化规律一样，单位运输成本随着运输距离的延长而逐渐降低。运输支出按三项作业过程可以分为始发终到作业支出、中转作业支出和运行作业支出。运输距离增加，虽然运输总支出会随着增加，但是其中成比例增加的只是与运行作业有关的支出，始发终到作业支出和中转作业支出是不变的。因此，随着运输距离的延长，分摊到单位运输成本中的始发终到和中转作业费用降低，单位运输成本也随之降低。

里程式运价结构中，衡量单位运价水平的运价率与运输距离的关系主要有以下四种情况。

（1）递远递减变化的运价率。

（2）运价率在一定距离范围内递远递减，超出该范围后运价率就保持不变。

（3）先递远递减，超出该范围后运价率反而递增。

（4）运价率始终保持不变的纯里程运价。

上述与距离有关的运价率变动可用图 6-1 中曲线①②③④来表示。不同运输方式，运价率的变化有一定差别。一般而言，铁路运输、水路运输等对于始发终到作业费用较大的货物运输，运价率随运输距离的变化比较明显。对于始发终到作业费用很小的货物运输，如拖挂运输，运价率随运输距离的变化不明显。

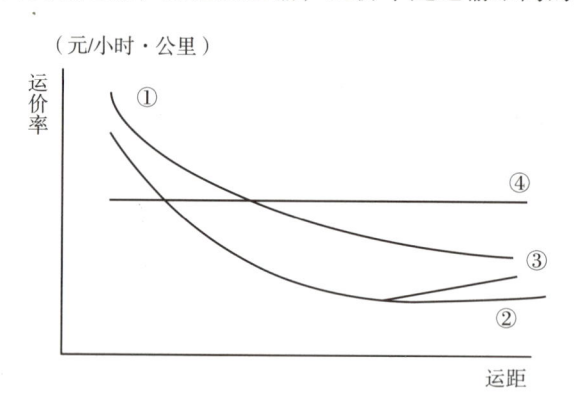

图 6-1 运价率随距离变化

（二）货种差别运价结构

货种差别运价结构是指不同种类的货物适用高低不同的运价。不同种类的货物运输成本是有差别的。因此，在制定运价时要根据不同类别的货物制定相应的运价。按货种类别的差别运价是通过货物分类和确定级差来体现的。在我国现行的运价制度中，铁路运输采用分号制，即将货物运价分成若干号或若干级别，每个运价号都规定一个基本运价率，各种货物根据其运输成本和国家政策的要求，分别纳入适当的运价中去。

（三）客运类别差别运价结构

客运差别运价结构是指同一运输方式内提供不同级别的客运服务，客运定价按照客运级别的不同而不同。不同级别的客运服务所需要的设备、设施、占用的运输能力及消耗的运输成本是有很大差别的。例如，飞机上的头等舱与经济舱之间、普通铁路与高铁铁路之间，其设施设备有很大差别，服务标准、旅客的舒适程度和旅行速度也不同。客运运价应该根据运输成本、速度、舒适度等不同而有所差别。

（四）邮票式运价结构

邮票式运价结构是指在一定的区域范围内，运费就像贴邮票那样，不论距离的长短，都采用同样的运价。邮件及某些货物的运输、大部分的包裹快递、单一票制的公共交通以及某些城际客运等采用这种运价结构。

（五）基点式运价结构

基点式运价结构把某一到达站作为基点，并制定基点运价，运费总额是从发送站到基点站的运费再加从基点到终点站的运费。基点式运价结构是里程式运价结构的变形，往往是不同运输方式或运输线路之间竞争的结果。

（六）区域共同运价结构

区域共同运价结构将某一区域内的所有发送站或到达站集合成组，所有在一个组内的各点都适用同一运价，而在不同区域之间，则采用不同的运价。区域共同运价结构是里程式运价结构与邮票式运价结构相结合的产物，也称为成组运价结构。也就是说，在每一个细分区域内部均采用邮票式运价结构，而在不同区域之间，则采用里程式运价结构。远洋运输中航区运价即为区域共同运价。

四、运输价格的特点

由于运输产品、运输市场的特殊性，决定了运输价格不仅具有一般价格的共性，而且有其自身的特殊性。

（一）运输价格是一种服务价格

运输企业为社会提供的效用不是实物形态的产品，而是通过运输工具实现旅客或货物在空间位置上的移动。在运输生产过程中，运输企业为货主或旅客提供了运输服务，运输价格就是运输服务价格。

服务产品和有形产品最大的区别是：服务产品是无形的，既不能储存，也不能调拨，只能满足一时一地发生的某种服务需求，运输企业产品的生产过程也是其产品的消费过程。因此，运输价格就是一种销售价格。同时，由于运输产品的不可储存性，当运输需求发生变化时，只能靠调整运输能力来达到运输供求的平衡。现实中运输能力的调整一般具有滞后性，因此运输价格受供求关系产生波动的程度往往较一般有形商品要大。

（二）货物运输价格是商品成本的组成部分

一般而言，商品包括生产过程、运输过程和销售过程。与之相对应的，商品的总成本包括生产成本、运输成本、销售成本，而商品的运输成本就是商品作为货物的货物运输价格，货物运输价格是商品总成本的组成部分。货物运价在商品总成本中的比率主要根据商品本身的单位重量价值的高低来决定。比如，南非生产的钻石运到中国销售，其运输成本在其总成本中只占很小的比例。而水泥、矿石、沙子等价值低的原材料的运输成本在其总成本中所占比重比较大。

（三）运输价格根据不同运输距离而有差别

货物或旅客按不同的运输距离规定不同的运价，被称为"距离运价"或"里程运价"。这是因为运输产品即运输对象的空间位置移动是以周转量来衡量的，货物周转量以吨公里（吨海里）为计量单位，旅客周转量以人公里为计量单位。因此，运价不仅反映所运货物或旅客数量的多少，还体现运输距离的远近。一般来讲，吨公里（人公里）运价随运输距离的延长而不断降低，在近距离降低得快，在远距离降低得慢，超过一定距离可不再降低。不论单价如何变化，总的运输费用都随运距的增加而增加。

（四）运价根据不同线路或航线的不同而有差别

货物或旅客按不同线路规定不同的运价，被称为"线路运价"或"航线运价"。采用这种运价是基于运输生产的地域性特点。运输工具在不同线路（航线）上行驶，其自然条件、地理位置、方向不平衡性、经济发展水平等有显著差别。由于运输条件各不相同，即使货物（旅客）周转量相同，运输企业付出的劳务量及市场供求关系等也相差很大。因此，不同线路（航线）采用不同的运价。

（五）运输价格具有比较复杂的比价关系

货物运输或旅客运输，可采用不同的运输方式或运输工具加以实现。受所运货物种类、旅客舱位等级、运载数量大小、距离、方向、时间、速度等差别的影响，相应的运输成本和供求关系不同，在运价上也会有所反映。例如，甲乙两地之间的旅客运输可供选择的运输方式主要有高铁和航空，高铁的纯运行时间是 4 小时，飞机的纯运行时间是 1.5 小时。若飞机经济舱票价远高于高铁二等座票价，大部分生活性出行的旅客会选择高铁出行。航空公司为减少客流流失，通常会打折降价。这也是部分航空线路在高铁开通后，航空公司为应对市场的激烈竞争采取的主要方式。

第二节 运输价格的形成

运输价格的形成受运输成本、市场供求、国家经济政策等多种因素影响。同时，运输价格的形成也有多种理论。运输价格形成的理论基础和影响运价形成的内外因素，是分析运输价格形成的主要内容。

一、运输价格的形成（影响）因素

运输价格形成的因素比较复杂，主要有运输成本、运输供求关系、运输市场结构模式、国家有关经济政策以及各种运输方式之间的竞争等。

（一）运输成本

运输产品本身的价值，是运输价格形成的客观基础。这里的运输产品是指运输劳务即产品的位移。在其他条件不变的情况下，单位运输产品价值提高或降低，必将导致用货币表现出来的价格也将相应地提高或降低。运输产品价值的变化，是导致运价变化的决定因素。运输产品的价值，是由运输生产所消耗的活劳动和物化劳动，即社会必要劳动时间所决定的。对运输企业来说，运输产品的价值量是由运输成本和盈利构成的。价值量的变化，主要反映在运输成本及盈利的变化上。

在正常情况下，运输企业为能抵偿运输成本而不至于亏损并能扩大再生产，要求运输价格不低于运输成本。因此，运输成本便成为形成运输价格的重要因素和最低界限。

（二）运输市场供求关系

前面讲到运输价格形成的客观基础是运输产品价值，但运输价格作为交换范畴，又是离不开市场的，因而，其价格的形成，必然要受到运输市场供求关系的制约。运输供给和需求对运输价格的调节，通常是由于供求数量不同程度的增长或减少引起的。运输需求不变时，若运输供给减少，则市场供给小于需求，运输价格上升，若运输供给增加，则市场供给大于需求，运输价格下降；运输供给不变时，若运输需求增加，则运输市场供给小于需求，运输价格上升，若运输需求减少，则运输市场供给大于需求，运输价格下降。随着我国统一开放、公平竞争、规范有序的运输市场的建立和趋于完善，运输需求或供给的变化引起运输价格的改变将更为明显。

当然，运输市场供求变化并不创造价值。短期看，运输供求决定运价，但从长期看，则是运输产品本身的价值决定运价。

（三）运输市场结构模式

根据市场的竞争程度，运输市场结构可大体分为四种类型，即完全竞争运输市场、完全垄断运输市场、垄断竞争运输市场和寡头垄断运输市场。不同类型的运输市场有不同的运行机制和特点，对运输价格的形成会产生重大影响。由于运输市场章节会有相关内容的介绍，为避免重复，本章仅以垄断竞争市场为例简述其对运输价格的影响。垄断竞争运输市场是指既有独占倾向又有竞争成分的运输市场。这种市场的特点是：同类运输市场上有较多的生产者，市场竞争激烈；新加入运输市场比较容易；不同运输企业生产的运输产品在质量上（如快速性、货物完好程度）有较大的差异，而某些运输企业由于存在优势而产生了一定的垄断性。在该运输市场上，运输企业已不是一个消极的运输价格的接受者，而是具有一定程度决策权的决策者。

（四）国家经济政策和法规制度

为了克服市场机制自身无法自我完善的一些弊端，政府常常制定一系列政策和法规对市场价格进行调节和管理，并采用各种改革措施建立规范的价格管理体制。这些政策、法规和改革措施，有监督性的，有保护性的，也有限制性的。如国家对运输业实行的税收政策、信贷政策、投资政策等都会直接或间接地影响运输价格水平。

在运价的形成过程中，国家在一定时期的运价政策和运价管理方式等对运价有着直接和重要影响，如运价补贴政策、价格管制与放松政策等。另外，政府还制定了一系列的价格法规，对市场运价进行管理，规范企业价格行为，保护和促进公平竞争，防止过度竞争引起运价暴涨暴跌。在出现特殊情况时，政府还进行适当的行政干预。

（五）各种运输方式之间的竞争

影响运输价格竞争的因素有：运输速度、货物的完好程度、舒适度、方便程度等。以运输速度为例，若相同起讫地的货物运输可采用两种不同运输方式进行，此时运输速度较慢的那一种运输方式只能实行较低的运价。这是因为，就货主而言，它增加了流动资金的占用和因货物逾期、丧失市场机会而造成的销售损失。与运输速度较快的那一种运输方式相比，其理论降价幅度为上述两项费用之和。

（六）货币价值的变化

运输价格是运输产品价值的货币表现。运输价格不仅取决于运输产品自身价值量的大小，而且还取决于货币价值量的大小。在运输产品价值量不变的情况下，货币所代表的价值量发生变化必定引起运价总水平发生变化。市场货币流通量对运输价格的影响是显而易见的。

运输价格的形成除受上述因素影响外，社会经济状况、居民的收入水平、物价水平等都对运输价格的形成产生一定影响。

上述影响运输价格形成的因素，归纳起来可分为两类：一是影响运价的内在因素，主要是运输产品价值；二是影响运价的外在因素，主要有运输供求关系、国家政策、市场结构与竞争等。运输价格正是在这些内外因素综合作用下形成的。

二、运输价格的形成理论

按运输对象，运输可分为货物和旅客运输两大类。这里主要讨论货物运输价格形成理论，旅客运输价格的制定原理与此相类似，故不做重点论述。

目前，国内外学者对货物运输价格的制定理论各持己见、众说纷纭。其争论的实质是对货物运价的形成基础有不同的认识，归纳起来主要有两种不同的观点。

第一种观点认为，货物运价的形成直接起源于马克思的"劳动价值论"，并认为它的形成主要受两种因素的影响：其一，在既定的运输生产条件下的平均物质消耗和劳动消耗量，即运输部门的平均生产成本；其二，因各经济部门的利润平均化趋势而客观存在的社会平均资金利润率的高低。由这种理论派生出的货物运价的制定理论为"生产价格论"，以"劳动价值理论"为基础。

第二种观点认为，货物运价的形成基础不取决于运输价值，而是由运输市场的竞争决定的，即所谓的"市场竞争决定论"。这种理论认为，货物运价的形成主要受运输市场供求变化的影响，进而产生竞争并最终达到某种程度的"价格均衡"。造成这种结果的主要原因应从运输供求双方所具备的条件和所处的竞争环境中去找。由这种理论派生出的货物运价制定理论主要以"均衡价格论""边际成本论""从价理论"等为基础。

（一）生产价格论

这种观点的保留主要依据是马克思的"劳动价值论"。认为货物运输与其他有形商品一样，具有价值和使用价值的二重性。运输产品的价值表现为货物在发生位移过程中所消耗的社会必要劳动；它的使用价值则表现为货物发生位移后使商品潜在的使用价值转变为现实的使用价值。而运输价格的制定实质是对运输价值量的测算。运输价值也像一切产品价值一样由三部分构成，即在运输过程中转移的物化劳动价值（C）、运输生产者为自己劳动创造的价值（V）、运输生产者为社会劳动所创造的价值（M），其中 C + V 是生产运输产品的必要劳动消耗，被称为运输产品的成本。

由于运输产品的价值量也即单位运输产品的社会必要劳动消耗在实际中难以准确确定，因此往往只能采用间接的方法代替。一般首先计算运输产品的必要劳动消耗，即运输成本，并在运输成本的基础上加成一部分利润以制定运价。

关于利润的确定方法主要有四种，即工资型、成本型、资金型和复合型。

工资型的运价，是按平均工资盈利率来确定盈利，即：

运价 = 运输成本 + 运输业职工的工资 × 平均工资利润率

成本型的运价，以成本盈利率制定价格，即：

运价 = 运输成本 + 运输成本 × 社会平均成本盈利率

资金型（也称生产价格型）的运价，以资金利润率确定价格，即：

运价 = 运输成本 + 单位运输产品占用资金量 × 社会平均资金利润率

复合型的运价主张按平均盈利率和平均工资利润率来确定价格。

采用成本加成本利润率来制定运价，方法简便，但其缺陷也是明显的。成本越大，利润越高，造成了为追求高利润而乱增成本，导致运价严重背离运输价值。按照劳动价值理论，在市场经济条件下，以市场来优化资源的结果必然使得各部门的利润率趋于平均化，于是价值就转化为生产价格。由于当今社会生产力的高度发展，各经济部门的利润平均化趋势已客观存在，这就为"生产价格论"提供了依据，运输价格具体体现为运输成本与社会平均盈利之和。

一般认为，以生产价格论来制定货物运价必须具备以下两个前提条件。

第一，应以运输供求基本平衡为前提。

运输供求不平衡势必会造成运价的波动。不平衡的程度越大，价格的波动就越厉害。人们固然可以采用各种现代化的手段和方法对未来运输需求量作出预测和判断，但大量事实表明，由于运输需求的派生性，要精确掌握未来运输需求，尤其是长远的需求几乎不可能。而在运输需求未知以前，参与运输生产的企业的规模、数量以及生产条件等也是未知的，货物运输的社会必要劳动时间的耗费就无法确定。因此，该理论在实际运用中会遇到极大困难，我国在较长时间内以该理论来制定运输价格，但并未达到预想的效果。

第二，必须预先确定社会平均资金利润率。

生产价格的基本点是"企业等量资本投入要求获得等量的利润"，这是社会大生产发展的必然结果。而现实的情况是，平均利润的形成即使是在完全竞争的市场机制中也仅仅是一种趋势。而这种趋势恰恰又是运输供求变化作用所达到的一种结果——它是终点而不是起点。因此，在一般情况下，在制定运输价格时，无法预先知道社会平均资金利润率，若人为地规定它，其结果可能会出现国家或企业制定的价格与实际执行的市场价格大相径庭的现象。

生产价格理论以马克思劳动价值论为基础，是制定价格的理论基础。

（二）均衡价格论

在货物运输中，运输企业和货主经过讨价还价，使运输供求数量达到一致时的价格称为均衡运输价格。

西方经济学认为，在市场经济中需求和供给决定市场价格。因此，在西方国家的运输产品定价中，把需求因素置于非常重要的地位。下面我们通过分析运输产品的需求价格与供给价格来说明运输价格是如何被决定的。

1. 需求价格

运输产品的需求价格，是指货主对于运输一定数量的货物所愿支付的运价，它是由这一数量的货物运输对于货主的边际效用所决定的。人们对于商品的需求，数量增加，总效用也增加，但总效用按递减的比率增加，即边际效用是递减的，而这个边际效用决定了需求价格。在运输产品中，由于边际效用的递减规律，使得运输需求价格也呈递减的趋势，即对于货主来说，当货主运送货物越多，在其他条件不变的情况下，他对每次多运的货物而愿意支付的运费越低，也就是说，运输需求价格由于边际效用递减规律的作用，是随着运量的增加而递减的。运输需求量与运价成反比例关系，运价越低，需求量越大，运价越高，需求量越小，这一规律也称为需求规律，它可以反映在需求曲线上。在图6-2中D就是运输需求曲线，表明了运价与运输需求的反向变动关系。

2. 供给价格

运输产品的供给价格是指提供一定运输服务的运输者所愿意接受的价格，是由运输服务中所付出的边际生产费用决定的。运输的供给量随着运价的提高而增加，随着运价的下降而减少，这是报酬递减规律作用的结果。因为在报酬递减条

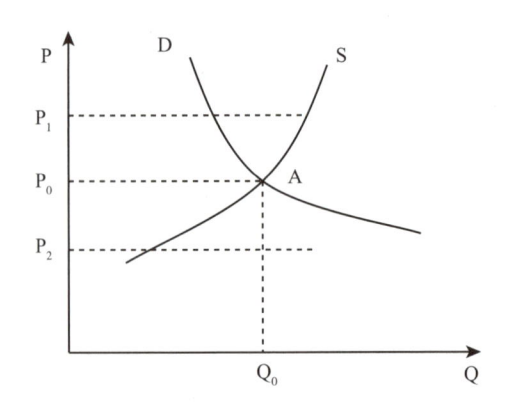

图 6-2 均衡运输价格

件下，要增加运输供给就必须付出更大的成本，而使得运价上升。如图 6-2 中 S 就是运输供给价格曲线，表明了运价与运输供给成正比例关系。

3. 均衡价格

均衡价格理论是以假定完全竞争市场为前提的。在完全竞争市场条件下，运输市场上运输产品的均衡价格由运输需求和运输供给同时决定。如图 6-2 中供给曲线 S 与需求曲线 D 交于 A 点，供求双方达成均衡，A 点决定的均衡价格为 P_0，均衡运量为 Q_0。如果这种均衡是稳定的，那么当市场背离均衡状态时，市场力量就会自动恢复均衡并保持均衡的趋势。图 6-2 中，如果运输者把运价定为 P_1，在较高的运价水平下，运输供给虽然旺盛，但运输需求将会减少，造成运输市场供过于求，这必然使价格下跌；如果运价在过低的 P_2 水平，由于供给较少而低运价刺激的运输需求又会造成运输市场的供不应求，从而引起运价上升促使运输企业扩大生产，提高运输能力，结果供给价格与需求价格不断接近。当供给价格等于需求价格时，供需达到平衡，我们就说由供需形成了均衡的运输价格。

在一个市场中，如果没有外来因素的干扰，一切处于竞争状态，则需求与供给相互作用的结果，将达到一个市场均衡，此时需求量正好等于供给量，需求曲线与供给曲线相交，交点价格即为均衡价格。在均衡价格水平上，生产是最优的，价格是最优的，效益是最优的。实际上由于各种因素的存在，如政府的干预、垄断的存在、短缺在近期内无法解决等，使得供需不可能达到永久的平衡，多数时候是围绕着均衡价格上下波动，当价格偏离均衡价格太远时，就会出现剩余或短缺。

以均衡价格作为运价的制定理论，很显然只是注重运输供求关系对价格的决定因素，而没有考虑其他各种因素对价格的影响。因此，它只能在完全竞争的运输市场结构模式中才适宜采用。故在现实中，该理论尚无法得到广泛运用。

(三) 边际成本论

所谓"边际成本",是指生产过程中每增加或减少 1 个单位产量而引起的总成本的变动。以边际成本论定价,是指在运输供求发生变动时,运输企业必须增加或减少运输服务数量,并以因增加或减少运输服务数量而引起的总成本的变动为基础确定运输价格。竞争条件下采用边际成本定价可使社会福利达到最大(假设无外部性),因此也常称为最优定价理论。

边际成本与单位总成本、单位可变成本、单位固定成本之间的关系如图 6-3 所示。

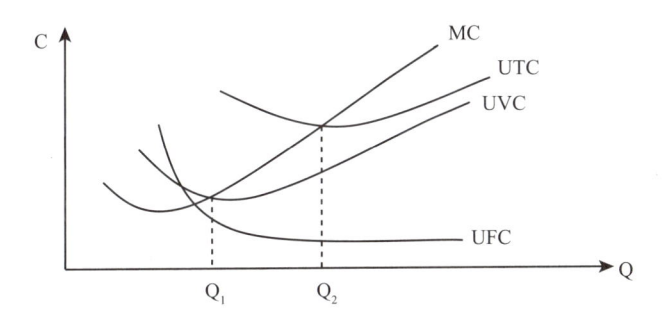

图 6-3 各单位成本关系

注：MC（marginal cost）——边际成本；UTC（unit total cost）——单位总成本；UVC（unit variable cost）——单位可变成本；UFC（unit fixed cost）——单位固定成本。

图 6-3 横坐标表示货物运输量 Q；纵坐标表示各单位运输成本 C。运输成本按其是否受货物运输量的变化而改变可分固定成本与可变成本两部分。在一定条件下,因固定成本不受运输量变化的影响,故运输总成本的变化只受可变成本的影响,这时边际运输成本则与单位可变成本相当,如图 6-3 中运量为 Q_1 以内时的情形；如实际完成的货物运输量低于运输工具的运输能力,边际成本将低于单位总成本,如图 6-3 中运输量为 Q_2 以内时的情形。反之,运输企业必须投入新的运输能力,这时的边际成本将高于单位总成本,如图 6-3 中运输量超过 Q_2 时的情形。

上述边际成本与单位运输总成本之间的相对关系,可以反映运输工具的运输能力是否被充分利用、随之用运输价格来调整运输供求关系。按边际成本论定价的实质也就在这里。在货物运输密度较低的地区或线路,由于现有的运输能力未能充分发挥作用,每增加单位运输量的边际成本低于单位总成本(如图 6-3 中运输量在 Q_2 以内时),这时若以边际成本为基础定价,就可低于原来按运输总成本为基础所定的价格,从而可促进运输需求；反之,在运输密度高、运输能力紧张的地区,由于运量的增加将导致运输企业新的投入(如图 6-3 中运输量超过 Q_2 时),这时若以边际成本为基础定价,就会使得运输价格相应变高,从而可起到抑制需求的作用。

我国国内货物和旅客运输已存在按边际成本论定价的例子。例如，在新开辟的铁路和水运线路采用"新线新价"。由于新的运输线路资本投放较原运输线路多得多，其边际成本大大超过原运输线路的单位总成本。而且，一般都在运输需求量大于运输能力供给的情况下开辟新的运输线路，所以目前采用的"新线新价"均高于其他运输线路的价格，这也符合运输价格对运输需求进行反向调节的客观规律。

但我们也应注意到，运输需求的大小从总体上看受国民经济发展规模等因素的制约。因此，它在一定空间和时间内受运输价格的影响极其有限，所以不能过分估计这种定价理论的作用。另外在运输需求严重不足的地区，由于其边际成本长期低于单位总成本，以边际成本论定价，会导致运输业长期大面积亏损。

（四）运输效用理论

商品运输所支付的运费，构成商品成本的一部分，因而商品的价格构成中包含着运输费用。如果商品的价格被市场确定了，那么商品价格扣除商品不含运费的自身成本、税收后，就是商品所能承担的最大运费。如果运输供给者收取的运价高于该最大运费，则商品运输活动不能实现。

运输的效用是把一定量的某种货物由 A 地运到 B 地，因而在运价制定中必须满足这种效用。为了制定运价，要以运输价值来衡量运输的效用，它标志着货物运价的最高限度，如果收费超过此限，货物就不能运输。这里的"运输价值"不同于我们在劳动价值论中谈及的运输价值，而是指两地间价格的差别。例如，某种物品在 A 地的生产成本比在消费该物品的 B 地的生产成本低，该物品在 A 地价格为 1.0 元，在 B 地价格为 1.2 元，如果一个商人打算把 A 地的货物运到 B 地去出售，那么运价必须低于两地产品价格之差 0.2 元。当运价高于 0.2 元时，就会阻止该物品由 A 地运往 B 地。所以说，运输价值标志着货物运价的最高限度，如果超过该限度，货物就不能运输。

（五）从价理论

从价理论也称"货物对运费的负担能力理论"，是指以所运货物本身的价值高低为基础确定的运输价格。高价值货物制定较高运价，低价值货物制定较低运价。高价货物实行高运价的原因是价值高的货物负担高运价能力较大，高价值货物运价虽高，但其承受能力大，运价在商品总价值中所占的比重往往低于低价商品价值中运价所占的比重，因此运价对于高价值货物价格的影响反而较低。当然还有一个原因是运输高价值货物比运输低价值货物对运输条件要求高，运输者责任大。

从价理论的实质是在货物运输供求双方进行价格竞争的条件下，按需求弹性高低来确定货物运价的一种转化模式。在一般情况下，本身价值较高的货物，其运输需求对运价的弹性较小，也即弹性系数小于1，此时可提高货运价格。这是因为，此时若提高运价，运输收入将会相应提高。因为运输需求量的下降比率小于运价提高的比率，而运输收入为货运价格与运输量之乘积，其结果对运输企业有利。同样，本身价值较低的货物，其需求对价格的弹性较大也即弹性系数大于1，此时应降低货运价格。由于需求量提高的比率大于价格下降的比率，其结果运输收入亦会得到提高。即使有时因对低价值货物的运价定得过低而造成损失，也可从高价值货物的运输收入中得到补偿。

按从价理论定价，运输企业存在一个对货运价格的具体选择问题。其基本原则应该是：在考虑各种货物运输需求量的前提下，运输企业应选择货主能提供最多抵偿固定费用的货物运价。

图6-4中，X轴代表某货物的运输需求量，Y轴代表每吨货物的运输价格。D-D代表该货物的需求曲线，C-C代表单位变动成本。变动成本虽随运量的变化而发生相应变化，但单位变动成本（即每吨变动成本）可近似看作不变。

从图6-4中可知，货物运价若定为OR，总收入可由长方形面积ORPQ代表，此时的变动成本为面积OCAQ，则所能提供抵偿固定费用的收入为面积CR-PA。同理，如货物运价定为OR″，则能提供抵偿固定费用收入为面积CR″P″A″。但若将货运价格定在OR′，能提供抵偿固定费用的收入为最多，也即面积CR′P′A′（图中阴影部分）为最大，则OR′为最佳选择的运价。

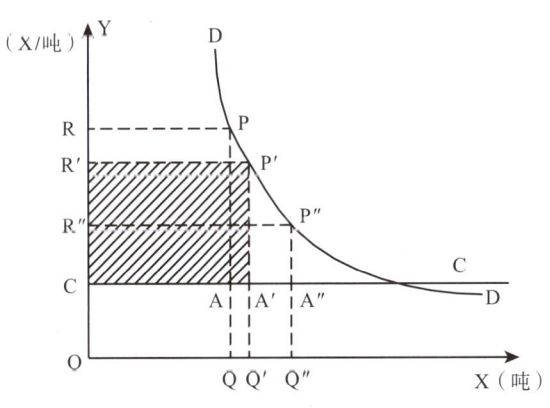

图6-4 运输成本（或价格）与运输需求量关系

设每吨货物运价（Y）与运输需求量（X）之函数关系为：
$$Y = -mX + n \quad (其中 m, n 为正的常数)$$
单位变动成本 $c = a$　　（a为正的常数）

此时，货主能提供抵偿固定费用的收入为：

$$S = (-mX + n) \times X - aX$$
$$= -mX^2 + (n-a) \times X \qquad (6-1)$$

当 S 值为最大时，需求量 X_0 的求解过程为：函数 S 对 X 求导数，并令其为 0。

$$\frac{dS}{dx} = [-mX^2 + (n-a) \times X]' = -2mX + n - a = 0 \qquad (6-2)$$

得：
$$X_0 = \frac{n-a}{2m} \text{（吨）} \qquad (6-3)$$

也即：
$$Q' = \frac{n-a}{2m} \qquad (6-4)$$

此时，货物运价则为：

$$Y_0 = -mX + n = (-m) \times \frac{n-a}{2m} + n = \frac{n+a}{2} \text{（元/吨）} \qquad (6-5)$$

也即：
$$OR' = \frac{n+a}{2} \qquad (6-6)$$

在现实中，运输需求曲线 D–D 可为二次或多次函数，但基本求解过程与上述相同。

以上仅是建立在数学模型基础上的一种理论分析。事实上，对高价货物实行高运价是有一定限度的。其主要原因有两个：其一，本身价格较高的货物往往是各种运输方式争夺的对象，因此运输需求交叉弹性较高，这样就牵制了货物运价的过高波动。其二，货主对货物运价具有一定范围的承受能力，即货物运价不能高于所运货物销售地与生产地价格之差，否则货主因销售商品不能获利甚至亏本而会放弃运输。

就价格形成分析，从价理论是属于"市场竞争决定论"范畴的；而从市场营销角度看，它又是一种需求差异定价模式。虽然该理论从运输市场竞争规律以及市场营销的角度分析均有其可取之处，但不可否认，该理论在实际应用中也会带来一定的困难，具体表现在以下三方面。

（1）在高价值货物的运价与低价值货物的运价之间如何确定一种客观的合理比例关系，目前尚无规律可循。因此，在实际中，利用"从价理论"定价，运输企业应根据有关数学模型，结合不同线路、货物运输需求交叉弹性和商品销、产地价格差等因素，合理确定不同线路高、低价值货物之间的运价比例关系。

（2）持有高价值货物的货主对"从价理论"定价常有抵触情绪，运输企业在具体实施中会遇到阻力。例如，他们会向运输企业提出这样的质疑：我提交你运输的货物与其他低价值货物一样运出，在运输途中并没有对我所托运货物实施特殊的照料，凭什么我要多付运费呢？他们会感到不公正，甚至认为这是对运输高价值货物的一种"歧视"。应当承认，货主提出的质疑有一定道理。因为他们依据的恰恰是前述的"生产价格"定价理论，即无论什么货物，只要运输成本一样，就应实行相同的运价。但我们应该看到，在同一运输过程中，若高、低价值货物实行同一运价，所谓的运价"歧视"却最终没有消除，而只不过将其转嫁到低价值货物上去了。因为持有低价值货物的货主会明显感到运价太高而不堪承受。如果货物运价超过其销售地与生产地价格之差，他们会毫不迟疑地放弃该货物的运输。其直接后果是，运输企业无法招揽到低价值货源，从而陷入困境。

（3）运输企业对每种运输都尽可能收取最高的运费，获取高额利润，侵犯了公众的利益。

因此，运输企业应认真分析研究并确定各类货主均能接受的运输价格。这样，既有利于"从价理论"定价在实际中的贯彻实施，也可促进运输业的发展。

（六）为促进地区经济发展的运价政策

任何地区都会经历不同的经济发展阶段，西方一些学者主张在不同的阶段里为促进地区发展采取不同的运价对策。

地区开发一般都会经历这样的过程：在第一阶段，主要依靠开发自己的自然资源并输出原料，生产农产品、畜产品、林产品、矿产品或水产品等，这些产品的剩余部分则按未加工或半加工形态销售到地区以外，制成品则从外地输入。在第二阶段即开始工业化时期，区内工厂已经能对当地自然资源进行较深加工，但该地区需要的大多数制成品仍须从其他地区购入。在第三个阶段即工业化较成熟阶段，该地区变为食品和原料的输入者，并将外来原料制造为成品用以输出销售或在当地消费。在第四个阶段，地区原有的自然资源已大部分消耗，而其部分制造品的外地市场却遇到其他地区的有力竞争者。该地区在这个阶段仍可保持一定繁荣，但如果它不发展新的富有活力的经济活动，就要逐渐衰落。这里假设其他情况不变，只分析在不同阶段应采取怎样的运价对策。

当该地区处于上述第一个阶段时，显然低廉的输入输出运价对地区发展有利。因为这将有利于鼓励地区资源的开发，同时提高人们的就业和收入水平，由于输入制成品的低运价会使物价降低，也可以减少人们的消费支出。

当经济发展进入第二阶段即开始工业化时期，则应采用不同的运价政策，提高运价水平。原因是较高的产成品输入运价会导致较高的制成品价格，这将刺激当地的制造工业，同时保护本地区新生的制造业免遭外地竞争者的冲击；而较高的原料运价又会对原料输出产生抑制，鼓励在当地使用这些原料进行加工制造。

一旦地区经济达到较成熟阶段，又再次需要制定较低的输入和输出运价。这能使该地区便于输入其必需的食品和原料，并按低价格输出其制成品。在第三个阶段，制造和输出活动已占该地区经济的主要地位，对外地竞争者已有相当抗御能力。

在进入发展的第四阶段以后，地区应该对不能自给的原料及食品制定较低的输入运价，对制成品输入的较高运价则可以帮助本地制造商保有本地市场；因为不再输出农产品和原料，因此这些输出运价不再重要，但制成品的较低输出运价则可以帮助本地区效率较高的制造业至少在一个时期内继续保持外地市场。

经济学家认为运价水平对地区经济发展的影响是有限的，但如果能有意识地制定积极的运价政策，它也可能成为实现地区发展目标或改善经济状况的一种手段。

三、定价方法

（一）成本导向定价法

这是以运输成本为基础的定价方法。运输成本是运输价值的近似反映，以运输成本为基础定价，可以使运输企业在补偿运输成本后仍有盈利。

成本导向定价法又有三种不同情况。

1. 成本加成定价法

即以单位运输成本为基础，加上一个固定百分率的行业标准的单位利润，构成运价。我们把这个固定百分率的行业标准的单位利润称作加成，这个固定百分率称作加成率。其计算公式为：

$$运价 = 单位运输成本 \times (1 + 加成率)$$

采用成本加成定价法，计算方便。其局限性主要是忽视了市场需求和竞争，同时在许多情况下难以将总成本精确地分摊到各种运输劳务上去，因而真实性有限。

2. 边际贡献定价法

边际贡献定价法亦称变动成本定价法。所谓边际贡献即价格超过变动成本的部分，这部分余额可以首先弥补固定成本，完全弥补后有剩余。若不能完全弥补，其未能弥补的部分就是企业亏损。

这种方法适用于运输生产能力有余和回程货运等情况。在运力过剩，运输市场不景气的情况下，采用边际贡献定价法可以减少运力的闲置或浪费，为企业创造边际贡献以增加收入，减少损失。

3. 损益平衡定价法

该方法是指在已知固定成本、变动成本、预测销售量以及期望利润的前提下，通过求解盈亏平衡点来制定期望价格的方法。其计算基础是保本分析，计算公式为：

$$P = \frac{F + W}{Q} + V \qquad (6-7)$$

式（6-7）中：P——单位运价（元/吨或人公里）；

     F——固定成本（元）；

     Q——盈亏平衡点运输周转量（吨或人公里）；

     V——单位变动成本（元/吨或人公里）；

     W——运输企业目标利润。

此方法应用简便，可求出企业可接受的最低价格，即高于盈亏平衡点的价格，但采用此方法也存在预测销售量的准确性问题。

（二）需求导向定价法

这种方法是根据市场需求变化情况来确定运价水平。当市场需求增大时，可以适当提高运价水平，反之，当市场需求减少时，可以适当降低运价水平。市场需求的变化可以从消费者的感受和需求量变化中反映出来。因此，需求导向定价法主要有理解价值定价法和顾客对运价承受能力定价法两种。

（1）理解价值定价法。理解价值定价法是指运输企业根据消费者对运输产品价值的理解，运用营销组合中的非价格变量（如运输品质、服务水平、广告等）在消费者心目中建立起来的认知价值来确定价格的方法。理解价值定价法的关键是消费者对产品价值的理解以及运输企业对消费者理解的正确估计和判断。

（2）顾客对运价承受能力定价法。这种定价方法实际上是依据顾客对运输需求的价格弹性理论来定价的。对于货运而言，如果其自身价值很高，运价只占其销售价格的一个很小的比例，适当提高这类货物的运价，货主一般都能接受，因为这对货物的最终需求不会有多大影响，但对于自身价值很低的货物来说，情况则相反。

这种定价方法的计算公式为：

$$运价 = 货物价值 \times 承受能力系数$$

这里的货物价值指的是货物的市场价格。承受能力系数指运价占货物价格的比率，通常根据市场调研或以往经验来确定。

（三）竞争导向定价法

有市场就有竞争，运输市场同样如此。运输企业在制定运价时，适应竞争的需要是要考虑的重要因素之一。随着运输市场的不断发育和完善,运价的竞争将会越来越激烈,当然,它应当在政府的有效管制之下。

上述几种定价方法在实际采用时,还有一些具体的表现形式。就货物运输而言,在制定运价时,还要解决以下几方面的问题。

(1) 全部货物平均运价率的确定。货物平均运价率是通过各种货物在不同运输距离、采用不同的运输类别、分别收取不同的运费来实现的。除了个别运价率对其产生影响外,货物平均运价率还受货运量按货种别的构成,整车、集装箱、零担货物比重以及平均运程等多种因素的影响。粗略计算货物平均运价率可表示为:

$$\bar{V} = \frac{\sum_{i=1}^{m} \beta_i \times C_i}{\sum_{i=1}^{m} \beta_i \times L_i} \quad (6-8)$$

式 (6-8) 中:$\bar{V}$——货物平均运价率(元/吨公里);

β_i——各类货物运量在总运量中的比例(%);

L_i——各类货物平均运程(公里);

C_i——各类货物在各平均运程区段每吨运费(元)。

(2) 运价基数的确定。运价基数又称基价或基本运价率,它是决定总体运价水平的基础。为了对不同运输距离、不同运输对象制定出不同的运价,首先要确定基本运价率,然后在基本运价率的基础上,按照一定程序,合理确定各个不同等级的运价率。

基本运价率的确定,一般表示为:

$$\frac{基本运价率}{(元/吨公里)} = \frac{运输成本 + 利润 + 税金}{换算周转量}$$

上式中:换算周转量——不同货物的周转量换算成可比的周转量;

运输成本——为部门或线路的平均计划运输成本;

利润——按所确定的利润率计算得到的利润额;

税金——按国家规定的税种和税率计算出的税金总额。

(3) 级差率的确定。在基本运价率确定以后,就可以确定不同货物的运价率。然而,运输货物种类繁多,千差万别,对每一种货物都规定一个运价率是不可能的,也是不必要的。为此,需要解决不同货物在运价率上的分级问题以及每级之间的运价率差异程度。

货物运价分级,就是确定某一类货物运价率的具体数值。它应该符合运价形成的基本依据,再结合各类货物的有关特性,如理化性质、积载因素、运输、装卸、保管条件等。一般来说,贵重货物的运价率高于普通货物的运价率,危险货物的运价率高于一般货物，制成品的运价率高于原材料，运输条件要求高的货物运价率高于运输条件要求低的货物运价率，等等。

第一，分级数。全部货物运价率划分为多少级为宜，主要取决于能否合理地体现不同货物在运价上的差别和便于费用的收取。分级过少，不能充分体现货物运价差别，而分级过多过细，又会过于繁杂，给实际工作带来不便。

第二，级差率。级差率是不同运价率之间的比值，它可用两种方法计算和表示，即级差率和级差系数。

$$级差率 = \frac{后级运价率}{前级运价率} \times 100\%$$

级差系数表示运价率逐级递增的百分数。

$$级差系数 = \frac{某级运价率}{第一级运价率} \times 100\%$$

（4）运价里程的确定。运价里程是用于计算运输费用的，它有别于行驶里程，它是主管部门根据一定原则确定的。运价里程一经公布，需要统一执行，只有在线路发生永久性变化时，由主管部门根据实际情况进行修改。在制定运价时，为计算方便，需要将运价里程划分为若干区段。划分里程区段，一是要确定里程区段的数量，二是要确定里程区段的距离。

在确定了基本运价率、级差率和运价里程后，即可根据这些数据编制货物运价率表。根据货物品类和运价里程可以找出相应的运价率，将确定了的计费重量与该批货物适用的运价率相乘即可算出运费。

第三节 旅客运输价格和货物运输价格

在各种类型的运输价格中，按照运输对象可分为旅客运输价格和货物运输价格。不同运输方式，旅客运输价格和货物运输价格差别较大，且形式多样。本书仅以道路运输为例，介绍旅客运输价格和货物运输价格的形式和类型。

一、旅客运输价格

旅客运输价格以普通大客车（15个座位以上）在正常营运路线运输中的每人公里运价为基本运价，在此基础上还可按以下几种形式划分。

（一）按运输距离划分的运价

有城乡短途班车票价和长途旅客票价。

（二）按车型划分的运价

（1）普通客车票价：是指普通客运班车票价。普通大型客车，按基本运价计算；普通中型客车，在基本运价基础上加成计算。

（2）中级客车票价：中级大型客车票价可高于基本运价的20%~40%；中级中型客车票价可高于基本运价的60%~100%。

（3）高级客车票价：高级大型客车票价，可高于基本运价80%~100%；高级中型客车票价，可高于基本运价的170%~210%。

（4）小型客车票价：指座位在10座以下的小型客车票价，一般按车辆的车型、车辆座位、舒适性实行分类分级计价。5~15座的票价一般不得高于基本运价的200%。

（5）代客车票价：通常指不是用来载客的汽车、专用于客车，即在货车上设有临时载客设施的客运票价。一般低于普通客票价10%~20%。

（6）旅游客车票价：指以旅游为目的，线路一端位于旅游点的客运票价。其票价不得高于同类车型客运班车票价的30%。

（三）旅客包车运价

1. 计程包车运价

按旅客乘车地点至包用完毕地点的实际里程、客车核定载客量和包用车型的人公里运价率计算的运价。以元/人公里为单位，单程包车回程空驶时，回程收费不得超过单程运费的50%。

2. 计时包车运价

按包用时间、客车核定载客量和包用车型的车座小时运价率计算的运价。以元/座位小时为计算单位。整日包车每日工作小时按8小时计算，超过8小时按实际时间计算。车辆发生故障、修理、司机用饭和承运方延误的时间应予扣除。包用客车由站至约定地点，按50%作为计费里程，以旅客基本运价计算。

3. 折扣运价

根据客运对象的不同，采取的折扣运价。如对学生、儿童的折扣票价等，也有按季节进行折扣的。

4. 均一运价

不论远距多长，运价都是一致的。这种计价方法，一般适用于运输密度比较均匀，运输距离较短的城市公共交通行业。

5. 行李包裹运价

行李包裹在客运中，应分别计价。行李包裹计费单位以元/百公斤公里为计算单位。行李每百公斤公里运价等于一人公里客运基本运价。

6. 旅客运价的差价形式

（1）高限差价。规定某种旅客票价不得高于基本客票价的限额。（2）幅度差价。某种旅客票价因某种需要须加价或减价一定幅度而形成差价。如根据季节的折扣运价和根据对象的折扣运价。其幅度一般由运输部门根据实际情况来确定。（3）等级差价。这种差价形式，适用于小型客车票价。其他种类的旅客票价一般不采用这种形式。这种差价形式，主要是根据车型、车辆座位、设备、舒适性来分等确定的。

二、货物运输价格

货物运输价格，可以按运输对象、货物种类及其批量大小、型号、运输距离长短等的不同进行不同的分类。

（一）按运输对象划分的运价

按运输对象划分的运价，主要实行的是货种差别运价，即在重量相同，运输距离相同的情况下，不同货物的运价不同。一般可分为普通货物运价和特种货物运价。这种划分主要是根据各种货物的运输价值不同、对车型、道路条件、技术措施要求不同、运输成本不同等进行的。另外，这种差别运价也考虑了货物本身的价值量的不同。

我国曾对汽车运输采用分级制，即将货物运价划分为若干个运价等级，对每一等级规定不同的基价率。普通汽车货物运价一般划分为三级，以一等货物运价为基本运价，二等货物运价提高15%，三等货物运价提高30%。如沙、石、土、渣、非金属矿石等，均为一等货物；鲜活鱼苗、蜜蜂、观赏花木、蛋、乳、化工产品、家具、交电器材、化妆品、文娱用品、药品、瓷器、玻璃、污染品、各种机器设备及车辆、笨重货物等，都是三等货物；其他大量的农业、工业产品则为二等货物。

曾将特种货物分为长大笨重、危险、贵重、鲜活货物四类，实行分类分级计价，其运价一般可高于基本运价的40%~80%。

（二）按照托运数量划分的运价

最常见的是整车货运运价和零担货运运价。整车货运运价是指适用于一批按重量、体积或形状需要，以一辆货车装载，按整车运送办理的货物运价。一个整车可以只装一种货物，也可以混装两种或多种货物。一般以吨为单位计收。零担货物运价是指适合于每批不够整车运输条件，按零担办理托运的货物运价。

零担货物大都批量小，到达点分散，货物种类繁多，作业环节多，运输成本明显高于整车运输成本。故同一货物，零担运价应高于整车运价。

另外，还有一种运价为集装箱运价，是指适用于集装箱运送货物的运价。集装箱运输作业环节较少，货损货差少，可实现"门到门"运输。因此，集装箱运输成本一般低于零担，高于整车。因此，其运价水平亦应低于零担运价，略高于整车运价。

（三）按照运送路径和路径特点划分的运价

由于路面等级不同、线路的地形、气候、路网密度等不同，相同重量的同种货物，在运输相同距离时，营运成本差异很大，这就要求各地区合理制定路面分级差价。一般按道路条件分为一级道路和二级道路运价或干线运价和山区支线运价。

（四）按照运输距离划分的运价

同种货物在运送数量相同时，由于运输距离不同，运输成本也有差异，因而其运价也有所不同。一般可以分为长途货物运价和短途货物运价。长途货物运价是指运距在25公里以上的运价。它以基本运价为基础，按照不同运输条件的运价率计价；短途货物运价是指运距在25公里以下（含25公里）的运价。它以基本运价为基础，每吨另外核收吨次费，以体现递进递增原则。运距在25公里以上，由于取消了吨次费，与25公里费额相比出现反差者，一律按25公里费额计价，直到正差为止。

（五）按车型划分的运价

相同质量、同种货物，在运输相同距离时，由于车辆型号的差别，运输成本也不相同，这就需要制定因车型差别的货物运价，一般分为普通货车运价和特种车辆运价。普通货车运价，又分为大、中、小型普通货车运价。吨位为1吨至

1.5 吨的小型汽车运价，一般高于基本运价的 70%～100%。特种车辆运价，是指罐车、冷藏车和其他专用车辆运输专用货物的运价，一般高于基本运价的 30%～40%。40 吨位及其以上的大汽车和挂车，一般按计时运价计费，也可按计程运价计费。

（六）按计价方式划分的运价

一般有计程运价（公里运价）、计程包车运价和计时包车运价。计程运价，按实际运输的公里数计算运价；计程包车运价，按货物起运点至包用完毕到达点的实际里程，该货车核定载货量和包用车型吨公里运价计算。运价单位为元/吨公里。计时包车运价，按包用时间、货车核定载货量和包用车型的吨位小时运价计算，运价单位为元/吨位·小时。

计时包车时间以小时为单位，起码计费时间为 4 小时，超过 4 小时，按实际包用时间计算。整日包车，每日按 8 小时计算；使用时间超过 8 小时，按实际使用时间计算。时间尾数不足半小时舍去，达到半小时进整为 1 小时。

（七）协议运价

协议运价即自由运价，其运价水平由承运双方根据市场供求关系及各自利益等，进行协商确定。这种方式有利于增强市场竞争意识，改善服务质量、改进经营管理，且对供需矛盾不太紧张地区可以起到刺激需求作用。自 1992 年以来，道路普通货物运输市场价格绝大多数已经呈现出这种形式。

（八）其他运价

有几种运价，不属于上述各类，故将它们归为其他类。
（1）按特殊条件运送货物的运价。如快运运价、限速运价、超限运价等。
（2）折扣运价：为了鼓励和支持某行业和部门以及某种运输形式的低于平均运价的价格形式。如联运运价。

第四节　运输价格指数

运输价格指数是反映一定时期内市场运价水平的变动方向和程度的指标。通过运价指数，可以看出市场运价水平的变动情况，以及运价变化对工农业生产、人民生活和国家财政收支的影响，对于分析研究运输市场供求变化，制定运价政策，检查、监督运价政策执行情况，加强运输市场管理，具有重要意义。

一、运价指数的概念及分类

（一）运价指数的概念

指数是统计中反映各个时期某一社会现象变动情况的指标，是以数值描述某事物状态变化与选定的基期相比较所反映的变化程度与规律。指数最早起源于对各种价格变化的描述，后来扩大到社会经济活动的各个方面。如工业生产指数、商品价格指数、股票指数等。

运价指数是反映两个不同时期运输市场综合每千吨（人）公里运价变动趋势和变化程度的相对数，是用百分比表示的这个时期比另一个时期市场综合每千吨（人）公里运价上升或下降的比例关系。运价指数是不稳定的，运价构成中某个具体费目、费率的调整幅度，不一定等于总运价水平的升降幅度。

（二）运价指数的分类

运价指数的种类很多，按照不同的研究目的可以对运价指数进行分类。

1. 按照包括范围的不同划分

按照包括范围的不同可分为三类：单项运价指数、类指数和总指数。

（1）单项运价指数是说明某一种运输服务形式、手段的运价变动程度的指数。如集装箱运价指数、零担运价指数等。

（2）类指数是说明某一类运输服务形式运价变动程度的指标。如货物运价指数、旅客运价指数等。

（3）总指数是说明整个运输市场价格的总的变动程度的指数。

2. 按照指数计算基期的不同划分

按照计算基期的不同可以划分为定基指数和环比指数两类。

（1）定基指数是各个时期的运价水平和某一固定时期的运价水平对比的指数。

（2）环比指数是各个时期的运价水平都和前一时期的运价水平对比的指数。

定基指数和环比指数之间的关系是，在指数所包含的内容可比情况下，把各月（年）环比指数相乘，就等于最末1月（年）定基指数的值。但总指数的环比数乘积不等于定基指数。

二、运输价格指数的编制

（一）平均运价的计算

编制运价指数首先要计算平均运价。平均运价是指同一种运输服务形式在一定地区或一定时期内不同运价的平均数。它代表每种运输服务形式在一定时期或一定地区内的典型运价水平。根据编制各种运价指数的要求，平均运价的计算有以下五种方法。

1. 简单算术平均法

这种方法是把一种运输服务形式在一定时期、不同地区内的不同运价相加，再除以该运输形式运价的个数，公式为：

$$平均运价 = \frac{某种运输服务形式各具体价格之和}{运价个数}$$

2. 序时平均法

这种方法分为两种类型：简单序时平均法和加权序时平均法。

（1）简单序时平均法：这种方法适用于在一定时间内只掌握间断的运价资料，无其他资料的情况。公式为：

$$平均运价 = \frac{\frac{1}{2}期初运价 + 中间各期运价 + \frac{1}{2}期末运价}{运价个数 - 1}$$

（2）加权序时平均法：在只掌握运价调整执行时间的情况下，以运价执行的日数为权数进行加权，来计算平均运价，适用于运价调整时期平均运价的计算。公式为：

$$平均运价 = \frac{调整前运价 \times 调整前天数 + 调整后运价 \times 调整后天数}{天数总和}$$

3. 加权平均法

这种方法是以与运价有关的运输量为权数，进行加权计算而得出的平均运价。公式为：

$$平均运价 = \frac{\sum P \times Q}{\sum Q}$$

其中：P——运价；

　　　Q——运输周转量。

4. 加权调和平均法

在没有"完成的运输量"的资料，而只掌握运输收入资料时，可以金额为权数，来计算平均运价公式为：

$$平均运价 = \frac{\sum C}{\sum \frac{C}{P}}$$

其中：C——某种运输方式的总收入；

P——某种运输方式的运价。

5. 混合平均法

上述四种方法计算的是某种运输服务形式或其一区域运输市场的平均运价，但实际中，有时还需计算一类运输劳务的混合平均价格。公式为：

$$混合平均价格 = \frac{某类运输劳务运输总收入(\sum PQ)}{某类运输劳务总运输周转量(\sum Q)}$$

编制运价指数使用的平均运价，要与编制各种运价指数的要求相一致。月指数用月平均运价；年指数用年平均运价；综合指数用综合平均运价；区域运价指数用区域内重点市场平均运价。

（二）计算运价指数的基本公式

1. 单项运价指数的计算公式

单项运价指数是反映一种运输服务形式运价变动程度的相对数。它是报告期运价与基期运价之比计算得出的，其计算公式为：

$$K = \frac{P_1}{P_0} \times 100\% \qquad (6-9)$$

其中：K——单项运价指数；

P_1——计算期运价；

P_0——基期运价。

2. 运价总指数（类指数）的计算公式

运价总指数的编制是根据完成的运输周转量作为同度量因素。完成的运输周转量的多少，左右着计算的运价指数的数值。故总指数计算中的同度量因素，也具有权数的作用。所谓同度量因素，即指不同商品（服务或劳务项目）同度量。其作用是将不能直接进行对比的各种商品（服务或劳务项目）的不同使用价值量，通过同度量因素换算为可以互相比较的两个时期的总价值量，并由此计算价格指数的类指数和总指数。

计算运价总（类）指数有三种方式：包括综合运价指数、加权调和平均运价指数和加权算术平均运价指数。

（1）综合运价指数。

综合运价指数是反映运输市场上全部运输劳务运价水平的平均动态的相对数。计算公式为：

$$\bar{K} = \frac{\sum P_1 Q_0}{\sum P_0 Q_0} \times 100\%$$

或

$$\bar{K} = \frac{\sum P_1 Q_1}{\sum P_0 Q_1} \times 100\% \qquad (6-10)$$

其中：$\bar{K}$——运价总（类）指数；

Q_0——基期完成的旅客（货物）周转量；

Q_1——报告期完成的旅客（货物）周转量。

（2）加权调和平均运价指数。

加权调和平均运价指数也称加权倒数运价指数，它是综合运价指数公式的转化形式，是在综合运价指数公式的分母上加入一个单项指数而形成的。计算公式为：

$$\bar{K} = \frac{\sum P_1 Q_1}{\sum \frac{1}{K} P_1 Q_1} \times 100\% \qquad (6-11)$$

其中：K——单项运价指数，$K = P_1 / P_0$。

（3）加权算术平均运价指数。

加权算术平均运价指数是运用加权算术平均运价计算方法计算的指数，以按基期运价计算的运输收入为权数。计算公式为：

$$\bar{K} = \frac{\sum K \times P_0 Q_0}{\sum P_0 \times Q_0} \times 100\% \qquad (6-12)$$

其中计算中的同度量因素，可以是基期运输周转量（固定权数），也可以是计算期运输周转量（变动权数）。由于选择同度量因素的时期不同，就有两种总（类）指数的编制方法：拉氏指数和帕氏指数。拉氏指数是以基期数量为同度量因素，计算运价总（类）指数，这种方法较常用。帕氏指数是以报告期数量为同度量因素，计算运价总（类）指数。这两种方法各有其特殊优点。拉氏公式，可以分析从基期开始的全部运输产品价格的长期变动趋势。而帕氏公式，则可以随时把握住现时的运输交易量对现时运输产品价格变动的影响，但它也有缺点，即作为权数的运输周转量随着报告期的经常变动，必然会从方法上影响着全部运输产品价格增减变动的程度。

（三）编制运价指数应注意的一些问题

一般地讲，整个运输市场或某一区域运输市场的运价指数，是根据部分市场、部分运输经营者、部分运输产品和部分时间的资料计算的。要通过部分准确地反映整个运输市场或某一区域运输市场总价水平的变动情况，必须注意以下问题。

1. 代表品的选择

所谓代表品，就是编制运价指数时，用于代表某类或某种运输劳务运价变动情况的代表品。这种代表品一般分两个层次：一是每类运输劳务中所选的若干代表某种运输服务形式，如货运类中集装箱和零担；二是从每种代表运输服务形式中，所选的一个或若干个具体的运输服务形式。

为了保证代表品对某类和某种运输劳务的运价变动情况有足够的代表性，必须规定具备的条件。这些条件包括：（1）与运价指数关系密切；（2）在某一区域内运输量大，影响大；（3）其运价的变动有代表性；（4）运输供给正常。在这些条件中，最重要的是前两条。

为了保证代表品的代表性，还应根据某区域市场情况的变化，及时淘汰那些已经丧失代表性的运输服务形式，及时增选新的代表品。

2. 代表市场的选择

编制运价指数，没有可能也没有必要把全国各地都调查到，只要从运价变动趋势大体相同的区域内选择一部分典型区域或市场进行调查即可。一般必须选择运量足够的，覆盖面较大的，包含各种类型区域在内的代表市场。城市和农村、山区和平原、交通方便和不便地区，经济发达和落后地区，都应当有一定数量的代表市场，而且还应随经济情况的变化做出相应调整，不能一成不变。

3. 代表经营者的选择

代表市场的选择只是选定运价调查的地点，但每个市场都有许许多多运输经营者，运价调查中一般也不可能对选中市场的所有运输经营者进行调查，只能选择其中的部分运输经营者。选择代表经营者，应当划类选点，兼顾各方，使不同经济类型、不同规模的经营者都有适量的代表。

4. 代表时间的选择

代表时间指运价调查的时点。一般选择运输交易比较正常，运价也比较适中的时间，并适当兼顾运价较高和较低的时间。这方面，世界各国做法不尽相同。有定期的，也有不定期的，还有定中有变的。根据我国情况，可以采用定时调查与不定时调查相结合和旺季与淡季相结合的方法收集运价资料。

5. 基期的选择

基期的选择应当根据研究目的来确定。反映运价的短期变动情况，可以是上月、上季、上年同期、上年为基期；如为了观察运价的连续变动情况，可采用报告期的前期为基数，编制环比指数；编制远期指数，则应选择在本国、本区域发展史上有特殊意义的时期为基期。但一般基期不宜与报告期相隔太远。报告期距离基期愈近，单项运价指数之间的差异性越小，反之，就越大。

6. 指数公式的选择

价格指数的历史已有300多年，在这个历史过程中，关于计算方法和指数权数的争论一直没有停止。从计算方法上讲，有总价法（综合法）与平均法之争，平均法又有算术平均、调和平均和几何平均之争；在权数方面，则有不变权数和可变权数，报告期权数和基期权数、中介（平均）权数之争。

美国统计学家欧文·费雪（Irving Fisher），为了比较各种公式之优劣，设计了三种测验：一是因子互换测验，要求物量指数与物价指数之乘积等于物值指数。二是时间颠倒测验，要求前进指数与后退指数之乘积等于1。三是循环测验，要求环比指数的连乘积等于定基指数。为了设计出能满足上述测验的指数，他曾做过种种尝试，选出了一个最接近上述测验结果的一种指数，后人称之为费雪"理想公式"（或费雪理想指数）。即：

$$K_F = \sqrt{\frac{\sum P_1 \times q_0}{\sum P_0 \times q_0} \times \frac{\sum P_1 \times q_1}{\sum P_0 \times q_1}} \times 100\% \qquad (6-13)$$

"理想公式"通过了前两种测验，但第三种测验也只能在使用不变权数的条件下才能通过。如果使用可变权数，则"理想公式"也不理想。理想公式实际上是拉氏和帕氏两个加权综合指数的几何平均数。

但是，由于这种公式也存在许多问题，所以至今不能成为人们的共识。实际中，最常用的公式，还是拉氏公式，运价指数的编制也采用拉氏公式。

此外，在通货膨胀时期，运输劳务币值将会上升，但时间数列的比较应依据运输劳务本身的实际价值，而不是膨胀的币值。

三、运输价格指数分析

由于运输价格指数是根据代表运输服务形式、代表市场、代表时间的运价计算出的运价变动的相对数，对运价指数的构成及时予以修正，再加上合理的基期选择、合理的指数公式，使运价指数能够反映出运输市场的运价水平和动态，成为运输市场发展和变化的晴雨表，以及研究运输市场发展和变化的重要资料。

运价指数分析就是通过运价指数的变动，分析运价变动程度和趋势及其他的影响程度，通常可进行运价总（类）指数涨跌构成分析。

运价总（类）指数的涨跌构成分析，是研究各类（项）运输服务形式的运价变动对总（类）指数的影响程度。由此，可以分析出运价变动的主要因素，为正确调整各种运输服务形式的运价水平提供决策依据。这种分析的方法主要有两种：差额法和比重法。

1. 差额法

这种方法是将各类（项）运价指数分子、分母的差额和总（类）指数的分母相比，来分析总（类）指数的涨跌构成。计算公式为：

$$\frac{某类(项)运价变动}{影响总(类)指数程度} = \frac{某类(项)运输服务形式按报告期运价计算的基期运输收入 - 某类(项)运输服务形式基期的运输收入}{全部运输服务形式基期的运输总收入}$$

2. 比重法

这种方法是将各类（项）运输服务形式运价涨跌乘以各类（项）（按基期运价计算的）运价的比重。计算公式为：

$$\frac{某类(项)运价变动}{影响总(类)指数程度} = (某类项运价指数 - 1) \times 某类(项)运输服务形式占总(类)运输收入的比重$$

运价指数的重要性，不仅可以研究各项运输服务形式运价变动对总运价指数的影响程度，观察不同时期运费率的变化状态，而且对于确定运输市场类型，把握运输市场发展趋势、进行运输市场经济分析等都有很大帮助和提示作用；对指导运输经营者的经营业务，也有重要作用；也有利于管理层利用运价指数，分析和确定运输供给与需求的种种关系。运价指数应该成为整个运输业的重要经济信息。

课后作业

1. 请解释运输价格、需求价格、供给价格、均衡价格、运输价格指数的含义。
2. 运输价格的分类有哪些？
3. 运输价格的构成形式有哪些？分别解释其含义。
4. 里程式运价结构中，衡量单位运价水平的运价率与运输距离的关系有哪四种情况？
5. 运输价格的形成因素有哪些？

6. 请阐述运输价格形成理论。

7. 运输定价方法有哪些？

8. 运输价格指数的分类有哪些？

9. 不同运价指数如何计算？

课后思考题

1. 基于你所经历的具体现实案例（如网约车/出租车/公交车/地铁/国铁—公益慢车—普铁—高铁/航空等乘坐经历），结合运价制定理论，分析公铁水航各类旅客运输的定价模式。

2. 请从运输供给者的角度，考虑不同票价对整体收益的影响，以及不同交通方式如何进行收益管理。

3. 案例与讨论：我国铁路货运价格改革（见二维码）。

我国铁路货运价格改革

4. 拓展知识：我国铁路运输业价格改革与货运效率的关系研究（见二维码）。

我国铁路运输业价格改革与货运效率的关系研究

5. 本章知识分解（见二维码）。

本章知识分解

第七章

运输市场与市场竞争

学习目标及要求：

1. 了解运输市场及其形成与发展过程。
2. 掌握市场经济崇尚的原则。
3. 了解运输市场中间商的类型和功能作用。

本章重点：

本章重点为市场经济和价值规律，运输市场的形成及发展影响因素，运输市场中间商，运输市场竞争及其市场态势和供给策略。

通过启发式提问、引导提问，讨论探究，师生互动，课后思考等教学方法，使学生更深入地理解运输市场及市场竞争的相关知识。

本章难点：

本章难点为运输市场的形成与发展，以及对运输市场竞争及其竞争态势的理解，运输市场竞争的供给策略的分析。

通过让学生课前预习，查阅文献资料以及在课堂上结合 PPT 课件、各类资讯链接与文献观点解析，让学生有更深刻的理解和认识。

第一节　市场经济和价值规律

一、市场经济的含义

市场经济是 19 世纪末以后广泛流行的经济学概念。"市场"是指商品交换的场所或领域，"经济"一词在此带有整齐划一而普遍存在的作用机理，即通常所讲的"机制"。这样，市场经济的含义可以理解为人们在从事商品生产、商品交换过程中所形成的相互关系尤其是经济关系，均是通过市场联系起来并得到实现和表现的。也正是在这一过程中，人们的生产行为或选择（如生产什么、如何生产、生产多少及何时何地生产）便被决定了，进而整个社会的资源配置也同时被决定了，最后，人们在财富分配中的地位亦由此而定。也就是说，市场经济是以市场为"导向"或为"媒介"的经济形式，强调一切经济活动都要经过"市场"这个中间环节才能进行。如在生产活动中，生产要素是从市场上取得的，而生产的产品必须到市场上去销售；在消费活动中，表示社会购买力的货币是从市场上得到的，人们所需要的消费资料又是利用货币从市场上购买的。离开市场，生产与消费活动都不可能进行。

市场经济的含义是多层次、多角度的。从不同的角度、不同的层次来考察，市场经济含义的侧重点不同。

首先，从本质上来看，市场经济既不是一种经济制度，也不是一种社会制度，而是一种经济形式。它是同自然经济相对称的一个概念范畴，是作为自然经济形成的对立面出现的。人类社会的经济形式一般要经过自然经济、市场经济和产品经济的发展。市场经济虽然是一个中性的概念，但当它与一定的社会形态相结合时，就表现为社会经济形式。如在资本主义社会形态下表现的"资本主义市场经济"，在社会主义形态下表现为"社会主义市场经济"。

其次，从经济形成层次来看，市场经济同商品经济是一个等同的概念，二者只是提法不同，其内容是完全相同的。市场经济等于商品经济，发展商品经济就是发展市场经济。在现实生活中，"社会主义经济是市场经济"的说法，同"社会主义经济是商品经济"的说法是一样的。如果说两种提法侧重点不同的话，则"商品经济"用语侧重于劳动产品商品化，凡是劳动产品采取商品形式的经济，称为商品经济；"市场经济"的用语侧重于劳动产品必须在市场上交换，凡是在市场上交换产品的经济形式，称为市场经济。

此外，市场经济还有以下含义：（1）从经济运行的角度看，市场经济是一种经济运行机制，即市场经济＝市场运行机制；（2）从经济调节的角度看，市场经济是一种经济调节手段，即市场经济＝市场调节；（3）从资源配置的角度看，市场经济是一种资源配置方式，即市场经济＝市场配置资源方式；（4）从经济管理的角度看，市场经济也是一种管理方式或方法，即市场经济＝市场管理方法。

二、市场经济的基本特征

市场经济作为一种资源配置的方式，是同计划经济相对应的。在现代社会化生产中，资源配置一般有两种方式，一种是市场方式，另一种是计划方式。计划方式主要是按照行政指令，通过指标的分解、调拨，由政府来配置资源；市场方式则主要由市场机制、利益原则引导资源的配置。

从近百年世界各国市场经济的实践来看，市场经济一般具有如下特征。

（一）经济关系市场化

一切经济活动都直接或间接地处于市场关系之中，市场机制是生产要素流动和资源配置的基本力量。在市场经济中，有一个完备的市场体系联结经济生活的各个方面，消费品市场、投资市场、技术市场、劳动力市场、金融市场、产权市场相互联系、相互作用，由此把生产要素的供给者和需求者、商品的供给者和需求者及政府调节者衔接起来。在市场经济中，经济活动根据市场提供的价格信号和其他参数配置社会资源，价格是衔接供给和需求的纽带，市场依靠这一纽带决定为谁生产、生产多少、如何生产。达到这一目的的前提是市场统一、公开、开放。市场经济要求打破任何形式的垄断、封锁，实行地区间、产业间的相互开放，形成全国统一的大市场，同时同国际市场对接，双向交流，从而把国内市场和国际市场融为一体，把内向型经济和外向型经济结合起来。

（二）企业行为自主化

市场经济的主体主要是一些财产关系明确、独立经营、自负盈亏的企业。各类企业不论其财产由谁所有，组织形式如何，都具有商品生产经营所具有的全部权利，都自主地面向市场，生产经营所需资源的取得及生产经营成果，都按照等价交换的原则从市场取得和向市场提供，通过公平的市场竞争，形成破产、兼并、扩张的优胜劣汰机制。

（三）宏观调控间接化

市场经济并不是一种放任自流、不要国家宏观干预的经济。现代市场经济，无论是美国、德国，还是日本等国家，都在不同程度上对社会经济活动进行调控。搞市场经济，给企业放开手脚，让企业进入市场游泳，不等于政府对企业就根本不管了，政府还要依照有关法律、法规对企业的生产经营和再投资活动进行工商行政、税务、海关等方面的监督，规范市场交易环境和交易秩序；根据指导性计划和宏观经济发展战略，主要采取经济政策和经济杠杆调节和控制经济运行，引导经济结构的调整。政府最大限度减少对企业生产经营活动的直接干预，而利用各种经济杠杆对企业进行间接调控。

（四）市场秩序法治化

市场经济的运行过程是一个充满竞争和矛盾的过程，为了使竞争规范有序，体现社会公平和公正的原则，就要建立健全相应的法律体系。完善有效的法律、法规是市场经济正常运转的基础。无论市场导向、企业自主、国家干预都要有一系列相互配套、具体明确的法律、法规作为依据，都要置于相应的法律、法规的监督之下，这样，市场经济运行才能有条不紊，一旦出现问题也才能及时得到纠正。

三、市场经济最崇尚的原则

市场经济是具有效率和活力的经济运行机制。这一机制作用的有效发挥基于市场经济所固有的基本特征的具体表现，也是市场经济所具备及最崇尚的三个原则得以落实的必然结果。市场经济最崇尚的三个原则分别是自由让渡原则、公平竞争原则和等价交换原则。

（一）自由让渡原则

让渡是经济学中的一个概念，专指商品交换过程中，商品所有权发生的转移。由于商品所有权的转移，涉及商品交换双方的具体行为，因此，让渡一词既包含商品所有权的转移过程、以及商品的交换行为，同时，又包含商品交换双方为促使商品交换而发生的其他市场行为。自由是一个法学概念，意味着一种权利表现。自由让渡原则意味着，在市场经济条件下，市场行为主体在法律允许范围内，自主发生市场行为的权利表现。也就是说，市场行为主体发生市场行为是自愿进行的，是其行为意志的表现，不应存在法律之外的强制力。市场行为主体一般简称市场主体，它是指发生市场行为的当事人或单位，包括市场需求主体、市场供给主体及市场中间商组织。所以，市场经济的自由让渡原则，可以通过以下两个方面来加以理解。

（1）对商品生产者及经营者而言，在法律允许范围内，其生产供应什么样的商品，如何生产供应，生产供应多少，供应的价格高低以及如何参与市场竞争等，完全由其自己决定。这一特征体现为商品生产者及经营者所应有的权利表现。我们通常所讲的强化企业经营自主权即为这一原则的基本要求。

（2）对需求者或消费者来讲，其需求或消费什么样的物品（包括商品的规格、品种、生产厂家等），需求及消费的数量、时间、地点，愿意支付的价格等，也应该由其自主决定，不应存在法律之外的强制需求或消费。我们不妨也可以将此称之为需求或消费自主权。

（二）公平竞争原则

市场竞争作为商品内在矛盾的表现，其属性与功能都取决于市场运行中商品价值与使用价值的矛盾向商品与货币矛盾的转换。在这一转换过程中，具有独立经济利益、动机、目的及实施手段的生产及经营者为形成和维系让渡商品使用价值实现商品价值的有利条件，实现经济利益的最大化所进行的缩小个别劳动时间，获取社会剩余价值，以及为此在商品花色、品种、数量、质量、包装、售后服务、宣传等方面进行的适应市场、占领市场、领导市场、左右市场的活动，就是市场竞争。简言之，市场竞争就是商品生产者相互之间在市场运行中，争霸市场制导权，摄取社会剩余价值的活动，其实质是谋取有利的生存条件，以增强其经济实力，提高经济效益，获得更大的生存和发展空间。用一句话来描述，市场竞争就是市场主体为了其各自的经济利益在市场上所展开的相互抗争的过程或在抗争过程中所采取的一系列活动及手段。

竞争是市场经济的灵魂，也是市场规律得以发挥作用的基础和条件。有市场就必然有市场竞争。但是，并非所有的市场竞争都有利于市场规律作用的发挥。我们所强调的在市场经济条件下，充分发挥市场有效配置社会资源，调节供求矛盾和经济利益关系，引导社会经济合理发展，离不开自由、公开、平等、正当的市场竞争。对市场竞争的这些要求正是构成市场公平竞争的基本内容。所以，对市场公平竞争原则的理解可以通过以下三个方面的分析来进行。或者说，公平竞争原则包括以下三个方面的基本内容。

（1）自由竞争。即市场主体参与或退出市场竞争是自由的。不仅如此，市场竞争所赖以存在的经济环境，包括资本、资源和劳动力，也是可以自由流动（通）的；竞争的基本方式，包括价格竞争与非价格竞争也是可以自由使用的。也就是说，市场主体选择何种竞争方式，采用何种竞争手段，以及在何时何地采取竞争等，完全以其自身经济利益的极大化追求为目标而自主和自由作出的，不受他人的不合理干预。当然，市场自由竞争在当今社会，无论是资本主义国家还是社会主义国家，都必须在国家法律允许的范围内进行。

（2）公开竞争。即市场竞争应该是开放的、公开的。实行公开竞争原则，便于提高市场竞争的"透明度"，使市场竞争行为在规范、有序中正常进行。我们通常所提出的反对"黑市"交易、权钱交易，反对市场以外的竞争等，都是基于市场公开竞争原则要求之考虑。实现公开竞争是保证市场公平竞争的基本要求。

（3）平等竞争。所谓平等，指的是竞争者双方在法律上具有平等的地位，享有平等的权利，承担同等的义务。第一，竞争者主体地位一律平等，参与市场竞争的企业、经济组织、个体经营者，不受所有制之区分，不论规模之大小，不受成立时间长短的限制，都是一种横向平等的竞争关系；第二，竞争者所处环境平等，不允许任何行政机关及任何团体利用手中之权力对市场竞争进行不正当干预，造成不公平的市场竞争环境，不允许搞"特殊化"的倾斜政策，如价格的不平等，分配的不公平，交换的不等价，税费负担的不公允等；第三，要求竞争机会的均等，机会均等是以竞争者地位平等、环境相同为前提的。至于谁能在市场竞争中取胜，取决于市场机遇和竞争者对市场的认知和对市场机会的把握。也就是说，在市场竞争中，不应存在歧视性的市场待遇，竞争者以平等的权利、地位为基础，面对同等的市场机会，至于能否在竞争中取胜，关键取决于自身因素，即对市场的认知，对机会的把握，自身的竞争能力，所采用的竞争方式和方法等。

（4）正当竞争。按汉语通常解释，所谓"正"，一是指正直、公正；二是指合乎规范、标准。而"正当"就是品行端正即合法性，我们这里的"正当"指是竞争者的行为，并专指竞争者所发生的合乎公正、商业道德和法律规范的竞争行为。

（三）等价交换原则

等价交换原则所揭示的内容及要求代表了在市场经济条件下，交易双方对市场价格的可接受性，即市场价格的适当性。反映这一适当性更深层次的含义涉及传统经济理论中的价值规律理论及西方经济学中的供求决定价格理论。本书无意在此方面做更进一步的理论解释。但从大的方面而言，等价交换原则形成的基础以自由让渡原则和公平竞争原则为条件，即符合这两个原则下的市场价格意味着其存在或产生的合理性。从最基本的意义而言，等价交换原则也揭示了这样一种经济事实，即在市场经济条件下，一个人要想从市场上获得商品或服务，必须以支付一定的代价为前提；同样，一个人向市场提供商品或服务，也必须以获得一定的收益为前提。

第二节 运输市场及其形成与发展

一、运输市场的概念

"市场是商品交换的场所"是从"市场"二字的本义来解释的。顾名思义，"市"就是买卖或交易，"场"就是场所，所以，市场就是商品买卖或交易的场所。如目前国内的农贸市场，小商品市场，等等。它是指买卖双方聚集在一起进行交换商品或劳务，从事买卖活动的实际地点。这种实际地点定期或不定期地进行商品交换及商品贸易活动，具有一定的优点，所以几千年来一直盛行不衰，即使在一些发达国家中，也依然显示出其强大的活力。

随着商品经济的不断发展，社会专业化分工协作水平的提高，现代通信及现代科技的广泛及有效运用，使市场范围开始不断扩大。商品交换规模的扩大，使现代商品交换已很难仅仅局限于某一确定的有限的地点和场所，传统市场所规定的"场所"边界显得很模糊，也就是说，有些商品买卖的场所开始具有一定的分散性和区域性（领域）。商品的交易活动已很少受到交易地点和固定场所限制。也正因为商品交换场所的分散性的存在，才使得我们将市场划分为地区性市场、全国性市场及世界性市场成为可能。从此意义上讲，市场又是商品交换的领域。

运输市场是指实现旅客或货物空间位移的场所和领域。由于运输活动过程既代表了运输产品的供给过程，又表现为运输产品的消费过程，两者的部分叠合性特点出现于实现旅客或货物空间位移的过程中，或者说，出现于实现旅客或货物空间位移的一系列不断变化的场所中，这样就会出现运输产品的生产地点与消费地点同运输市场概念所指的场所相重叠的情况，所以，为了清楚地划分出运输市场与运输生产（或消费）地点之间的区别，运输市场的概念可以理解为促使实现旅客或货物空间位移的场所或领域，如运输交易所、货物承托的场所、旅客售票所或车站等。我们通常将此称之为道路运输有形市场。另外，随着国民经济和社会发展对运输业的超前需求或"引申发展"，运输服务的优质化以及客货源的分散性等，运输交易活动的很大部分已很难局限于某一确定不变的地点，而是深入运输活动经营区域所有可能到达的场所，从而使运输市场呈现出一种内部纵横交叉、分布密集的市场领域，我们将此称之为道路运输无形市场。

运输市场作为一个"领域"，从空间上来说，也只是无限性与有限性的统一。所谓无限性，是指运输活动不断突破已有的区域而向更为广阔的区域发展。随着道路运输基础设施建设的加快，运输工具技术性能的提高，各种运输方式协作化的更进一步加强以及运输管理的现代化等，运输市场活动区域的扩大将成为一种必然趋势，这也是社会化分工及社会化大生产的客观要求。人为地搞行政区域分割是违背市场发展客观规律要求的。所谓有限性，是指运输市场的交易活动不可能包罗一切，由于地形条件、路网条件、客货源状况、运输工具技术性能等限制，在一定时期和一定条件下运输活动区域又总是有限的。如局限在某个经济区域或行政区域内、某条线路上等。

总之，不论运输劳务交换的场所是固定的还是可变的，是集中的还是分散的，是有形的还是无形的，皆涉及地域性概念。对运输市场概念的这种理解是比较具体的，也是人们所最容易理解的，比较直观，也容易感受。理论工作者将此解释认为是运输市场的狭义概念。至于运输劳务交换中所表现出的各种经济利益关系、交易方式等，则涉及运输市场概念的深层内涵。

二、道路运输市场初步形成的主要因素

改革开放以来，我国运输市场的初步形成，很大程度上源于运输业竞争的产生。这些都和运输行业所进行的一系列改革及出台一系列政策措施有直接的关系。运输市场的初步形成主要来自以下几个方面的因素。

（一）运输业的开放政策

为解决长期以来道路"运输难"的问题以及由此所造成的道路运输不适应整个国民经济发展要求的客观现实，1982年交通部党组提出了"有河大家走船，有路大家行车"，[1] 鼓励各地区、各部门、各单位一起干，国有单位、集体单位、个体单位一起上，大力兴办道路运输，从而从道路运输发展政策方面为道路运输业的开放以及道路运输市场中应有的不同所有制经济成分竞争的存在奠定了政策理论基础。目前，我们称道路运输业是一个开放比较早的行业，其开放的时间应当从1982年算起。道路运输市场的开放不仅意味着对内开放，而且也意味着对外开放。1988年道路运输市场有限制地对外开放，意味着道路运输市场对外开放工作的启动。在中国加入世界贸易组织（WTO）后，道路运输市场对内对外

---

[1] 李小鹏. 党领导交通运输事业的成就与经验启示［N］. 学习时报，2021-11-19.

开放的步伐更进一步加快，开放也是全面的、彻底的、不可逆转的。

（二）改革传统运输管理

1983年为适应国家社会经济发展的总体需要，增强企业经营自主权，交通部废除了道路运输传统管理中的"三统"（统一货源、统一运价、统一结算）做法。这一改革为道路运输经营单位自主参与运输活动、自主参与道路运输市场竞争创造了较为宽松的环境条件。伴随着社会经济体制改革的深化，这种条件的更进一步完善，就形成了商品经济条件下的自由让渡原则，这也是市场主体自主参与市场活动和市场竞争应有的基本原则之一。应该肯定的是，传统道路运输管理中的"三统"做法，在计划经济时期对有效利用运输资源，减少车辆空驶，满足社会经济发展对运输业的要求等方面，起到了积极的作用。但是，随着国家经济体制改革的进一步深化，企业经营自主权的不断落实，"三统"做法所体现的高度集权管理的思想已难以继续被社会所认同，要求对其改革就成为道路运输在发展中不容争议的事实。

（三）个体运输的产生和发展

中央自1984年连续几年的一号文件主要都是以农村问题为主，在肯定农村联产承包经营责任制的同时，积极放宽农村个体经济的发展政策，对包括个体运输在内的农村个体经济发展予以积极扶持和鼓励。这样从总体上在推进农村个体经济发展的同时，极大地促进了个体运输的迅速发展，也为个体运输的产生和发展奠定了政策基础。近几年来，随着人们对个体运输认识上的更进一步深化，要求限制个体运输规模的呼声越来越高，全国绝大多数地区对个体运输发展数量、运营区域、经营项目等方面开始加以政策方面的限制，因此，近年来个体运输经营业户增长速度开始下降，甚至呈现负增长趋势。应该肯定的是在改革开放初期，个体运输的出现及其数量的迅速增加，极大地改变了道路运输市场的所有制结构，特别是对道路运输市场竞争的真正形成起到了不可估量的作用。也就是说，个体运输以一种全新的所有制形式出现于道路运输市场，使得真正意义上的市场竞争成为现实。这种竞争状态的形成同样是基于个体运输户独立经济利益的极大化追求为前提的。

目前国内对个体运输在运输经营规模、经营方式、市场行为等方面的基本评价已趋于一致，即认为随着道路运输不断向规模化、网络化、集约化的发展，个体运输以其小规模、分散化经营的特点，带给道路运输市场的消极影响已远远大于其产生初期的积极作用。专家学者和实际工作部门对个体运输今后的发展思路也已理顺。并认为个体运输今后的发展思路主要集中在以下四个方面。

（1）在总体上，个体运输经营业户数量应有较大幅度的降低。这是减少道路运输市场竞争极数的必然要求。

（2）通过一系列规章制度的制定，从技术经济手段入手，对个体运输加以限制。如实行客运资质管理、货运资质管理等。

（3）个体运输除继续有一定数量存在外，大部分个体运输必须向联合方向发展。从目前情况来看，个体运输走向联合之路有两条：一是个体运输户相互之间自觉走向联合，成为个体运输联合体，统一办理运营手续、规费缴纳、协调业务联系等；二是依附大中型运输企业，承担相关集配运输活动，或者以融资方式直接进入大中型运输企业。对目前存在的"挂靠"经营，政府已经纳入清理整顿行列。

（4）个体运输最具发展潜力的方向，应该是向私营运输企业转化。

（四）社会机关企事业单位车辆参与营业性运输活动

道路运输业开放政策的实施，极大地促进了社会厂矿机关企事业单位车辆参加营业性运输活动的积极性，加之开放初期道路运输管理部门所宣传的"道路运输可以快速致富"的影响，这部分车辆中有近一半车辆从事了道路运输市场营业性运输活动。

社会厂矿机关企事业单位车辆参加营业性运输活动，极大地改变了道路运输市场的基本格局。全国社会厂矿机关企事业单位车辆中有相当一部分车辆或多或少地参加营业性运输活动，虽然这部分车辆参加营业性运输活动时，存在垄断货源、部门分割、交易不公开、行为不规范等弊端，但对道路运输市场经营主体多元化的形成，壮大道路运输市场规模，彻底改变道路运输市场总量供给不足的问题等起到了积极的促进作用。

由于道路运输市场管理体制存在许多不合理的因素，使得道路运输行业管理的局限性较大，因而对社会厂矿机关企事业单位车辆参加营业性运输活动管理难以真正到位，道路运输市场依然呈现出残缺不全和被分割的状态。所以，社会厂矿机关企事业单位车辆参加营业性运输活动发展到目前，其有效作用开始减弱，而负面作用开始加强，这已经成为今后完善道路运输市场体系的最大障碍。

（五）道路运价改革

本着充分体现价值规律、供求规律的原则，道路运价改革始终遵循国家物价改革的总体方向。运价改革进程中，指令性价格逐渐减少，市场价格已经成为一种普遍方式。普通货运价格的基本放开以及旅客运价的部分放开，使道路运输市场价格竞争得以形成。而价格竞争是市场竞争的基本方式。尤其是在市场形成初期，市场竞争往往更直接地表现为以价格竞争为主。

(六)国有道路运输企业改革

国有道路运输企业改革的进行和不断深入,为道路运输市场的形成塑造了新的市场行为主体。始于1979年初以放权让利为开端的国有企业改革,经历了由浅入深的过程,其终极目标是使国有道路运输企业真正成为独立的商品生产者和商品经营单位,具有清晰的财产边界和独立的经济利益,而这一点恰恰是构成道路运输市场行为主体独立化的前提。缺乏独立化的市场行为主体,或者市场行为主体之间的独立化程度不同,市场交易活动就很难公开、公平、公正地展开,道路运输市场体系的培育和完善就会大打折扣。同时,也正由于我国国有道路运输企业还处在改革的不断深入阶段,现代企业制度尚在建立过程之中,企业改革目标尚未完全实现,从而也是我国道路运输市场依然还处在初步形成阶段的重要原因之一。

国有道路运输企业改革过程中一些重大的改革举措是值得我们回顾的。这些举措主要包括以下几个方面的内容。

(1) 1979年实行放权让利。
(2) 1982年实行经济责任制(企业与主管部门、企业内部)。
(3) 1983年推行厂长经理负责制(以前为党委领导下的厂长经理负责制)。
(4) 1984年开始实行第一步"利改税"。
(5) 1986年实行承包经营、租赁经营、资产经营责任制,试点股份制。
(6) 1986年颁布《全民所有制企业法》。
(7) 1992年国务院颁布《全民所有制企业转换经营机制条例》。
(8) 1994年全面推进现代企业制度的建立("两个转变"的要求)。
(9) 1997年国有大中型企业三年"脱困"(债转股的实施等)。

从以上因素分析总结,现在国内道路运输业界基本上认为道路运输市场已经初步形成。道路运输市场形成的大致时间一般认定为1984年底或1985年初,目前基本处在发育完善的过程之中。

第三节 运输市场中间商

运输市场中间商作为市场中介组织的一种,它和其他市场中介组织一样,有它产生的必然性,在整个运输市场中,中间商起着十分重要的作用。从某种意义上讲,运输产品营销的内容就是如何选择运输中间商组织货源。中间商组织是道路运输市场主体的重要组成部分。完善道路运输市场中间商组织是培育、发展和完善道路运输市场的重要途径。我国道路运输市场中中间商组织的产生和发展,是道路运输市场不断趋于完善的主要标志之一。

一、运输市场中间商的概念和类型

运输市场中间商是市场中间商的一种类型,是指专门为运输生产者和运输需求者提供中介服务,促进运输交易行为实现的运输经营者。

道路运输市场中间商的类型,按其功能的形式和程度、规模大小、性质不同分为以下几类(见图7-1)。

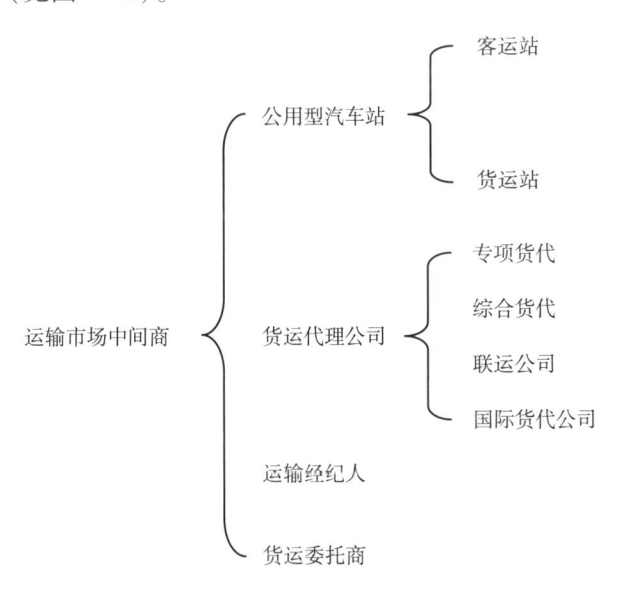

```
                          ┌ 客运站
              ┌ 公用型汽车站 ┤
              │           └ 货运站
              │
              │           ┌ 专项货代
              │           │ 综合货代
运输市场中间商 ┤ 货运代理公司 ┤
              │           │ 联运公司
              │           └ 国际货代公司
              │
              │ 运输经纪人
              │
              └ 货运委托商
```

图7-1 道路运输市场中间商构成

(一) 公用型汽车站

它包括客运站和各种类型的货运站,如零担货运站、集装箱货运站等。它们面向全社会的运输需求者和运输生产者提供服务,是实现运输生产过程的桥梁和纽带。

(二) 货运代理公司

货运代理公司按其经营业务的不同有多种形式,如国际货代、综合货代、专业货代、联运公司等。它们依据合同代理运输生产者的整个组织客货源业务，并有权决定运输价格及组货方式，其扮演的角色是运输生产者的销售代理。一般而言，运输生产者选择代理商，主要依据代理商的实力、信誉和所拥有的组货渠道网络。

（三）运输经纪人

运输经纪人的主要作用是为运输生产者和运输需求者双方牵线搭桥，协助谈判，他们向运输生产者或运输需求者的一方收取费用，不承担风险。

（四）货运委托商

货运委托商是指由运输生产者以合同的形式委托其他经营者为其组织货源，送货取货的经营者。由于运输生产点多面广、流动分散的特点，决定了货运委托商在分销渠道中发挥着重要作用。

一般来说，运输中间商的复杂程度与一个国家（地区）交通运输和运输市场的发达程度是紧密相连的。我国的运输市场中间商也是在改革开放后逐渐发展起来的。最初的货运代理业的概念是从公路货运配载中心、公路货运信息服务中心等概念的基础上发展而来的。当时，公路货运配载的产生主要是针对解决我国某些地区车、货信息不灵、车辆相向空驶、亏载严重、运输经济效益差这一问题，其主要职能是掌握市场信息、搞好配载托运、减少车辆空驶、亏载。因此，最初的货运代理是为空驶车辆提供回程配载服务业务的经济组织或行政机构。这类组织的名称叫法不一，如货运配载中心，货运信息服务部，道路货运分局，道路货运调剂中心等，但其基本职能是相同的。后来，随着货运服务业的发展，有些组织不再局限于搞回程配载，其经营范围扩大了，诸如为车找货、为货找车、代办托运、提货及短途取送业务、联运全程服务业务、仓储业务等都根据自己的条件逐渐扩大，它们在运输市场的职能也超出了原来的范围，逐步地发展成为货运代理业。

二、运输市场中间商的功能及作用

在运输产品销售渠道中，中间商起着十分重要的作用。从某种意义上讲，运输产品分销渠道研究的内容，就是如何选择运输中间商，组织客货源。

（一）货源组织功能

货源组织是货运市场中间商的重要职能，它是指以经济的手段，通过有效地组织货源和车辆，并使其达到合理的匹配，实现合理运输。例如组织回程配载，减少货物流畅环节、节约流通费用，组织快件货源，提高运送速度，节约运输时间等。

（二）运输服务功能

为社会提供各种运输服务是货运市场中间商的基本职能。根据社会需要可提供货运信息服务，沟通运输需求者与供给者之间的关系；货运代理服务，为社会运输需求代办各种运输业务，如代办托运、中转换装、包装、商检、保险报关等业务；技术咨询服务，为车主和货主提供车辆技术、材料供应、运输线路、工具选择等咨询服务。

（三）货物保管、储存功能

为更有效地为社会提供运输服务，保证运输过程的及时性、连续性，货运代理可通过合理设置仓储设施，为货主提供货物储存、保管的场所。它有利于组织货物合理流动，实现货物装卸、运输、仓储一体化，提高物流效率和运输经济效益。

（四）协调功能

协调车主与货主、车主与车主、道路运输与其他运输方式，以及其他有关部门之间的关系，是货运代理的另一重要职能，通过协调关系、建立联系，为实现"一票到底、全程服务"的门到门运输服务创造条件。

（五）运输信息咨询功能

运输中间商具有专业知识强、眼宽腿长、点长面广的特点，能深入到车站、码头、工厂、库场等客货源集散地，充分掌握运输市场供求信息。可以为运输生产和需求双方提供市场供需预测、运输技术变化、运输行情、运力布局等方面的咨询服务。

运输中间商的功能随着中间商规模业务的不同，而有较大的差别。例如，上海市某汽车运输代理公司是一家较大规模的代理公司。该公司在上海港的各装卸公司、上海铁路的各货车站、上海各货物进出量大的工厂，以及市区郊区的各处都设有营业站、营业点。不管托运人的货在哪里，托运人可在离其最近的营业点托运，第二天都能由运输企业派车承运。如某钢厂需运大型设备、煤炭、钢锭、盐酸等，均可由相关的大件、煤炭、钢铁、化工等运输单位完成，托运人也不必分别向各运输单位托运,可由代理公司统一受理托运,分别安排各运输单位承运。

> **延伸阅读**
>
> 又如瑞典的ASG货运代理公司是当今世界十大货运代理公司之一,代理业务量占瑞典国内货运市场的1/5,成为一个国际化的货物联运组织。ASG公司是以货运中转站为中心,为多种运输方式服务,车辆调度、装卸配载、货物仓储、费用结算等作业同时进行,货物流量、流向、流时统一控制调节,使货物有计划、合理、经济地完成位移全过程的立体交叉式综合运输组织体系。ASG公司的货运中转站是一个多功能综合型货运站。货运站一般建在场地中央,为四方形体,铁路专线从中穿过,专线两侧面是汽车装卸货物站台,在汽车装卸站与铁路专线之间是货物存放库位和货物分发流动线。站内设有业务处,装有计算机终端并与ASG总部联网,可对货运全过程进行组织指挥和控制,承办各种业务手续。货运站是ASG公司的主要经营活动场所。在货运站内,可以同时为多种运输方式服务,火车、汽车装卸作业可同时进行,还可通过汽车把货物换装运到港口、机场完成联运转接作业。在货运中转站内,经过分发处理把运往同一方向的、使用同一运输方式的货物集中到指定库位,优化组合集中装运。货运中转站还同时开办货物仓储业务。在货物销路未定时,供方的货物可暂存站内,待落实需方后,按照需方要求的时间和流向发运,提高了物流的时效性和经济性。
>
> ASG公司本身不拥有运力。其运力来源是通过与运输公司签订经济合同来保证。运输公司作为委托人,ASG公司成为其运输销售代理人。有460多家汽车运输企业是ASG公司的委托人。这些委托人拥有3000多辆汽车供ASG公司调派。有3200多家货主委托ASG公司代理托运手续。货主本身要办的托运货物手续十分简便,货主只需填写一份货单,把货交给ASG公司或一个电话告诉ASG公司,公司即上门服务,无论货物运输全过程要通过多少种运输方式,多少次中转,甚至进出口报关、免疫检查等一切手续皆由ASG公司负责办理,把货物安全、及时送到收货人手中。货主应付的全过程各种费用统一结算,真正做到"人在家中坐,收发全国货"。为方便货主和运输企业,ASG公司本身建有61个货运中转站和3000多个业务受理站,年承托受理货物1000万吨以上,年营业额50亿瑞典克朗,相当于30多亿元人民币。

第四节 运输市场竞争及其市场态势

一、运输市场竞争的概念、目的和作用

(一) 运输市场竞争的概念

竞争是自然界的普遍规律，是一切生物为了获得生存和利益而进行的相互抗争的过程。竞争就其本质而言是对抗性的，其结果是优胜劣汰、自然淘汰。从经济学的角度来讲，竞争是指各经济集团（即经济行为主体）之间争夺经济利益的抗争。这种抗争一般更多的是围绕商品生产和商品流通而进行的。也可以说，它是商品生产者或商品经营者之间，为了争夺更好的销售和购买条件，选择最佳的交换时间和交易条件，从而获得更多的经济利益而展开的相互抗争。

运输市场竞争是指组成运输市场的各市场行为主体，为了各自的经济利益，在运输市场上相互抗争的过程。竞争的结果必然要求是实现优胜劣汰，促进运输业健康持续稳定地发展。运输市场管理部门应积极采取措施，创造机会均等，公平合理的运输市场竞争环境，保护公平竞争，通过竞争作用的充分发挥，为运输业的发展以及优化和调整道路运输经济结构注入活力。运输市场竞争主要包括不同运输方式之间的竞争、道路运输经营单位之间的竞争、道路运输需求者之间的竞争、道路运输供给者与运输需求者之间的竞争、道路运输中间商组织之间及与运输供需者之间的竞争。

(二) 运输市场竞争的目的

对运输市场竞争的研究，主要是围绕着市场竞争的各项活动而展开的。其目的就是研究和揭示运输市场竞争的客观规律。它所关心的不是竞争活动的个别现象，而是主宰这些现象的规律。它所重视的，不是竞争能力的外部表现，而是导致这些现象的本质和机理。它所总结的，不是竞争获得的具体成果，而是产生这些有效成果的方法和技巧。同样，它所重视的也不仅是市场竞争规律，更重要的是研究和完善市场竞争规律所赖以发挥作用的各项条件。

通过对运输市场竞争的研究，可以充分提高人们对市场竞争的正确认识，使人们认识到市场竞争规律在整个运输业乃至国民经济的发展和建立社会主义市场经济过程中起着何等重要的作用。道路运输市场竞争的研究，能提示人们尊重竞

争规律,认清市场竞争的大趋势,运输市场各类行为主体都要树立市场竞争观念、竞争意识和竞争思维,开拓市场竞争视野。所有参与市场营销活动的企业及经营单位,其一切工作都要以提高经济效益为目标,从提高市场竞争能力的角度入手,以市场竞争为动力,以竞争求质量,以竞争求效益,以竞争占领市场,以竞争开拓新局面。对于运输市场管理部门而言,分析和研究市场竞争,不仅要认识到市场竞争对运输市场运行机制的正常有效发挥所起到的积极作用,认识到市场竞争规律,而且更重要的是保护市场竞争,积极开展工作,建立健全各项市场竞争规则,创造平等竞争的市场环境,充分发挥市场竞争机制的作用。

(三)运输市场竞争的作用

随着我国社会主义市场经济理论的提出及运输市场的不断发展与完善,公开、公平、正当的市场竞争对运输市场的发展所起的作用越来越突出。市场竞争推动了运输业的发展、可以给企业带来强大的内部动力,促使企业经营机制的完善、给运输各经营单位带来强大的外部压力,促使各单位提高劳动生产率,降低运输成本,提高经济效益、不断增长运输需求的更好满足、有利于促进各种运输方式改善运输服务态度,提高服务质量,刺激运输需求等。总之,运输市场竞争是一种无形的,但又强有力的推进器,推动着我国运输业的迅速发展。生命在于运动,而运输市场的活力则在于竞争。

二、运输市场竞争的社会环境

当前我国社会主义市场经济体制运行框架已初步建立,市场竞争问题作为商品经济的根本法则也已为人们所普遍接受。但是,作为独立商品生产者和商品经营单位,其一切行为能够形成一种自觉的市场竞争行为,不但需要一个逐渐深化认识和发展的过程,而且需要我们在完善我国社会主义市场经济体制的过程中,在不断完善运输市场运行机制的过程中,为保护公平竞争和限制垄断扫清障碍,创造出一个优胜劣汰的有利于公平竞争的社会环境,使所有运输经营单位都感受到外在的压力,从而产生某种冲动,焕发出新的活力。一个没有公平的社会环境的市场是难以充分发挥竞争作用的。

(一)运输市场公平竞争所需要的外部环境条件

运输市场公平竞争的外部环境条件,主要是指消除运输经营单位之间客观条件上的差异,保证他们在相同或基本相同的经济条件下开展竞争,包括承认运输经营单位独立的商品经营者的地位,承认其所具有的独立的经济地位和经济利益，改革和完善价格管理体制和运输管理体制，完善税费征管制度，调整各单位由于在资金占用上的差别所造成的级差收入等。旧的运输管理体制及其他相关制度压制了道路运输市场的公平竞争，束缚了运输生产力的发展，出现了运输市场竞争行为不规范、税费负担在不同所有制经营单位之间差距较大，市场公平竞争难以正常进行等问题，因此，道路运输管理体制改革的一项重要任务就在于完善运输市场体系，创造出一个有利于公平竞争的环境条件。概括地讲，我国道路运输市场公平竞争所需要的外部社会环境主要有：独立的商品生产者的存在是市场公平竞争的先决条件、统一的运输市场的形成是市场竞争正常进行的必要条件、物质利益是运输市场竞争的保证条件、运输市场规则建立与制度健全是市场竞争正常进行的必然要求、完善的税制，合理而公平的税费。

（二）创造有利于公平竞争的市场环境

社会主义市场经济理论的提出，要求改变以往计划经济的各种做法，更新观念，转变政府职能，转换企业经营机制，培育和完善市场，充分发挥市场运行机制的作用，尤其是发挥市场竞争的作用。要发挥市场竞争的功能，就必须具备公平合理的市场竞争环境，为此必须采取各种措施，创造出有利于公平竞争的市场环境。

三、运输市场有效竞争

（一）运输市场有效竞争的概念

从经济学角度讲，对有效竞争概念及实质的认识，起因于"马歇尔困境"（Marshall's dilemma）。马歇尔在1890年发表了《经济学原理》一书，他在该书第四篇论述四大生产要素中的组织时，充分肯定了规模经济利益，并就规模经济与市场竞争活力之间的关系进行了分析论述。在生产要素的组织过程中，产量的增加会引起企业规模的扩大，而扩大企业规模则会增加内部和外部经济，取得规模经济效益。同时，马歇尔也认识到，在追求规模经济的过程中往往会出现垄断，而垄断又使市场价格受到人为因素的控制，扼杀市场的自由竞争原则，从而使社会经济运行缺乏原动力，企业缺乏活力。这样，在马歇尔看来，规模经济和竞争活力成为两难选择，即所谓的"马歇尔困境"。在一个较长的时期里，经济学家就如何克服"马歇尔困境"，把规模经济与竞争活力两者有效地结合起来进行了积极探索。在此过程中，人们不是偏重规模经济的作用，就是市场竞争活力的地位，两者往往顾此失彼。直到1940年，克拉克（Clark）在总结前人观点的同时，通过调查，发表了"有效竞争的概念"一文，他在论文中指出，所谓有效竞争，就是指将规模经济和竞争活力两者有效协调起来的一种竞争状态。

按照经济学的理解思路，运输市场有效竞争决定于运输规模经济和竞争活力。运输规模经济通常是指随着运输企业规模的扩大而使单位运输成本降低、收益增加的一种经济现象。它是实现运输资源优化使用，提高运输经济效益的手段和途径；而竞争活力的经济意义表现为它与价格机制、运输供求机制的综合作用，发挥市场机制自组织功能，实现运输资源的优化配置，从而提高经济效率。可见，运输规模经济和竞争活力在优化配置和有效使用运输资源，提高经济效率上达到了统一，即运输规模经济和市场竞争活力是以不同的途径谋求共同目标。然而，运输规模经济和市场竞争活力又具有一定的相互排斥性。其基本表现形式为，随着企业规模的不断扩大就会引起运输生产集中，而运输生产集中发展到一定阶段，就自然会走向运输垄断。运输垄断则是对运输市场竞争的否定，它会导致运输经济活动缺乏竞争活力。因此，运输市场有效竞争应是运输规模经济与市场竞争活力相互兼顾、相互协调的一种理想市场状态。其协调目标是两者所发挥的综合作用使运输效率极大化。

从深层次分析，运输效率包含两个基本范畴，当我们把效率概念应用于单个运输企业的时候，所要研究的问题主要是该企业是否利用其拥有一定的运输资源生产出最大运输服务量。这种效率称为运输技术效率或运输生产效率。当我们把效率概念应用于整个道路运输活动时，问题便在于道路运输所拥有的全部运输资源与所有运输需求者满足程度及满足数量之间的对比关系。如果在给定各运输生产单位技术效率的前提下，对运输效率研究的主要问题便在于运输资源是否在不同运输生产者之间得到了合理配置，使其最大限度地满足了人们的运输需求。用于分析这一问题的运输效率概念就称为运输经济效率或运输资源配置效率。实现道路运输市场有效竞争的市场状态既包含着运输技术效率的提高，同时更主要是以提高运输经济效率为目标。

由此可得出一个基本结论，运输市场有效竞争问题就是一个效率问题，其实质就是追求较高的运输经济效率。从某种意义上讲，运输市场有效竞争的状态，将有利于运输资源得到合理配置和充分利用，并与最大的运输服务量相联系。

（二）道路运输市场有效竞争的决定因素

根据运输市场的特点，结合以上分析，运输市场有效竞争的决定因素主要包括以下几个方面。

1. 运输规模经济

运输规模经济也称为运输规模的经济性，指的是因运输企业生产规模变动而引起的收益变动，它反映了随着运输生产能力的扩大，单位运输成本下降的趋势。运输规模经济与运输生产技术水平、管理人员素质、管理手段的现代化程度等有密切的关系。运输规模经济有最高运输规模经济与最低运输规模经济之分。在一定的技术、经济条件下，运输企业获得规模经济效应所应具备的运输规模是不同的。也正因如此，就形成运输规模经济对市场有效竞争具有决定性的影响。一般来说，规模经济越显著，越容易导致垄断，而垄断是对市场竞争的否定，相反，若某一行业的有效经济规模水平越低，那么大量小规模的经济单位（小企业）越容易建立和发展，使市场垄断力量很难产生，有助于促进市场竞争。

2. 运输市场集中度

运输市场集中度是指在道路运输市场中，市场份额（市场占有率）控制在少数大运输企业手中的程度。通常，运输市场集中度越高，运输市场竞争程度就越低，垄断程度就越高，反之亦反。一般可利用市场绝对集中度、市场相对集中度和赫佛因德指数这三个指标来衡量市场集中度的高低。其中，市场绝对集中度主要反映运输市场中若干家（4~8家）最大运输企业的集中程度（市场份额之和），但不能反映运输市场内的运输企业数量和企业规模不均匀程度；市场相对集中度主要反映整个运输市场所有企业规模的差异，但不能较好地反映领先企业的集中程度；而赫佛因德指数虽然在理论上优于前两个指标，但也存在直观性差，对小型运输企业（或运输经营单位）所给权数较小的缺点。因此，在实际应用和分析时，这三个指数应综合使用，相互补充，才能较为准确地反映运输市场集中度。

3. 运输市场竞争极数

运输市场竞争极数是指参与运输市场竞争的单位数。一般而言，若运输市场只有一家运输企业，则形成完全垄断；若运输市场只有两家或极少数的几家企业，则运输市场既存在垄断又存在竞争，人们将此称为寡头竞争；若运输市场存在非常多的运输经营单位，则会形成多极竞争的市场格局，运输市场竞争程度就越高。在一定时期内，假如运输市场需求是一个常量，则市场竞争极数越多，每个运输经营单位的市场相对份额就会下降，从而迫使企业降低运输规模，在此情况下，虽然市场竞争活动增加，但市场规模经济效应就会丧失，从而影响运输市场的有效竞争。同样，假若每个运输经营单位具有一定的市场份额，则运输市场对运输经营单位数量的要求也应是一个常数，如果现实的经营单位数量超过此常数，则运输市场竞争就会加剧，市场竞争程度就会增加，从而也会影响运输市场的有效竞争。

4. 运输市场进入壁垒

运输市场进入壁垒是指新企业进入运输市场所面临的一系列障碍。因此，进入壁垒也称进入障碍。进入壁垒是决定运输市场竞争程度的又一个重要因素。

1982 年交通部提出,"有河大家走船,有路大家行车",[①] 意味着国家从运输经济政策方面降低了运输市场的进入壁垒。改革开放的政策在道路运输市场中的体现也意味着运输市场进入壁垒不断降低的政策趋势。运输市场进入壁垒的形成不仅取决于政策因素,同时,也包括了若干技术、经济因素,如最低运输规模,运输经济规模水平的高低等。一个新企业进入普货运输市场所面临的市场障碍远比进入集装箱运输、零担货物运输、快件货运等市场要小得多。运输市场行政管理部门所制订的运输经营者开业技术标准的高低也是运输市场进入障碍大小的主要因素之一。凡不符合开业标准的(如规模、安全技术条件、承担市场风险能力等),就无法进入运输市场。

5. 运输市场供求关系

用运输市场运力供给量(S)与运输需求量(d)之间的比例关系来描述运输市场竞争状况时,一般认为,若 s/d≤1,则运输市场竞争程度较低;若 s/d>1,则运输市场竞争程度较高。进而每种情况都影响了运输市场的有效竞争。这种方法简单,有一定的可信度,但也有其不足。主要是这种方法忽视了运输需求的部分随机性、突发性因素的影响。另外,由于运输业属国民经济基础产业,运输能力的供给应超前发展,并保持一定的富裕度(s/d)。这反映了一个基本的现实要求在于,衡量和分析道路运输市场有效竞争时,应全面考虑以上因素。

(三) 当前运输市场缺乏有效竞争

改革开放以来,我国采取诸多措施促进了道路运输市场的发育和完善,但目前依然存在较严重的问题,一方面,道路运输市场中存在过度竞争,使运输资源的优化配置以极大浪费为代价,运输经济结构失调、扭曲;另一方面,运输市场中又存在竞争不足的状况,以致运输资源难以优化配置和充分利用。具体表现在以下几个方面。

1. 运输市场集中度过低,且呈下降趋势

根据国外运输市场发展经验,国家可借助大型运输企业的力量对运输市场进行调控,只要有一批大企业按国家运输产业政策发展,则基本上可以形成运输市场有效竞争的格局。因此,适当提高运输市场集中度,减少市场竞争极数,是完善运输市场有效竞争的基础。目前,由于我国个体运输户发展过猛,很多社会机关企事业单位车辆又参与营业性运输活动,加之国有及集体运输企业规模不断萎缩,使运输市场竞争极数明显偏多,市场集中度过低。目前,运输市场这种无效竞争的局面还在加剧,但并未引起有关管理部门应有的重视。

---

① 李小鹏. 党领导交通运输事业的成就与经验启示 [N]. 学习时报, 2021-11-19.

2. 缺乏主导运输市场的大规模运输企业

在发达国家，运输市场主体明显存在两极分化的现象，一方面是规模庞大覆盖全国的少数运输企业；另一方面则是数量众多分散各地的小型运输企业及个体运输企业。少数大规模运输企业由于在广大地域内实现了大规模、专业化生产，因此，效率高、成本低、质量好，并在运输市场上有强大的竞争实力和生存发展能力，成为稳定和主导运输市场的重要因素，从而使运输业有较高的生产效率和社会经济效益。我国目前缺乏类似发达国家那样的业务覆盖全国跨省市、跨区域的大规模运输企业。有些企业规模从外表看来似乎很大，但其业务仅局限在一个地方，因此对整个运输市场的走向难以有重大影响。而主导运输市场走向的是效率和效益低下，业务素质很差的众多分散的个体业主的小型运输企业。这必然导致运输市场由于缺乏运输规模经济的配合而难以形成有效竞争。

3. 运输市场竞争过度与竞争不足并存，难以形成有效竞争

运输市场有效竞争的核心在于它能优化配置和充分利用运输资源。但由于我国运输市场集中度过低，运输企业规模偏小，无法形成运输规模经济，达不到有效竞争的要求，使市场竞争带有极大的盲目性和破坏性。这种盲目性和破坏性不仅表现在由于运输规模过小而导致的过度竞争所造成的运输资源严重浪费和配置不合理（过去具有较大规模的企业所拥有的运输资源在不断减少，而小型企业或经营单位的数量却在不断增加，使运输资源流向极不合理），更重要的是导致了运输业效率的普遍下降。在一个产业中，若市场竞争并未带来效率的提高，则将此竞争称为无效竞争。

同时，我国运输企业之间的竞争，真正依靠运价、运输服务质量等手段的不多，而采用一些不正当手段的则相当普遍。如强装强卸、无证经营等。市场竞争的不公开、不正当，自然会诱发市场竞争的不公平，难以形成道路运输市场的有效竞争。

运输市场竞争不足在目前则主要是由于地方利益、部门利益驱使下所存在的行政性垄断，如煤炭部门的"产运销一条龙"本身就包含有货源（煤炭）垄断下的运输行为垄断；线路乱设卡、乱收费、乱罚款，形成地方运输市场间的相互封锁；运管部门进行线路拍卖所形成的运输线路垄断等。运输市场竞争不足也难以形成有效竞争。

（四）促进运输市场有效竞争的设想

1. 建立现代企业制度，培育运输市场主体

大力推动运输企业的规模经营，组建和发展企业集团，提高规模经济效益，从而适当提高运输市场集中度，对扭亏无望的运输企业实行重组，加大市场机制对劣势企业的淘汰速度，优化运输市场结构，充分发挥市场对运输资源配置的基础性作用。

2. 改变目前的经营组织方式，提高运输效率与效益

借鉴国外先进的网络化、规模化经营的经验，建立我国快速、优质、高效的运输网络体系，提高运输业的效率，减少或避免运输资源在无效竞争下的扭曲配置。

3. 强化运输行业管理职能，创造公平竞争环境

目前，参与运输市场经营活动的单位"无证经营"的情况比较严重，如在道路运输市场中，许多厂矿企事业单位车辆及部分军用车辆在未办理任何营运手续的情况下参与道路运输经营活动，严重冲击运输市场竞争秩序，因此，把与此类似的经营活动纳入运输行业管理之中，有利于创造对所有市场主体公平的市场竞争环境。

4. 加强运输法治化建设，限制不公平竞争和过度竞争行为

运输业具有较强的竞争性特征，为保证其健康发展和市场有效运行就必须有与之相配套且完备的法律、法规。目前，应重点完善市场准入规则、市场交易规则，特别是市场竞争规则，建立切实可行的道路运输自由竞争、公平竞争、公平竞争规则，限制非公开的，有损于其他竞争主体获取正当利益的市场行为。

第五节　运输市场竞争的供给策略

一、运输市场竞争的类型

竞争理论是经济学中的一个比较古老的理论。从市场竞争的外在形式上看，竞争可以分成等条件自由竞争和不等条件自由竞争，也就是西方国家所经常提到的完全竞争和不完全竞争。竞争通过市场进行，市场是竞争的场所，也是竞争结果实现的场所。按照西方经济学的观点，完全竞争的四个严格的假设条件为：（1）市场上必须有大量的买者和卖者，因任何一个人或几个人的组合，其所受的影响都是可以忽略不计的。厂商规模小，地位很不重要，以致不能影响市场价格。（2）一切生产者都生产同样的产品，产品必须完全一律或标准化。这就是说，产品必须是同质的，无差别的。而且"不仅产品必须标准化，而且售卖者也必须标准化"。（3）各种生产资源可以自由流动。任何个人都可以作为卖者进入市场，而且不会有损失的退出市场。（4）生产者和消费者对市场情况有充分的知识。所有的买者和卖者都平等地知道市场的条件：价格、产量和成本。不存在卖者通过声望、专利或财产和家庭的联系来取得贸易上的优势。完全竞争是一种理想的竞争状态，与它完全对立的是完全垄断。完全垄断市场的假设条件是：市场上只有唯一的厂商，它提供的产品（或劳务）没有直接的替代品，市场完全被一家厂商所控制（垄断），市场上不存在竞争，任何其他厂商都不能进入垄断厂商所控制的市场。在完全垄断条件下，不论产品是同质的还是存在差异，都不会影响完全垄断者的垄断地位，因为厂商的垄断地位不是由产品的性质所决定的，而是由厂商的类型所决定，厂商类型对生产要素进入市场的状况起着决定性的作用。一般来说，垄断厂商的独占性，使他人所有的生产要素进入市场步履艰难，绝无可能。形成垄断的原因有两个：一是自然形成的垄断，二是人为形成的垄断。自然形成的垄断是被动性垄断，人为形成的垄断是主动性垄断。我们在研究市场竞争与垄断的关系时，主要是研究人为垄断。

在研究市场竞争与垄断关系的过程中，传统的观点把竞争和垄断看成是互相排斥的，价格要么是垄断性的，要么是竞争性的，存在垄断的地方就不会有竞争，存在竞争的地方也不会有垄断。对"垄断与竞争之间"的市场形态理论分析基本上是空白的。事实上，在现实的经济生活中，非竞争的市场形态是多种多样的。从理论上讲，完全竞争和完全垄断都只是一个更一般的概念的极端情况，现实中的多数情况并不是完全竞争或完全垄断，而是竞争与垄断的结合，我们把这种既存在竞争又存在垄断的市场状况称为不完全竞争（或垄断竞争）。由于垄断的消极作用，所以国家在致力于发展市场经济的过程中，提出"保护竞争，限制垄断"就成为一项应长期坚持的工作，并应予以法律上的高度维护。

不完全竞争论以厂商（经营单位）数目较多和产品差异性作为其理论分析的基本前提条件。

产品的差异性可以指产品本身的某些特点，如独有的专利权、商标、名称、包装特点等的不同；或是品质、设计、颜色、式样等的不同。这也可以指环绕于供给者周围的各种不同条件，如供给者地址的地理状况、经营风尚、经营方式、公平交易的信誉、工作效率和待人接物的态度等。

产品的差别，一方面意味着供给者对它的垄断，另一方面势必受到其不完全替代品的竞争。例如，专利通常都被认为是垄断，但专利本质上却是竞争而不是垄断。专利的产品可以同样和别的专利产品以及非专利产品竞争。事实上，专利法是扶持竞争的，因为它可以刺激个人的发明和私有企业的发展。又如，版权是一种垄断，但却必然遇到无版权各种作品的竞争。由于各式各样替代品的关系，个人对其作品价格的控制只能限于相当窄小的范围内，因此，每个有版权的作品，都是由版权所有人所垄断，但都仍然受到广大范围的竞争。再如，商标和品牌通常被认为是一个供给者对其同类单位做更有效竞争的工具，而以某种商标和牌子命名的产品在某方面的独特性使该单位拥有对该商标和牌子的垄断地位。总之，一种产品有其某方面的独特性，这是它具有垄断性的一面。而一种产品和别的产品大部分一样而仅是不太相似，这是它具有竞争性的一面。它们之间的差别仅是程度上的问题而已。在道路运输市场中，由于运输劳务的替代性较强，这是其存在竞争的一个方面，另外由于运输劳务提供过程上的较大差异，如零担运输、集装箱运输、特种货物运输、特种车辆运输等，使运输市场上同样存在一定程度上的垄断。所以市场竞争和垄断是相对的，不完全竞争或不等条件竞争却是经常存在的。完全竞争和完全垄断是两个极端，正如同轮船员航线的两边，以一个螺旋器来推进，只能走到航线的极端。人们总希望航程不趋向于任何一个极端，而希望趋向于中间地位，这个中间地位决定于各种情况下两种力量的比较强度。

市场竞争按其激烈程度不同，也可以划分为争夺型竞争和非争夺型竞争。市场状态往往由市场竞争的激烈程度决定。如买方市场是由于市场供给者之间竞争的激烈有惠于需求者而形成的。同样，卖方市场是由于市场需求者之间的激烈竞争有惠于供给者而形成的。市场所处的状态也反映了市场竞争的激烈程度。如果市场竞争非常激烈，经营单位不惜采取各种手段，为自己争取特殊利益目的或为了发展需要，处在一种"你死我活"的状态，称之为争夺型竞争。企业间的争夺要求在法律允许的范围内进行。超过法律允许范围的争夺虽然也大量存在，但它毕竟不敢明目张胆地进行，并存在着受法律制裁的危险性。在合法争夺型竞争中，竞争者可以采取法律限制以外的一切手段，其中包括违反社会道德和良心的一切手段。可见，合法争夺型竞争虽然是被允许的，但并非理想的类型。当市场竞争者之间的利益处在相对"调和"状态，竞争者之间直接的相互抗争不很明显时，此时的市场竞争被称为非争夺型竞争。

市场竞争还可以从其社会后果的角度进行考察。对社会有好处的竞争被称为正效竞争；对社会有坏处的竞争则被称为负效竞争。正效竞争和负效竞争还存在量的方面的差异：有些竞争对社会的好处（或坏处）大些，有些则小些。

二、运输市场竞争策略

运输市场竞争方式、类型多种多样，从而使运输市场竞争呈现出相对复杂而激烈的局面。新的形势下，运输供给者面临着严峻挑战，其不仅要应对行业内部的竞争，而且要应对其他运输方式的企业的竞争。因此，供给者只有采取相应的竞争策略，不断提高市场竞争力，才能更好地生存和发展。

供给者在运输市场竞争中的策略主要包括以下几类。

（一）运价竞争策略

在同一时间、同一市场上，面对同一运输需求，运输价格较低的一方，就能吸引运输需求，占领并扩大市场。只要存在商品经济，就必然有市场，有市场就必然有竞争，有竞争就必然有价格竞争。运输价格竞争是道路运输市场竞争的主要方式之一。只要有竞争，就应该允许价格竞争。运输价格是运输劳务价值的货币表现。降低运输价格以吸引客户是价格竞争的主要途径。要降低运输价格，就要降低运输成本。要降低运输成本，就要不断提高劳动生产率，加强企业内部管理，大力改善生产技术条件和提高经营管理水平。因此，价格竞争实质上是生产技术水平和经营管理水平的竞争在价格上的反映。谁的生产技术和经营管理水平高于社会平均水平，其产品或劳务的实际成本就会低于社会平均成本水平，两者之间差额越大，就能够在竞争性价格的选择中获得较大的回旋余地，也就有可能在激烈的价格竞争中击败对手，站稳脚跟。由于运输价格水平的变化在运输需求富有弹性的情况下，会直接影响运输需求规模，所以，以降低价格为基本特征的价格竞争就成为运输市场竞争的普遍形式之一。

（二）质量竞争策略

在运输价格等因素不变或运输质量的提高足以抵消运输价格上升给运输需求者带来的影响的条件下，某种运输质量越高越稳，就能提高满足人们对运输需求的效用程度，不仅能长久地占领运输市场吸引老货主、旅客，而且还能招来新的货源、客源，在市场竞争中处于优势地位。否则，将会失去应有的市场，使市场占有率减少。正因为如此，在运输市场中以提高运输质量为特征的质量竞争愈加激烈，尤其在运输买方市场状态下，运输质量的提高已成为维系运输行业命运及运输市场中各类企业命运的关键所在。

但是，运输质量的提高并不是无限制的。对于企业来讲，运输质量的提高过程，意味着企业新的费用发生过程。虽然在一定范围内，较小的费用代价可以换来较大运输质量的提高，但在一定条件下，运输质量再提高一步，却要付出较大的代价，也就是说，质量的提高是有限度的。如道路客运企业，要进一步提高旅客运输过程中的舒适性而更新高级车辆，就要投入较大的资金，往往受到的阻力就会更大一些。有关运输质量与费用之间的关系如图 7-2 所示。

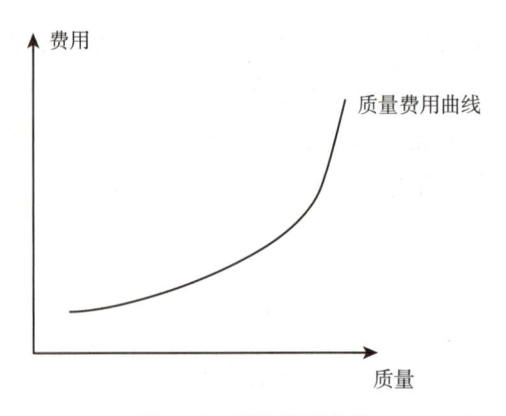

图 7-2　质量费用曲线

（三）新"产品"竞争策略

在运输市场上，新"产品"竞争主要是指通过开设新的运输服务项目来进行竞争。随着社会生产力水平的提高，社会分工协作关系的密切，人们对运输业的要求在不断提高，新的运输需求种类也在不断出现，如旅客运输中的舒适性要求，货物运输的方便性、快速性要求等。因此，运输服务的多样化和开设（推出）新的运输服务项目，不断满足人们对运输业的要求，是企业在市场竞争中立于不败之地的一个很重要的方面。由于具有诸多优点的新的运输服务项目的出现，往往能够强烈地激发人们的需求欲望，诱导企业及人们的运输需求行为，改变以往运输需求习惯。因此，谁能及时开拓新的运输项目，谁就能在市场竞争中处于有利地位。所以，新"产品"竞争已成为运输市场竞争的重要方式之一。这也是推动整个运输业不断发展的外在动力。

（四）信息技术竞争策略

信息技术在很多场合下，能为运输市场竞争主体提供重新考虑其竞争战略和重新整合自身资源的有利机会。沟通运输市场各竞争主体之间的信息技术，还可以作为各竞争主体继续保持市场优势的新工具。信息技术还可以建立起"市场壁垒"，以阻挠竞争对手进入自己的市场，同自己争夺运输需求者或运输供给者。这种成功的"市场壁垒"不仅能为货主提供新的服务，还会使货主或旅客不易脱离自己。

各竞争主体还可以利用信息技术，大幅度降低运输成本（如减少多余人员、减少材料及库存、提高车辆运用效率等）来进行成本型竞争，也可以通过提高运输质量转入品种型竞争。因为任何一个竞争主体都可以广泛地共享信息资源，任何一种信息系统都不可能给某一个竞争者带来永久有效的竞争优势，所以，每个竞争主体都应不断地应用信息技术，广泛搜集、及时处理和传递信息，以作出竞争决策，确定市场竞争策略。因此，信息技术竞争已成为运输市场竞争的又一主要方式。

（五）合作关系竞争策略

所谓关系，是指运输生产领域中的各个环节之间和内部的联系。其实质反映了运输供给单位与运输需求单位的必然联系。在运输市场上，各竞争主体要取得经营上的高效益，占领更多的市场，就必须注意巩固老关系，建立起新的纵横交错的运输协作关系。这是当前运输市场竞争的一个显著特点。按照心理学的观点，人们思维具有"定势"特征，同样，人们的需求或消费行为也有一种"习惯"。一个企业要积极地开展工作，争取让更多的客户对自己所提供的运输服务形成一种需求"习惯"，达到彻底巩固老关系的目的。同样，现代市场经济除维系市场竞争以外，更加注重合作。一个运输企业经营规模的扩大，并在发展中不断形成网络，单靠自身的力量是非常困难的，也是有非常大的市场风险。所以，通过协作以壮大力量就成为企业在发展中必须首先加以考虑的重要因素。

课后作业

1. 市场经济的基本特征有哪些？
2. 什么是运输市场？运输市场形成的主要因素有哪些？
3. 如何理解运输市场中间商？
4. 运输市场竞争的概念、目的和作用？
5. 运输市场竞争的类型有哪些？

课后思考题

1. 道路运输市场有效竞争的决定因素有哪些？

2. 案例与讨论：交通运输部：已有 18 个城市合规网约车数量超过巡游车数量（见二维码）。

3. 拓展知识：运输市场调查有哪些内容（见二维码）。

4. 本章知识分解（见二维码）。

第八章

空间运输经济问题

学习目标及要求：

1. 掌握运输与空间经济及区域经济的联系。
2. 掌握社会主义市场经济体制下的合理运输的理论与货流规划的基本方法。
3. 提高分析问题和解决问题的能力。

本章重点：

集中在掌握运输客货流的相关概念基础上，理解合理运输理论，掌握货流规划的基本方法。

第一节 空间经济与区域经济

空间是研究区域经济学的一个首要概念，因为区域经济过程被强调不同于一般经济过程的地方就在于考虑了经济过程与空间的联系。这里的空间是指"地域空间"，也就是我们依存的地球表层的二维抽象。在经济分析中，空间观念的系统建立是由德国人杜能提出的。作为一位农场主，冯·杜能讨论了地域空间有且仅有一个城市，城市外为农业土地所包围的"孤立国"情况。他主要讨论的问题为：由于各地到城市的空间距离不一样，什么地带应该种植何种农作物才能获得最大利润？由此可以看出，杜能既承认空间存在初始的差异，又强调空间是不可忽视距离的，这就是空间观念的基础。

1920~1930年，美国地理学家赫特纳、哈特向系统地强调了地理学分析中的空间观念，为经济地理学的理论化提供了一种哲学基础。赫特纳主要强调空间的地理学差异；哈特向则认为空间已经是一种分析框架。此后，最初的一些空间观念，诸如空间联系、空间结构、空间过程、空间相互作用逐步变得清晰起来。这里的空间联系指经济实体与不在同一位置的经济实体的联系，这种联系可以是人口的、产品供应链的、产品共生的等。常见的空间联系包括物资运输、文化扩散、信息交流、人口迁移、经济贸易等。也可以说，空间相互作用是空间联系下区域对区域的影响。

区域是一个大家比较熟悉的概念，它通常是指特定的地理空间范围，可以泛指大到整个地球，小到县、乡、村或者一个工厂、一个学校，甚至一个车间、一个办公室，区域无处不在。但是作为区域经济学研究对象的区域，是指拥有多种类型的资源、可以进行多种生产性和非生产性社会经济活动的一片相对较大的空间范围。这样的区域小至县、乡、村，大到省和国家，以及由若干国家共同开发的某些跨国界的区域，比如亚太地区、东北亚、南极、太平洋等。一般而言，区域经济学研究的区域主要包括三大类，即全国国土、一定范围内特定的区域及跨国界的特定区域。

一、空间经济学

从狭义的角度看，空间经济学是研究关于资源在空间配置和经济活动的空间区位问题的科学。从广义的角度看，空间经济学泛指用空间向度研究经济的学科，它本身是一个松散的学科群，包括土地经济学、环境经济学、人口经济学、乡村经济学、城市经济学和区域经济学等。

（一）空间经济学的历史

空间经济学的渊源可以追溯到德国传统的古典区位论。18世纪末到19世纪初，德国仍然是一个封建割据的农业国，英法等国已经走上工业化的道路。英国工业化前后，农产品价格上涨，一些目光敏锐的德国农场主通过与英国的农产品交易而获利。于是尽量多买土地，扩大生产规模，德国农业开始向大型化、商品化过渡。为了研究德国农业经营模式和产业化问题，冯·杜能潜心经营农庄十载，收集了极为详细的资料，1826年撰写了巨著《孤立国同农业和国民经济的关系》①。书中亮点之一是对于地租和土地利用的分析，而对于孤立国（城市）的描述，成了城市经济学的发源。

19世纪末，德国已经完成了第一次产业革命，并迅速成为第二次产业革命的策源地之一。产业的大发展使得产业迁徙和工业布局问题为学者们所重视。韦伯于1909年撰写了《工业区位论》②。在这部名著中，韦伯系统地建立了一系列概念、原理和规则，严谨地表述了一般的区位理论，并发展为空间经济学的另一流派。

新古典区位理论代表人物则是沃尔特·克里斯塔勒和奥古斯特·勒施。前者于1933年出版了《德国南部的中心地区》一书，提出了中心—地方理论③；后者1939年出版了《区位经济学》（原名为《空间体系经济学》，于1954年在美国以 The Economics of Location 为名翻译出版），以最概括性的描述将一般均衡理论应用于空间研究④。

1956年，沃尔特·艾萨德出版了《区位和空间经济》（Location and Space-Economy）一书，将冯·杜能、韦伯、克里斯塔勒、勒施等人的模型整合为一个统一的易驾驭的框架，把区位问题重新表述为一个标准的替代问题：厂商可以被看作是在权衡运输成本与生产成本，正如它们作出其他任何成本最小化或利润最大化的决策一样。这是一种开创性的贡献。他的目标本是将空间问题带入经济理论的核心，但是却没有成功，艾萨德并未提出过一个一般区位均衡的例子，他并没有对理论进行深入的研究。但是，他开创了一个折中的应用领域——区域科学⑤。

阿隆索于1964年出版了《区位和土地利用》一书，用经常在城市与农村来回穿梭的"通勤者"替代农民，用中央商业区替代城市，建立了一个"单中心城市模型"，描绘了一幅比冯·杜能的模型更令人满意的图景。

将区位理论与国际贸易密切联系起来的是伯尔蒂尔·奥林，他指出，国际贸易理论是一个"多边市场理论"，尤为重要的是，国际贸易理论是接近于区位理论的，而区位理论比国际贸易理论更为广泛，贸易理论的一大部分可以看作是区位理论的一小部分⑥。可以认为，奥林开辟了贸易与区位理论之关系的新领域。

20世纪80年代，经济学家保罗·克鲁格曼在对新贸易理论作出卓著贡献以

---

① 约翰·冯·杜能. 孤立国同农业和国民经济的关系 [M]. 北京：商务印书馆，1993.
② 阿尔弗雷德·韦伯. 工业区位论 [M]. 北京：商务印书馆，1997.
③ 沃尔特·克里斯塔勒. 德国南部的中心地区 [M]. 北京：商务印书馆，2000.
④ 奥古斯特·勒施. 经济空间秩序—经济财货与地理间的关系 [M]. 北京：商务印书馆，1998.
⑤ Isard W, *Location and space economy*. Cambridge: MIT Press, 1956.
⑥ 伯尔蒂尔·奥林. 地区间贸易和国际贸易 [M]. 北京：商务印书馆，1986.

后，在研究中发现了地理因素的重要性，他将空间观念引入了经济学，为经济学与地理学提供了一个科学的联系，即发现了另一番天地——新经济地理学。他定义的经济地理是指生产的空间区位，它研究经济活动发生在何处且为什么发生在此处。克鲁格曼认为有三个理由可以说明研究这种经济地理的重要性：首先，国家内部经济活动的区位本身就是一个重要的主题，对于美国这样的大国来说，生产的区位是和国际贸易一样重要的问题；其次，在一些重要的情形中，国际经济学和区域经济学之间的界限变得越来越模糊了；最后，也是最重要的原因，20世纪80年代的新贸易理论和新增长理论告诉人们一个新的经济学世界观，却很难从贸易、增长和商业周期中找出令人信服的证据，来说明这就是世界经济实际运行方式，但研究国际国内经济活动的区位时，这样的证据就不难找到。因此，经济地理为新贸易理论、新增长理论等提供了一个思想和实证的实验室。

（二）空间经济学中的基本模型

1. 区域模型：中心—外围模式

中心—外围模型考虑的是一个只有农业和制造业两个部门的经济，农业是完全竞争的，生产单一的同质产品，而制造业部门是垄断竞争的，供给大量的差异化产品，具有收益递增的特征；两个部门分别使用同一种资源，即劳动力；农业雇佣劳动力要素不可流动，而制造业工人可以自由流动；农产品无运输成本，而制造品则存在"冰山成本"。经济的演化将可能导致中心—外围格局：制造业"中心"和农业"外围"。条件有三：当运输成本足够低时、当制造业的差异产品种类足够多时、当制造业份额足够大时。较大的制造业份额意味着较大的前向关联和后向关联，它们是最大的集聚力。关键系数的微小变化会使经济发生波动，原先两个互相对称的地区发生转变，起初某地区的微弱优势不断积累，最终该地区变成产业集聚中心，另一个地区变成非产业化的外围。也就是说，经济演化使得对称均衡在分叉点上瓦解，区域性质发生突变。

将两地区的例子推广至多个地区与连续空间，中心—外围理论模型中的结论仍然有意义，集聚因素将使得在多个地区和连续空间中产生数量更少、规模更大的集中。即便放松农业运输成本为零这一非现实假设，基本结论也没有多少改变。当然，中心—外围模式能够发生并不表示必然发生，即便发生是否可以维持也是有条件的。在一定的条件下，一个地区形成的产业集聚可以自我维持，但在同等条件下，产业在两个地区分布也是稳定的。同时这也表明真实世界中的空间地理结构要比想象中复杂得多。

2. 城市模型：城市层级体系的演化

为什么在地球的广袤表面，有一些地方形成了称为"城市"的经济体？城市究竟是如何出现的？为什么在人口和企业不断流动的情况下，城市仍然持久不衰？为什么城市会形成不同层级？经济究竟是如何从单一中心地理向多城市地理发展的？形成城市层级体系的自组织结构是如何演化的？一个优化的经济体中城市规模应该有多大又该如何分布？这些都是空间经济学中城市模型所探讨的问题。空间经济学大大拓展了城市经济学与区域经济学的研究领域、研究思路和研究方法。

城市模型是以冯·杜能的"孤立国"为起点，定义城市为制造业的集聚地，四周被农业腹地包围。然后逐渐增加经济的人口，农业腹地的边缘与中心的距离逐渐增加，当达到一定程度时，某些制造业会向城市外迁移，导致新城市的形成。人口的进一步增长又会生成更多的城市，然后继续向下发展。一旦城市的数量足够多，城市的规模和城市间的距离在离心力和向心力的相对强度下将在某一固定水平上稳定下来。如果经济中有大量规模各异和运输成本不同的行业，经济将形成层级结构。这种城市结构的未来趋势取决于"市场潜力"参数。经济演化的过程可看作是市场潜力和经济区位的共同作用，市场潜力决定经济活动的区位，而区位的变化进而重新描绘了市场潜力。区位优势有催化作用：当一个新的中心出现时，一般情况下会是在这个地区而不是在其他地区形成，而一旦形成中心，它通过自我强化不断发展扩大规模，起初的区位优势与集聚的自我维持优势就显得不那么重要了，这就是空间经济的自组织作用。

3. 国际模型：产业集聚与国际贸易

国际模型主要讨论国际专业化贸易、产业集聚、可贸易的中间产品和贸易自由化趋势对一国内部经济地理的影响。在过去的170年里，贸易地理和经济地理（区位理论）这两个学科分支几乎没有什么联系，空间经济学则试图将二者融为一体。前文提及的中心—外围模型和城市体系模型中，要素流动在集聚形成中都起着关键的作用。但是现实中，生产要素的流动会受到种种限制。在世界范围内考虑要素流动，"国界"是不可避免的影响因素。之所以国际贸易理论存在，就是因为有国界存在。国际贸易壁垒和要素流动障碍都是国界问题。正是因为国界，在中心—外围模式中起关键作用的产业关联效应，并不能导致世界人口向有限几个国家集聚，却能产生一种专业化过程，使特定产业向若干个国家集聚。那么关联效应、贸易成本（涉及运输成本和贸易壁垒）和国际不平等或世界经济的"俱乐部收敛"之间有什么关系？对外贸易如何影响内部地理？随着世界经济一体化的进程，不同产业区域的专业化模式和贸易模式将如何改变？一个忽略国界的"无缝"的世界将是什么样子？空间经济学力图回答这些问题。

而对一国内部来说，对外贸易是提升了还是抑制了国内的区域专业化水平？国际贸易的传统理论考虑的是国际专业化分工与贸易所得，将空间经济理论应用到国际贸易传统层面，更强调了外部经济在贸易中的作用，即行业层面上（与单个厂商层面相比）的收益递增会导致在其他方面相似的国家专业化生产不同的商品。一般认为，国际贸易所得来自消费者所得和生产者所得，其中后者是通过发挥比较优势，从而改变产业结构所带来的。但空间经济地理的分析表明，贸易可以导致内部经济地理的重新组织，它既在总体上促使制造业活动变得更加分散，同时又促使某些产业发生集聚。当一个产业为了适应贸易方式的变化而重新组织生产时，意味着贸易也许通过更深一层作用机制，来改变一国经济的福利水平。

二、区域经济

区域经济学有广义和狭义之分。狭义的区域经济学是研究区域经济发展和区际关系的科学。它要回答一个区域是如何实现经济增长和经济发展的，各个地区以及主要城市在全国劳动地域分工中具有什么样的优势，应该处于什么样的地位，承担什么样的功能；应该与其他地区建立什么样的技术经济联系，如何建立这样的联系。这是区域经济学必须回答的问题，是研究任何区域经济发展起码要解决的问题，也是别的学科不能替代的研究领域。

广义的区域经济学是研究区域经济发展一般规律的科学。在现实的区域经济发展中，仅仅研究上述问题还远远不够。区域经济学具有很强的综合性，它不同于其他以单一经济现象为研究对象的经济学。区域经济学是以特定的空间为研究对象的，而所有的经济现象都会在这一空间发挥作用，区域经济学必须研究在各种经济现象的交互作用下，区域经济作为一个相对独立整体的一般发展规律。因此，研究区域经济学需要熟悉其他相关的经济学知识，研究它们在区域经济发展不同阶段的作用方式和作用特征。同时，区域经济学是以一定的地理空间为研究对象的，因此，研究区域经济学必须要熟悉地理学。实际上，区域经济学是地理学与经济学相结合的产物，它是研究各种经济现象在地理空间上的发展变化规律的科学。区域经济学是一门应用性很强的边缘科学。

（一）区域经济增长理论

1. 区域增长极理论

区域增长极理论是在法国经济学家弗朗索瓦·佩鲁的增长极理论基础上发展起来的。佩鲁认为，经济增长首先出现在具有创新能力的行业，而不是同时出现在所有的部门。这些具有创新能力的行业常常聚集于经济空间的某些点上，于是就形成了增长极。所谓增长极就是具有空间集聚特点的推动性经济单位的集合体。区域经济学者把佩鲁的增长极概念和思想引入区域经济研究之中，并且与地理空间概念融合起来，就形成了解释区域经济增长过程和机制的区域增长极理论。

区域经济中的增长极是指具有推动性的主导产业和创新行业及其关联产业在地理空间上集聚而形成的经济中心。增长极的特点主要有：在产业发展方面，增长极通过与周围地区的经济技术联系而成为区域产业发展的组织核心；在空间上，增长极通过与周围地区的空间关系而成为支配经济活动空间分布与组合的重心；在物质形态上，增长极就是区域的中心城市。而且，区域的大小不同，相应地，增长极也有规模等级之分。

增长极通过支配效应、乘数效应、极化与扩散效应而对区域经济活动产生组织作用。

（1）支配效应。增长极具有技术、经济方面的先进性，能够通过与周围地区的要素流动关系和商品供求关系对周围地区的经济活动产生支配作用。换句话说，周围地区的经济活动是随增长极的变化而发生相应的变动。

（2）乘数效应。增长极的发展对周围地区的经济发展产生示范、组织和带动作用，从而加强与周围地区的经济联系，在这个过程中，受循环积累因果机制的影响，增长极对周围地区经济发展的作用会不断地得到强化和加大，影响范围和程度随之增大。

（3）极化与扩散效应。极化效应是指增长极的推动性产业吸引和拉动周围地区的要素和经济活动不断趋向增长极，从而加快增长极自身的成长。扩散效应是指增长极向周围地区输出要素和经济活动，从而刺激和推动周围地区的经济发展。增长极的极化效应和扩散效应的综合影响成为溢出效应，如果极化效应大于扩散效应，则溢出效应为负值，结果有利于增长极的发展。反之，如果极化效应小于扩散效应，则溢出效应为正值，结果对周围地区的经济发展有利。

2. 循环积累因果原理

循环积累因果原理是经济学家冈纳·缪尔达尔于1944年在《美国的两难处境》中首次提出的。他把社会经济制度看作是一个不断演进的过程，认为导致这种演进的技术、社会、政治、文化等方面的因素是相互联系、相互影响和互为因果的。如果这些因素中的某一个发生了变化，就会引起另一个相关因素也发生变化，后者的变化反过来又推动最初的那个因素继续变化，从而使社会经济沿着最初的那个变化所确定的轨迹方向发展。可见，社会经济的各个因素之间的关系并不守恒或者区域均衡，是以循环的方式在运动。这种循环不是简单的循环，而是具有积累的效果。比如，贫困人口的收入增加了，就会改善他们的营养状况；营养状况的改善，能够使他们的劳动生产率提高；劳动生产率的提高反过来又可以增加他们的收入。这样，从贫困人口最初的收入增加到他们收入的进一步增加，就是一个循环,特点是在循环中各因素的变化具有因果累积性,而且是上升的。当然,如果贫困人口最初的收入是减少的,那么,循环过程就会导致其收入进一步减少的下降循环。所以,各因素之间的变化关系存在上升和下降两种循环的可能。总体来看,循环积累因果原理重点强调了社会经济过程存在三个环节,即首先是最初的变化,其次是一系列的传递式相关变化,最后又作用于最初的变化,并产生使其上升或下降的进一步变化,从而构成循环。

3. 乘数作用和加速原理

乘数原理指出在经济增长中投资对于收入有扩大作用,总投资量的增加可以带来若干倍于投资增量的总收入的增加。乘数是英国经济学家卡恩于1931年提出的一个概念,用来表示一项新投资使就业增加的总量与该项投资直接产生的就业量的比例。1936年凯恩斯在《就业、利息和货币通论》中对乘数概念做了扩展,用乘数表示投资的增加所引起的收入增加的倍数。他认为,在消费倾向既定的情况下,增加投资,就会扩大投资物即生产资料的生产,于是就引起就业和社会上收入的增加。收入的增加又刺激消费的增加,因而就扩大了消费品的生产,这也会引起就业和收入的增加。可见,一项新投资不仅直接增加收入,而且还通过引起消费需求的增长而间接增加收入,所以总投资量增加就会使总收入的增加较投资增量的数倍增加。从这里,可以看出经济活动之间存在着一定的连锁性、放大性反应。

加速原理说明了在经济增长中收入或消费量的变化如何引起投资量的变化,即在工业生产能力趋于被完全利用时,消费品需求的微小增加就会导致投资的大幅增长。一般认为,加速原理分别是法国经济学家 A. 阿夫塔里昂 1913 年在《生产过剩的周期性危机》、美国经济学家 Y. M. 克拉克 1917 年在《商业的加速与需求规律》中提出的。加速原理的基本思想是,投资是消费量或收入变动率的函数。消费量或收入变动率增长,投资将加速增长;反之,投资将加速减少。所以,加速具有正向和负向双重作用,投资变动的幅度大于消费量或收入的变动率。由此可见,只有消费量按一定比率持续增长,才能保持投资增长率不下降。否则,消费量增长率减慢,投资增长率就会大幅度下降或停止。也就是说,尽管消费量的绝对量没有绝对下降,只是相对地减慢了速度,经济增长也会出现衰退。

(二) 区域间经济发展关系理论

1. 赫希曼的极化—涓滴效应学说

世界著名的发展经济学家,提出了极化—涓滴效应学说,解释经济发达区域与欠发达区域之间的经济相互作用及其影响。赫希曼认为,如果一个国家的经济增长率先在某个区域发生，那么它就会对其他区域产生作用。为了解释方便，他把经济相对发达区域称为"北方"，欠发达区域称为"南方"。北方的增长对南方将产生不利和有利的作用，分别称之为极化效应和涓滴效应。

极化效应主要体现在：随着北方的发展，南方的要素向北方流动，从而削弱了南方的经济发展能力，导致其经济发展恶化；在国内贸易中，北方由于经济水平相对较高，在市场竞争中处于有利地位；南方本来可以向北方输出初级产品，但是，如果南方的初级产品性能差或价格有所上涨，那么，北方就有可能寻求进口。这样，就使南方的生产受到压制。

涓滴效应体现在：北方吸收南方的劳动力，在一定程度上可以缓解南方的就业压力，有利于南方解决失业问题。在互补的情况下，北方向南方购买商品和投资的增加，会给南方带来发展的机会，刺激南方的经济增长。特别是，北方的先进技术、管理方式、思想观念、价值观念和行为方式等经济和社会方面的进步因素向南方涓滴，将对南方的经济和社会进步产生多方面的推动作用。

赫希曼认为，在区域经济发展中，涓滴效应最终会大于极化效应而占据优势。原因是，北方的发展将长期带动南方的经济增长。

2. 梯度推移学说

区域经济发展中的梯度推移学说是建立在产品周期理论基础上的。在研究区域之间经济发展的关系问题时，所谓梯度是指区域之间经济总体水平的差异，而不仅仅是技术水平的差异。梯度推移学说的基本观点是：一个区域的经济兴衰取决于它的产业结构，进而取决于它的主导部门的先进程度。与产品周期相对应可以把经济部门分为三类，即产品处于创新到成长阶段是兴旺部门，产品处于成长到成熟阶段是停滞部门，产品处于成熟到衰退阶段是衰退部门。因此，如果一个区域的主导部门是兴旺部门，则被认为是高梯度区域；反之，如果主导部门是衰退部门则属于低梯度区域。推动经济发展的创新活动主要发生在高梯度区域，然后，依据产品周期循环的顺序由高梯度区域向低梯度区域推移。梯度推移主要是通过城市系统来进行的。这是因为创新往往集中在城市，而且城市从环境条件和经济能力看比其他地方更适于接受创新成果。具体来讲，梯度推移可以有两种方式，一种方式是创新从发源地向周围相邻的城市推移；另一种方式是从发源地向距离较远的第二级城市推移，再向第三级城市推移，依次类推。这样，创新就从发源地推移到所有区域。

3. 中心—外围理论

中心—外围理论是20世纪60年代和70年代发展经济学研究发达国家和不发达国家之间的不平等经济关系时所形成的相关理论观点的总称。其中，美国学者弗里德曼在1966年出版的《区域发展政策》一书提出的中心—外围理论较具代表性。

弗里德曼认为，因多种原因在若干区域之间会有个别区域率先发展起来而成为"中心"，其他区域则因发展缓慢而成为"外围"。中心与外围之间存在着不平等的发展关系。总体上，中心居于统治地位，而外围则在发展上依赖于中心。中心之所以对外围能产生统治作用，原因在于，中心与外围之间的贸易不平等，经济权力因素集中在中心，同时，技术进步、高效的生产活动，以及生产的创新等也都集中在中心。中心依靠这些方面的优势而从外围获取剩余价值。对于外围而言，中心对它们的发展产生压力和压抑。如中心工资水平的提高，就会使外围面临相应的提高工资水平的压力，或者是被迫增加出口来弥补进口增长所造成的资金压力。因此，外围的自发性发展过程往往困难重重。更重要的是，中心与外围的这种关系还会因为推行有利于中心的经济和贸易政策，外围的资金、人口和劳动力向中心流动而得以强化。可见中心与外围之间构成了不平等的发展格局。

4. 区域相互依赖理论

一些学者从双向作用的分析角度研究发达国家与不发达国家之间的经济发展关系，提出了相互依赖的观点。其主要的观点为：发达国家的经济发展不仅比不发达国家更依赖于资源和资本密集的技术，而且也依赖不发达国家的资源、劳动力和市场。受依赖关系的影响，不发达国家的内部变革也使得它们越来越依赖发达国家的资源和资本。所以，很难区分出它们谁依赖谁，实际上是相互依赖。中心国的经济发展其实也是依赖于外围国家的，就像外围国家依赖它们一样。在世界范围内，没有相互依赖，经济和社会的发展就无法进行下去。衡量相互依赖的程度，一般采用以下指标：其一，国际贸易的增长与国内生产总值的增长额比值。其二，各种出口贸易占国内生产总值的比率变化。其三，国家之间资本双向流动的指标。

相互依赖对相关国家的经济发展所产生的影响可能是积极的，也可能是消极的。相互依赖的变化对于不同的国家可能会产生不同的结果，也就是说对某些国家有利的变化，对另一些国家可能不利。此外，相互依赖的影响并不完全表现为积极或消极，而可能是这两种影响同时存在、交织。积极的相互依赖有利于推动国家之间的经济交流、合作和一体化，相反，消极的相互依赖则会引发国家之间的经济冲突和矛盾。所以，需要有目的地采取措施和政策，对相互依赖的内容和程度进行干预，促进相互国家的互惠互利，化解矛盾和冲突，推动世界经济的一体化进程。

第二节 运输与区域经济和空间经济

交通运输对区域经济发展的影响及二者的关系始终是经济学家、地理学家关注与研究的重要课题之一。交通运输干线的建设往往能够触发或促使沿线经济带的形成。因此将交通运输与区域经济相互作用呈现出来的产业特性和空间特性结合起来研究很有必要。

一、区域空间结构

区域空间结构是指各种经济活动在区域内的空间分布状态及空间组合形式。区域空间结构是区域经济的一种重要结构，因为区域经济活动是在地理空间上进行的。一方面，各种经济活动的产生需要把分散在地理空间上的相关因素组织起来，形成特定的经济活动过程；另一方面，各种经济活动之间需要相互联系、相互配合。于是，就需要考虑如何克服地理空间对经济活动的约束，降低成本，提高经济效益。

（一）区域空间结构的基本要素

经济活动在地理空间上可表现出不同的形态，比如，工业、商业等表现为点状，交通、通信等则表现为线状，农业多表现为面状。这些具有不同特质和经济意义的点、线、面依据其内在的经济技术联系和空间位置关系，相互连接在一起，就形成了具有特定功能的区域空间结构。一般来说，点、线、网络和域面是区域空间结构组成的四个基本要素。

区域空间结构中的点是指某些经济活动在地理空间上集聚而形成的点状分布形态，如工业点、商业网点、服务网点等。点是区域经济活动的重要场所，也是区域经济的重心所在。经济活动在地理空间上的集聚规模有大小之分，相应地，区域空间结构中的点也有规模等级之分。区域内各种规模不等的点相互连接在一起就形成了点的等级系统。

区域空间结构中的线是指某些经济活动在地理空间中所呈现出的线状分布形态。如交通线、通信线、能源供给线、给排水线，以及由一定数量的城镇做线状分布所形成的线等。由城镇所组成的线是区域空间结构中一种综合性的线，在区域经济发展中具有特殊意义，因而往往被称为轴线。线可以根据组成要素的数量、密度、质量和重要性等分成不同的等级。同类但不同等级的线之间往往在功能上是互补的，它们相互连接，相互补充，共同完成某一个经济活动。

区域空间结构中的网络是由相关的点和线相互连接所形成的。网络是连接空间结构中点与线的载体，它能够使连接起来的点和线产生出单个点或线所不能完成的功能。网络可以分为单一性网络和综合性网络，前者是由单一性质的点与线所组成，如交通网络、通信网络、能源供给网络等。后者是由不同性质的点与线组成。正是由于网络的存在，才可能产生区域经济发展中的商品流、资金流、信息流、人流。

区域空间结构中的域面是区域某些经济活动在地理空间上所表现出的面状分布状态。如农田、市场、城市经济辐射面等。其他如经济活动在一定地理空间范围内做较密集的连续分布，也可以看作是域面。

由以上分析可知，点、线、网络和域面具有特定的经济内涵和相应的功能。区域空间结构就是由各种点、线、网络和域面相互结合在一起构成的。有学者对点、线、域面之间的组合方式进行了系统的研究，指出共有7种组合模式。

"点—点"构成节点系统，表现为条状城镇带和块状城镇群。"点—线"构成交通、工业等经济枢纽系统。"点—面"构成城市—区域系统，表现为城镇聚集区、城市经济区。"线—线"构成交通、通信、电力、供排水等网络设施系统。"线—面"组成产业区域系统。"面—面"组成宏观经济地域系统，如经济区、经济地带。"点—线—面"就构成了空间经济一体化系统。具体则表现为节点相互依存，域面协调发展，通道配套运行，各种空间经济实体的联系交错密集，呈现为网络化系统。

（二）区域空间结构的经济意义

区域空间结构不是单纯的空间架构，它在区域经济活动中具有特殊的经济意义。主要包括以下几个方面：首先，区域空间结构通过一定的空间组织形式把分散于地理空间的相关资源和要素连接起来，这样才能够产生种种经济活动。其次，区域空间结构能够产生特有的经济效益。包括：节约经济，即经济活动因为选择合适区位、合理调配资源和要素而节约运费、减少相应的劳务支出和管理费用所产生的收益；集聚经济，即因相关集聚活动在空间上合理组合而在技术、市场、劳动力、基础设施、资源和产品利用等方面得以互补、共享所产生的收益；规模经济，即经济活动因区位优势、合理集聚而获得良好的发展机会，由此而引起规模增大所产生的收益。

(三) 区域空间结构的模式

在不同的区域和发展阶段，区域空间结构既表现出一定的共性，也存在差异，呈现出各种模式。总结已有研究成果，区域空间结构有以下几种较典型的模式。

1. 极核式空间结构

在区域发展的早期，虽然内部的经济发展水平差异不很显著，但是由于各地区之间的资源禀赋不同，一些在空间分布上有集聚需求的经济部门及组织就会选择区位条件相对较好的地方作为发展场所，这样就产生了经济活动的集聚地，也就是前文所说的点。

假定区域中已经形成了若干个经济活动集聚的点，这些点在经济活动的行业构成、经济发展的资源基础、区位条件等方面存在着差别，并由此带来发展潜力的不同。从而，它们之间的经济发展将会出现快慢之分。如果有个别经济发展比较好的点得到了良好的发展机遇，那么它的经济发展将步入"快车道"，在若干个点中异军突起，实现经济快速增长。最终，它的经济规模和居民点规模都明显超过其他点时，就形成了区域的增长极。

增长极一旦形成，就会对区域内的经济活动分布格局产生重大影响。由于增长极的投资环境优于区域内的其他地方，投资的收益率高，发展的机会多，因此，就对周围地区的资金、劳动力、技术等要素产生越来越大的吸引力。于是，就会产生区域内的生产要素向增长极集聚的极化过程，并带来各种经济组织、社会组织向增长极集中，从而导致区域的空间分异。从发展水平来看，增长极的经济和社会发展水平都比其他地方高出许多，二者之间形成明显的发展差异。增长极成为区域经济和社会活动的极核，对其他地方的经济和社会发展产生着主导作用。

2. 点轴式空间结构

点轴空间结构有时也称为点轴系统，它是在极核式空间结构的基础上发展起来的。在区域发展的初期，虽然出现了增长极，但是也还存在其他的点，这些点也是经济活动相对集中的地方。增长极在发展过程中，将会对周围的点产生多种影响。其一，增长极需要从周围的点就近获得发展所需要的资源、要素，客观上就释放了这些点所蕴藏的经济增长潜力，使它们在向增长极提供资源和要素的同时增加了经济收益。其二，增长极在开发周围市场时也给周围的点输送了发展所需要的生产资料和相应的生产技术，带去了新的信息、新的观念，这样，就提高了它们的发展能力，刺激了它们的发展欲望，同时，也给了它们发展的机会。其三，伴随着经济联系的增强，增长极与周围点的社会联系也会密切起来。结果，就会带动和促进这些点的发展。

在增长极和周围点的交往中，必然产生越来越多的商品、人员、资金、技术和信息等的运输要求。从供需关系看，就意味着增长极与周围的点之间建立起了互补关系。为了实现它们之间的互补性，就会建设连接它们的各种交通线路、通信线路、动力供给线路等。这些线路的建成，一方面更加有利于增长极和相关点的发展，另一方面又改善了沿线地区的区位条件，刺激了沿线地区的经济发展。区域的资源和要素在继续向增长极及相关点集聚的同时，也开始向沿线地区集中。于是，沿线地区就逐渐发展成区域的经济活动密集区，成了区域发展所依托的轴线。

轴线形成后，位于轴线上的点将因发展条件的改善而使发展加速，这时，会出现如下情况：增长极和轴线上点的规模不断增大，轴线的规模也随之扩大，它们又会向外进行经济和社会扩散，在新的地区与新的点之间再现上述点轴形成的过程，这样，就在区域中形成了不同等级的点和轴线。它们相互连接构成了分布有序的点轴空间结构。

3. 网络式空间结构

网络式空间结构是点轴系统发展的结果。在点轴系统的发展过程中，位于轴线上的不同等级的点之间的联系会进一步加强，一个点可能与周围的多个点发生联系，以满足获取资源和要素、开拓市场的需要。相应地，在点与点之间就会建设多路径的联系通道，形成纵横交错的交通、通信、动力供给网络。网络上的各个点对周围农村地区的经济和社会发展产生组织和带动作用，并通过网络而构成区域的增长中心体系。同时，网络沟通了区域各地区之间的联系，在全区范围内传输各种资源和要素，于是就构成了区域的网络空间结构。

（四）区域空间结构的形成与发展机制

区域空间结构是在多种力量的交互作用下形成和发展的。区域空间结构的形成和发展机制可以从单个经济活动的区位指向和经济活动的集聚与扩散、经济影响的空间近邻效应等方面进行分析。

1. 区位指向

区位指向是经济活动在选择区位时所表现出的尽量趋近于特定区位的趋向。通常，经济活动的区位指向可以分为以下几种：（1）自然条件和自然资源指向；（2）原料地指向；（3）燃料动力指向；（4）劳动力指向；（5）市场指向；（6）运输指向。在一般情况下，经济活动主要是受区位指向的制约，表现出点状、线状、面状分布形态。这些空间形态就是区域空间结构的基本构成要素。由此可见，区位指向是影响区域空间结构形成与发展的一种重要的、基本的力量。

2. 集聚与扩散机制

（1）集聚机制。

集聚是指资源、要素和经济活动等在地理空间上的集中趋向的过程。集聚机制的形成源于三个方面：一是经济活动的区位指向。相同的经济活动往往都趋向于集中在同类区位，这就带来了经济活动在少数地方的集聚。二是经济活动的内在联系。出于加强相互联系的需要，一些内在联系紧密、相互依赖性强的经济活动往往趋向于集中在某一适宜地区。三是经济活动对集聚经济的追求。各种经济活动为追求集聚经济也需要在空间上趋于集中。可见，集聚机制的形成是必然的。集聚过程一旦开始，就极易形成循环因果式的促进集聚的力量，从而加剧集聚过程。

集聚能够产生集聚引力。在集聚引力的作用下，区域经济在空间上会发生一系列的变化。第一，集聚将导致区域的极化现象。并随着资源、要素、企业、经济部门等不断向优势区位移动，从而加剧经济发展的空间差异与不平衡。第二，集聚是促进发达地区、城市、城市密集区、专业化地区、产业密集带等形成和发展的主要力量。第三，集聚还能引发和加剧经济发达地区与落后地区、城市与农村、专业化地区和一般地区等之间形成发展关系上的"马太效应"，即强者恒强，弱者恒弱。

（2）扩散机制。

扩散机制的形成源于以下几个方面：第一，避免集聚不经济。所谓集聚不经济就是当集聚规模超过了一定的限度而发生的集聚经济效益减少、丧失，以及因集聚而带来的外部环境对经济活动的负面约束现象。如人口稠密、地价上涨、交通拥挤、生活费用和生产成本大幅度上升、环境污染等。面对这些问题，一些经济部门以及相关的资源、要素就不得不从原来的集聚地区迁移出去。第二，寻求新的发展机会。如集聚地区的部分企业、经济部门为寻求进一步的发展，主动到周围地区建立分支机构或新的发展据点；集聚地区部分企业和经济部门为了减少竞争压力不得不到其他地区开辟新的市场；集聚地区在经济结构转换过程中被淘汰下来的部分企业和经济部门到经济发展水平低的区域去寻求立足之地；等等。第三，政府的政策作用。地方政府为了解决集聚地区因经济活动过密、人口膨胀而引起的种种经济、社会、环境问题，缩小区域之间的经济发展差异，会制定出一系列政策，诱导和鼓励集聚地区的资源、要素、企业和经济部门等向其他地区扩散。总体而言，扩散机制将促进资源、要素、企业、经济部门在空间上趋于相对均衡，有利于逐步缩小区域内部的经济水平差异，促进经济协调发展。

（3）集聚与扩散的关系。

集聚与扩散是相互对立和并存的，是制约区域空间结构形成和发展的重要机制。它们之间的关系体现在以下两个方面。

首先，在区域空间机构形成与发展的不同阶段，集聚与扩散机制发生作用的强度不同。在区域空间结构形成初期，集聚机制起着主导作用，引发区域内部发生空间分异。在区域空间结构发展时期，集聚的机制将逐步减缓，扩散机制逐渐发挥作用。当区域空间结构进入成熟期，集聚与扩散机制同时作用，其表现形式和程度较为复杂。一般情况是扩散机制的作用强于集聚机制。

其次，集聚机制和扩散机制的作用都存在一定的惯性。也就是说，集聚（或扩散）一旦发生，就将沿着其固有的方向持续下去。在没有人为干预的情况下，只有等到出现集聚不经济（或扩散不经济）时，集聚（或扩散）才会受到遏制，并有可能由集聚为主转化为扩散为主（或由扩散为主转化为集聚为主）。这时，原来的集聚（或扩散）的趋势是不会消失的，仍将与扩散（或集聚）同时存在。但是，集聚（或扩散）在内容、规模、层次、速度等方面会发生不断的变化。

3. 空间近邻效应

空间近邻效应是指区域内各种经济活动之间或各区域的空间位置关系对其相互联系所产生的影响。研究表明，各种经济活动或区域的经济影响力随空间距离的增大而呈减小的趋势。这就是地理学的空间距离衰减原理。根据这个原理，不难看出，在区域空间结构的形成与发展中，各种经济活动或地区之间的空间距离不同，相互间发生联系的机会和程度也就存在差异。进而，这种差异会影响经济活动空间分布与组合以及区域空间结构的形成和发展。

空间近邻效应对区域空间结构的形成与发展的影响表现在三个方面：第一，促使区域经济活动就近扩张；第二，影响各种经济活动的竞争；第三，带来各种经济活动在发展上的相互促进。

二、交通运输经济带

交通运输经济带是产业空间布局的一种典型形式。交通运输经济带的概念本身是在近年的一些区域开发、交通运输经济一体化协调发展研究中提出来的。而交通运输经济带本身也是前文已经述及的区域空间结构中的域面的具体体现，是区域经济发展中一种重要的空间组织形式。

（一）交通运输经济带的定义与构成要素

交通运输经济带是指以交通干线或运输通道作为发展主轴，以轴上或其吸引范围内的大中城市为依托，以发达的产业、特别是二三产业为主体的发达带状经济区域。这个发达的带状经济区是一个由产业、人口、资源、信息、城镇、客货流等集聚而形成的带状空间经济组织系统；在沿线各区段之间和各个经济部门之间建立了紧密的技术经济联系和生产协作。

交通运输经济带的基本构成要素为：（1）交通干线或综合运输通道；（2）以工业、商贸业为主的三次产业；（3）沿线分布的经济中心和大中城市。三大构成要素相辅相成，三者之间的相互促进及关系的演变是交通运输经济带的基本发展规律。发达交通运输经济带的形成、经济实力增强、经济带延伸都是在这三大要素相互促进中实现的。

交通基础设施是交通运输经济带形成和发育的前提条件，随着交通技术的不断进步，由一条主干线发展成为多条干线并列组成运输通道，为沿线经济和社会发展、客货运输、商品交流提供了越来越便利的条件，对人口和产业集聚、扩散起着积极的促进作用。

三次产业特别是工业、金融商贸业和信息业是经济带的主要构成内容。合理的产业结构及其演进和升级是该地带得以形成的重要因素，是推动经济带发展演化以至向外延伸的动力。

城市是人口和产业依托的基础，区位极其重要的城市成为交通运输经济带的增长极，首先成长为经济中心和副中心。主副经济中心的形成是交通运输经济带形成的空间标志之一；沿线形成一系列各具特色、分工不同而又紧密联系的城市，是经济带走向成熟的另一空间标志。

（二）交通运输经济带类型

1. 按照构成带状区域的发展轴线区分

按照依托的交通干线种类，可将其分为以下类型：

（1）陆路交通运输经济带：沿铁路或公路干线的城镇辐射范围内的区域构成的经济带，又可细分为铁路经济带和公路经济带。铁路经济带是以铁路干线为主要交通运输通道并辅以公路或其他运输方式通道的经济地带；公路经济带则以公路干线为主要通道。

（2）沿江河交通运输经济带：沿江河干流和主要支流的城镇辐射范围内的区域构成的经济带。

（3）沿海交通运输经济带：由沿海岸线若干港口和港口城市辐射范围内的区域构成的经济带。

（4）复合交通运输经济带：以两种或两种以上运输方式形成的运输通道为轴，城镇辐射范围形成的经济带。

2. 按交通运输经济带存在地域的大小区分

（1）跨省区交通运输经济带：指跨越几个行政区域，对一个国家的社会经济发展有全局性影响的经济带。跨省区经济带的长度一般在400~500公里以上。

（2）省区内交通运输经济带：指在一个行政区域内，对一个区域发展产生重要影响的经济带，一般在300~400公里左右。

（3）城市内部交通运输经济带：指在一个城市内部的一条交通要道两旁工业、商业以及居民区密集的地带。

3. 按其形成主导机制的不同区分

（1）资源开发促进型：由于商品的生产地和主要原材料、燃料地及产品消费市场的不统一，为将资源富集地区的资源运往生产地和消费地而修建了交通线路，经过沿线商品、原材料、人员等的相互输送而带动发展起来的交通运输经济带。

（2）产业集聚扩散型：产业在空间上沿交通干线集聚和扩散所形成的经济带。

（3）区位网络引导型：为使交通运输适应国民经济的发展，按经济建设布局，展开交通运输网布局，从而在新建交通线两旁兴起的经济带。

（三）交通区位与交通运输经济带

交通是指人和物的空间移动，它的职能从经济角度来看，是克服空间距离提高生产和消费的效用，也即交通的发展可以增加产业的生产能力，同时也能促使和扩大市场的形成和发展。交通运输方式从形态学角度可以分为点、线和网。人和物的移动将起点、通路和终点三种空间形态联系在一起。

1. 交通运输结节点的区位

海港区位：高兹的海港区位理论，首先以海洋和腹地这两个方面的运输指向为区位的基本因子，其次在此基础上分析港口的资本和劳动费用的牵引力对运输指向区位的修改，最后研究集聚对区位的作用。区位选择的原则是经由港口的货物每单位数量的费用总和极小点就是最佳区位，即所谓的总体费用极小原则。对于港口区位布局除高兹所说的经济因子以外，还应该考虑如下条件：一是港口的位置，包括气候位置、海洋位置和陆地位置等。二是港湾的微观地形、地质、水深、潮汐、海流等自然条件。三是港口的职能，一般港口可以分为集散职能、产业职能和腹地职能等，现代港口三种职能都兼备，只是有强弱之差。四是腹地的经济发展水平，包括腹地的产业结构、生产力水平、消费水平、人口规模和交通设施等。只有在综合分析这些因子的基础上，决定的港口区位才是合理的。[①]

铁路客货运站区位：铁路客货运站区位与地区经济发展水平、地价和腹地交通便利程度有关。一般铁路客货运站大多布局于都市的中心区，因为在此有利于

---

① 张文尝，金凤君，樊杰，等. 交通经济带［M］. 北京：科学出版社，2002.

人和物的运输。但在一些大都市铁路客货运站出现向都市周边迁移的现象，原因在于原有铁路客货运站已不能适应经济发展的要求，在都市中心由于土地有限且地价高昂，因此，在原地扩建所需要的资本投入太大，只好选择都市周边交通相对便利的区位。铁路客货运站与海港和空港区位相比，受自然条件的限制较少，与经济因子的作用关系更大。一般经济水平发展高的地区铁路客货运站的规模大，功能也多。

2. 交通运输线路区位

连接都市与都市或者城乡的线路有可见的物理实体，如铁路和公路等，有的是不可见的经由线路，如航线。不管是可见的或不可见的线路都与起终点间有经济联系即文化交流密切相关。可见交通线路区位成立的基础是地域经济和文化的开放性。交通量是衡量地域间经济联系的尺度。从费用角度而言，最佳线路区位应该是建设费用和路过的运输费最小和，尽量避免建设费和交通费高的地段是交通线路区位选择的重要原则之一。

3. 交通网的区位

交通网是由交通节点和交通线路相互交织在一起形成的，是交通运输随着地域经济发展在空间上的投影，因此，地域间的经济联系和文化交流的程度能够反映出交通网络的发展水平。在交通网中一般根据交通流量可以分为重要的交通线路和次要的交通线路，重要的交通线路主要连接着高级中心地。一般大都市之间以主要的交通线路相连接，而大都市与小城市之间以次级交通线路相连接，都市与村落之间的交通连接线的等级就更低。最佳的交通网的区位结构是以几条主要干线为中心连接次级线路，形成类似树枝状的结构图。等级交通线路网和以直线连接各点的交通网相比，虽然两点间的距离增加了，但交通线路建设费和经营费却减少了。因此高效的交通网络系统应该按照交通需求大小，把交通线路网分成等级进行设计和布局。

4. 交通运输与经济活动的区位

（1）交通与经济活动之间的作用关系是双向的：经济活动的存在和发展刺激了对交通的需求，从而导致新交通设施的建设及原有交通设施的改造；离开交通运输的经济活动是自给自足或封闭的经济，交通运输的发展可刺激经济的发展和地域间的联系和协作，因此，两者相互依存相互作用。交通对经济活动的区位的影响作用主要是通过运费来反映。从古典区位论到现代区位论都把运费作为影响区位选择的重要因子。克服"空间摩擦"需要支付的距离费用和时间费用是区位论研究的中心问题之一，不管是农业区位论，还是工业和商业区位论的空间变化规律都与此相关。特别是对于一些在生产费用中运费占的比例大的产业部门，运费的作用尤为重要。因此，需要分析交通运输对经济活动的区位作用。

（2）交通与区位指向：一般把在总生产费用中运费占的比例大的产业称为交通指向性产业。交通指向性产业按照原料运输费和产品运输费的重要性，可分为原料指向、市场指向和中间地点指向三种类型。原料指向是指生产区位被吸引到接近原料供给地的位置。一般在生产过程中，有一些工业的原料存在着重量大量损耗的情况，其区位多为原料指向，如铁矿石的精选工业、制糖工业。另外，大量消耗燃料的工业如冶金、水泥和其他一些建材工业，还有些原料难以取得或保存的工业，如某些食品工业，类似于上述的工业区区位一般是指向原料供给地。市场指向可分为以下类型：一是在生产过程中，产品的重量增加的工业。如各种饮料工业在加工中水分增加较多，一般多布局于市场消费地。二是与货物运费制度有关。货物运费率与其价值有关，一般单位重量的产品的运费率比同样重量的原料的运费率要高。因此，在接近于市场的生产区位具有更大的经济利益。三是尽管重量和运费率相同但是运输附加费用不同时，一般也倾向于市场指向。如生产区位接近市场时，包装、管理等费用可减少。中间地点区位是指与市场或原料供给地相比中间地点区位总费用更低廉。在中间地点布局的情况多为两种交通工具如海运和铁路运输的中转点，在这些地点一般都要进行货物中转，在此布局可节省中转费。

三、运输通道

交通运输通道理论出现于20世纪60年代，是发达国家交通运输界的一种新理论。我国在20世纪80年代开始运用运输通道理论指导交通规划工作，它是交通运输网络发展到综合运输阶段后形成的。

（一）运输通道的定义与特征

运输通道是指联接不同区域的重要和便捷的一种或多种运输干线的组合。运输通道的形成有利于资源的开发和利用，是实现生产力布局的重要手段，是形成交通经济带的基本条件，同时，对于加强中央与地方、发达与不发达地区的政治、经济交流有很大作用。

运输通道的主要特征有以下几点：

（1）运输通道是交通运输网的骨干，具有全局意义。因为它承担着区际运输联系的大部分或全部任务，运输通道是否畅通对于运输网整体的效益起决定性作用。

（2）运输量大而集中。运量包括区际运量、过境运量和地方运量。运输客货流的流向相似或相同，起讫点集中于通道附近或联结地区。在这三种运量中，运输通道主要是为了满足区际运量需求。

（3）技术先进。采用相对先进的技术、设备和管理方式。

（4）有一定的层次性。高层次的运输通道由多种运输方式组成，通过能力大，能适应各种运输需求。低层次的则由单一方式组成或以某一方式为主。并非所有低层次运输通道都可以发展为高层次的运输通道，因为影响通道发展的因素很多。

（5）联系区域具有扩展性。除直接联系和经过的区域外，运输通道对运量的吸引还影响到非相邻区域。

（二）运输通道的分类

1. 按通道的空间层次区域和交流的性质划分

根据运输通道的空间层次和交流性质可以分为：（1）国际性运输通道；（2）大经济区间的区际运输通道；（3）省际运输通道；（4）省内运输通道；（5）市内运输通道。

运输通道服务的层次有：国际交流、国内区际交流、省间与省内交流等。相应地，运输通道也可以分为不同空间层次。国际通道是国际交流的基础，是国家对外联系的桥梁。一个畅通便利的国际通道是保证一个国家参与国际分工的先决条件。国际货运联系主要是通过海上通道完成的，铁路或公路等通道在一些内陆国家间也起到重要作用。

区际通道联接一个国家的各大经济区。区域之间资源分布不均衡及存在着专业化分工，产生了区域间的运输联系。区际通道的畅通是全国各大经济区经济协调发展的重要前提。

区内通道联接经济区内的不同亚区，组织起更为紧密的分工与协作，承担区内运输联系。区内联系主要是各省间的客货交流。一个经济区的发展，区内交通的通畅同样是其基础条件之一。

省内运输通道是联系各省辖市、地区之间的运输干线。同样是省内实现平衡发展的基础条件。省内通道以铁路、公路为主。高速公路的开通在省内通道中起到越来越大的作用。

2. 按构成运输方式划分

按构成运输方式可以划分为：（1）综合型运输通道；（2）单一运输方式的运输通道。这样划分反映了运输通道的结构类型。说明运输通道可由单一运输方式干线组成，也可由多种运输方式干线组成。

综合运输通道是多种运输方式联合而形成的运输通道。联合的方式有很多种。有几种运输方式的并联，即联接同一起讫区域之间的不同运输方式线路组成，也有几种运输方式的串联，即铁水联运、铁—水—公联运等；还有混联，既有并联又有串联。

运输通道由不同的运输方式组成，可最经济的分配各种方式的交通量；有效地分配对各种方式的建设投资，从而达到交通运输系统的最小消耗和最大效益，并为社会提供可供选择的多种运输服务。分清运输通道的结构类型，可以合理地确定运输通道的结构，在不同地区因地制宜地发展相应的交通设施。

单一方式运输通道多见于通道发展初期。当各种运输方式均有发展，单一通道逐渐发展为综合运输通道，然而，在某些特定条件下，单一型的运输通道仍然存在，但主要的运输通道大多是综合运输通道。

3. 按运输对象划分

按运输对象划分可以分为：（1）客运为主的运输通道；（2）货运为主的运输通道；（3）客货兼有的运输通道。

（三）运输通道的构成要素

1. 相互联系的起讫区域

区域经济的专门化发展，促使区域间的客货交流不断增加。由于区域经济专业化程度的提高，运输联系更加密切，需要运输通道的能力逐步扩大；反之，运输条件改善后，区域专业化生产程度又会进一步提高。这种关系的循环是不断发展的。正是在这种不断发展之中，大能力的运输通道逐步形成和壮大。

根据经济发展水平，区域有不同的类型：（1）基本以输出原材料为主的区域。运输越便捷，能力越大，运费越低，对地区经济的发展越有利。输出的货物为农产品、矿产品等；这些产品为未加工或半加工形态销售到消费地，而高级制成品则从外地输入。（2）工业化进程中的区域，区域内对本地资源加以利用、加工，但大多数制成品仍从外地输入。（3）成熟型区域，该地区变为食品和原料的输入地，并对原料进行加工。制成品用于输出销售或在当地消费。（4）衰老型区域，区域内自然资源已大部分消耗，而其制成品的外地市场却被效率更高的、竞争性更好的其他区域夺去，这种地区如不对产业结构进行调整将变成一个萧条地区。许多地区都发生过类似现象。以上各类区域的不同特征决定运输联系在内容和方向方面发生重大变化。

除了满足区域货运联系以外，客运也是重要因素，运输通道联结区域的客运量发生与区域的许多因素有关，重要的有人口密度、就业机会的多少、城镇化水平的高低以及生产力布局重心的转移等。随着劳动力和人口的迁移，对运输通道的建设也会提出许多迫切的要求。

2. 联系区域的交通线路

（1）运输方式：运输通道在综合运输体系中起着骨干作用，输送能力大，担负着区域间客货流量的大部分。通道既要承担过境运输又要承担地方运输，兼顾长短途运输。构成运输通道的运输方式可以是铁路、公路、航空、水运、管道等一种或多种方式。也可以由几种运输方式联运形成。运输方式的选择有多种影响因素，主要有自然条件、客货流的种类与运输方式的技术经济特征。

（2）运输线路：运输通道是大型基础设施。由运输线路、场站设施、调度和管理的通信设备，以及大量的为使作业效率更高或满足客货物特殊需要的附属设备组成。运输通道的线路，构成的运输方式各有不同，但是形成同一走向，不同的通道运输方式的组成各具特征，与通道吸引范围的经济结构相关。通道运输方式的构成，还应根据其本身的技术经济特点，因地制宜，协调发展，组成综合运输体系，以便使通道内集中的客货流能迅速、及时、安全地通过，充分发挥通道优质、高效的运输效益。

（3）综合运输能力：运输通道是不同干线组合而成；要准确地识别和评价通道容量，必须汇总通道内各种不同方式的设施能力。铁路、公路、航道等具有不同的技术特点，其通过能力相差很大。即使是同一种运输方式，由于技术等级不同，其通过能力差别也很大，故通过能力不可简单相加，而应针对不同运输方式分别评定。这也是不同运输方式适用于不同客货分类的缘故。

运输通道的通过能力还因不同区段而有差别，能力最小区段是运输通道的限制区段，如铁路经过山区，坡度大，能力低，又如公路不发达全由铁路来担负。评定通道的综合通过能力，应根据其最小限制能力的区段决定。

运输通道的通过能力由不同运输环节组成，主要有线路、运输工具、牵引动力、站港及枢纽等，其中能力最低的环节就成为限制因素。只有各环节能力相互匹配，才能很好地发挥运输能力。

（四）运输通道的典型形成过程

区域运输联系的需求推动了运输通道的形成与发展。尽管古代运输联系量小且不频繁，但是仍有运输通道的形成。工业革命以后，运输通道的发展速度加快，表现出三种明显趋势：第一，区域间运输通道的数量增多；第二，通道组成方式多样化；第三，通道的能力不断增强。

美国地理学家泰弗于1963年，通过对发展中国家运输发展的比较分析，得到交通发展的典型模式，该模式被广泛地引用。也可以借以说明运输通道的形成过程。泰弗等人把运输发展分为六个阶段：第一阶段，由一些分散的居民点和殖民占领的一些沿海小港口组成。这些沿海居民点发展贸易，然而量很少，因而它们的腹地也较小。而且，这些零星分散的定居点之间很少有运输联系。第二阶段，逐渐产生了与内陆联系的运输线路，且其中一些联接资源开发测矿点或居民集中地的运输线路变得比其他运输线更为重要。这些重要运输线路联接一些区位较好的沿海港口，港口集聚便开始产生，客货流从这一主要港口出入，与此同时，其相邻港口作为贸易中心的作用逐渐消失。这一港口逐渐成为运输的枢纽。第三个阶段，标志是出现许多支线，这些支线集中于主要港口和内陆的主要中心。随着运输条件的改善，刺激了经济逐渐向内地扩展，许多新的中心在主要运输线路边上形成。第四个阶段，随着新中心发展，又有许多新支线从中心向外发展，主要港口之间，内陆主要城市之间运输联系逐渐加强，新的线路联接了这些港口与内陆城市。第五个阶段，许多支线已经互相联接。主要港口、内陆大城市以及重要的新中心相互之间直接联接起来。第六个阶段，经济发展更快并且实现一体化。所有主要中心和一些次要中心直接联系在运输网系统中。同时一些运量大、条件好的运输线或组合发展成为运输通道，这些运输通道联接着主要的大中心，并刺激沿通道的经济发展。

弗莱的理论模式，虽然来自对殖民地国家运输发展的研究，但较典型地反映了通道的形成过程；在其他国家或地区，运输通道的形成也多数是出于同样模式。

第三节 运输客货流的形成及其空间经济特性

对于国民经济体系而言，生产、流通、分配、消费诸环节是一个统一的整体。它既表现在各社会经济部门，也表现在各地区和城市之内及之间。若想实现这些复杂的联系，就要通过交通运输这个纽带。交通运输如同国民经济体系的循环系统。因此弄清交通运输中区域运输联系、客货流的时空分布特征与影响因素的关系是系统研究理论、区域和空间运输经济问题的起点和基础。

一、货运产品的基本指标

衡量交通运输业产品的多寡是客运或货运周转量，或称运输工作量，它是运量和运距的乘积。故客货运输产品的基本指标有三，即运量、运距和周转量。以下就货运分别阐述其含义和影响因素。

（一）货运量

生产量的增长是货运量增长的基础，但不是任何产品都经由企业外的交通运输。因此，运量既不等于生产量，也不等于商品量，但同后者比较接近。一定期间内，全国或某一区域、城市，一种货物或多种货物总和的生产量中，必须经由公用运输才能用于生产消费或生活消费部分所占的比例，称为运输系数。在计算运输系数时，必须消除货运量的重复计算，即同一批货物，不管更改多少种运输方式，或经过多少次运输，其重量只允许计算一次。生产力布局的改善，特别是使加工工业原料地与消费地在地理上结合，企业的成组布局，以及运输联系的合理化，都会使运输系数下降。但产品商品率提高，运输联系范围扩大，新交通网的开辟，又会促使运输系数增高。

（二）运距

货物的运输距离是被生产布局和运输的合理组织决定的。平均运距为用每类货物中不同运距的运量的总和除以相应的运量与运距乘积的总和的结果。平均运距并不决定于运量，而是每批货物的运距。因此运输合理与否，与它有直接联系。生产力布局对平均运距有两方面影响：合理布局生产力，会导致运距的减少；但地区物资交流的扩大，边疆和内地的经济开发，又会使平均运距增加。在研究一种货物、某种运输方式或一个地区的运距变化时，应作具体的动态分析。

（三）货运周转量

在生产量不变的条件下，也会有两个因素促使周转量发生变化：一是运输系数，如把炼油厂布置在油田当地或油田以外，会使石油运量减少或增大，从而使周转量发生变化；二是平均运距，如把炼油厂布置就近油田或远离油田，又会使平均运距发生差别，从而引起周转量的减少或增加。因此，如果没有生产力布局和货运调运方面的不合理因素存在，周转量的增长是工农业发展在交通运输上的反映。如果有上述不合理因素存在，则周转量的增长，便意味着一部分工农业产品花在运输过程中的费用人为增加了。

二、区域运输联系、货流及其表示方法

（一）运输联系和经济联系

国家间、区域间、城镇间或市区内的原料、燃料、成品等物资（或旅客）

的空间移动，称为运输联系。因此，运输联系就是交通运输产品的定向移动。决定运输联系的因素有：一是生产单位的地理布局，特别是原料、加工部门、消费区的相对位置，最为重要；二是企业的技术结构，指的是生产的方法、采用的原料及是否综合利用资源等；三是销售和调运的计划工作，在生产力布局和企业技术结构不变的条件下，通过不同的供销方式，也会使地域运输联系发生变化。

尽管运输联系同国民经济各生产力布局有密切联系，但运输联系同经济联系是有区别的两种概念。运输联系只是地域间实物的定向移动，而经济联系还应包括非实物移动，如资金划拨、技术支援、经济信息传递等，因此，后者要比前者更广泛一些。另外，运输联系还包括一些非经济目的的物资调运，如军用品、邮件等，这些都不在经济联系的范围。

（二）运输联系的引力模式和位势模式

如何确定和估计地域间物资的定向移动，除了采用现状调查和运量预测外，还可以用相关参数的半推导、半经验的模式予以计算。这方面，对于寻求两个城镇间或一个地区或城市内两个地点间的运输联系，比较有效。西方常用的运输联系的模式，是从物理学移植过来的零售引力模式，其形式如下：

$$I_{ij} = \frac{(\omega_i P_i)(\omega_j P_j)}{D_{ij}^b} \tag{8-1}$$

式（8-1）中，I_{ij}为 i，j 两地运输联系的相对值；P_i，P_j 为 i 和 j 的人口规模；ω_i，ω_j 为 i 和 j 的人口结构，经实际调查确定，包括性别、年龄、职业、收入、学龄等项。D_{ij} 为 i 和 j 的距离；b 为度量距离摩擦性的指数，根据美国经验，其值在 0.5~3.0 之间，距离越大，采用指数越高。

位势模式是另一种标示运输联系的方式，即求的是一地对外联系的潜力，其方程为：

$$\sum_{j=1}^{n} I_{ij} = \sum_{j=1}^{n} \frac{P_i P_j}{D_{ij}^b} + \frac{P_i P_j}{D_{ii}^b} \tag{8-2}$$

其中，D_{ii} 为该地占有吸引范围的平均半径。

将式（8-2）移项，得：

$$\sum_{j=1}^{n} \frac{I_{ij}}{P_i} = \sum_{j=1}^{n} \frac{P_j}{D_{ij}^b} + \frac{P_i}{D_{ii}^b} \tag{8-3}$$

因此，左方所示的 i 地的运输联系的位势或潜力为人均质量基础。

i 地的总的运输联系模数，被称为该地的位势 iV，于是式（8-3）为：

$$iV = \sum_{j=1}^{n} \frac{P_j}{D_{ij}^b} + \frac{P_i}{D_{ii}^b} \tag{8-4}$$

引力模式和位势模式，均不以人口而是以产值作为相关参数，这对于标示和估计两个城市或工业区之间的联系，较为有效。可以采用的模式为：

$$I_{ij} = \frac{[(L_{\omega i} + K_{ti})V_{pi}][(L_{\omega j} + K_{tj})V_{pj}]}{D_{ij}^b} \quad (8-5)$$

式（8-5）中，$L_{\omega i}$，$L_{\omega j}$ 为 i 和 j 的平均产品失重比（失重比为加工工业所需原、材、燃料的重量和其相应产品的重量之比）。K_{ti}，K_{tj} 为 i 和 j 的平均产品运输系数；V_{pi}，V_{pj} 为 i 和 j 的总产值。

$$iV = \sum_{j=1}^{n} \frac{(L_{\omega j} + K_{tj})V_{pi}}{D_{ij}^b} + \frac{(L_{\omega i} + K_{ti})V_{pi}}{D_{ii}^b} \quad (8-6)$$

（三）货流及其分类

运输联系在地域上的具体化便形成货流。因此，谈到货流时，必须涉及三个问题，一是货流的数量或规模；二是货流的发点、收点及它们的距离；三是货流的方向，即地理走向。所以货流要比运量、运距和周转量等指标更为综合化，它就是货运指标的空间化。货流的单位是吨公里方向。

交通线路上一定地点的货流量，称为货运密度。如果运输线上各区段货流不同，则可以计算全线的平均货运密度，它是各段货运量与相应运距乘积的总和同全线运距之比。货运密度的单位为吨公里/公里。

货流具体反映地域间货物运输联系，货运密度则具体反映运输线负担货运的程度，二者可以相辅为用。

按照不同的划分方法，货流可有如下分类：

（1）按照调运的方向，可以把每条交通线上的货流分作"往""返"两个方向。在我国铁路上称作上行和下行方向，凡由各地到北京的货流称为上行货流；由北京到各地的货流称作下行货流。内河水运常把顺水方向的货流称作下行货流，逆水方向货流称作上行货流。在公路中往往以实际方位来标示货流方向。两个方向中，货运密度较大的称为主要货流方向。

（2）按照货物的种类，可以把货流分为若干类。例如，煤炭、原油及其制品、金属矿石、钢铁及其制品、矿物性建筑材料、木材、棉花、粮食等。货流的货种分类，可以根据调查目的，因地区、交通线而有所不同。各个货种货流的总和称为集中即总和货流。

（3）按照运输枢纽工作性质，可以把货流分为始发货流（即由当地发出的货流）、到达货流（由当地收入的货流）与中转货流（在当地改换交通工具的货流）和通过货流（即单纯在当地枢纽经过的货流）。

（4）按照经由区域，可以把货流分为区内货流、区间（区际）货流和过境货流。区内货流的发点和收点均在同一个区域，区间货流只有发点或收点在该区；过境货流则收、发点均不在本区，而只是由通过本区的交通线经过，因而使不同区域经济发生直接联系。

（5）按照时间的先后，可以将货流分为历史货流、现状货流和规划货流（又包括近期货流和远景货流）。前二者是交通运输调查的结果，后者则是在区域或城市规划工作中，根据生产和交通运输发展和布局，推拟出的交通建设和运输工作的经济依据。

（四）货物交流表和货流图

货物交流表和货流图是概括、清晰地表示货流的工具，具有很大的实用价值。

货物交流表用以表示各个货物发点和收点之间运输联系的数量方面。分品种的货物交流表多采用"棋盘表"的形式（见表8-1）。

表8-1　　玛纳斯地区粮食交流　　单位：吨

发点	收点	区内 石河子	区内 三道河	区内 乌苏	区内 独山子	区内 克拉玛依	区外 塔城地区	区外 伊犁地区	合计
区内	石河子		1000		8000	1000			5000
区内	三道河	2500							2500
区内	乌苏	500							500
区内	独山子								
区内	克拉玛依								—
区外	塔城地区					3200			3200
区外	伊犁地区	11000				1000			12000
到达合计		14000	1000	—	3000	5200	—	—	23200

资料来源：杨吾扬，张国伍，等. 交通运输地理学［M］. 北京：商务印书馆，1986.

表示多种货物的交流表，则多用站港发送到达明细表。这种表的内容与棋盘表接近但货流在收发点之间的移动规律无法明确示出（见表8-2）。

表 8-2　　　　　　　　　玛纳斯地区货物发送到达明细　　　　　　　单位：吨

站名		粮食	棉花	木材	合计
石河子	发送	5000	—	2000	7000
	到达	14000	4000	—	18000
三道河	发送	2500	2300	12000	16800
	到达	1000	—	—	1000
乌苏	发送	500	1700	6500	3700
	到达	—	—	—	—
独山子	发送	—	—	—	—
	到达	3000	—	13000	16000
克拉玛依	发送	—	—	—	—
	到达	5200	—	7000	12200
塔城地区	发送	3200	—	—	3200
	到达	—	—	500	500
伊犁地区	发送	12000	—	—	12000
	到达	—	—	—	—
合　计	发送	23200	4000	20500	47700
	到达	23200	4000	20500	47700

资料来源：杨吾扬，张国伍，等. 交通运输地理学 [M]. 北京：商务印书馆，1986.

货物交流表的主要用途是汇总调查资料和编制货流图。同时，它们也是交通运输调查的成果。

将货流标在一定的地图上，则成为货流图。它像一面镜子一样反映出该地区的生产布局和运输联系，在城市和区域的线状调查和规划设计中具有重要意义。货流图可以是一种品名的，也可以是多种品名的。按其表现方法，可分为三类：

（1）流向示意图：将主要货流的流向标在交通线之旁。流向示意图的优点是简单易操作，且可与其他经济地图结合在一张图上，缺点是没有量的概念（见图 8-1）。

（2）货流图表：先作出交通示意图，按逆时针方向将货流标在交通线的右侧，如图 8-2 所示。货流图表的优点是制作方便，量的概念清楚，缺点则为不能一目了然，且无法看出货流的连续性。货流图表可以作为绘制正式货流图的过渡性表格，在进行货流规划时，应多利用这类货流图。

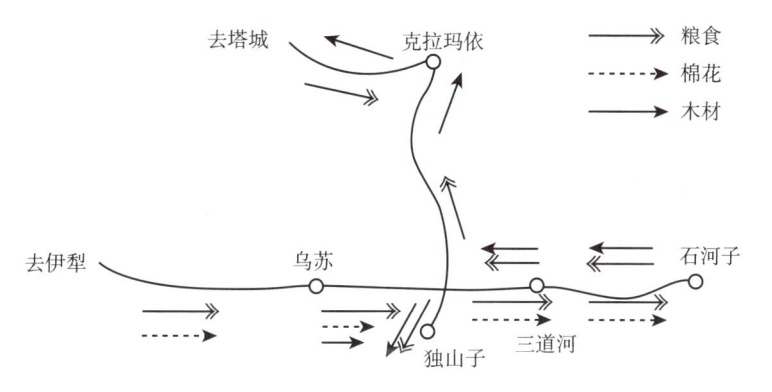

图 8-1　玛纳斯区货流（1）

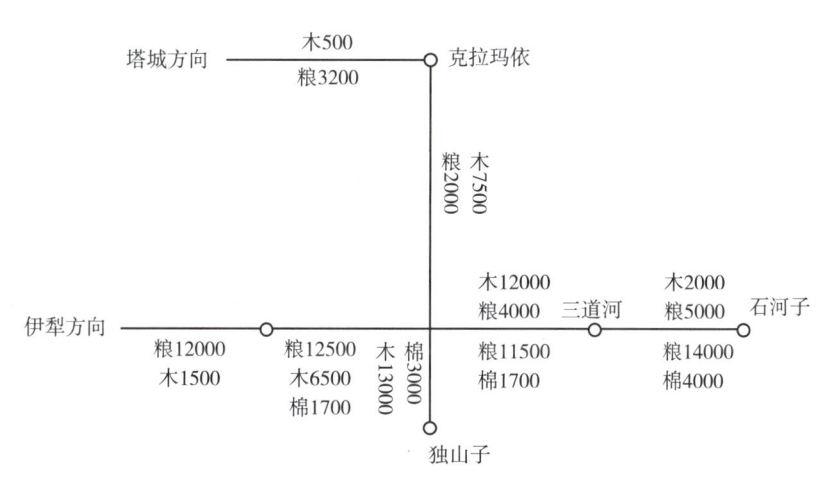

图 8-2　玛纳斯区货流（2）（吨）

（3）货运密度图或（正式）货流图：将货流不同的密度（强度），以相应的宽度标在地图的交通线旁。不同的品名，以各种颜色或线条示之（见图 8-3）。

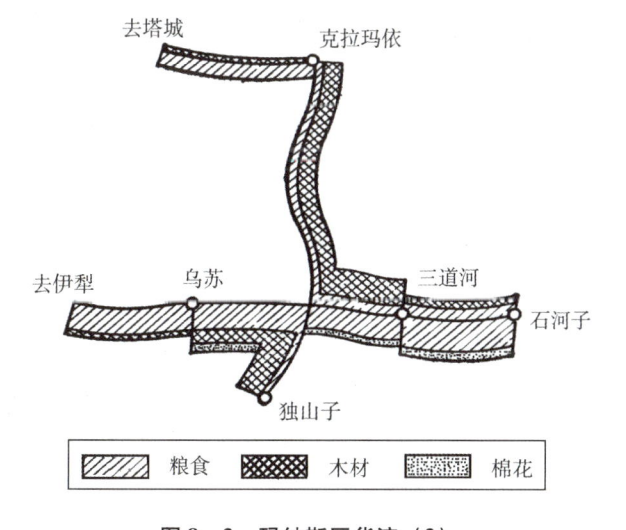

图 8-3　玛纳斯区货流（3）

三、货流的不均衡性

货流的不均衡性表现在方向上和时间上两个方面。

(一) 货流方向上的不均衡性

所谓方向上的不均衡,即货流在相向方向之间的差异,以回运系数 K_v 示之。如以 $G_{轻}$ 表示轻载方向货流量, $G_{重}$ 表示重载方向货流量,则有:

$$K_v = \frac{G_{轻}}{G_{重}} \quad K_v \leq 1 \tag{8-7}$$

回运系数必须分区段计算。

(1) 货流方向不均衡的生产力布局因素:生产力布局是造成货流方向上不均衡性的主要原因。这首先表现在采掘工业和加工业分布的地域差异上。一般来说,采掘工业生产的产品在重量上远远超过其消费掉的材料,例如,煤矿运入的坑木,在重量上只是产煤量的 1/8~1/10。这样,就使采掘工业所在地成为"出超"区。加工工业情况较复杂,其中有一些部门,原料和燃料失重性很大,如 2 吨铁矿石(含铁 50%)和 1.2 吨~1.6 吨煤才能炼 1 吨铁。在制糖和榨油工业中,成品和原料的重量比为 1∶6 左右。这样,有些加工工业集中地便成为"入超"区。另外在大中城市,因居民生活需要,造成对粮食、副食品、民用煤的大量消费,亦引起运入、运出的不均衡。由于许多大中城市同时就是大的加工工业中心,这一趋势更为严重。

(2) 货流方向不均衡的经济后果:从运营上看,方向不均衡造成了空车(船)的调拨。空车走行不完成货运周转量(吨公里数),但仍要消耗一定的费用(如铁路上空车吨公里成本约为重车吨公里成本的一半强度)。这便使交通线总的运营费提高。重车流和空车流产生重车公里 $\sum_{ns重}$ 和空车公里 $\sum_{ns空}$,后者与前者的比率称为空率 α,即:

$$\alpha = \frac{\sum_{ns空}}{\sum_{ns重}} \tag{8-8}$$

在实际情况下,由于车船的专门化和不同物料对运输工具的特殊要求,如石油要求油罐车承运、鲜肉要求冷藏车承运,又使空率大为增加。可见,即使货流在方向上较为均衡,亦不能排除空车调拨的可能性。在海上运输,回空船只为了保持其稳定性,又往往需要人为地增加载重量,形成更大的浪费。

货流方向的不均衡,造成了新修或改建交通线投资的增加,因为线路及枢纽均需以重车方向的货流为设计依据，从而大大降低线路的经济效果。

（3）货流方向不均衡的改善措施：想绝对消除方向上的不均衡性是不现实的。但是，通过一些技术经营措施和生产布局措施，可以使这种不均衡得到缓和。

技术经济措施是一些治标的办法。路线采用有利于重车方向的运营制度，如单线铁路使用不成对运行图，双轨铁路一线当作单线使用；车辆与船舶不过分狭隘专门化；设计陆路交通线时，将空车方向采用较陡的上坡；空车方向运价给予折扣等。

生产力布局是改善货流方向上不均衡的治本办法。这方面必须注意以下事项：尽量使采掘工业和原料、燃料失重性很大的加工工业在地域上结合，组织联合企业，如将采矿、焦化、钢铁冶炼工业结合在一起；在大城市、工业区附近建立粮食、副食品、燃料基地；布局工业时，考虑货流方向上的均衡，如在交通线两端的煤炭和铁矿石基地各建钢铁企业并进行原料互换；适当选择分布广泛的原材料如砂石、黏土、石灰石等的产地和加工厂，使其能利用回空方向运输。

（二）货流时间上的不均衡性

这类不均衡性反映了货流在不同时间的差异，包括年度的和季度的。

（1）货流季节不均衡性及其影响：这种不均衡性可以用季节不均衡系数 K_s 表示。以 $G_{平均}$ 表示交通线网或枢纽全年平均货流量，以 $G_{最大}$ 表示其某一时期最大货流量，则：

$$K_s = \frac{G_{最大}}{G_{平均}} \quad K_s \geqslant 1 \qquad (8-9)$$

式（8-9）反映了最大货流量与平均货流量的关系，对于组织运输，准备后备运力有巨大意义。但要表示货流变动的一般情况，可求均方差 σ。如果以 G_i 表示每一时期的货流量，N 表示时期的总和数，则：

$$\sigma = \sqrt{\frac{\sum (G_i - G_{平均})^2}{N-1}} \qquad (8-10)$$

根据均方差求变差系数：

$$C = \frac{\sigma}{G_{平均}} \qquad (8-11)$$

货流季节不均衡对交通运输有着巨大影响。交通线路和站港不能根据平均货流量，而是要根据最紧张时期的货流量来确定。这样，平时的固定设备便搁置不用，影响资金的周转。日常的运输组织工作，也因为货流的季节波动而引起许多麻烦，如必须调配劳动力、调剂车船利用等。

（2）运输方式的季节性对货流季节性的影响及改进措施：由于交通线路所在区域自然条件和线路技术装备水平的差异，往往使某种运输方式产生一定程度的季节性。在这方面首先是水路交通。高纬度地区的内河航道和海港，往往由于冬季封冻而被迫停航。另外，有些河川在枯水期也使运输工作难以进行。公路交通在一些地区则受到冬季积雪、春季翻浆和夏秋洪水的影响，特别是低等级路面，所受影响更为严重。铁路交通因有一定的技术装备和措施，较少引起季节性运输停顿。因此，水路交通和公路交通往往是货流发生季节波动的原因。

各种运输方式的相互影响必须在实际工作中加以考虑。一种交通因受季节性的影响，必然涉及另外一种，如水路的封冻会将大量货流转移到平行的铁路上。另外，支线或补给线路发生季节影响，则必然使干线货流也出现很大的季节波动。如公路因冬季积雪而货流减少，则相应的铁路地方货流亦减少。

由运输方式引起的货流季节波动，可以通过技术措施予以避免或削弱。如提高交通线设计标准，冬季进行道路防雪措施等；水上交通在封冻期利用破冰船开辟航道，修建水库调剂洪枯水量等。当然，技术措施会引起投资的增加，应在经济合理的情况下进行。另外，在布局地区交通网时，应考虑各种运输方式的季节性特点及其相互配合，以使这种季节性对货流的不均衡性和对地区经济的危害影响减弱。

（3）区域生产和消费特点对货流季节不均衡的影响：由于货物生产和消费集中在全年的某一季节，再加上生产和消费在地域上的分离，便引起货流的季节性。有些货物的生产和消费在全年都是均衡的，因而货流在全年的分配是稳定的。大部分工业货流、特别是重工业货流如煤炭、石油、矿石、钢材等，基本上无季节变化。但有些货流则是不稳定的。

一些货物生产具有季节性，而消费在全年是均衡的，如粮食、棉花、糖等。一些货物生产比较均衡，但消费具有季节性。如化肥根据不同的农时，货流量会不相同。一些货物生产与消费均具有季节性，如一些木材利用放筏，只有在河川开冻后才能被放出，而正好冬季建筑上需要木材不多，此为两种季节性相互结合的例子。又如北方大白菜生产在秋季，而主要消费季节在冬春之际，这又是两个季节性相矛盾的例子。不管如何，生产与消费均有季节性的货物，其货流的季节性更为显著。

（4）合理布局仓库对缓和货流季节波动的作用：由于运输方式以及各区生产和消费的季节特点，很多情况下需要先将货物进行储存保管，于是，合理的仓库或转运站的区位，对调节季节性货流有着重要作用。

生产具有季节性，而消费为均衡性的货物，应在生产地就近建仓库。如粮食和棉花在收货后，可先集中在附近的火车站或汽车站附近，然后在一年内均衡运出。这样，粮、棉货流的季节性便可消除。如将粮仓建在消费区大城市，其优点是可以集中修建较少的大型仓库，避免了在生产地建立分散小仓库的缺点，投资和管理均较经济，还可及时供应消费者需要。但如考虑到货流季节不均衡给国家带来的损失，以及对交通线网造成的巨大压力，则分散建库的多余支出，往往可由运输费用的节约进行补偿且有余。

生产均衡、消费具有季节性的货物，如建筑材料、民用煤等，可在消费地扩大仓库规模和仓库网。比如我国北方，可将建筑材料预先运入工地，这虽积压了建筑部门的资金，但并不增加整个国民经济的支出。因这并不会延长物资的储存期限，只是变更储存地点问题。这种变更能给运输带来巨大节约。

生产和消费皆均衡的货物，在运输方式具有季节性条件下，则又往往需在生产地和消费地均设置仓库进行调剂，以便在交通线运营期达到货流均衡，且不致造成生产或消费上的不便。

四、客流的空间特性

旅客的空间位移是交通运输的另一种产品。旅客运输的基本指标是客运量、运距以及二者的乘积的总和旅客周转量。具有一定距离和方向的客运量称为客流，其单位为：人公里方向。交通线路上一定地点的客流量，则称为客运密度，单位为：人公里/公里。

探讨客流的空间经济特点，对于区域和城市布局规划有巨大实用价值，因为客流的调查、估算和推算，是决定铁路、公路和城市道路系统和线路以及交通工具装备的主要依据。

（一）居民移动系数和乘车率

客运量与人口数量的比率，以居民移动系数 K_m 表示，如以 M 表示一定时期区域或城市的居民移动量，S 表示其人口总数，则：

$$K_m = \frac{M}{S} \qquad (8-12)$$

居民移动系数决定于国家或地区的城市化程度，一般是同区域或城市的大小和人口的多少成正比。当然在实际工作中还要做具体分析。一般规律是：区域或城市的基本人口和服务人口比例高，被抚养人口比例低，则居民移动系数大，反之亦反；职工的带眷系数高，则居民移动系数小，反之亦反。工业区的居民移动系数远高于农业区。

对于城市内部来说，居民移动系数和乘车率并不是一回事，因为居民在市内的移动可以不利用公用交通，而采取步行或骑自行车等。以 A_m 代表区域或城市的居民乘车移动量，则乘车率为：

$$\varphi = \frac{A_m}{M} \qquad (8-13)$$

因此对于区域交通而言，$A_m \to M$，$\varphi \to 1$；而对于城市交通而言，$A_m < M$，$\varphi < 1$。

（二）客流的产生和分布

客流的产生主要取决于人口分布和经济发展以及交通运输的方便程度，社会因素和地域开发政策对其也有很大影响。客流的产生在过去多由商业贸易和政治、文化要求等引起，因民族迁移、新大陆和人口稀少地域的开发而进行的国际和国内地区间的人口移动，也使许多地区之间产生了大宗客流；近代随着资源的广泛开发和工业布局的大规模开展，产生了有计划的移民；为解决人口过密与过疏，在落后地区采取诱导政策，产生了劳动力移动；由于劳动地域分工而带来的人员在生产、经济、管理上的种种交流和联系日益频繁，以及随着经济及文化生活水平的提高，旅游事业的大规模展开等，以上各种因素导致远程和近程的客流不断增加。此外，随城镇化进程的加速，城镇地域不断扩大，工作地点与居住地日益分离，产生了大量的、每日往返于市区与郊区之间、甚至城市间的通勤客流。由于物质文化生活水平的不同，使不同国家和地区的客运量水平产生很大差异，对不同地区各类客流产生的人文地理因素进行分析，可为客流量的预测提供科学依据。

客流的分布视其种类不同而异，例如，随人口迁居使得新定居区域与原居住地域之间形成大宗客流，新开发的工业基地与老工业基地之间等。在专业化分工相同的新老工业基地之间货流很少，而客流却很多。节假日客流，在中国多为职工返家探亲。市郊客流主要产生在大城市及工矿中心，市郊客流的方向，在居住地集中于市区而工作地位于郊区的城市，表现为早疏散晚聚集型；而工作地位于市区而居住地多在郊区的城市，呈现为早聚集晚疏散型。各种类型的客流分布在不同地区的交通网，其分布与变化规律是客流空间分析的重要研究内容。

客流在各种交通方式间的分配，首先与客流的地理分布密切相关；其次与经济发展水平有更为密切的关系。发达国家各种现代化交通工具发展较充分，长途旅客均广泛利用航空，数百公里者也多以高速公路或高速铁路为主；发展中国家却多以铁路、河运为主，少数甚至利用原始工具。

（三）客流的不均衡性

客流的不均衡，表现为交通线上客流密度的时间、方向和区段间的差异，主要有以下五方面。

（1）时间不均衡系数 $K_{时}$：指客流在一天 24 小时内的高峰小时客流量与平均小时客流量之比。一般一天有两个高峰小时，早高峰（7~8 时）和晚高峰（17~18 时或 18~19 时），而以早高峰客流最为集中。$K_{时}$一般在城市交通中不应超过 1.5 小时。一天中高峰小时客运量占全天客运量的百分比称为高峰小时系数，在 6%~15% 左右。形成客流一天内时间不均衡的基本原因是劳动客流定时上下班，因此，除机关学校外，工厂和服务行业的上下班时间适当错开，对交通运输是有利的。

（2）日间不均衡系数 $K_{日}$：为最大日客流量与平均日客流量之比。星期日的客流量要比平日大，但高峰小时要低。节假日的客流量更大。将时间和日间一并考虑，则每周的最大高峰小时往往出现在星期一的早高峰，次为星期五的晚高峰。把一个城市各生产单位的周休日错开，对改善这种不均衡有巨大价值，同时对城市工业和民用电力供应的调剂也是有利的。

（3）季节不均衡系数 $K_{月}$：指的是最大季节或月的客流量与平均客流量之比。我国城市和区域的交通运输，最大客流均出现在第一季度，主要是二月份，这是春节探亲访友客流显著增多之缘故。一些游览城市，在一定的季节如杭州的春季、北戴河的夏季、北京西郊的秋季，客流显著增加。

（4）方向不均衡系数 $K_{方向}$：即大单向客流与平均单向客流之比，一般其数值不大于 1.2，否则就应采取专门措施。由于客流具有很大时间上的不平衡性，故方向不均衡系数必须按一定时间范围计算才有意义。市际客流必须按月或季计算，而不能只按年计算；市内客流应按时计算，而不能只按天计算，因为旅客上下班或文娱出访基本上当天要返回，会掩盖高峰小时客流的实际情况。

（5）路线不均衡系数 $K_{路线}$：即高峰区段的客流与平均区段的客流之比，平时不大于 1.4，如超过即应开辟区间车路线或用其他方法解决。

掌握了各种客流的不均衡系数，在新规划交通网的区域或城市，就可以根据客流计算得到全年客运量和客运周转量，得出有关线路的高峰时间、人客流方向和集中区段的客流密度。它是交通布局和线路设计中有关客运工作的重要依据。

对市际交通线而言，客流密度的计算公式为：

$$D_p = \frac{Q_p K_{月} K_{方向} K_{路线}}{24L} \qquad (8-14)$$

式（8-14）中，D_p 为客运密度；Q_p 为年客运周转量；L 为交通线长度。

对城市道路而言，客流密度的计算公式为：

$$D_p = \frac{Q_p K_{时} K_{方向} K_{路线}}{730L} \qquad (8-15)$$

第四节 货流规划的理论和方法

前文已有述及，货流是一个有重量、距离和方向的向量。作为经济点间、沿交通线定向移动的货物，货流成为运输经济学空间分析的重要内容。货流的合理化即合理运输，是一个重大国民经济问题，一向为计划制定者、运输经济工作者和经济地理工作者所重视。从 20 世纪 50 年代末到 60 年代初，在数学工作者的参与下，国内外经济和地理学界开始在这项研究中引入线性规划方法，初步解决了货流全局最优的问题。

一、合理运输基础

运输过程是生产过程在流通中的延续。因此，社会产品的价值，即由其生产价值和运输追加的价值共同构成。在一定生产力水平下，运输过程追加的价值越小，产品的劳动生产率就越高。所以提高社会劳动生产率，从交通运输而言，除了改进交通运输业本身的技术装备和经营方法外，实现产品的合理运输，即使运输联系或货流的空间布局合理化，从而使运费或运动减少到最低限度，具有重大意义。合理运输的直接效果是节省运力、减少运费。除此之外，还可以促进生产部门和中转机构布局的进一步合理化，充分利用各种交通工具，大大节约货物的运输时间。

（一）不合理运输的类型及特点

合理运输与不合理运输是同一货流布局问题的两个对立面，合理运输是基于不合理运输的存在而提出的。凡是增加运输工作量或运输费用而对国民经济无益甚至有害的运输，或者是完成同一任务，但运输工作量更小，运输费用更低的可以代替的运输，都叫不合理运输。可见，有了不合理运输，即意味着使国民经济花在同一产量或消费量上的运输劳动消耗，比社会必要的消耗更多。

1. 过远运输

从产生的根源来看，过远运输不外两类，一类是由于产销计划和运输计划不当，人为造成了物资调拨不合理，从而引起货物运行距离的加长。这种过远运输同生产力布局的现状无关，通过计划与规划的改善，应当、也完全可以避免这种过远运输。另一类过远运输是生产力布局所造成的，又有两种不同情况：一种是不易远距离调运的物资，如劣质煤、一般建筑材料、副食品等。因缺乏地方性基础，而由远地运来。在城市和工业区的地方工业和郊区农业发展起来后，问题就可解决。另一种是可以较长距离运输的物资，但通过生产力布局的改善，可使运距大为缩短。

过远运输的最大特点是增加运距，从而使运输工作量大为增加。从增加运距这点来看，其他的不合理运输实质上也可算过远运输，但它们的产生原因和表现形式有所不同。

2. 相向运输

相向运输也叫对流运输，指的是同种货物从不同的发送点同时或先后做面对面的运送，并且彼此重复对方旅程的全部或一部分。两种使用价值相同，彼此可以替换的货物，如食用花生油和豆油，其相向运输在一般情况下也应该认为是不合理的。相向运输是最明显的不合理运输，是对运力的纯浪费。当相向运输存在时，货物在运输过程中多走行的吨公里，即国民经济对运输消耗的额外支出，为对流区段长度的2倍乘以较小一段的运量。

因此，规划货流时，必须有全局观念，不能以个别收发点的距离为转移，否则极易形成相向运输。

在同一交通线上发生的相向运输称为明显的相向运输，它易于被识别出来。如果相向运输发生在走向大致平行、距离不远的线路上，则称为隐蔽的相向运输，在作城市和区域布局规划的客货流分析时，必须予以注意。

3. 迂回运输

在货物发点与收点之间有两条以上的同类交通线可以采用时，未能利用最短路径的运输，称为迂回运输。

在交通网发达，特别是拥有环状交通线时，迂回运输最容易出现。在环状线路条件下，货物调运的重要原则是：收点和发点间的货物走行公里数，不应超过整个环状线路总长度的一半，即必须小于或等于环形圈长的1/2。根据上述原则，在规划货流时，可以编出环状交通线最短路径图。在线网构成复杂的情况下，则需要用线性规划的方法来确定合理的货物调运。

4. 重复运输

就是货物由发点运达收点之前，经过了不必要的中转站的装卸转运，使本可直达的货流经过不必要的周折。重复运输是供销环节安排欠妥引起的，往往货物在流转中，先由产地运到中转站的货站，然后再分运至销地。在城市和区域布局规划中，调查与决定中转货站的布局，可有利于避免重复运输。

如果货站布局恰当，即位于发点与收点之间的必经交通线上重复运输并不会引起多余的走行公里，只造成多余的装卸和保管环节，从而增加支出。此外，还可能延误运输时间和增加交通枢纽的工作量。如果中转货站的布局欠妥，即不符合上述条件，则重复运输除造成多余的装卸、保管环节以外，还引起货物在不同时期，在同一线路上的相向运输，或收发点之间的迂回运输。

5. 能利用轻载方向，但却在重载方向办理的运输

充分利用车船的轻载或回空方向，可以大大降低运载成本，充分利用运力。反之，则其效果亦反。回运系数越高，则对轻载方向车船利用越充分。

6. 未能合理使用交通工具的运输

不同的运输方式各有其优缺点，故在分配货流时，应以使各种交通工具取长补短、相互协作、综合利用为原则。

在货物由发点运至收点，可以使用两种不同的交通工具时，如未能采用运费低廉的交通工具进行调运，就是不合理的。由于不同的运输方式对不同货物的运费率有不同的规定，因而在选择运输线路时，还必须考虑不同的货种。此外，有些货物还应考虑其在途时间的长短，以及运输中的损耗等。

（二）运输合理化的经济地理因素

尽量避免不合理运输，必须要关注以下经济地理前提。

1. 合理布局生产力

这是运输合理化的最基本的因素，特别是对于避免过远运输和原料与成品间的相向运输，更为有效。使生产与消费在地域上尽量结合起来，以达到原料采掘、半成品加工、成品制成到产品消费所消耗的运输劳动最小。因此，合理布局生产力，本身就包含着合理运输的内容。

工业布局的大分散和企业布置的小集中相结合，不仅能充分利用自然资源和劳动资源，而且对运输合理化有巨大意义。工业的适当分散，在农、矿原料和劳动力（包括技术力量）充裕的地区更多地建立企业，特别是中小企业，能有效地消除笨重原料、燃料和成品的长距离运输和重复运输。企业在一些城镇或工业区的集中和成组布置，既能保证企业在专业化基础上对资源综合利用，如在制盐基地发展海洋化工，在炼油基础上发展化学纤维、人造橡胶和化肥，机器制造业的铸件、锻压、机修的紧凑布置等；又能使相邻企业协作化，相互利用成品或半成品作为原料，共同建设动力、零配件、机修、专用线甚至公用和生活福利设施。这样许多区际运输成为区内运输，厂外运输成为厂内运输，可以节约或消除大量不合理的运量。

2. 不断改善交通网

交通线网是货流移动的渠道。因此，根据国民经济和生产力布局的要求，加强新交通线网建设，并使旧的交通网完善化（如修筑平行线、联络线、专用线等），可大大从方向上和运力上保证合理运输的实现。但交通网的增加必须同生产力布局和运量分布相适应。

3. 恰当布置储运站

如何布置储运站，对于运输的合理化具有非常大的影响。储运站的性质不外乎两类：一类是仓库型的，即所谓中心库，其目的在于调剂货物生产或消费的季节性。仓库型的储运站要与生产或消费单位结合，不能在地理上另起炉灶，以产生多余的运输。另一类是货站型的，即所谓中转库，除储存外，还兼有、甚至主要是集散的性能。因而，必须根据交通线的分布和货物流向，将其设置在铁路、公路、航运的衔接点和物资集散地，且其规模应同中转范围及其任务大小相适应。

城市储运站必须按其大小和性质在城市中分别布置。为全市服务的大型仓库或货站，其特点是货运量大，故应设在车站、码头等交通枢纽附近，为局部地区或工业企业服务的中型仓库和货站，应根据需要分散设置于货流形成点或货运负荷中心。与城市无关的纯属中转性质的站库，应放在市外的对外交通线上。此外，为了满足特种货物的需要，如危险品仓库，应根据特殊要求处理。

4. 合理规划运输线路

树立全局观点，加强产运销协作，推行物资调运合理化，是合理组织货流的关键。合理规划运输线路，包括在国民经济计划和区域规划基础上，规定主要物资的合理流向，制定基本流向图或标准货流图。有了基本流向图，可以大大消除各类不合理运输，也使近期甚至长期的地区或城市交通建设有了科学的依据。在合理规划运输线路时，有关的产、运、销部门应共同研究和制订有关计划和规划，以保证其实现。同时，各部门和环节都应尽量从全局出发，采取与合理运输有关的措施：如生产或消费部门设法使季节性物资均衡发送，改善轻包物资打包办法，推行零担货运的集装箱化，运输部门大力组织接力运输和捎脚运输，根据合理流向原则，组织"货源搬家""货流改道"等。

（三）区域规划中货物调运的合理组织

区域规划的范围是省、省内地区、县及其组合。在确定规划区域生产力布局，特别是大型建设项目布点和规模的基础上，必须对物资的调运作出合理组织。货运调运规划的要求是：根据生产和消费的地理分布，结合交通线的布局，力求以最少环节、最快时间、最短里程、最低费用把货物由产地运至销地。以省区为例，货物调运合理组织规划的原则有以下几个方面。

（1）外省调入的大宗物资，如煤炭、石油、食盐、粮食等，实行跨区域供应，直线调拨，尽量做到不经过中转，一次发到销地。

（2）对集中生产的地方产品，如百货、纺织品、食糖等，越过中转、中间批发站等环节，由生产厂矿直接发到供应点。

（3）对省内分散生产的产品，如小化肥产品、农药、农业机具等，实行就地集中或收购，划片供应，不足或多余部分则通过全省平衡货源按合理流向就近调剂，防止远途运输。

（4）对全省储备的物资，如粮食、食糖、木材等，按合理流向尽可能在铁路、港口定点储存，方便日后直接中转。

（5）按照货物品种，分别拟出全省标准货流图，并划出相应的物资调运经济区域（货流区）。

二、货流规划的原则

根据货物的产销分布和它们的运输联系，用一定的科学办法，便可以作出货物运输的基本流向图或标准货流图。如果货流规划不仅包括流向和流量，而且还按其地域结合予以分区，这便是货流区划或合理运输区划。因此，货流区划就是货流规划结果的进一步综合化和地理化，是"运输区划"的一种，其成果常以分区产销平衡合理运输流向图表示。

在进行货流规划时，以下三个原则是必须考虑的。

（一）产销平衡

国民经济中生产与消费，农业、轻工业与重工业，地区与地区间有计划地平衡，是合理运输和货流区划工作的出发点。其重点是根据生产和消费地区平衡表，找出各物资的分地区或城市的调出量和调入量，然后得出汇总的产销平衡表（或称运输经济平衡表）。在产销平衡表中，各个发点的发量和各个收点的收量是已知的，且其总和是相等的。这样，就可以产销平衡为基础，来寻求合理的调运方案。如果出现产销不平衡的情况，可以用加大储存（产大于销时）或削弱部分供应（销大于产时）来调剂。

（二）合理运输

货流规划和区划的重要依据之一是运输的合理化。因此，必须在规划货流图中，完全剔除相向、迂回、不合理使用运输工具等不合理运输。除此以外，还需注意以下两点。

（1）合理运输要以产销平衡为基础，即要从国家或地区的生产与消费以及生产力的布局现状出发。因而货流规划和区划中的合理运输是有条件的。它比一一般所说的合理运输问题要窄一些。许多货流，从生产力布局要求看有待改善，特别是其中一些过远运输，以及因中转库一时建立不起来而造成的迂回运输，但对于一定产销条件来说，仍是相对合理的。

（2）合理运输必须服从国民经济的整体利益，不能孤立地谈运输的合理。这方面，首先不应从个别地区或城市，即个别的发点与收点来规划货流，有时，也不能单以运费来衡量合理运输问题，还应同时考虑到运输能力、合理利用运输工具等。当然，把合理运输只理解为消除相向运输，也是有问题的。因为相向运输只是最明显的不合理运输，而且在一定条件下，它还是允许存在的。

（三）运费最少

在产销平衡和合理运输前提条件下，规划货流和进行区划，就必须符合使总运费达到最小的原则。在交通线分布和货物流向单纯的条件下，进行合理运输的分析，往往可以达到总运费最小的结果。但是，在进行全国或较大地区货流规划时，由于收发点多，交通线网复杂，运输联系广泛，单用综合分析的办法很难达到预期效果。因而，就很有必要采用定量计算的方法。

在运费率相等、中转费一致的条件下，总运费最少就表现为总的吨公里数最小；同理，如果收发的货物吨数也是固定的，那么，运费最少也就是总运距最小。

三、货流规划的方法

（一）货流规划的早期方法

1. 流向流量分析法

此方法是根据交通线和物资产销的分布，作出合理调运的分析，从而得出货流规划的合理方案。假设一个粮食的产销平衡表如表8-3所示，求合理货流规划方案。此处，即找一个粮食调运的总吨公里最小的方案。

表8-3　　　　　　　某地粮食产销平衡表　　　　　　　单位：吨

收发点	济 南	兖 州	张 店	青 岛	发 量
德 州					50
禹 城					20
泰 安					30
益 都					70
收 量	80	10	30	50	170

如此，先给出交通图（见图8-4），途中以○表示出发点，以×表示收点，并注明调入调出吨数，同时，将各点间的里程（公里）用括弧括起，标在图上。然后，据图绘出一个没有对流的货流图（见图8-5），将流向流量图画在交通线的右侧。

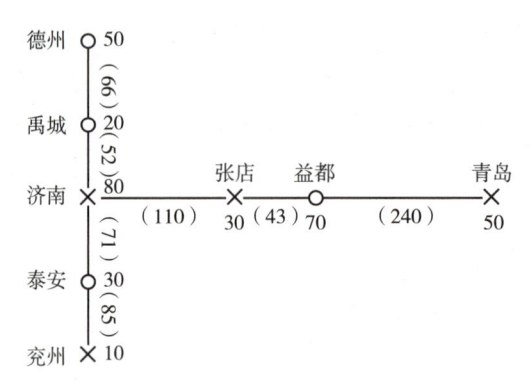

图8-4 交通

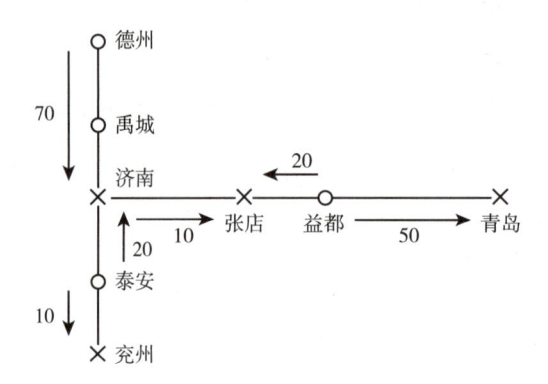

图8-5 货流

相应于此图的调运方案如表8-4所示。

表8-4　　　　　　　　　　　调运方案　　　　　　　　　　单位：吨

收发点	济 南	兖 州	张 店	青 岛	发 量
德 州	50				50
禹 城	20				20
泰 安	10	10	10		30
益 都			20	50	70
收 量	80	10	30	50	170

资料来源：根据前文假设数据及图8-5推演。

按照此调运方案,粮食运输的总吨公里数是 $50\times118+20\times52+10\times71+10\times85+10\times81+20\times43+50\times240=23170$（吨公里）。

这个货流图的调运方案不是唯一的,比如,还有如下的方案（见表8-5）。

表8-5　　　　　　　　　　其他调运方案　　　　　　　　　单位:吨

收发点	济南	兖州	张店	青岛	发量
德 州	45		5		50
禹 城	15		5		20
泰 安	20	10			30
益 都			20	50	70
收 量	80	10	30	50	170

资料来源:假设数据。

按照此调运方案,粮食运输的总吨公里数是 $45\times118+15\times52+20\times71+10\times85+5\times228+5\times162+20\times43+50\times240=23170$（吨公里）。

所以,相同的货流图可以有不同的方案(即图8-4和图8-5中每段的流量、流向均相等),因而,货流图相同的方案,其总吨公里数亦必相等。

在交通线分布不成环状条件下,用流向流量分析法制定的没有对流的货流图和调运方案,便是最佳的货流规划方案。

2. 差数法

差数法或称距离差(或运费差)比较法。其内容是根据各收发点之间的距离或运费对比,找一组总吨公里或总运费最少的方案。

假设一个粮食的产销平衡表如表8-6所示。

表8-6　　　　　　　　　　粮食产销平衡表　　　　　　　　　单位:吨

收发点	北京	天津	青岛	商丘	发量
济 南					31
徐 州					59
郑 州					101
收 量	80	60	31	20	241

资料来源:假设数据。

据此平衡表,找一总吨公里最小的粮食调运方案。

先给出一个交通图(见图8-6)。用流向流量分析法可以看出,以济南的31吨供应青岛的31吨显然是合理的。再看其他各点的粮食调运如何才能合理。在解决这类问题时,由于收发点分布在一个环状交通网上,单单作流向流量分析难下定论。在本例，可采用差数法来处理。

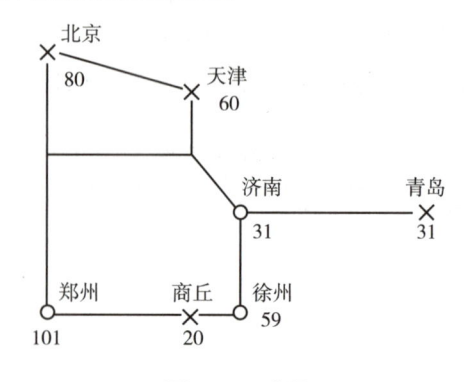

图 8-6　交通

各粮食收点对粮食发点的距离差如表 8-7 所示。

表 8-7　　各粮食收点对粮食发点的距离差　　单位：公里

收发点	徐州（L_1）	郑州（L_2）	距离差（$L_2 - L_1$）
天　津	675	803	+128
商　丘	146	203	+57
北　京	813	702	-111

资料来源：杨吾扬、张国伍等：《交通运输地理学》，商务印书馆 1986 年版。

表 8-7 列出的发点徐州供天津较合理，因其与郑州供天津相较是正差 128 公里，即徐州供天津比郑州供天津要近 128 公里。同理，徐州供商丘亦较郑州供应合理一些。但徐州供北京因与郑州供北京相较是负差 111 公里，故北京应由郑州供粮较合算。

于是即可按表上距离差，结合各收发点余缺粮数字来规划合理流向。徐州的 59 吨供天津，不足数只好由郑州补充。郑州的 101 吨首先供北京 80 吨，次供商丘 20 吨，再供天津 1 吨，合理货流如图 8-7 所示。

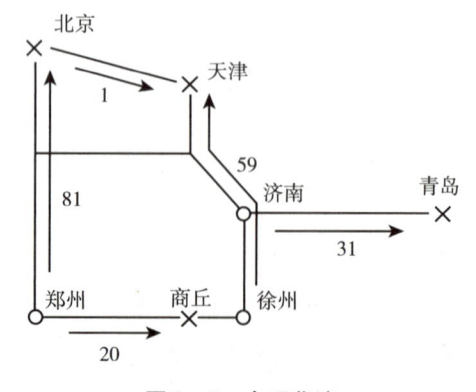

图 8-7　合理货流

相应于此图的粮食调运方案如表8-8所示。

表8-8　　　　　　　　　　粮食调运方案　　　　　　　　　　单位：吨

收发点	北京	天津	青岛	商丘	发量
济南			31		31
徐州		59			59
郑州	80	1		20	101
收量	80	60	31	20	291

资料来源：假设数据。

差数法能在一定程度上解决环状交通线上的物资调运问题。但是，只有在发点和收点是两个时，才能进行距离或运费的比较，因而，它的应用仍是有限制的。

3. 循环联系法

这种方法较为复杂，是差数法的一个推广，企图用以解决差数法所无法处理的、两个以上收点或发点的货流规划问题。

假设一个粮食产销平衡表如表8-9所示。

表8-9　　　　　　　　　　粮食产销平衡表　　　　　　　　　　单位：吨

收发点	石家庄	邯郸	郑州	德州	济南	泰安	徐州	开封	发量
许昌									45
宿县									60
衡水									65
兰封									35
收量	50	10	15	15	20	25	35	35	205

资料来源：假设数据。

绘出交通图（见图8-8）。

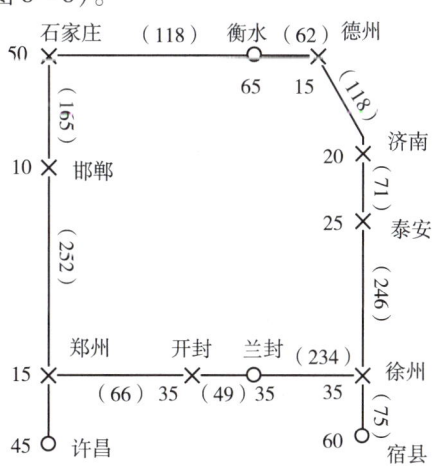

图8-8　交通

从图中可以看出，发点同收点之间构成了循环联系。它们交错分布在环状交通网上，每个发点都有两个值得研究的发送方向，每个收点可以从不同的发点接收货物。因而，粮食货流的安排可以从任一点着手，但开始只能作初步固定。如先从许昌开始，先研究许昌与衡水两个发点的粮食供应，中间有郑州、邯郸及石家庄三个收点。

先编制一个许昌、衡水间的距离差表（见表8-10）。

表8-10　　　　　　　　许昌、衡水间的距离差　　　　　　　　单位：公里

收发点	许昌	衡水	距离差
郑 州	86	535	+449
邯 郸	338	283	-55
石家庄	503	118	-385

资料来源：根据图8-8编制。

据此，可初步选择许昌的粮食发送，即运郑州15吨、邯郸10吨、石家庄20吨。石家庄不足之数由衡水供应。

为了研究衡水的粮食发送，还要将衡水、宿县间作出距离差（见表8-11）。

表8-11　　　　　　　　衡水、宿县间距离差　　　　　　　　单位：公里

收发点	衡水	宿县	距离差
德 州	62	510	+448
济 南	180	392	+212
泰 安	251	321	+70

资料来源：根据图8-8编制。

据此，可初步确定衡水粮食运石家庄30吨，德州15吨，济南20吨。

最后将余下的收点合理固定于宿县和兰封。即宿县供徐州35吨，泰安25吨；兰封供开封35吨。

于是便得出了一组调运方案，其发点的供应分界点为收点石家庄、济南、徐州、郑州。此外，我们还可以组成另外的一些调运方案，其分界点各不相同。在本例中，可能的组合方法一共有3×4×1×2=24种。兹举出三组予以比较（见表8-12至表8-14）。

表 8-12　第一组：即上述之调运方案　　　单位：公里

发　点	分界点（收点）	距离差
许　昌	— 石家庄	-385
衡　水	— 济　南	+212
宿　县	— 徐　州	+159
兰　封	— 郑　州	-29
许　昌		
总距离差		-43

资料来源：假设数据。

表 8-13　第二组：另行假定分界点　　　单位：公里

发　点	分界点（收点）	距离差
许　昌	— 郑　州	+449
衡　水	— 泰　安	+70
宿　县	— 徐　州	+159
兰　封	— 开　封	+115
许　昌		
总距离差		+793

资料来源：假设数据。

表 8-14　第三组：再另行假定分界点　　　单位：公里

发　点	分界点（收点）	距离差
许　昌	— 邯　郸	-55
衡　水	— 德　州	+448
宿　县	— 徐　州	+159
兰　封	— 开　封	+115
许　昌		
总距离差		+667

资料来源：假设数据。

按第一组分界点计算，总距离差为-43公里，即按此方案调运粮食，整个运行中每吨要多走43公里，故此方案应该尽量避免采用。第二组的总距离差为+793，在运行里程上显然处于有利地位。但按该方案的分界点调运，许昌有30吨粮食发不出去，石家庄和邯郸分别有20吨和10吨无处供应。故虽少走里程，但不能做到合理分配，亦无法采用。只有第三组，既能使调运里程较少，又能使产销在各点间达到平衡。

各组比较结果，只有上述第三组方案是既经济又可能的。根据第三组分界点合理分配货流得出如下的货流图（见图 8-9）。

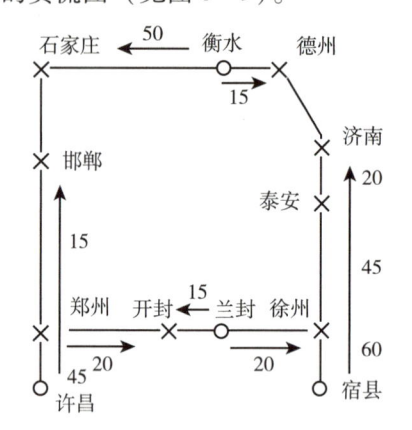

图 8-9　货流

相应于此图的调运方案如表 8-15 所示。

表 8-15　　　　　　　　　　调运方案　　　　　　　　　　单位：吨

收发点	石家庄	邯郸	郑州	德州	济南	泰安	徐州	开封	发量
许昌		10	15					20	45
宿县					20	25	15		60
衡水	50			15					65
兰封							20	15	35
收量	50	10	15	15	20	25	35	35	205

资料来源：假设数据。

按这个方案，粮食调运的总吨公里数是 $86 \times 45 + 252 \times 10 + 118 \times 50 + 62 \times 15 + 71 \times 20 + 246 \times 45 + 75 \times 60 + 23 \times 20 + 49 \times 15 + 66 \times 20 = 36945$（吨公里）。这个方案对于循环联系法来说，已经是最好的，但并不是绝对最好的。因为循环联系法本身只能是不同联系方案的机械对比，不能使各发点与收点之间在方向和数量上同时得到全面协调。因此，循环联系法虽然较流向流量分析和差数法解决的问题要广泛一些，但仍不能精确地解决复杂的货流合理规划问题。

（二）货流规划的线性规划方法

1. 物资调运图上作业法

这是一种借助于流向流量图而进行货流合理规划的简便线性规划方法，它能消除环状交通网上物资调运中的相向运输（包括隐蔽相向运输）和迂回运输，得出总吨公里最小的方案。

这里仍用上文循环联系法的粮食产销平衡表来介绍这一方法。分以下步骤进行。

第一步：作交通图。交通图线形成一个圈，而从郑州和徐州又各分出两条支线。为了便于作业，这里把支线去掉，将郑州看成是 30 吨的发点，徐州看成是 25 吨的发点。于是，原平衡表略有更改。根据改正的平衡表（略去）得出一张交通图（见图 8-10）。

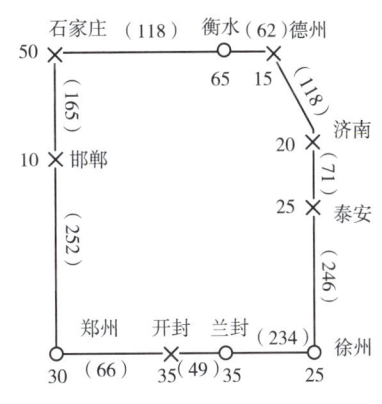

图 8-10　交通

注：此图为假设数据。

第二步：作初始货流图。由于交通线是环形的，故在交通图上划流向流量可以从任何一点开始，先根据就近供应原则进行，但应避免对流。如先从郑州开始，得出初始货流（图 8-11）。此图除略去支线货流外，与循环联系法所得出之最优货流图恰好相同。

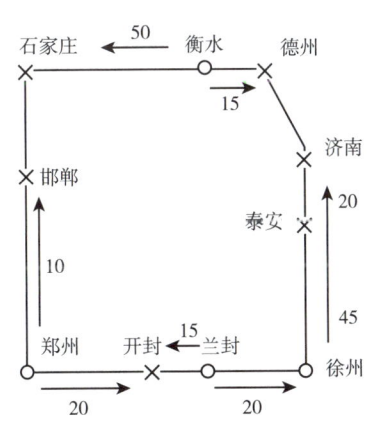

图 8-11　初始货流

注：此图为假设数据。

第三步：检查。有两个标准：（1）没有对流，因有相向运输，总吨公里数一定不是最小的。这一条件在初始货流图中往往已满足。（2）顺时针方向货流段里程总和（内圈长）和逆时针方向货流段里程总和（外圈长），均不超过环形交通线总里程（全圈长）的一半，即内（外）圈长$\leq \frac{1}{2}$全圈长。这是全面消除环形迂回运输的必要条件。

上述初始货流图中，外圈长735公里，内圈长363公里，全圈长1381公里，即外圈长大于全圈长的一半。故该货流图不是最好的。

第四步：调整。采取缩外圈增内圈，或缩内圈增外圈的方法。结合本例，其步骤为：

（1）找出外圈最小的流量，为20吨；
（2）外圈所有流量一律减去20吨；
（3）内圈所有流量一律加上20吨；
（4）空圈改为内圈，其流量为20吨。

第五步：反复检查、调整，直至最优。本例在一次调整后，外圈长364公里，内圈长646公里，已达最优。其货流如图8-12所示。

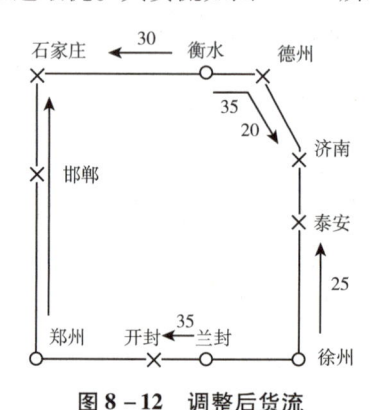

图8-12 调整后货流

注：此图为假设数据。

如将支线的货流复原，则如图8-13所示。

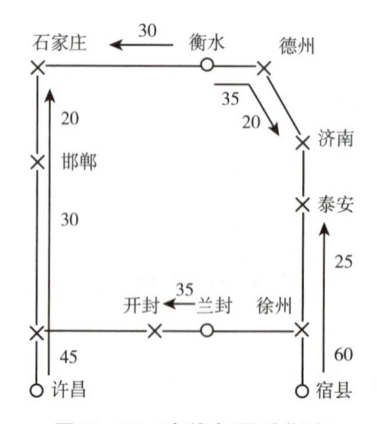

图8-13 支线复原后货流

注：此图为假设数据。

第六步：给出最合理的调运方案。相应于图 8－13 的最终调运方案如表 8－16 所示。

表 8－16　　　　　　　　　　最终调运方案　　　　　　　　　单位：吨

收发点	石家庄	邯郸	郑州	德州	济南	泰安	徐州	开封	发量
许　昌	20	10	15						45
宿　县						25	35		60
衡　水	30			15	20				65
兰　封								35	35
收　量	50	10	15	15	20	25	35	35	205

资料来源：假设数据。

相应的总吨公里数为 86×45＋252×30＋165×20＋118×30＋62×35＋118×20＋246×25＋75×60＋49×35＝35165（吨公里）。较循环联系法的最好方案或该例初始方案之总吨公里数节约 36945－35165＝1780（吨公里）。

值得注意的是，当交通网系由一个以上的环来组成时，必须对可能构成的每一个圈进行检查调整，均符合上述条件时，才是最优。如 ▭ 状的交通网须考察其 3 个圈，▦ 状的交通网有 13 个圈。

2. 物资调运表上作业法

这是一种借助平衡表、运价表以及其他计算表格，来得到最优货流规划方案的线性规划方法。表上作业法可以求出总运费最小的方案，而运费是比吨公里更能全面地反映运输能力。因而在以下两种场合下，它比图上作业法的应用更为方便：（1）具体考虑各收发点之间装卸费用时；（2）交通网系由不同的运输方式组成时。故表上作业法不仅能控制对流和迂回，对重复、不合理分工等不合理运输也能予以消除。

表上作业法是一般的线性规划方法——单纯形法的一个特例。设有 m 个发点和 n 个收点，X_{ij} 为 X 吨货物由第 i 个发点运往第 j 个收点的运量，C_{ij} 为第 i 个发点至第 j 个收点间的每吨货物总运费，a_i 为第 i 个发点的发量，b_j 为第 j 个收点的收量。于是表上作业法的数学提法可以概括为：在约束条件为：

$$\begin{cases} X_{ij} \geq 0 (i=1,2,\cdots,m; j=1,2,\cdots,n) \\ \sum_{j=1}^{n} X_{ij} = a_i \\ \sum_{i=1}^{m} X_{ij} = b_j \\ \sum_{i=1}^{m} a_i = \sum_{j=1}^{n} b_j \end{cases}$$

应使目标函数 $\sum_{j=1}^{n}\sum_{i=1}^{m}C_{ij}X_{ij}$ = 极小值。

这里举一实例来阐述表上作业法的工作过程。假设一个煤炭产销平衡表如表8-17所示。

表8-17　　　　　　　　　　煤炭产销平衡表　　　　　　　　　　单位：吨

收发点	天津	德州	石家庄	保定	发量
大 同					7
古 冶					4
井 陉					9
收 量	3	6	5	6	20

资料来源：假设数据。

除此以外，把每个发点到每个收点每吨煤的运费（元）调查清楚，列一运价表如表8-18所示。

表8-18　　　　　　　　　　运价表　　　　　　　　　　单位：元

收发点	天津	德州	石家庄	保定
大 同	3	11	3	10
古 冶	1	9	2	8
井 陉	7	4	10	5

资料来源：假设数据。

第一步：作初始调运方案。一般采用最小元素法，即根据平衡表和运价表，把发点和收点间运费较小的货运，尽可能优先固定。这样，可使初始方案与最优方案比较接近。

初始方案还必须符合以下条件：（1）如有 m 个发点、n 个收点，则填入初始方案中的运量数应为 m + n - 1 个（不足此数，要补一个 0，当作正数看待）；（2）填入的数，不能组成闭路（在 m 行、n 列中，散布若干点，由一点出发向任一方向走，遇到顶点转换方向，最后仍返回该点，则称为组成闭路）。

这里得到的初始调运方案如表8-19所示。

表8-19　　　　　　　　　　初始调运方案　　　　　　　　　　单位：吨

收发点	天津	德州	石家庄	保定	发量
大 同			4	3	7
古 冶	3		1		4
井 陉		6		3	9
收 量	3	6	5	6	20

资料来源：假设数据。

第二步：判断。判断方案是否最优，有闭路法、位势法、矩形法等方法，此处只介绍常用的位势法。

首先，将初始方案同运价表结合起来，造一个表，即将初始方案中有字的格中填上相应的运价表格中数字，并圈起来。如表 8-20 所示。

表 8-20　　　　　填入运价的初始方案

		③	⑩
①		②	
	④		⑤

其次，将表 8-20 增加一行一列（见表 8-21），均填上数字（位势），使表 8-20 中任一运价数字均等于相应行列上的位势和（习惯上先在任一个位势上给一个零）。

表 8-21　　　　　添加位势的运价数字表

		③	⑩	2
①		②		1
	④		⑤	-3
0	7	1	8	

再次，使对应的行列位势相加，把空格填满，得出位势表（见表 8-22）。

表 8-22　　　　　　　位势表

2	9	③	⑩	2
①	8	②	9	1
-3	④	-2	⑤	-3
0	7	1	8	

最后，将运价表减去位势表对应各格数字得出检验数表，如表 8-23 所示（圈中数字必为零，可不写入）。

表 8-23　　　　　　　检验数表

1	2		
	1		-1
10		12	

判断准则：表中各检验数均≥0，则为最优；否则，未达最优。

第三步：调整。表8-23中有一负数，需进行调整。先在初始方案中将出现负数方格的闭路划出（见表8-24）。

表8-24　　　　　　　　　初始方案中负数方格的闭路　　　　　单位：吨

收发点	天津	德州	石家庄	保定	发量
大　同			4	3	7
古　冶	3		1		4
井　陉		6		3	9
收　量	3	6	5	6	20

在闭路中各奇次转角中选一最小数，即1，填入空格，将偶次转角点的数均加1（空格亦可算作偶次转角点），奇次转角点数字均减1，得出新调运方案（见表8-25）。

表8-25　　　　　　　　　　　　新调运方案

收发点	天津	德州	石家庄	保定	发量
大　同			5	2	7
古　冶	3			1	4
井　陉		6		3	9
收　量	3	6	5	6	20

第四步：反复判断、调整，直至最优。上述调整后的方案总运费为85元。而初始方案则为86元。经检验、判断，已达到总运费最少。

如果原始资料中总的发量和总的收量不相等，则我们可仍将其先制成平衡表，再利用表上作业法来规划货流。如果总发量大于总收量，则假定一个虚的收点，以便从总运费最低的点，决定应在何发点储存。如果总发量小于总收量，则假定一个虚的发点，以便从总运费最低的点，决定应削减对何收点的供应。具体工作过程，不再阐述。

3. 考虑线路通过能力的货流规划方法

实际工作中，日益感到货流规划中考虑交通能力的必要性，因为只有这样，才能使规划方案具有更充分的现实意义。这里概略介绍两种方法如下。

(1) 有界变量的表上作业法。

即在交通网通过能力有限的条件下，用表上作业法寻求一个最合理的调运方案。它在许多场合下是切实可行的，工作程序也较简单。此时，考虑到第 i 个发点到第 j 个收点的路线最大通过能力 R_{ij}，因而变量 ij 便成为有界的。这一方法的数学提法是在约束条件为：

$$\begin{cases} 0 \leqslant X_{ij} \leqslant R_{ij}(i=1,2,\cdots,m;j=1,2,\cdots,n) \\ \sum_{j=1}^{n} X_{ij} = a_i \\ \sum_{i=1}^{m} X_{ij} = b_j \\ \sum_{i=1}^{m} a_i = \sum_{j=1}^{n} b_j \end{cases} \quad (8-16)$$

应使目标函数 $\sum_{j=1}^{n} \sum_{i=1}^{m} C_{ij} X_{ij} =$ 极小值。

现举一例说明。设有某物资产销平衡表（见表 8-26）。

表 8-26　　　　　　某物资产销平衡表　　　　　　单位：吨

收发点	B1	B2	B3	B4	B5	发量
A1						100
A2						125
A3						75
收　量	100	60	40	75	25	300

资料来源：假设数据。

各收发点之间的运价如表 8-27 所示。

表 8-27　　　　　　各收发点之间的运价　　　　　　单位：吨

收发点	B1	B2	B3	B4	B5
A1	3	2	3	4	1
A2	4	1	2	4	2
A3	1	0	5	3	2

资料来源：假设数据。

要求在 $R_{ij}=40$ 的条件下，寻求一个总运费最小的方案。

第一步：作初始调运方案。初始方案的条件较一般表上作业法为多，尚需满足：①填入数值≤R_{ij}；②填数后表上有三种格子：数格、空格、框格；框格中的

数一定要等于 R_{ij}；③数格共 $m+n-1$ 个，且不组成闭路。

给定初始方案无系统方法，可能初始方案根本不存在。一般先按通过能力无限来处理，用最小元素给出一个方案（见表 8-28）。

表 8-28　　　　最小元素法得出的预备方案

75				25
10		40	75	
15	60			

由于该方案有些数值 $>R_{ij}$，可采用对顶角数值移换法逐步解决。表 8-28 可依次变为表 8-29、表 8-30、表 8-31 和表 8-32。

表 8-29　　　　调整表 1

75				25
10	40	40	35	
15	20		40	

表 8-30　　　　调整表 2

35			40	25
10	40	40	35	
55	20			

表 8-31　　　　调整表 3

35			40	25
40	10	40	35	
25	50			

表 8-32　　　　调整表 4

20	15		40	25
40	10	40	35	
40	35			

至此，已达到初始方案的要求。

第二步：判断方案是否最优，仍采用位势法。

先将初始方案同运价表结合造表（见表 8–33）。

表 8–33　　　　初始方案与运价结合表

③	②			①
	①	②	④	
	⓪			

作出位势表（见表 8–34）。

表 8–34　　　　　　位势表

③	②	3	5	①	2
2	①	②	④	0	1
1	⓪	1	3	−1	0
1	0	1	3	−1	

得到检验数表（见表 8–35）。

表 8–35　　　　　检验数表

0	0	0	−1	0
2	0	0	0	2
0	0	4	0	3

判断准则：数格 =0，空格≥0，框格≤0。故方案未达最优。

第三步：调整。不符合标准的两行一列数为起点作闭路调整表（见表 8–36）。

表 8–36　　　作闭路调整表

20	15			40	25
40	10	40	35		
40	35				

使方案成为表 8-37。

表 8-37　　　　　　　调整后表

35			40	25
25	25	40	35	
40	35			

第四步：反复判断、调整，直至最优。本例得出的一个最优调运方案为（见表 8-38）。

表 8-38　　　　　　　　最优调运方案　　　　　　　　　　　单位：吨

收发点	B1	B2	B3	B4	B5	发量
A1	40			35	25	100
A2	20	25	40	40		125
A3	40	35				75
收量	100	60	40	75	25	300

此方案总运费为 670 元，而通过能力不限制条件下其最优方案总运费为 615 元。

（2）单纯形法。

即用单纯形法来解决通过能力有限的最优货流规划问题。此时，除设有 m 个发点，n 个收点外，开设 m 个发点和 n 个收点之间有 S 种运输方法。这种情况下，各种运输方法是指利用一种运输方式或几种不同运输方式的结合。这样，变数 X_{ijk} 便是由第 i 个发点至第 j 个收点、以第 k 种运输方法实现的运量（K=1,2,…,S）。另外，$X_{ijk} \leq R_{ijk}$。上述诸条件列成的数学模式组成的矩阵，便是总的约束条件，其目标函数则为：

$$\sum_{k=1}^{s}\sum_{j=1}^{n}\sum_{i=1}^{m}C_{ijk}X_{ijk} = 极小值 \qquad (8-17)$$

借助电子计算机，可以求解在矩阵中记载达以万计以上元素的单纯形法问题。

四、货流区划的步骤和方法

货流区划的目的是达到物资的就近供应，分片平衡。因此，严格地讲，只有在存在精确的货流规划基础上，区划才能合理。但实际工作中，每一种物资的产地和销地甚多，中间又经过了许多中转环节，一下子用规划方法找出合理方案，实属不易。在这种条件下，最好将区划与规划两种方法分步交替使用，以得出可能好的方案，其过程如下。

（1）先将区划物资的产销状况标在相应的交通图上，于是，可以从地图上一览全国或每一地区该种物资盈亏的地理分布和各收发点间的交通联系。

（2）由于产销地（收发点）数目众多，且其收发量相差悬殊，故可先找出货流集中区。其方法为，找出发量或收量很大的地点（一般是大中城市或工矿区）当作"代表点"，作为区的中心，把邻近的发量或收量很小地点的货流，暂时并入集中区的"代表点"。

（3）把为数不多的"代表点"（发点或收点）进行货流规划，一般是用表上作业法进行较合适，找出一个各"代表点"间的最优货流规划方案。

（4）按每一个货流集中区，进行调整复原，使进入"代表点"的货流，再分散到每个收点或发点去，这时，用图上作业法是较方便的。

（5）然后，根据调整后的规划方案，确定区界，划出合理货流区。

每种物资的货流区，在划分时，除根据产销平衡、合理运输、运费最小等一般原则外，还应注意以下具体问题。

（1）合理货流区原则上不应受行政区划限制，否则易形成不合理运输。

（2）合理货流区的范围大小，应视区划物资生产布局、产销关系而定。一方面尽量达到区内平衡，另一方面也要照顾区际的调拨。一般来说，区域过大（如将全国分为一或两个区）会失去分区的意义；区域过小（如一个区只包括几个点）则又使区划变成了规划的重复。

（3）合理货流区的划分，应注意货流集中点。如煤炭可以大煤炭基地为中心，以各消费地为区界。粮食则可以加工地或消费地为中心，以产地为区界。

（4）合理货流区的划分，应充分考虑大消费中心的影响。有时把各区分界点放在大消费中心是合理的，这样能使各区的物资都可以调入。

由于综合经济区划是以劳动地理分工和地域生产专门化为基础，而对原料和产品的分配和交换可以通过货物的运输进行分析和研究，故而，货流区划是进行综合经济区划的一种重要手段。但是不能单纯用大宗货流或综合货流的分析来完全解决经济区划问题。

课后作业

1. 请说明空间经济学中的基本模型。
2. 试述区域经济增长中的乘数作用、加速原理及其关系。

3. 试述中心—外围理论。

4. 举例说明什么是极核式空间结构、点轴式空间结构、网络式空间结构。

5. 试分析区域空间结构形成、发展的集聚与扩散机制。

6. 试分析近邻效应在区域空间结构演变中的作用。

7. 举例说明交通运输经济带的类型。

8. 举例说明运输通道的构成要素。

9. 试分析运输联系和经济联系的关联性。

10. 举例说明货流图的种类。

11. 请选取某个区域，制作该区域的粮食产销平衡表，利用货流规划的线性规划方法对其进行货流规划。

课后思考题

1. 案例讨论：湖南株洲为何是"火车拉来的城市"（见二维码）。

2. 拓展知识（1）：交通运输与经济空间结构演变的关系（见二维码）。

3. 拓展知识（2）：交通基础设施与经济集聚变量的空间数据特征（见二维码）。

4. 拓展知识（3）：着力发展长江经济带综合交通体系（见二维码）。

5. 本章知识分解（见二维码）。

第九章

国际运输经济问题

学习目标及要求：

1. 使学生了解国际贸易与货物运输之间的关系。
2. 理解与国际运输相关的国际运输通道、枢纽及廊道的概念。
3. 熟悉国际运输的运行规则。
4. 掌握国际运输市场的基本特点及影响作用。

本章重点：

1. 通过理论联系实际的方法，让学生理解国际运输与国际贸易的关系。
2. 通过科研分享，让学生理解国际运输市场的基本特点及影响因素。

本章难点：

1. 通过举例的方法，进行国际运输服务贸易竞争力分析比较。
2. 通过拓展学习，补充国际商务及贸易实务相关知识。

近年来，国际运输伴随着国际货物贸易和国际服务贸易的发展而迅猛发展。本章主要阐述国际贸易中的货物运输、国际运输通道、枢纽和经济廊道、国际运输规则与相关组织、国际运输市场及影响因素，以及国际运输、国家经济安全与世界命运共同体，有助于我们从总体上了解与国际运输相关的经济问题。

第一节　国际贸易中的货物运输

国际贸易离不开国际货物运输，国际货物运输作为国际货物贸易过程的一个重要的环节，在国际贸易中占有十分重要的地位，并有着自己独立于国际货物买卖关系的国际货物运输关系。所谓的国际货物运输，就是使用一种或多种运输工具，把货物从一个国家的某一地点运到另一个国家的某一地点的运输。国际货物运输的方式很多，有海洋运输、航空运输、铁路运输、公路运输、江河运输、管道运输等。在科技发达的今天，多式联运为买卖双方提供了更多的便利，加速了国际贸易的发展。每种运输方式都具有其自身的特点，但作为国际货物运输，所有的运输方式又都具有以下共同的特点。

（1）各种国际货物运输方式都是通过双方当事人签订和履行国际货物运输合同来设立和实现运输关系的。所谓国际货物运输合同是托运人和承运人订立的，由承运人将货物从出口方的装运地运到进口方的卸货地，而由托运人或收货人支付运费的合同。这类合同大都是以货运单据为表现形式。

（2）规范和调整各种不同国际货物运输合同的主要法律形式是国际公约、国际惯例和有关国家的国内法。目前，在国际范围内已形成许多统一实体法规范，这些实体法规范的内容对各国的国内有关立法产生了重大的影响。如在国际海洋货物运输方面，现行《1924年海牙规则》中所确定的原则，就为许多国家海商立法所采用。

（3）国际货物运输风险大，所以，国际货物运输与保险业关系紧密。

一、国际运输服务贸易的产生与发展

国际运输是国际服务贸易的重要组成部分，它是伴随着国际货物贸易和国际服务贸易的发展，以及服务业内部分工国际化而产生并逐步发展起来的。国际货物运输是国际货物贸易过程中不可或缺的重要环节之一，国际货物贸易中的一切商品都必须通过运输过程才能实现商品的跨国界位移。早在公元前2000多年，由于水上交通便利，地中海沿岸的国家之间就已经开展了对外贸易，出现了腓尼基、迦太基、亚历山大、希腊、罗马等贸易中心。但是由于自然经济占统治地位，生产的目的主要是为了消费，商品经济在整个社会生产中并不占主导地位，能够进行贸易的商品很少。而且，从当时的商品贸易构成来看，奴隶是当时欧洲

国家对外贸易的主要商品之一，希腊的雅典就是当时贩卖奴隶的一个中心。由于交通工具简陋，贩卖奴隶主要依靠海上运输，因此，海运就成了最早的国际贸易的运输方式。海上运输是与商品贸易活动结合在一起的，没有独立的运输服务业，并且深受海上运输交通发展的影响。14 世纪开始，商人们为了经济扩张的需要，一般都拥有自己的船舶或船队以贩运商品，而且商人往往随船到商品的销售地，并在商品销售地展开商务活动。这就是航运史上的"商人船主"时期。而具有一定规模的国际运输服务贸易始于 15 世纪新大陆的发现、美洲的开发和航运业的兴起，同时，随着商品贸易的种类和数量的不断增加，又进一步推动了国际运输服务贸易的发展。到了 18 世纪，随着货物贸易种类和数量的增加以及鼓励移民和贩卖奴隶，促使运输服务贸易量迅速增加，仅在 16～17 世纪这 200 年中，荷兰的船运量增加了将近 9 倍。在陆路运输领域内，四轮马车与两轮马车设计的改进，也导致运输能力的大幅提高。第一次产业革命之后，生产力空前发展，贸易活动规模越来越大，范围越来越广，同时，造船技术和航海技术也空前提高。在这样的条件下，海上运输活动逐渐从贸易活动中分离出来，形成独立的海运服务业，即专业航运，这样就出现了海运服务贸易。可见，海运服务贸易是运输服务贸易的最早形式和主要形式。

19 世纪以来，随着科技的不断进步，相继出现了铁路运输、航空运输和公路运输。1825 年世界上第一条铁路出现在英国，其后铁路运输迅速发展且成为世界交通的领导者，到 19 世纪末，世界铁路总里程达 65 万公里。20 世纪 60 年代起，多个国家开始修建高速铁路。而货运铁路亦连接至港口，并与船运合作，通过货柜运送大量货物以大大降低成本。目前，国际铁路运输是在国际贸易中仅次于海运的一种主要运输方式。其最大的优势是运量较大，速度较快，运输风险明显小于海洋运输，能常年保持准点运营等。国际铁路运输中的主要铁路干线有西伯利亚大铁路、加拿大连接东西两大洋铁路、美国连接东西两大洋铁路和中东—欧洲铁路等。而且，西欧各国正在通力合作，兴建高速铁路系统。以北欧和苏格兰为两端，贯穿欧洲大陆，并与西班牙、意大利、希腊的铁路相衔接，全长 3 万公里。这些国际铁路运输线在国际化背景下大大促进了国际贸易的发展。我国通往欧洲的国际铁路联运线有两条：一条是利用俄罗斯的西伯利亚大陆桥贯通中东、欧洲各国；另一条是由江苏连云港经新疆与哈萨克斯坦铁路连接，贯通俄罗斯、波兰、德国至荷兰的鹿特丹。后者称为新亚欧大陆桥，运程比海运缩短 9000 公里，比经由西伯利亚大陆桥缩短 3000 公里，进一步推动了我国与欧亚各国的经贸往来，也促进了我国沿线地区的经济发展。

航空运输作为服务贸易的一种重要形式，是世界贸易组织（WTO）组织成立之后才开始被纳入多边贸易体制之中的。1903 年美国莱特兄弟制造的以内燃机为动力的飞机试飞成功,是人类历史上第一架能够载人和载货的飞机,从此之后,世界航空货运便快速发展。1909年,法国最先创办了商业航空运输服务,接着德国、英国、美国相继开展航空运输业务。"一战"结束后,飞机不再被用于战争,而是开始用于速递邮件,而且迅速发展为经营收入可观的航空货运业,1919~1939年,世界各地的航空邮件快递公司的收入超过邮电收入总额的一半。"二战"结束后,西方国家都大力发展航空工业,改进航空技术,增添航空设备,开辟国际航线,从而形成了全球性的航空运输网,使航空货运业脱离了过去传统的运输模式,而演变成一种更具有使用价值的运输方式,在市场的驱动下,航空货运作为国际贸易运输的方式之一随之产生与发展起来。1970年1月22日,美国泛美航空公司的大型宽体货机B747从纽约肯尼迪机场起飞,飞越大西洋,证明大规模运送旅客和货物的机型开始投入运营,标志着国际航空运输业进入了一个新时代。

进入21世纪以来,全球各大航空公司纷纷把货运业务分拆成独立运作的货运航空公司,提供其他配套、增值服务,将航空物流塑造成为利润中心。其中较成功的包括汉莎货运航空、新加坡货运航空、英航货运和日本货运航空等。航空货物运输已经成为国际货运,特别是洲际货运的重要方式。

公路运输是19世纪末随着汽车业的发展而产生的。初期主要承担短途运输业务。"一战"结束后,基于汽车工业的发展和公路里程的增加,公路运输进入了快速发展的阶段,不仅是短途运输的主力,并进入长途运输的领域。"二战"后,公路运输发展迅速。欧洲许多国家和美国、日本等建成了比较发达的公路网,使公路运输在运输业中跃居主导地位。公路运输作为一种方便快捷的运输方式,近年来在国际物流中也发挥着重要的作用。虽然公路运输成本较高,适用于小范围内的运输,但是,在国际物流货物运输中对时间性要求较高,并且运输距离较短时,公路运输是不可缺少的运输方式。

可见,运输服务贸易从产生到引起各国的普遍关注经历了漫长的发展过程。从服务贸易的产生到20世纪中叶,商品贸易一直居于世界贸易的主导地位,国际服务贸易并未引起人们的关注,只是作为商品贸易的派生形式和补充角色而存在。而运输服务贸易作为服务贸易中重要的形式之一,最早也只是国际商品贸易过程中的一个重要环节而已。第二次世界大战以后,随着第三次科学技术革命的发生,发达国家的产业结构不断优化,第三产业迅速发展,以及资本的国际化和国际分工的不断扩大,使各国服务业迅速发展并且各具比较优势,从而使得国际服务贸易规模不断扩大。同时,随着经济和科学技术的不断发展,运输业作为一国国民经济的基础产业在发达国家获得了优先发展,这在一定程度上促进了运输服务业的国际化。进入20世纪90年代以来,信息技术的高速发展和电子商务的出现,以及《服务贸易总协定》的签署,使国际服务贸易进入一个在规范中不断发展的新时期，并出现了服务贸易增长速度超过货物贸易的局面，从而有力地推动了国际运输服务贸易的快速发展。

一般来说，服务贸易总协定（GATS）的生效实施有利于推动服务贸易在世界范围内的自由化。但是，从近年来运输服务贸易的发展情况看，GATS推动其自由化的作用并未很好发挥，违背了GATS的初衷。具体表现在以下几方面。

第一，尽管运输服务在国际服务贸易中比重较大，但是，对于运输服务，无论是发展中国家还是发达国家其在GATS框架下普遍承诺不足，有些国家在地区协定框架下，给出地区协定成员多于GATS协定的承诺。

由于GATS对运输服务部门的覆盖相对有限，以及相关条款的规定和定义的缺失，使得各个WTO成员出于自身利益和提高国际竞争力的考虑，而充分利用GATS的规避条款和模糊定义，给予运输服务尽量低的承诺或不承诺。一般来说，各个国家对于自身具有比较优势的服务项目会给予较高程度的承诺，对于具有比较劣势的服务项目则给予较低的承诺。鲁帕·钱达（Rupa Chanda，2002）的研究指出，对于运输服务的GATS承诺方面，该部门不仅是发展中国家而且也是发达国家承诺最少的部门之一，只有不到40%的自由化程度，而且，许多国家对于航空服务、海运服务这些敏感部门使用MFN免责（Most-Favored-Nation Treatment）。另外，新加坡的国际航运中心地位，以及泰国的东南亚航空枢纽地位均决定了它们各自对空运和海运服务的承诺程度。

迪恩登·尼孔博里拉克和雪莉·斯蒂芬森（Deunden Nikomborirak & Sherry M. Stephenson，2001）通过对东盟成员国在东盟服务贸易框架（AFAS）和GATS在服务贸易承诺方面的差别的研究分析，指出对于空运服务部门，菲律宾和泰国则给予GATS更先进的承诺，新加坡对于运输服务、电信、旅游方面在GATS和AFAS框架下的承诺都很详尽。菲律宾对于海运服务（客运和货运）以及空运服务（电脑订票系统）在GATS和AFAS框架下都给出了最大的承诺，在该部门，对商业存在没有任何限制。另外，海运服务是唯一一个AFAS比GATS承诺更为优先的部门，主要是因为GATS在1994年谈判时，海运部门给出了最低的承诺；另一个原因是东盟成员之间在海运服务方面的竞争性比较小，所以更容易达成承诺。

第二，服务贸易壁垒的隐蔽性，使得消除运输服务贸易壁垒的进展十分缓慢，从而成为运输服务自由化的最大障碍。

从GATS生效实施到多哈回合谈判，运输服务贸易在世界范围的自由化进展比较缓慢，这与运输服务贸易壁垒的大量存在有很大关系。与货物贸易通过关税壁垒实施保护不同，服务产品的无形性使服务贸易壁垒很难量化且具有隐蔽性。一般来说，服务贸易保护主要表现为国内法规限制性规定，如资格资质要求、参股比例限制、经营范围和地域要求、行政管理的透明度等。这使得服务贸易自由化远比货物贸易自由化要复杂得多，从而消除服务贸易壁垒的进展也变得十分困难和缓慢。尤其是面对金融危机，国内生产与就业遭受重创，服务贸易保护主义倾向在不断加强。有些国家出台"购买本地服务"，对外国服务提供者进入本国市场和在境内的服务活动设置障碍，减少服务外包，对本国服务出口实行隐蔽性的补贴等，这些都使得服务贸易的发展潜力远未发挥。例如，东盟各国根据本国实际设置了不同的服务贸易和投资壁垒。如在 GATS 框架下，印度尼西亚只允许提供海运客运服务和货运服务的外国企业在本国设立办事处，而在 AFAS 框架下，允许设立合资企业；对于空运服务中电脑订票系统服务子部门，5 个成员中没有一个对于雇佣外国人给予承诺。亨科克斯和阿詹·勒朱尔（HenkKox, Arjan Lejour，2004）研究指出，WTO 成员会在一些产业上出于双赢战略的考虑作出贸易妥协，但是在所有生产性服务业中，运输服务行业所占贸易妥协量最少，这是因为这些领域的贸易自由化需要更复杂的国内福利权衡。

另外，近年来，发达国家又频繁动议修改国际公约，试图任意提高航运绿色壁垒标准，扩大港口国的监控权限，而航运绿色壁垒的实质是技术歧视，对于船舶技术落后的发展中国家而言，无疑不利于其海运服务贸易的发展。由此可见，不同国家对运输服务贸易的各种限制市场准入的规制是运输服务贸易的最大壁垒，同样也是运输服务自由化的最大障碍。

二、国际运输服务贸易竞争力

改革开放以来，我国的对外贸易状况不断改善，贸易规模不断扩大，贸易顺差不断增加。运输服务贸易作为服务贸易的重要组成部分，随着货物贸易的发展也得到了迅猛发展。尤其是在经济全球化和加入 WTO 的背景下，我国运输服务贸易长期保持稳定增长，占世界运输服务贸易的比重不断上升，其竞争实力也日益增强，运输服务业全方位对外开放的格局已经基本形成。我们也应该看到，在我国运输服务贸易总额逐年递增的同时，其进出口差额却在不断扩大，而且，一直以来，运输服务贸易始终是我国服务贸易逆差的最大来源，从一定程度上说明，与发达国家相比，我国运输服务贸易仍缺乏竞争力。

从现有的文献看，衡量运输服务贸易国际竞争力的各种指标归纳起来，主要有反映比较优势和竞争优势的两大类指标。结合我国目前国际服务贸易发展所处的阶段，应该说，现阶段我国仍然处在主要依靠自身丰富的廉价劳动力资源加入全球分工链条，从而遵循比较优势的发展思路来寻求我国运输服务贸易发展的阶段。因此，本书主要运用以下反映比较优势的指标来衡量现阶段我国运输服务贸易的国际竞争力。

显示性比较优势指数（revealed comparative advantage index）即 RCA 指数，最早是由美国经济学家巴拉萨（Balassa）提出的。它是指一国某一产业或商品出口额占其出口总值中的份额与世界出口总额中该类商品出口额所占份额的比率，是目前理论界公认的衡量一国某一产业或商品国际竞争力最具说服力的测度指标。该指标的计算公式为：

$$RCA_{ij} = (X_{ij}/Y_i)/(X_{wj}/Y_w)$$

其中，X_{ij} 表示 i 国 j 种服务的出口额，Y_i 表示 i 国全部服务的出口额，X_{wj} 表示世界 j 种服务的出口额，Y_w 表示世界全部服务的出口总额。一般理论研究认为，若 RCA > 2.5，表示该国某产业或某产品具有很强的国际竞争力；若 RCA 为 1.25 ~ 2.5，表示具有较强的国际竞争力；RCA 为 0.8 ~ 1.25，表示具有一般水平的国际竞争力；若 RCA < 0.8，则表示其国际竞争力较弱。

显示性比较优势指数（RCA）是从某一产业进出口贸易的结果来间接地测定其比较优势，并不是直接分析某一产业比较优势的决定因素，而且，运用 RCA 指数分析的过程中忽视了进口的作用。

贸易专业化系数（TSC），也称比较优势系数，表示一国某项进出口贸易的差额占其进出口贸易总额的比重。其优点在于作为一个相对值，剔除了通货膨胀等宏观总量方面波动的影响，即无论进出口的绝对量是多少，它均介于 -1 和 +1 之间，因此在不同时期和不同国家之间具有可比性。某国运输服务的贸易专业化系数可以表示为：

$$TSC_{ij} = (X_{ij} - M_{ij})/(X_{ij} + M_{ij})$$

其中，TSC_{ij} 表示 i 国 j 种服务的贸易专业化系数，X_{ij} 表示 i 国 j 种服务的出口额，M_{ij} 表示 i 国 j 种服务的进口额。TSC 指数的取值范围是（-1, 1），该指标值为 -1 表示该国某产业或产品只进口不出口，1 表示只出口不进口。TSC 指数 < 0 时，表明存在贸易逆差，TSC 指数越接近 -1，说明该国某产业贸易竞争力越弱。TSC 指数趋于 0 时，表明收支接近平衡，说明该产业为产业内贸易，本国贸易竞争力与国际水平相当，竞争优势接近平均水平；TSC 指数 > 0 时表明存在贸易顺差，且越接近 1，说明其竞争优势越明显。

三、国际运输服务贸易的发展趋势及意义

（一）国际运输服务贸易的发展趋势

1. 国际运输服务贸易将继续保持稳步增长

服务贸易的发展取决于货物贸易的发展和服务业的发展水平以及各国对服务

贸易的限制程度等因素。一方面，随着全球经济发展，货物贸易仍将长期增长。同时，应该看到，随着科学技术的不断进步，技术因素对国际货物贸易的影响日益明显，国际货物贸易结构逐步趋向高级化。如近年来，高技术产业及高技术含量的产品在国际货物贸易中的比重不断上升，这一变化使得在货物贸易过程中对国际运输服务的要求及服务品质不断提高，油价上涨和劳动力成本的上升会继续推高运输费用，这些变化将会使运输服务贸易保持稳定增长。另一方面，与货物贸易通过关税壁垒实施保护不同，服务贸易保护通常表现为国内法规的限制性规定，如资格资质要求、参股比例限制、经营范围和地域要求等，服务贸易壁垒的隐蔽性使得服务贸易自由化远比货物贸易自由化要复杂，因此，消除服务贸易壁垒的进展十分困难和缓慢。在过去十余年里，虽然世界服务贸易取得显著增长，但与其在国民经济中的地位相比，其发展潜力未能释放出来。

可以预见，随着经济全球化和国际运输服务竞争力的提升，许多国家必然将对运输服务业的管制进行改革，以减少对运输服务贸易与投资的国际壁垒，国际跨境贸易空间将日益拓展，这必将促进国际运输服务贸易的发展。

2. 发达国家仍将占据国际运输服务贸易的主导地位

在货物贸易规模和各国对运输服务贸易限制条件一定的情况下，一国运输服务贸易的发展状况最终取决于其运输服务业的发展水平。与发展中国家相比，发达国家的运输服务业，无论是技术水平还是规模化程度和国际化程度均具有领先优势。因此，发达国家仍将在国际运输服务贸易中处于主导地位。

3. 国际运输服务贸易的地区不平衡问题会继续存在，但是，亚洲和非洲在国际运输服务贸易发展中的地位将会不断提升

世界经济格局变化的一个重要趋势是新兴经济体经济迅猛增长，经济实力加速提升，其中"金砖国家"（包括中国、印度、俄罗斯、巴西和南非）的表现引人注目，这些国家的服务贸易发展也进入了一个快速发展期。从服务贸易出口增长速度看，随着服务外包发展为新的服务贸易方式，印度、巴西、中国等发展中国家承接服务外包与离岸服务贸易的能力迅速提高，这些国家的服务贸易基本上形成了旅游、运输等传统服务与计算机和信息、咨询服务等现代服务全面发展的格局。这些变化必然会引起世界运输服务贸易格局的变化。

4. 服务贸易的特殊性决定了商业存在将会成为运输服务贸易的主要提供方式

WTO《服务贸易总协定》（GATS）将服务贸易分为四种模式，即跨境交易、境外消费、商业存在和自然人流动。其中，商业存在这种提供模式在服务贸易中显得尤为重要。由于服务贸易过程中通常不涉及服务所有权的转让，更多的是依赖于生产要素的国际移动和服务机构的跨国设置，即国际的服务交换无论采取什么形式，它都与资本、劳动力和信息等生产要素的跨国界移动密切相关，这样，服务业的跨国直接投资就显得非常重要。

5. 运输服务 GATS 谈判的未来走向

在多哈回合中，运输服务并没有进行相关的谈判。原因是 GATS 附件对航空运输服务的覆盖排除了"航权"和"与行使航权相关的服务"。对于海运谈判，则由于美国不愿接受对于海运服务的 GATS 原则，而没有对该领域给予任何承诺或出价（特别是 MFN 原则），所以也没有任何进展。综合各方观点，对于运输服务 GATS 谈判，未来应该关注以下几个方面：（1）一些观点认为，应寻求扩充海运服务谈判，使得海运服务可以反映"门到门"运输的逻辑含义。在海运服务中，大多数成员对"自然人流动"没有承诺，因为开放国内劳动力市场将替换本地工人并牵涉移民法。GATS 也没有对"移民"和"自然人永久移动"作出相关规定，WTO 成员希望通过明晰"自然人暂时移动"和"永久移动"的区别来关注这个问题。另外当对"自然人流动"的承诺与"商业存业"相关联时，发展中国家可能希望考虑在承诺表中必须记入限制条款，例如，一定比例的雇佣工人必须是本土的，这将保证地方劳动力不被替代。（2）扩充 GATS 对运输服务的覆盖范围，建议成员方考虑将与海运服务子部门下的多模式运输相关联的公路和铁路运输加入承诺表。联合国贸易和发展会议（UNCTAD，2006）指出为了强调供应链效率对于贸易、增长和发展的重要性，一些 WTO 成员请求扩充谈判范围覆盖多模式运输和物流服务，而 GATS 并未对多模式运输服务给出一个明确的定义以及具体的范围，且到目前为止，没有任何 WTO 成员对多模式运输给予市场准入的国民待遇承诺，以允许国际海运服务提供者或多模式运输经营者提供多模式运输服务，现有的承诺仅限于在附加承诺表中允许只有在多模式运输服务是必要时在合理的无歧视的条件下准入或使用。所以考虑到是否应该对多模式运输服务作出承诺，以及哪种承诺应该进入它们的承诺表，建议成员方应该考虑将与海运服务子部门下的多模式运输相关联的公路和铁路运输加入承诺表。（3）GATS 新一轮谈判需要考虑更多的运输服务子部门，例如，扩充 CATS 空运和海运附件，考虑将多模式运输、公路运输、铁路运输加入 GATS 附件中。

（二）国际运输的意义

1. 国际运输服务贸易的发展可以降低运输成本从而促进货物贸易发展

运输服务作为货物贸易的派生形式，其开放与发展可以有效地降低运输成本，进而减少货物贸易成本，促进货物贸易增长。芬克、马图和尼古（Fink, Mattoo & Neagu, 2001）通过研究发现，打破私有的反竞争的运输协议，可以将运输成本降低 25%。迪尔多夫（Deardoff, 2001）通过模型假定两个国家签订双边运输协定后，运输成本会有很大程度的下降，原因有三个：第一，比较优势。

协议签订后，两国之间的运输服务将由两国中具有比较优势的提供商提供。第二，缩短距离。协议签订前两国货物运输所经过的边境检查和转车的过程现在不再必要，可以选择两个地点之间的最短路线运输。第三，消除固定成本。迪尔多夫还指出了自由化后运输服务成本降低的其他因素：规制成本、繁文缛节的减少和时间成本的减少等。

2. 国际运输服务贸易发展是实现经济效率、促进经济发展的途径之一

贸易的最大好处在于它能够促进国际分工，提高劳动生产率，使经济更有效率。这是古典贸易理论早已证实的结论，这一结论也同样适用于服务贸易。一般地讲，相对于封闭经济，服务贸易自由化及发展可以改善经济福利，且更趋于帕累托最优，但是仅仅依靠商品自由贸易是无法完全实现自由贸易利益的。从全球视角看，由于商品和要素价格均等化，投入呈规模报酬递增，世界在服务贸易下的收入高于纯粹商品贸易，服务自由贸易比商品自由贸易将获得更多的收益。同时，服务贸易自由化及发展可以有效排除阻碍新的生产者进入市场的壁垒，刺激那些有能力提供优质服务的厂商扩大生产，同时迫使低效率企业退出市场，所以运输服务贸易发展是实现经济效率、促进经济发展的途径之一。

第二节 国际运输通道、枢纽和经济廊道

一、国际运输通道

（一）运输廊道

运输通道又称"运输走廊"，是在一定区域内，连接主要交通流发源地，有共同流向、一般有可供选择的几种运输方式组成的宽阔地带。其形成取决于一个国家或地区的地理、历史条件、自然资源状况、生产力布局及经济发展水平。著名的"丝绸之路"是运输通道的雏形。现代运输通道不少是在古代道路基础上发展起来的，是社会经济发展对运输需求急剧扩大的产物。

运输通道有不同层次和等级，按范围大小分国际运输通道、国家运输通道、区际运输通道和区内运输通道。其基本特征如下。

（1）多是几种运输方式干线组成的地带，没有明确的边界，但也可以是单一的运输干线。

（2）所经地带一般经济发展水平较高，人口集中，客货流密集。

（3）在运输体系中占重要地位，以占运输网线路较小比例的干线承担较大比例的客货运输量。

《公共运输词典》中对交通运输通道的解释为："在某一区域内，连接主要交通流发源地，有共同流向，有几种运输方式可供选择的宽阔地带。"美国交通工程专家威廉·海伊（William W. Hay）对交通运输通道的解释为："在湖、河流、溪谷、山脉等自然资源分布、社会经济活动模式、政治等因素的影响下而形成的客货流密集地带，通常由多种运输方式提供服务。"张国伍教授认为："某两地之间具有已经达到一定规模的双向或单向交通流，为了承担此强大交通流而建设的交通运输线路的集合，称为交通运输通道。"

而通道（corridor），又可称为走廊、廊道，本义就与"行"有关，之所以前面加上"运输"二字，是为了区别其在现代社会的其他用途。运输通道应当包括综合运输通道（comprehensive transportation corridors，CTC）和以单一运输方式为主的运输通道（single–mode transportation corridors，STC），如高速公路运输通道（highway corridors）、铁路运输通道（railway corridors）等。

（二）运输枢纽

根据《辞海》，"枢"指事物的重要部分或中心部分；"枢纽"比喻重要的地点或事物的关键所在。在交通运输领域枢纽被称为"运输枢纽"（transport hub），它是在两种或两种以上运输方式衔接的地区，办理客货运输业务而设置的各种运输设施的综合体。

运输枢纽是指运输网络中有较大规模客货运输生成源的主要结点，并由一组或多组客货运输站场构成，为进行客货运输生产和为旅客/货主能够集体性便利地利用公共运输的基础设施，为旅客和货物的集疏运和中转以及货物的装卸、仓储、信息服务、中介代理等提供服务，并进行相应的运输组织活动，使旅客和货物运输更有效率和顺利地完成全程运输，即可以简单地概括，"运输枢纽"是为了满足客货运输作业需要而建设的基础设施。其规模主要取决于当地的对外运输量和中转量，也与整个运输网络的组织模式有关。运输枢纽形成的根本前提是所在地区有较大的客货运输需求生成源、区域客货流的主要交汇点和中转地，而不仅仅是交通网络的结点。

在运输枢纽内，既有不同运输方式的客货到发，又有同一运输方式间的客货中转，还有运输方式间的客货联运，以及相应的各种运输工具的技术作业等。其设备包括港口、机场、车站、运输线路、仓库，以及起重装卸、到发、中转、联运、编组、维修保养、物资供应、安全和导航等结构。运输枢纽是综合运输网的重要组成部分,对整个运输网的发展和布局,有极其重要的意义。运输枢纽大多形成于大工业中心、大城市、大港口、大农产品集散中心和军事要地。按衔接的运输方式,可分为水陆运输枢纽、陆路运输枢纽和水陆空运输枢纽等。在石油的原油生产或炼油业发达的国家或地区,管道运输亦为枢纽的组成部分。按其担当的作业性质,可分为运网性运输枢纽和地区性运输枢纽。前者是主要为运输网中干线运输办理大量中转作业的运输枢纽;后者是主要为地区(如工业区)服务的运输枢纽。

第一,按交通方式的组合,运输枢纽可以分为:

铁路—道路枢纽:由陆路干线组成的枢纽都分布于内陆地区,在较长的时期中,这是运输枢纽的主要形式。

水路—道路枢纽:由河运或海运与道路运输方式组成,一般水运起主要作用,道路以集散客货为主。

水路—铁路—道路运输枢纽,因水路有海、河之分,此类枢纽又包括:海运—河运—铁路—道路枢纽,海运—铁路道路枢纽,河运—铁路—道路枢纽。前两种都以海运为主,并有庞大的水路联运设施系统,如我国的上海,荷兰的鹿特丹,俄罗斯的圣彼得堡(列宁格勒);后一种有些以铁路为大宗,有些以水运为主,如武汉。

综合运输枢纽是交通运输发展的高级阶段。其具体组成方式有的由铁路、公路、水运、空运、管道多条干线组成,有的无水而由其他四种方式组成。上海、北京、沈阳、天津、武汉等均已形成了多方式组合的综合交通运输枢纽。

第二,按交通运输干线与场站空间分布形态分为:

终端式枢纽。分布于陆上干线的尽端或陆地的边缘处,如乌鲁木齐、青岛;

伸长式枢纽。干线从两端引入呈延长式布局,如兰州;

辐射式枢纽。各种干线可以从各个方向引入,如郑州、徐州;

辐射环形枢纽。由多条放射干线和将其连接起来的环线构成,如北京;

辐射半环形枢纽分布于海、湖、河岸边城市。

二、国际运输经济枢纽及廊道

枢纽经济是指充分利用地理枢纽或交通枢纽,吸引资金、人才、技术和信息等各类要素向枢纽地区集聚,实现相关产业快速发展壮大、赢得多种经济辐射的经济模式。枢纽经济与区域经济、城市发展的目标和方向结合在一起,成为拉动地方经济,带动整个大经济区、大城市群、大产业带发展的重要引擎。其中,枢纽一词多指重要的部分,事物相互联系的中心环节,也指重要的地点或事物关键之处。枢纽在《辞海》中解释为"要冲,事物的关键之处"。依据"核心—边缘"理论,中心城市是枢纽经济的重要载体。城市与城市之间,枢纽凝聚着区域经济发展的多种潜能。全世界35个国际大都市中有31个是依托交通枢纽发展起来的，全球财富的一半集中在交通枢纽发达的城市。

运输廊道是指一定区域内，连接主要交通流发源地，有共同流向、一般有可供选择的几种运输方式组成的宽阔地带。其形成取决于一个国家或地区的地理、历史条件、自然资源状况、生产力布局及经济发展水平。著名的"丝绸之路"是运输通道的雏形。现代运输通道不少是在古代道路基础上发展起来的，是社会经济发展对运输需求急剧扩大的产物。

第三节 国际运输规则

国际经济领域中，国际货物运输的运行规则在国际统一方面做得比较成功。传统的国际货物运输方式主要是海洋运输、铁路运输和航空运输。但随着集装箱运输方式的兴起，国际多式联运也发展起来。本节将介绍国际货物运输的运行规则的有关规定，此外，对国际海洋运输、国际铁路货物运输、国际航空货物运输以及国际多式联运的有关法律问题也将分别予以介绍。

一、海洋货物运输运行规则

与其他种类的国际货物运输方式相比，海洋货物运输具有运量大、运费低、不受道路和轨道的限制、可以通达各沿海国家和地区口岸的优点，所以，它是国际贸易中最主要的运输方式。在国际贸易总量中约有2/3的货物通过海洋运输。我国进出口货运量中，通过海洋运输的占80%以上。由于航海贸易历史悠久，已经形成了国际性很强的比较统一的海洋运输的法律和惯例，各国有关海洋运输的法律也比较接近[①]。

（一）《中华人民共和国海商法》

1.《中华人民共和国海商法》的颁布及其调整对象

《中华人民共和国海商法》（以下简称《海商法》）是调整海上运输关系及船

[①] Wang C, Kim Y S., Kim C Y. Causality between Logistics Infrastructure and Economic Development in China [J]. Transport Policy, 2021 (100): 49 – 58.

舶关系的特别民事法律。1992 年 11 月 7 日由第七届全国人民代表大会常务委员会第二十八次会议通过，自 1993 年 7 月 1 日施行。

海上运输中发生的法律关系包括各种合同关系、侵权关系及因海上特殊风险导致的其他法律关系。主要是指承运人与托运人、收货人或者旅客之间，承托方与被托方之间，保险人与被保险人之间的关系。使用船舶是各种海上活动最基本的特征，于是就产生了与船舶相关的法律关系，主要是船舶所有人、经营人、出租人、承运人之间，抵押权人与抵押人之间、救助人与被救助人之间的关系。

2.《海商法》的主要内容

有关《海商法》的基本原则的规定；

有关海上客货运输的规定，包括海上货物运输合同、海上旅客运输合同；

有关船舶租用与海上拖航的规定，包括船舶租用合同、海上拖航合同；

有关船舶物权的规定，包括船舶所有权、船舶抵押权、船舶优先权；

有关船长、船员的规定；

有关海上侵权的规定，如船舶碰撞等；

有关分摊海上特殊风险的规定，包括海滩救助、共同海损、海事赔偿责任、海上保险合同等；

有关诉讼时效、准据法的规定，以及涉外关系的法律适用。

3.《海商法》的特点

一是与国际规则接轨。《海商法》广泛吸纳了国际公约的合理规则。如第二章"船舶"中有关船舶抵押权和船舶优先权的规定，吸收了《1967 年统一船舶优先权和抵押权规定的国际公约》的内容；第四章"海上货物运输合同"以 1968 年《海牙—维斯比规则》为基础，吸收了 1978 年《汉堡规则》的部分内容；第五章"海上旅客运输合同"、第八章"船舶碰撞"、第九章"海难救助"均分别按照 1974 年《海上旅客及其行李运输雅典公约》，1910 年《船舶碰撞公约》，1989 年《国际海上救助公约》的实质性条款制定（中国是上述三个公约的缔约国）；第十一章"海事赔偿责任限制"参照了 1976 年《海事索赔责任限制公约》；第六章"船舶租用合同"、第七章"海上拖航合同"参照了国际上相应的标准合同；第十章"共同海损"参照了作为国际惯例在海运界得到广泛应用的 1974 年《约克·安特卫普规则》；第十二章"海上保险合同"参考了被多数国家所借鉴的 1906 年《英国海上保险法》。国际公约、国际惯例及标准合同对《海商法》的具体内容产生了深刻而广泛的影响。

二是独具特色的海上运输风险分担制度。《海商法》中第四章"海上货物运输合同"涉及的国际公约有 3 个，即 1924 年《海牙规则》、1968 年《海牙—维斯比规则》和 1978 年《汉堡规则》。我国是一个发展中的海运大国，如何制定承运人的责任制度，关系到国家贸易和海运业的发展。依据"促进海上运输和经济贸易发展"的立法宗旨，研究了国际上承运人责任制度的现状及其发展趋势，并在此基础上实事求是地分析了我国海运业的综合竞争能力，最后形成的结论是：承运人的责任应以《海牙—维斯比规则》为基础，并适当吸收《汉堡规则》中可以实施的内容以增加承运人的责任，体现海上运输风险分担的原则。目前，这种承运人的混合责任制已成为国际海运法规的发展趋向。

三是条款强制性与任意性的统一。《海商法》的主要立法依据是国际公约、民间规则和标准合同。由国际公约移植到《海商法》的条款主要涉及承运人或责任人的责任和责任限制，只能是强制性的。国际公约的目的是统一各国的海商立法，其大部分的规定必然是强制性的。源于民间规则的条款，如《海商法》第十章"共同海损"，就不宜成为强制性的规范。为此《海商法》第二百零三条规定："共同海损理算，适用合同约定的理算规则，合同未约定的，适用本章的规定。"参考标准合同制定的条款更具有任意性，《海商法》第六章"船舶租用合同"就属于这类条款，《海商法》第一百五十二条规定："本章有关出租人和承运人之间权利、义务的规定，仅在船舶租用合同没有或者没有不同约定时适用。"

（二）《中华人民共和国国际海运条例》《中华人民共和国国际海运条例实施细则》

《中华人民共和国国际海运条例》（以下简称《条例》）已经于 2001 年 12 月 5 日国务院第四十九次常务会议通过，自 2002 年 1 月 1 日起施行。本条例适用于进出中华人民共和国港口的国际海上运输经营活动以及与国际海上运输相关的辅助性经营活动。前款所称与国际海上运输相关的辅助性经营活动，包括本条例分别规定的国际船舶代理、国际船舶管理、国际海运货物装卸、国际海运货物仓储、国际海运集装箱站和堆场等业务。《条例》对国际海上运输及其辅助性业务的经营者做了明确规定，包括经营国际船舶业务应具备的条件及其申请手续，对经营无船承运业务应交纳保证金及其申请手续，对经营国际船舶代理业务和经营国际船舶管理业务应具备的条件及其申请手续。对国际船舶运输经营者、无船承运业务经营者、国际船舶代理经营者和国际船舶管理者不再具备本条例规定的条件时，国务院交通主管部门或者省、自治区、直辖市人民政府交通主管部门有权取消其经营资格。《条例》对国际海上运输及其辅助性业务经营活动也做了明确规定。国际班轮运输的经营者应取得其经营资格，经营国际班轮运输业务，应当向国务院交通主管部门提出申请，并附送资料。《条例》还规定了取得国际班轮运输经营资格的国际船舶运输经营者，应当自取得资格之日起 180 日内开航；因不可抗力并经国务院交通主管部门同意，可以延期 90 日。逾期未开航的，国际班轮运输经营资格自期满之日起丧失。《条例》规定了在何种情况下国际船舶运输者应向国务院交通主管部门备案。国际船舶运输经营者之间的兼并、收购协议应当报国务院交通部门审核同意。《条例》还规定了国际船舶代理经营者和国际船舶管理经营者接受船舶所有人或者船舶承租人、船舶经营人的委托，可以经营的业务范围。《条例》对外商投资经营国际海上运输及其辅助性业务做了特别规定，包括经营方式、经营范围以及企业中外所占比例的限制。《条例》规定了国务院交通主管部门有权应利害部门的请求或者自行决定对有关涉及中国港口的经营国际班轮运输业务的国际船舶运输经营者之间的班轮公会协议、运营协议、运价协议，以及可能对公平竞争造成损害，或符合本条例第二十七条的行为之一进行调查和处理，并对调查和处理的实施做出规定。《条例》对各种违反本规定的国际船舶运输业务行为的处罚做了明确的规定。《中华人民共和国国际海运条例实施细则》自 2003 年 3 月 1 日起施行（以下简称《细则》）。《细则》对国际船舶运输业务、国际船舶运输经营者、国际班轮运输业务等的含义做了明确规定；对国际海上运输及其辅助性业务经营者其申请材料的内容也做了明确规定。《细则》对国际海上运输及其辅助性业务经营活动，包括新开或者停开，或者变更国际班轮运输船舶、班期，增加营运船舶数量，都要求营运者向交通运输部备案。任何单位和个人不得擅自使用国际班轮运输经营者和无船承运业务经营者已登记的提单。班轮公会协议，由班轮公会代表其所有经营进出口中国港口海上运输的成员备案。国际船舶运输经营者之间订立的运营协议、运价协议，由参加订立协议的国际船舶经营者备案。在中国境内收取运费、代为收取运费以及其他相关费用，应向付款人出具专用发票。《细则》规定国际船舶管理经营者应当根据合同的约定和国家有关规定履行有关船舶安全和防止污染的义务，并对国际船舶代理经营者、国际船舶管理经营者、国际海运货物仓储业务经营者以及国际集装箱与堆场业务经营者的行为作出规范，以及对外国国际船舶运输经营者和外国国际海运辅助企业的常驻代表机构不得从事的经营活动做出具体规定。《细则》规定，设立中外合资、合作经营企业经营国际船舶运输业务，应向企业所在地的省、自治区、直辖市人民政府交通主管部门提出申请和申请材料应包括的具体内容。对设立《中华人民共和国国际海运条例》第三十三条规定的外商投资企业，应当按照交通运输部和对外贸易经济合作有关规定办理。《细则》还对经营国际海运货物仓储业务和经营国际海运集装箱站及堆场业务应具备的条件做了明确要求，外国国际船舶运输经营者以及外国国际海运辅助企业在中国境内设立常驻代表机构，应当通过拟设立常驻代表机构所在地的省、自治区、直辖市人民政府交通主管部门向交通运输部提交材料，《细则》对申请材料的内容做了明确规定，并对调查和处理的程序和原则做了规定。《细则》还对各种违反规定的国际船舶运输业务的具体行为和处罚方式做了明确的规定。

（三）海运国际公约

1.《海牙规则》

《海牙规则》（Hague Rules）是 1924 年在布鲁塞尔由欧美 26 个国家签订的，全名为《统一提单的若干法律规定的国际公约》，于 1931 年 6 月正式生效。目前，它已被世界大多数国家所接受，各海运公司也大都根据《海牙规则》来制定自己的提单条款。因此，《海牙规则》已成为调整海洋货物运输的重要而普遍的法律依据。《海牙规则》共有 16 条，主要内容如下。

（1）关于"货物"的范围，作了限制性的定义，规定为将"活动物"和"甲板物"除外。

（2）关于船方的"责任期间"，限定为"自货物装上船时起至卸下船时止的一段时间"，即采用所谓"钩至钩"的原则。

（3）将船舶适航和照料货物方面通常应负的保证责任，仅规定为有义务"恪尽职责"和"应适当和谨慎地"装包、搬运、配载、运送、保管、照料和卸载所运的货物。

（4）承运人在 17 种原因下可以免除责任。

（5）承运人的赔偿责任限额为每件或每单位 100 英镑。

（6）规定收货人最迟应在卸货港收到货物以前或当时将货物的灭失和损害的情况书面通知承运人，否则即推定承运人交付了提单列明的货物。如果灭失和损坏的情况不明显，收货人应在收到货物后 3 日内通知承运人。

这些规定是承运人的最低责任和免责范围。承运人和托运人可以协商另订条款，但只能加重而不能减轻承运人的责任，承运人只可放弃部分或全部免责事项，而不得增加。

2.《海牙—维斯比规则》

《海牙—维斯比规则》是对《海牙规则》的补充和修改。第二次世界大战以后，随着国际经济贸易和海运事业的发展，《海牙规则》的某些规定已不适应海洋运输的实际需要，第三世界国家要求改善货主方面利益的呼声日益高涨。在这种形势下，国际海事委员会于 1963 年对《海牙规则》提出了修改方案，1968 年在布鲁塞尔召开了英国、法国、北欧等国家和地区的外交会议，签订了《修改统一提单的若干法律规定的国际公约的议定书》，简称为《1968 年布鲁塞尔议定书》，又称《维斯比规则》（Visby Rules）或《海牙—维斯比规则》（Hague - Visby Rule），这是因为布鲁塞尔议定书是在维斯比准备和完成的。《海牙—维斯比规则》于 1977 年 6 月 23 日生效，目前，已有 16 个国家参加。该规则在保留

《海牙规则》的基本责任制度的基础上，做了重要的修改和补充。

（1）扩大了规则的适用范围。《海牙规则》只适用于任何缔约国所签发的提单，《海牙—维斯比规则》既适用于上述提单，也适用于"从一个缔约国港口起运"的提单，既适用于出口提单，也适用于进口提单，同时还适用于只要提单中规定受该规则的约束的任何提单。

（2）提高了每件或每单位的赔偿责任的额度，增加了按照每公斤计算的赔偿额度。《海牙—维斯比规则》把《海牙规则》规定的承运人的赔偿责任限额由每件或每计费单位100英镑改为1万金法郎，并增加规定，也可按毛重每公斤30金法郎计算，以二者中金额较高者为准。一个金法郎是指一个含有纯度900‰的黄金65.5毫克的单位。[①] 但由于黄金官价不久即不存在，1979年12月又签订了一个特别议定书，将金法郎折合成特别提款权，每15个金法郎折合为1个特别提款权。

（3）增加了"集装箱准则"条款。为了适应集装箱和托盘运输的需要，《海牙—维斯比规则》规定，如果提单上载明装在集装箱和托盘中的件数或单位数，就以提单所载明的件数或单位数计算赔偿责任的限制数额。如果提单未载明具体数量，则把一个集装箱或一个托盘视作一件或一个单位。

（4）增加了维护承运人的雇佣人员或代理人利益的内容。《海牙—维斯比规则》规定，承运人的雇佣人员或代理人在索赔诉讼中可以享有与承运人相同的抗辩事由和责任限制。

（5）明确了不得否认原则。为了保障善意的第三人的利益，《海牙—维斯比规则》规定，承运人不得对提单所做的说明提出反证，即当提单合法转让给第三人时，承运人不得提出与提单所载明事项相反的证据来否认提单所做的说明。

3. 《联合国1978年海上货物运输公约》

鉴于《海牙—维斯比规则》仅对《海牙规则》做了非本质的修改和补充，同时，也考虑到近年来世界运输技术的发展和集装箱运输在国际航运中所产生的深刻影响，为了适应国际贸易发展的需要以及第三世界国家所提出的关于改善货主利益的强烈要求，联合国国际贸易法委员会的航运立法工作组1972年开始草拟海上货物运输公约的准备工作，经过多次会议的讨论和修改，于1976年5月拟定了《海上货物运输公约草案》，并于1978年3月在汉堡召开的71个国家参加的全权代表大会上获得通过，定名为《联合国1978年海上货物运输公约》（UN Convention on the Carriage of Goods by Sea, 1978），简称《汉堡规则》（Hanburg Rules）。这个公约在20个国家提交本国政府批准后一年生效。《汉堡规则》

[①] 左海聪. 国际商法（第三版）[M]. 北京：法律出版社，2023.

共有34条，主要内容如下。

（1）将"活动物"和"甲板货"包括在"货物"的范围内，这就扩大了《海牙规则》关于"货物"的限制性定义，但对承运人运送"活动物"时，规定了较一般货物更宽泛的责任。

（2）规定了承运人对货物的责任期间为包括货物在装货港、运输途中和卸货港由承运人掌管的全部期间。这就把《海牙规则》的"钩至钩"原则改为"港至港"原则。

（3）规定承运人的责任包括延迟交货在内。

（4）将签订运输合同的承运人和实际履行货物运输的承运人做了区分，规定为如果承运人和实际承运人都有责任，需连带负责。

（5）关于赔偿责任限额的规定，在《海牙—维斯比规则》双重责任限额的基础上，赔偿额度又做了增加，规定每件或每单位为835特别提款权（SDR）或相当于毛重每公斤2.5特别提款权（SDR）。

（6）当提单没有准确地表示出实际接管或装上船的货物的性质，而承运人如果确实知道此种情况，或有合理的根据对此存在着某种怀疑，规定承运人负有必须提出保留意见的责任。这实际上增加了承运人的责任，因为《海牙规则》并不要求承运人在上述情况下负有必须作出保留意见的责任。

（7）延长了收货人发出货物灭失和损坏通知的时间。规定为如果货物的灭失和损坏是明显的，收货人应不迟于货物移交给收货人之日后的下一个工作日发出通知。如果货物的灭失和损坏是不明显的，可延长到15天。收货人未按时发出通知并不丧失索赔的权利，但是要负举证的责任。如果在延迟交货的情况下，通知承运人关于货物的灭失和损失的时间在货物交给收货人之后超过60天，则丧失了索赔权。

（8）增加了关于管辖权和仲裁的规定，将诉讼时效规定为2年，这种规定既适用于收货人，也适用于发货人。《海牙规则》规定只给收货人1年的诉讼时效。

二、铁路、航空货物运输运行规则

（一）国际铁路货物运输概述及其运行规则

铁路运输在国际贸易货物运输中占重要的地位。铁路运输的特点是：运行速度较快，载运量较大，受气候条件的影响较小，因而在运输途中可能遭遇的风险较小，连续性强，可以常年正常行车。在有陆地相连的国家之间，铁路运输在国际贸易货物运输中占有突出的地位。

我国幅员辽阔，目前，与我国有铁路相通的国家有俄罗斯、哈萨克斯坦、蒙古国、朝鲜、越南等，具有利用铁路运输进出口货物的有利条件。特别是横贯中国的第二条欧亚大陆桥，它东起中国江苏省的连云港，向西直达荷兰的鹿特丹港，全长1万余公里。通过大陆桥运输比海运可提前1个月到货，运费节省20%~25%。[①] 所以，中国与俄罗斯、独联体中亚5国、欧洲大陆国家、朝鲜、越南的国际贸易，有相当一部分是通过铁路货物运输的方式进行的。国际铁路运输主要是通过联运方式进行，使用统一的国际联运单据，由铁路方面负责经过两国或两国以上的铁路，由一国铁路向另一国铁路移交货物，不需要发货人与收货人参加的一种运输方式。

欧亚国际铁路货物运输的国际公约主要有两个：《国际铁路货物运送公约》（又称《伯尔尼货运公约》，以下简称《国际货约》）和《国际铁路货物联运协定》（以下简称《国际货协》）。

《国际货约》于1938年订立，它是在1890年欧洲各国于伯尔尼举行的各国铁路代表会议上制定的《国际铁路货物运送规则》基础上修订而成。参加《国际货约》的国家有：德国、法国、英国、荷兰、比利时、卢森堡、丹麦、芬兰、挪威、瑞典、奥地利、瑞士、西班牙、葡萄牙、列支敦士登、意大利、希腊、土耳其、南斯拉夫、保加利亚、匈牙利、罗马尼亚、波兰和捷克斯洛伐克。《国际货协》最初由苏联、波兰、捷克斯洛伐克、罗马尼亚、匈牙利、保加利亚、民主德国和阿尔巴尼亚于1951年签订，中国和蒙古国、朝鲜于1953年参加该协定，1955年越南也加入了这个协定。在《国际货协》的成员国中，除苏联以外的东欧国家，同时还参加了《国际货约》，这就为沟通国际的铁路货物运输提供了更为有利的条件，使参加《国际货协》国家的进出口货物，可以通过铁路转运到《国际货约》的成员国。

中国是《国际货协》的成员国，与我国铁路相连的国家均是《国际货协》的成员国，故《国际货协》是中国对外铁路货物运输的主要法律依据。《国际货协》规定了货物运输组织、运送条件、运送费用的计算和核收办法以及铁路部门与发货人、收货人之间的权利和义务等内容，它是参加国铁路部门和发货人、收货人办理货物联运必须遵守的基本文件。

《国际货协》适用的国际铁路货物联运的范围包括以下几方面。

（1）在参加《国际货协》国家的铁路间进行货物运送。按照《国际货协》

[①] Wang, C. *, Zhao, Y. L., Wang, Y. J., Wood, J., Kim, C. Y., LI, Y. Transportation CO_2 emission decoupling: An assessment of the Eurasian logistics corridor [J]. Transportation Research Part D: Transport and Environment, 2020, 86.

进行国际铁路货物联运，在相同轨距铁路的国境站，不必进行换装，可使用发送国铁路的车辆直接过轨；在不同轨距铁路的相邻国境站，进行换装或更换车轮对或使用变距轮对，然后继续运送；若在铁路不连接的《国际货协》参加国之间运送，则需要通过参加国铁路某一车站负责转运，由发货人或收货人委托代理人领取货物，用其他运输工具继续运送。

（2）参加《国际货协》国家铁路向未参加《国际货协》国家铁路进行货物运送。在这种情况下，由参加《国际货协》国家与未参加《国际货协》国家相连的出口国境站场负责人，或收货人以及发货人委托的代理人，在该站办理转送至未参加国最终到站的转运手续。发货人在铁路运单"发货人声明"一栏内记载最终到达站的字样，以资识别。

（3）通过海运港口的货物运送。通过《国际货协》参加国之间的铁路联运，由其中之一的国家港口向未参加《国际货协》国家铁路发送货物，发站和港口间货物运送可使用《国际货协》单据办理。由发货人或收货人委托在港口站的代理收转人继续办理转运手续。

（二）航空货物运输运行规则

航空运输是现代国际货物运输的一种重要方式，它不受地面条件的限制、速度快、货运周期短、货物在运输途中损耗小，正因为航空运输具有这些特点，所以近年来航空运输方式在国际贸易货物运输中得到了广泛的应用，货运量不断增大，特别是急需物资、鲜活商品、易损易震货物等，更为适宜。虽然航空运输的运费较海运和铁路运输的运费在一般条件下高，但对部分商品来说，采用航空运输，可以减小包装费、装卸费、仓储费用等。随着对外贸易的扩大，我国对外贸易中航空货运量也在增大。目前，我国各大城市基本上都可以直接办理国际货物航空运输。

关于航空货物运输的国际法，主要是1929年10月12日在华沙签订的《统一国际航空运输某些规则的公约》，简称《华沙公约》，于1933年2月13日生效，后于1955年9月28日在海牙修订，称为《1955年海牙修正华沙公约》，简称《海牙议定书》，于1963年8月1日生效。之后，又于1961年9月18日在墨西哥的瓜达拉哈拉签订了《统一非缔约国承运人所办国际航空运输某些规则的公约》，简称《瓜达拉哈拉公约》，于1964年5月1日生效。《海牙议定书》和《瓜达拉哈拉公约》主要是为补充《华沙公约》而订立的。签订《瓜达拉哈拉公约》又是为了明确非缔结运输契约的承运人（实际承运人）根据缔约承运人的授权实际办理运输时的权利和义务。由于《华沙公约》和《海牙议定书》对此都未明确规定，《瓜达拉哈拉公约》规定，如果实际承运人办理的运输适用《华沙公约》的运输合同的全部或部分规定时，缔约承运人和实际承运人都应受《华沙公约》规则的约束，其中缔约承运人适用合同规定的全部，实际承运人只适用自己办理运输的有关部分。

这三个公约是各自独立的国际公约。中国于1958年7月15日加入了《华沙公约》，1975年8月加入《海牙议定书》。中国与《华沙公约》成员之间的航空运输适用《华沙公约》，与《海牙议定书》成员之间的航空运输则适用《海牙议定书》。此外，中国还与一些国家签订了双边航空协定。

三、国际货物多式联运规则

（一）国际货物多式联运及其所引起的法律问题

国际多式联运（international multi-model transport）是指按照多式联运合同，以两种及以上运输方式，由一名多式联运经营人将货物从一国境内接管货物地运至另一国境内指定地的跨国运输。它是随着集装箱货物成组运输发展而发展起来的。

国际货物多式联运的发展，产生了一系列新的法律问题。

首先是法律适用问题。传统的国际货物运输方式划分为海、陆、空三种，货物运输采用不同的方式，适用不同的法律。也就是说，前述的关于国际货物运输的法律都是以不同的运输方式为基础而制定和适用的。但是，国际货物多式联运是把海、陆、空运输过程结合在一起，运输过程涉及两个及两个以上的主权国家，采用两种以上的传统运输方式，并且货物在整个运输过程中是密闭在集装箱内，所以，如果货物发生灭失或损坏，往往很难确定其发生在哪个运输阶段，因而也就难以确定应根据哪种运输方式的公约来确定承运人的责任。

其次是运输单据的性质。海运提单一般都是可转让的物权凭证，而铁路运单和航空运单都不具有可转让的物权凭证性质。在多式联运下的货运单据既包括海运，也包括陆运和空运，其法律性质应如何确定？

最后是货主与承运人的法律关系。在传统的各种运输方式中，货主与承运人之间的合同关系是明确的。但是，在多式联运中，承运方有联运经营人和实际承运人，若货物发生损失，托运人或收货人究竟应向联运经营人还是向实际承运人索赔或起诉？

为了解决多式联运带来的一系列的新的法律问题，国际组织和国际商业团体制定了有关的国际公约草案和规则。联合国国际多式联运公约会议第二次会议于1980年5月24日在日内瓦通过了《联合国国际货物多式联运公约》（以下简称《公约》）。该公约由总则、单据、联运人的赔偿责任、发货人的赔偿责任、索赔和诉讼、补充规定、海关事项、最后条款等8部分组成,明确了国际多式联运的概念,特别是确定了多式联运经营人的全程单一负责制。

(二)《联合国国际货物多式联运公约》中的多式联运若干运行规则

1. 多式联运合同当事人的法律性质

多式联运合同的当事人,一方是发货人,另一方是联运经营人(以下简称"联运人")。根据《公约》第1条第2款的规定,联运人是以"本人"的身份同发货人订立合同的,即以"本人"的身份对运输全过程负责,承担履行整个联运合同的责任,此即联运人的"全程单一负责制"。联运人不得以将全程的某一段运输委托给其他运输分包人为由,而对发生在该段的损失不负责任。

2. 多式联运单据

根据《公约》的规定,多式联运单据是证明多式联运合同以及证明多式联运经营人已接管货物并负责按照合同条款交付货物的单据。所以,发货人应向联运人保证他所提供的货物品类、标志、件数、重量、数量以及危险货物的性质等资料的准确性,如果因这些资料不准确或不适当而使联运人遭受损失,发货人应负责予以赔偿,而不论发货人是否已将联运单据转让给他人。但联运人对发货人的这种索赔权,并不限制其按照多式联运合同对发货人以外的任何人应负的赔偿责任。

多式联运单据根据收货人栏内填写内容不同,可以分为可转让的单据和不可转让的单据两种。根据国际商会UCP500规定,除非信用证另有不同的规定,银行可以接受多式联运单据,出单日视同装船日。

(三)关于货物赔偿责任的原则及限额

在实行联运人"全程单一负责制"的情况下,《公约》采用推定过失原则作为货物赔偿责任的基础,《公约》规定联运人应对他的雇员、代理人和其他人的过失负责,即除非联运人能举证他和他的雇员或代理人为避免损失事故的发生及其后果已经采取了一切所能做的合理措施,否则就视为联运人有疏忽或过失,联运人就应对在其责任期间内所发生的灭失、损坏或交货迟延负赔偿责任。

《公约》对货物赔偿限额做了统一的规定:包括海运时为货物每件920SDR,或毛重每公斤2.75SDR,以高者为准(比《汉堡规则》提高10%)。考虑到空运、铁路、公路承运人对货物损失的赔偿责任应当高于海运承运人,所以,若根据运输合同,在多式联运中不包括海上或内河运输,则联运人对货物灭失或损坏的赔偿责任以毛重每公斤8.33SDR为限。

但《公约》又规定,如能确定货物损害发生的运输阶段,而该阶段所适用的国际公约或国内法又规定了较高的限额时，则应按照后者的有关规定办理。

（四）关于索赔与诉讼的规定

《公约》规定，在货物发生灭失或损坏时，收货人应不迟于联运人将货物交给他的次一工作日将灭失或损坏情况以书面通知递交联运人；若货物的损失不明显，则收货人可在交货后 6 天之内提出上述书面通知。对于延迟交货，收货人应于交货后 60 天内向联运人提出索赔的书面通知。

若由于发货人或其雇员或代理人的过失和疏忽给联运人造成了损失，联运人必须在不迟于发生这种损失后 50 天内，将损失情况以书面通知的形式递交发货人。若联运人未向发货人递交书面通知，即成为联运人未受到这种损失的初步证据。

国际多式联运诉讼时效为 2 年，但如果在货物交付后 6 个月内没有提出书面索赔通知，即失去诉求权。如果法院按其所在国法律有管辖权，而且下列地点之一位于其法院管辖范围内，则原告可以选择其中之一提起有关国际多式联运的诉讼。

（1）被告主要营业所；
（2）多式联运合同的缔结地；
（3）接收货物的地点或交付货物的地点；
（4）多式联运合同中所指定，并在多式联运单据中载明的其他地点。

《公约》规定，各方当事人可以用书面协议将根据《公约》所发生的有关国际多式联运的争议交付仲裁。当事人可以选择提请仲裁的地点，可供选择的地点与诉讼管辖所规定的地点基本相同。

第四节　国际运输市场的基本特点及影响因素

一、国际运输市场的基本特点

（一）运输生产分类

1. 独立运输

所谓独立运输也称为一般运输，指孤立地采用不同载运工具或同类载运工具而没有形成有机协作关系的运输方式，如单纯的汽车运输、火车运输等。

2. 联合运输

所谓联合运输，指使用同一运输凭证，由不同的运输方式或不同的运输企业进行有机衔接运送货物，发挥不同载运工具效率的一种运输方式。联合运输的方式有：铁—海联运、公—铁联运、公—海联运等。进行联合运输，不仅可以简化托运手续，加快运输速度，而且可以节约运费。

3. 多式联运

所谓多式联运，指根据实际要求，将不同的运输方式组合成综合性的一体化运输，通过一次托运、一次计费、一张单证、一次保险，由各运输区段的承运人共同完成货物的全过程运输，即将全过程运输作为一个完整的单一运输过程来安排的一种运输方式。

多式联运不是一种新的运输方式，而是一种新的运输组织形式，是在旅客和货物多次中转连续运输的全运输过程中，在不同运输区段、不同运输方式的接合部（中转、换装地点）发挥纽带、贯通和衔接作用。此外，还包括把原来由旅客、货主自己（或委托代理人）订立的运输合同，办理货物所需要的手续及各种运输服务事宜，改变为由联运企业或联运代理人统一组织办理。在联合运输组织业务中，联合是核心，衔接与协作是关键。

按运输过程涉及的运输方式，可分为包括两种或两种以上运输方式的不同方式间运输市场和某一种方式内的运输市场（如公路运输市场、航空运输市场、水运运输市场等）。

按运输距离的远近，可分为短途、中途和长途运输市场等，也可按运输市场的空间范围，分为地方运输市场、跨区运输市场和国际运输市场等。国际水运市场又包括定期航班市场和包租船市场等。

按运输市场与城乡的关系，可分为市内运输市场、城市间运输市场、农村运输市场和城乡运输市场等。

按运输市场的客体结构，可分为客运市场、货运市场、交通工具租赁市场、车船修理市场等。其中货运市场又可按货物的种类细分为煤炭运输市场、粮食运输市场、钢铁运输市场等，也可以按照运输条件分为一般货物运输市场和特种货物运输市场，如大件运输、零担运输、集装箱运输、危禁货物运输、冷藏运输、散装运输、搬家运输等；客运市场也可以细分为一般客运市场和特种客运市场，后者如旅游客运市场、包机市场等。

按运输市场的竞争性，可以分为垄断运输市场、竞争运输市场和垄断竞争运输市场等。这种分类是针对特定时间、地点等条件而言的，比如有的运输企业在一些地区是垄断的，在另外一些地区则可能是竞争的。

按时间要求可分为定期运输市场、不定期运输市场、快捷运输市场等。

按其在社会再生产的过程中的作用和位置不同可分为生产过程运输、流通过程运输。

按运输经营活动的性质及服务对象可分为营业性运输和非营业性运输。

按运输的对象可分为旅客运输和货物运输。

按运输的方式（运输设备和运输工具）可分为公路运输、铁路运输、水路运输、航空运输、管道运输。

按营业性可分为面向社会的运输和收取费用的运输。

按非营业性可分为面向本企业、本单位内部的和自用型运输。

驼背运输：为了适应多式联运发展的需要，更好地解决伴随联运产生的大量装卸和换载作业，甩挂运输的基本原理与组织方法已被运用于集装箱或挂车的换装作业。其基本方法是：在多式联运各运输工具的连结点，有牵引车将载有集装箱的底盘车或挂车直接开上铁路平板车或船舶上，停妥摘挂后离去，集装箱底盘车或挂车铁路车辆或船舶载运至前方换装点，再由到达地点的牵引车，开上车船、挂上集装箱底盘车或挂车，直接运往目的地。这种组织形式被形象地称为驼背运输。

驼背运输组织方式使得汽车、列车运行作业与摘下集装箱底盘车或挂车的载运作业平行进行，加速了车辆的周转；同时，由于这种方式扩发了货运单位，从而节约了装卸和换装作业的时间，提高了作业效率。

多式联运是按照社会化大生产要求组织运输，它将多种运输方式有机地结合在一起，以最合理、最有效的手段组织货物的运输，因此，多式联运是一种高级的运输组织形式，不仅最大限度地方便货主，加速货物周转，提高货主的满意度，而且可实现运输合理化，提高运输组织工作的效率和效益。

如果多式联运运用于国际货物运输中，则可称其为国际多式联运。

一般来讲，构成多式联运应具备以下六个主要条件。

（1）必须具有一个多式联运合同；

（2）必须使用一份全程的多式联运单据（多式联运提单、多式联运运单等）；

（3）全程运输过程中必须至少使用两种不同的运输方式，而且是两种以上运输方式的连续运输；

（4）必须使用全程单一费率；

（5）必须有一个多式联运经营人对货物的运输全程负责；

（6）如果是国际多式联运，则多式联运经营人接收货物的地点与交付货物的地点必须属于两个国家。

多式联运是综合运输思想在运输组织领域的体现，是综合性的运输组织工作。这种综合组织是指在一个完整的货物运输过程中，不同运输企业、不同运输区段、不同运输方式和不同运输环节之间的衔接和协调。其内容主要包括以下四个方面。

（1）货物全程运输中使用的两种或两种以上运输工具或方式的运输衔接，或者货物全程运输中使用同一种运输工具两种或两种以上运输方式的衔接；

（2）货物全程运输中使用一种运输方式多家经营和多种运输方式联合经营的组织衔接；

（3）货物全程运输所涉及的货物生产、供应、运输、销售企业的运输协作组织；

（4）多式联运经营人对货物的运输全程负责。

在多式联运中，凡是有权签发多式联运单据，并对运输负有责任的人均可视为多式联运经营人，如货运代理人、无船承运人等。多式联运全过程涉及各种关系人，法律关系非常复杂。其中，有多式联运经营人和货物托运人之间的关系，多式联运经营人与发货人的受雇人、代理人之间的代理关系，承揽关系，侵权行为关系等，各关系人之间的权利、义务不尽相同。一旦确定了多式联运经营人和发货人之间的法律关系，在某种程度上也就明确了多式联运经营人与其他各关系人的法律关系。

多式联运经营人在完成或组织完成全程运输过程中，首先要与托运人或货主订立全程运输合同，在合同中是承运人。但在与各种运输方式、各区段的实际承运人订立的分运（或分包）合同中，多式联运经营人又是以托运人和收货人的身份出现的。这样多式联运经营人就具有双重身份，就其业务内容和性质来看，多式联运经营人的主要工作实际上是组织、衔接各区段的货物运输，而各区段承运人对自己承担区段的货物运输负责。由此可知，联运经营人的这种身份与传统的货运代理人身份相似，担负的是"一手托两家"的中介组织任务。

从以上内容可以看出，多式联运不是一种新的运输方式，而是一种新的运输组织形式，是在货物多次种种的全程运输过程中，在不同运输区段、不同运输方式的中转或换装地点发挥纽带和衔接作用。多式联运的运输组织工作，除上述衔接性工作外，还包括把原来由货主自己或委托代理人订立的运输合同，办理货物交接和办理所需要的手续及各种运输服务事宜，变为由多式联运经营人统一组织办理。多式联运组织工作过程，实际上是各种运输方式合理运用和分工的过程。在选择全程运输的运输线路和选择各区段的运输方式时，不仅要考虑每一种运输方式的特点及技术经济特性，更应充分考虑各种运输方式之间优势互补以及由不同运输方式组成的最佳运输路线。只有综合地利用各种运输方式的技术经济优势、扬长避短、相互补充、协调组织，才能把不同运输方式有机地结合成一个整体，提供优质、方便、高效的运输服务。

（二）运输市场管理

1. 运输生产过程

运输生产过程，泛指客货运输对象的运输过程。旅客和货物通过各种载运工具实现空间位移，需要经过许多业务环节才能完成，不同运输方式的作业环节有所差异，但总体都可根据作业流程分为运输准备作业、运输生产作业和运输生产辅助工作等三大作业环节。

（1）运输准备作业。

运输准备作业指运输客货之前所需要进行的全部准备工作，主要包括：运输经济调查与运输工作量预测、运营线路开辟、运营作业点设置、运力配置、运输生产作业计划安排以及制定有关运输组织管理制度、规章等。其中有些准备工作需要在运输生产作业前进行较长时间准备，如运输经济调查、线路开辟、站点设置等；有些准备工作属于日常持续进行的准备，如客货运输生产作业计划安排等环节。

（2）运输生产作业。

运输生产作业指直接实现客货空间位移的载运工具的运输工作，主要包括乘客上下车及货物装卸作业、客（货）车辆运送作业（载运工具在途作业）以及必需的车辆调度作业等。

（3）运输生产辅助工作。

运输生产辅助工作指为运输生产以及其准备工作提供后勤保障服务的各项工作总称，主要包括载运工具选择与技术运用组织、运输生产消耗材料的供应与保管工作、运输劳动组织工作等。

上述各项作业环节，是构成各种运输方式生产过程所必需的主要作业环节。其中又以运输生产作业为基本运输作业环节，其余工作环节需围绕运输生产工作环节的各类需要，科学、合理地进行组织，以保证运输生产作业顺利进行。

2. 运输生产的流程再造

运输生产过程是为实现人和物有目的的移动而进行的一系列逻辑相关活动的有序集合。运输企业有效运行的标志，就是实现人流、物流、资金流和信息流的合理流动，按照一定的逻辑顺序，由一个阶段向另一个阶段转变，这种转变过程实际上是一种流动，因此，也将运输生产过程及其管理过程称为运输流程。运输流程具有一切流程的共同性质：

目的性，流程是为了实现某一目标而设计和生产的；

内在性，流程包含状态的时间变化和活劳动的空间转移；

整体性，流程是一系列活动通过一定方式的联系和组合；

动态性，流程通过活动（状态）的变化而实现某一目标；

层次性，流程包含不同层次的多种活动的投入；

结构性，组成流程的各项活动之间的相互联系和相互作用方式在结构上具有一定的规律性。表现为串联、并联或反馈结构的不同组合。

在目前阶段，运输生产流程再造是以信息社会下的业务流程再造理念为基础，为有效地改善运输组织的绩效，对现有运输产生流程的重新分析、设计和改造。其中，电子商务所激发的运输流程再造已经影响到了运输组织的各个环节，而集装箱运输则是运输流程再造的典范。

（1）电子商务与运输流程再造。

电子商务所带来的运输流程再造，主要体现在运输企业采用了计算机、网络、通信卫星和光导纤维等最新信息技术和新的组织管理模式，提高了服务能力和服务水平。

信息化：从现代管理理念以及经济全球化的要求看，一个有核心竞争力的运输企业管理与运作必须信息化，即建立完善的客（货）信息系统。运输企业信息系统可以理解为通过对与运输相关信息的加工处理来达到客（货）流、资金流的有效控制和管理，并为企业提供信息分析和决策支持的人机系统。它具有实时化、网络化、系统化、规模化、专业化、集成化、智能化等特点。因此，条形码技术、多媒体技术、地理信息系统、全球定位系统、电子数据交换、数据管理技术、数据挖掘技术、Web 技术等在运输中得到广泛应用。运输效率和服务水平的提高在很大程度上取决于运输信息的流转和处理。

自动化：自动化的基础是信息化，核心是机电一体化。自动化的特点是省时、高效，这有利于扩大运输作业能力，提高劳动生产率，减少运输过程中的人为差错和失误等。运输自动化的设备多种多样，如自动化立体仓库、条码自动识别系统、自动包装设备等，这些技术越来越普遍地应用于运输作业流程中，大大简化了运输过程的环节和管理内容。

智能化：智能化是运输自动化、信息化的最高层次。运输过程存在着大量的运筹和决策，如运输方式和运输路径的选择、运输工具运行的自动识别和跟踪、运输安全控制、速度控制和作业进程控制等问题，都需要借助于智能化技术来实现。目前，智能化交通信息技术不仅在交通控制领域，而且在与用户服务相关的电子商务领域，都已经有比较成熟的研究成果。

柔性化："柔性化"来自制造业"以顾客为中心"的目标，即真正根据消费者需求的变化来灵活调节生产过程，没有配套的柔性化物流系统，该理念是不可能实现的。20 世纪 90 年代，国际生产领域开始推出"弹性制造系统"（flexible manufacturing system，FMS）、计算机集成制造系统（compureter intergrated manufacturing system，CIMS）、制造资源计划（MRP）、企业资源计划（ERP）以及供应链管理的概念和技术。这些概念和技术是指将生产和流通进行集成，根据客户端的需求组织生产，安排物流活动。

（2）集装箱与运输流程再造。

集装箱运输方式的产生是运输业的革命，这种运输组织形式克服了普通件杂货运输存在的装卸效率低、货损货差率高、包装要求高、货运手续繁杂、运输服务质量低等缺点。与此同时，集装箱运输使流通过程中每一个环节都发生了根本性的变革，是一种高效率、高效益、高质量的运输组织方式，它是运输流程再造的典范，对运输组织形式的变革起到了促进作用。

集装箱运输是高协作的运输：参与集装运输的环节和组织主要包括四方面：①海运、陆运、空运、港口、货运站、堆场等运输环节；②船舶公司、铁路、公路、航空运输公司；③船舶代理公司、货运代理公司、集装箱租赁公司、公共承运人、海关、商检、安检、保险公司等相关部门；④发货人、收货人。集装箱运输涉及面广，环节多，是一个复杂的运输系统工程，需要多方面的合作。

集装箱运输适于组织多式联运：多式联运能够把海上运输、航空运输、公路运输、铁路运输、内河运输有机结合起来，构成连贯运输，为货主提供经济、快速、安全、便捷的运输服务，而运输单元则是集装箱，集装箱运输的优势可以在多式联运中得到最充分的发挥和体现，因此，在国际货运中，发达国家的80%以上的货物出口运输都是采取集装箱运输，发展中国家接近50%，而我国进出口货运量的近60%已经实现集装箱运输。[1]

集装箱运输简化了托运、制单和结算手续，方便了货主：多式联运最显著的特征是：①一个多式联运合同；②一个多式联运经营人，对全程运输负总责；③至少2种不同运输方式的连贯运输；④使用一份全程多式联运单据，对货主实现全程单一运费费率。另外，集装箱转运时只是箱体的装卸，不涉及箱内货物，货损、货差大大降低，运输服务质量明显提高；各运输环节和部门之间配合密切，分工明确，货物交接速度快，减少了货物停留时间，是实现了安全、准确、及时运抵目的地的新型运输服务组织方式。

二、国际运输市场的影响作用

（一）国际运输源于国际贸易

国际运输原先不是一个独一无二的行业而是与商品贸易结合在一起的。当国

---

[1] 李勤昌. 国际货物运输（第五版）[M]. 大连：东北财经大学出版社，2018.

际贸易规模扩大到一定程度，以及交通业和运输技术发展到一定阶段时，国际运输从商品贸易活动中分离出来，形成独立的运输业。以国际海上货物运输为例，起先没有独立的国际航海业。当时，商人拥有自己的船舶或船队，用来贩运商品，而且商人往往随船队到达商品的销售地，在那里开展商务活动。这就是航运史上的"商人船主"时期。第一次产业革命之后，生产力空前发展，贸易活动规模越来越大，范围越来越广，同时造船技术和航海技术空前提高。在这样的条件下，海上运输活动逐渐从贸易活动中分离出来，形成独立的国际航运业。

（二）国际贸易对国际运输的影响

国际贸易是国际运输的本源需求，而国际运输是国际贸易的派生需求，国际贸易的增长是国际运输发展的前提，国际贸易对国际运输的影响表现在以下几个方面。

第一，国际贸易量的大小决定国际运输量的大小，国际运输是为国际贸易服务的，有国际商品贸易，才有国际货物运输。因此，国际运输货物的运量与国际贸易量是紧密相关的，如石油作为工业的粮食，其国际贸易量极大。在国际运输方面，石油是世界海上运输运量最大的一种货物，油轮也是最大的一类船舶。从第二次世界大战结束至20世纪70年代初，世界石油贸易量增长很快。在国际运输方面，这一时期海上石油运量也呈现快速增长的景象，油轮的大型化也在大步推进。21世纪70年代石油危机以后，随着世界石油贸易增长减慢，在国际运输方面，海上石油运输量的增长下降，油轮大型化受阻。国际贸易对国际运输在量上的影响还表现在国际商品贸易量的季节性变化上，这种季节性变化也直接影响国际货物运输量，使其呈现同样的季节性变化。

第二，国际贸易商品种类的构成决定国际运输货物的结构，国际运输货物的结构同国际贸易商品种类的构成是一致的，后者的变化必然导致前者的改变，例如，在工业化发展的过程中，石油、煤炭、铁矿石等工业原料的国际贸易量及其在国际贸易总量中的比重不断增加，相应地，大宗散货在国际运输量中的比重也不断上升。自20世纪70年代末80年代初以来，随着世界技术的发展和产业结构的调整，在国际贸易商品的构成中，初级产品的比重逐渐下降，而工业成品、半成品的比重逐渐上升，相应地，大宗散货在国际运输量中的比重也逐渐下降。在国际海上货物运输中，1981年以前，原料、铁矿石和煤炭三种最主要散货的运量之和占总运量的比重都在50%以上，但1981年以后，这一比重已降到50%以下。[1]

---

[1] 李勤昌. 国际货物运输（第五版）[M]. 大连：东北财经大学出版社，2018.

第三，国际贸易的交易关系决定了国际运输货物的流向和运距。例如，20世纪60年代前和60年代后相比，美国从主要使用阿拉斯加的石油和进口墨西哥、委内瑞拉的石油转变为更多地从中东进口石油。欧洲和日本也把中东作为石油进口的主要贸易伙伴，于是就形成了中东至美国、中东至欧洲、中东至日本的世界石油运输的主要流向，平均运距也随之延长。20世纪70年代中期开始，美国又增加了使用阿拉斯加的石油和进口墨西哥的石油，欧洲增加了使用北海的石油，于是，世界石油运输的主要流向更加分散，平均运距也随之缩短。

第四，国际贸易商品的批量决定国际运输的方式。以海洋运输为例，货物运输的方式可以分为租船运输和班轮运输，决定货物采用何种方式运输的一个重要因素是货物的批量，而货物的批量取决于商品贸易的批量。一般来说，工业成品、半成品的贸易相对于船舶容量而言批量较小，形成件杂货，采用班轮运输。初级产品的贸易批量较大，宜于组织整船运输，租船运输是适当的运输方式。

第五，国际贸易政策影响国际运输货物的运量、结构、流向和运距。以区域集团化的贸易政策为例，区域集团化具有双重性，集团内部向自由贸易更迈进了一步，而对外却往往筑起更牢固的贸易壁垒，这使集团内部的商品贸易及货物运输比重增加，而集团与外部的贸易和运输比重相应下降，从而影响货物运输的流向和运距。犹如在贸易保护主义日益升级的形势下，美国和日本的汽车制造商为了避开贸易壁垒，在国外建厂，就地生产，就地销售，这影响了汽车进出口运输的流向和运距。

（三）国际运输对国际贸易的影响

国际商品贸易中的一切商品都必须通过运输才能从出口地到达进口地，国际运输是国际商品贸易业务过程中必不可少的重要环节之一，是国际商品贸易的桥梁和纽带。运输环节开展得顺利与否，运输的快速性、准确比、安全性、可靠性以及运价的高低，都对商品贸易的范围和规模产生影响。以运价为例，运价的高低直接影响商品贸易的规模，下面用简单的A、B两国模型来说明（见图9-1）。

图9-1（a）表示A国某一商品的供需情况，图9-1（b）表示B国同一商品的供需情况。D_A表示A国的需求曲线，S_A表示A国的供给曲线；D_B和S_B分别表示B国的需求曲线和供给曲线。假如A、B两国都处在封闭的经济环境中，那么，A国的市场价格为P_0，均衡供求量为Q_0；而B国分别为p_0和q_0。如果A、B两国实行开放经济，那么相互就会产生国际贸易。假定两国的贸易隶属于

第九章　国际运输经济问题

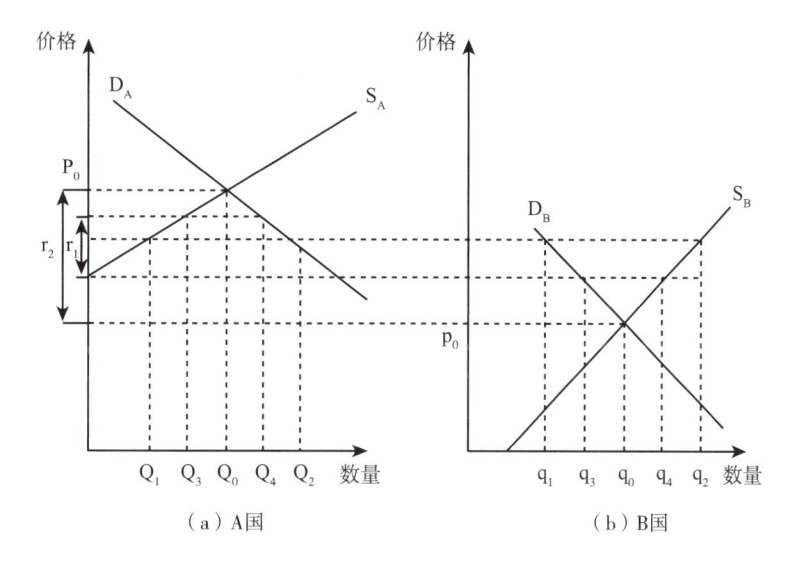

图 9-1　A、B 两国商品供需情况

自由贸易，暂且不考虑 B 国到 A 国的运输费用，那么，两国的贸易量为 Q_1Q_2（= q_1q_2）。Q_1Q_2 为 A 国的进口量，q_1q_2 为 B 国的出口量，两者相等。如果两国间贸易量运价为 r_1，那么贸易量就减少为 Q_3Q_4（= q_3q_4）。如果运价进一步上升，很明显，贸易量会减少。当运价上升到 r_2 时，两国就没有贸易了。

随着国际交往的日益扩大，国际旅游业也蓬勃兴起，而国际旅游业就是国际服务贸易的一种。历史名城和风景区的内、外交通线路配备便捷的游览路线，组织快速和舒适的长途客运，是旅游业兴旺发达的必不可少的条件。

课后作业

1. 国际贸易和国际运输之间存在什么关系？
2. 辨析名词：国际运输通道、运输枢纽、运输廊道。
3. 概括一下国际运输市场的基本特点及影响因素。

课后思考题

1. 请比较中国、美国、日本国际运输服务贸易竞争力。
2. 针对不同案例，能否判断其是否违反国际运输法律。
3. 案例与讨论 1：中欧班列谱写精彩战"疫"故事（见二维码）。

中欧班列谱写精彩战"疫"故事

4. 案例与讨论 2：你不知道的中欧班列"冷知识"（见二维码）。

5. 案例与讨论 3：从"丝绸之路"到"一带一路"（见二维码）。

6. 拓展知识：国际贸易术语（见二维码）。

7. 本章知识分解（见二维码）。

第十章 宏观运输经济与运输产业政策

学习目标及要求：

1. 了解宏观经济学各流派观点。
2. 掌握经济增长理论的模型推导，掌握运输与经济增长的内在关系。
3. 了解运输总需求和总供给的概念与联系，重点掌握运输均衡的调节机制。
4. 掌握运输产业政策与宏观调控的相关知识点。

本章重点：

1. 宏观经济学思想史和各流派观点。给学生推荐简明扼要的教辅资料，如曼昆著《经济学原理（宏观）》、马工程版《西方经济学》等，强化学生对宏观经济流派的认识。

2. 运输产业政策与宏观调控的现实情境。通过国内外运输政策与宏观调控的案例分析，使学生清晰认识到宏观政策与调控手段的重要性。

3. 运输总需求与总供给。以课堂互动和课后阅读材料为主，充分调动学生的学习兴趣，使学生对该部分有更清晰的理解。

本章难点：

1. 经济增长模型分析。通过教师板书和课堂练习，为学生重点讲解哈罗德—多马经济增长模型和新古典经济增长模型的假设依据、模型结论和局限性。通过现实发展数据使学生对内生增长模型的核心思想有直观认识。

2. 运输产业政策与宏观调控的综合实施。结合区域经济学、空间经济学等章节内容，通过课堂讨论和提问形式加深学生对运输影响经济增长渠道路径的理解与融会贯通，并针对我国特定国情提出切实可行的政策建议。

第一节 宏观经济学流派及其论战

一、凯恩斯革命

凯恩斯革命或凯恩斯经济学的形成，是 20 世纪上半叶西方经济学界发生的最重大的历史事件。凯恩斯的《就业、利息和货币通论》（以下简称《通论》）颠覆了古典和新古典经济学所宣扬的萨伊定律和市场调节自动实现充分就业的信条，实现了经济学的一次深刻革命。凯恩斯系统地推出了"有效需求理论"，为国家从宏观经济层面对经济实行干预提供了理论依据，并提出了以管理总需求为基本内容的宏观经济政策（财政政策和货币政策）。凯恩斯经济学的问世标志着现代宏观经济学的形成。

（一）核心思想

1. 市场均衡

以《通论》出版为标志的"凯恩斯革命"实现了与古典和新古典经济学的决裂，创造了真正意义的现代宏观经济学。在此之前，古典和新古典传统的宏观经济分析强调通过市场调节可以自动实现充分就业，即强调供给创造其自身需求的"萨伊定律"的有效性。经济萧条或失业现象的发生只是暂时和局部的，只要市场具有灵活的伸缩性，即价格、工资率和利率可以随着供求关系的变动而自由灵活地变动，便将促使经济实现充分就业均衡。换言之，商品市场上的商品价格最终等于充分就业时的市场价格，劳动市场上工资率最终与充分就业相适应，在资本或信贷市场上利率可以与实现充分就业相联系的投资与储蓄相等。

相反，凯恩斯的《通论》认为，资本主义经济的常态是非充分就业的，古典和新古典经济学所说的充分就业只是一个特例。凯恩斯指出，储蓄和投资的均衡并不简单地依赖于利率。除了利率，储蓄和投资还取决于许多复杂的因素。另外，经济中存在刚性，如垄断厂商和工会的存在，阻碍了经济为实现而充分就业调整工资和价格的灵活变动，因而颠覆了古典和新古典经济学的自我实现均衡的趋势。凯恩斯指出，只有通过控制总需求才能有效地解决失业。如果给定稳定的货币工资率，工人会愿意接受由需求增加所引起的价格上涨。这样的价格上涨会降低实际工资，因而刺激就业。凯恩斯将古典命题倒转过来：就业不会因实际工资下降而增加，但实际工资会由于总需求增加引起的就业增加而下降。

2. 有效需求理论

凯恩斯经济学的最大贡献是推出了有效需求理论。按照凯恩斯的分析，有效需求的数量取决于两个因素：消费倾向和投资引诱。消费倾向是国民收入水平与消费数量间的函数关系。消费与收入同向变化，但消费的变化小于收入的变化，这是凯恩斯理论的基本概念之一。对企业的投资引诱，一方面取决于其对资本未来利润率的预期，另一方面取决于借贷一笔投资所支付的利息率。凯恩斯的分析表明，随着投资增加，在投资边际收益递减规律和资本重置成本提高的作用下，资本预期利润率提高；由于人们的流动偏好（以现金形式保留货币的偏好），使贷款利率居高不下（即凯恩斯陷阱），造成私人投资需求不足。因此，凯恩斯的结论是，仅仅依靠私人投资无法解决有效需求不足的问题。政府必须直接担负起投资职责以弥补私人投资的不足；或用货币政策增加货币供给量以降低利率和扩大私人投资，从而为政府干预提供有效的理论依据。

3. 宏观经济政策

凯恩斯经济学主张切实可行的宏观经济政策作为政府干预的工具，主要是财政政策和货币政策。凯恩斯经济学特别强调实行弥补私人投资不足的财政政策的必要性。为了避免公共部门支出挤占私人部门的支出，政府的预算赤字就不可避免。因此，在凯恩斯的经济政策中，政府赤字只有在私人部门花费不足，为提高就业水平而不得不为之的时候，才是合乎需要的。如果私人部门的需求旺盛，政府部门的花费就须由政府的现行税收来支付。

凯恩斯的有效需求理论既可以作为摆脱经济萧条的指南，也可以用于抑制通货膨胀。按照凯恩斯的分析，经济萧条基本上是由于有效需求不足引起的，而通货膨胀则基本上是由于过度需求而产生的。在指出税收和自愿储蓄不足以防止第二次世界大战期间的通货膨胀以后，凯恩斯拟订了一个非自愿或强迫储蓄的反通货膨胀计划。凯恩斯并不反对一切直接进行的价格管制和"二战"时的行政措施，但其计划的优点是，赋予消费者花费其纳税后收入的最大自由和降低消费，而"二战"后的补偿还可抵消"二战"后的需求不足。

（二）总结与述评

凯恩斯经济学是以 20 世纪 30 年代西方国家经济萧条作为实际背景产生的。

当时出现经济萧条的原因,确如凯恩斯所指出的是由于有效需求不足,而摆脱困境的出路在于扩大有效需求。这对西方国家在一定时期内是适用的。凯恩斯经济学所阐发的有效需求理论及与之相联系的以管理需求为基本内容的宏观经济政策,在第二次世界大战后的30余年中,有效促进了西方国家的经济增长和发展。在西方世界经济发展史上,凯恩斯经济学对西方国家的经济发展具有重要的实际应用价值。

然而,凯恩斯经济学的作用是有限的,在20世纪70年代西方国家经济出现"滞胀"(即大量失业和严重的通货膨胀同时并存的现象)以后,凯恩斯经济学因不能说明滞胀现象的发生和开出治理滞胀病症的处方,便陷入了前所未有的危机。凯恩斯经济学尤其不适用于经济落后的欠发达国家。因为欠发达国家不是需求不足,而是供给短缺。在这种情况下,显然不能应用鼓励扩大需求的经济政策,而是实行增加积累、扩大生产、提高经济发展水平的增加供给政策。当然,凯恩斯经济学总量分析的理论框架,为发展中国家确定宏观经济调控政策提供了可供借鉴的分析思路。

二、现代货币主义

作为"二战"后凯恩斯主义经济思想的对立面和批评者,现代货币主义的经济思想在20世纪70年代之后在西方经济学界产生了巨大的影响。现代货币主义思想并不是一种全新的经济思想。它沿袭古典经济学家提出的货币数量论观点,并将其复杂化和现实化。由于现代货币主义的基本思想赞成经济自由主义而反对国家干预经济,在70年代美国经济出现严重的经济滞胀,而在凯恩斯主义理论既无法解释,也无法解决的情况下,最先批评凯恩斯主义的经济理论和政策观点,成为推动此后西方经济自由主义思潮回归的重要思想流派。

(一) 核心思想

现代货币主义者的经济政策以现代货币数量论为理论基础,反对国家过多干预经济,认为经济自由是经济政策主张的基调。他们认为,市场的自发力量具有使资本主义经济趋向均衡的作用。在他们看来,"二战"后资本主义经济的剧烈波动大多数是由于政府采取了旨在干预市场经济的财政金融政策。现代货币主义者在反对凯恩斯主义财政政策的同时,主要强调货币政策的重要作用。作为现代货币主义奠基人的美国经济学家弗里德曼把正确的货币政策归结为三点:第一,货币政策能够防止货币本身成为经济混乱的主要根源。第二,货币政策能够给经济运行和发展提供一个稳定的背景。第三,货币政策能够有助于抵消经济体系中其他原因引起的重要干扰。

按照弗里德曼的看法，现代货币主义学派的基本观点可以概括如下。

（1）货币数量的增长率同名义收入的增长率保持着一致的关系，如果货币数量增长很快，名义收入也会增长很快，反之亦反。货币流通速度尽管可以改变，但是完全可以预测。

（2）货币数量增长的变化对收入产生影响和作用是需要一段时间的，即有一个时间的滞后过程。

（3）货币数量的变化只能在短期内影响产量。在长期中，货币数量的增长率只能影响价格，产量则是由一系列实际因素（如产业结构、节俭程度等）决定的。

（4）通货膨胀在任何时候和任何地方都只是一种货币现象。也就是说，如果货币数量的增长比产量增加得快，就会发生通货膨胀。如果政府开支是通过印发货币或通过银行信贷取得的，并且导致货币数量增长率超过了产量增长率，则政府的财政政策实际上就等于是通货膨胀政策。

（5）货币数量的变化并不会直接影响收入，它首先影响的是人们的资产选择行为。这种行为使得现有资产（债券、股票、房地产和其他实物资本）的价格在货币数量增加时上升，而使利息率下降。这就鼓励了人们扩大开支，最终导致产量和收入增加。

（6）货币数量增长加速时，起初会降低利率，但由于它会使人们增加开支，从而刺激了价格上涨，引起了借贷需求增加，最终又会促使利率上升。货币数量和利率之间这种步调不一致的变化关系表明，利率不是制定货币政策的好向导和好指标。

（7）货币政策是十分重要的。但在制定货币政策时，重要的是控制货币数量，并应该避免货币数量的变化率大幅度地摇摆。明智的政策是让货币数量在一定时期内按某种规则稳定增加。

（二）总结与述评

以弗里德曼为代表的现代货币主义者在思想倾向上属于保守的经济自由主义，推崇市场自动调节机制的有效性，反对政府对经济活动的干预。这种思想也反映在他们的主要经济政策取向上，一方面，从基本思路上反对政府过多干预经济活动，赞成施行经济自由主义；另一方面，又在某些方面坚持政府调控（特别是在货币供给方面，认为完全依靠市场是无法保证其稳定性的）。因此，他们坚决反对通货膨胀，将治理通货膨胀放在经济政策的首位。而治理通货膨胀就必须依靠政府和货币当局，故而又不能彻底反对国家干预。现代货币主义借助政府和货币当局调节货币供应量来治理通货膨胀的思想观点，被后来一些经济学家发展为影响经济活动的主要依据和手段，特别是在现代经济危机多以金融危机形式发生的情况下，就更是如此。

由此看出，现代货币主义的出现，在美国经济发生滞胀的背景下，对于长期实行的凯恩斯主义思想和经济政策的确是一种强有力的打击。现代货币主义提出的某些思想对于试图运用货币政策来调控经济的政府来说，具有很好的启发性和警示作用。

三、理性预期学派

20世纪70年代，西方各国陷入了严重的通货膨胀、大量失业和经济停滞的困境，"二战"后流行多年的凯恩斯主义经济理论和政策导向出现了危机。与凯恩斯主义相对立的现代货币主义在改变滞胀局面时，也没有表现出人们所期望的效果。在这种形势下，一些年轻的经济学家从现代货币主义学派中分离出来，形成了一个新的经济学流派，这就是理性预期学派。到20世纪80年代，理性预期的概念已被绝大多数西方经济学家所接受和认可，甚至一些赞成凯恩斯主义基本理论和政策倾向的经济学家（如新凯恩斯主义者）也接受了理性预期，将其作为经济理论和政策分析的既定前提。

由于理性预期学派的基本政策主张与其他坚持古典与新古典经济学基本理论主张的现代货币主义大致相类似，而现代货币主义到20世纪80年代已经基本失去了最适宜其理论的"经济滞胀"的现实背景。于是，这些学派便以原先的理性预期学派为主体逐渐融合在一起，形成了80年代以后在美国占据主流地位的新古典宏观经济学派。

（一）核心思想

在看待市场经济秩序的稳定性方面，理性预期学派的一个主要原则就是：经济如果不反复遭受政府的冲击，就会基本实现稳定。所以，他们认为凯恩斯主义所主张的干预经济生活的财政政策和货币政策能够生效的前提是：政府可以出其不意地实行某种政策以影响经济生活。但是，政府要取得社会的支持，就不能在经济政策上搞突然袭击，而要按照既定的规则和程序办事。这样一来，在理性预期条件下，政府的经济政策就是无效的。对于凯恩斯主义所主张的"积极的宏观经济政策"，理性预期学派提出了三种批评性的看法。

（1）日益增多的经验和理论证据表明，凯恩斯主义经济政策在抵消产量、就业或其他经济总量方面不会取得成效。即便在某些场合，凯恩斯主义经济政策在一定程度上能影响经济生活，但它们不可能克服经济周期。

（2）任何一种经济理论都应该明确地告诫人们经济政策的结果。政策结果的确定性越小，实施政策就越要小心谨慎，因为任何一项错误的政策都会将事情弄得很糟糕。而凯恩斯主义经济政策的结果大部分都是不确定的。因此，政策的制定就需要从容不迫，加倍谨慎小心，绝不能用那些曾经使用过的大规模凯恩斯主义措施去刺激经济增长。

（3）对于许多凯恩斯主义经济政策，即使知道了它们的结果，也仍然无法判断这种结果是不是符合公众意愿。根据凯恩斯主义制定经济政策的人，无法让经济中的个人去选择自己认为有良好结果的政策。他们只能被迫接受这些凯恩斯主义经济政策。其结果是，除非人们的偏好恰好与政策制定者的规定相配合，否则这些经济政策很可能使人们的处境变得更糟。

出于上述看法，理性预期学派经济学家认为，过多的国家干预只能引起经济的混乱。为保持经济繁荣，唯一有效的办法就是尽量减少政府对经济生活的干预，充分发挥市场本身的调节作用，因为"市场比任何模型都聪明"。政府的作用只是为私人经济活动提供一个稳定的、可以使人们充分了解偏好的良好环境。为此，理性预期学派的代表，美国经济学家卢卡斯认为，国家干预经济越少，经济效率越高。鉴于理性预期学派的上述思想和主张，人们认为它是比现代货币主义更为彻底的经济自由主义流派。

（二）总结与述评

不过，对理性预期学派的理论观点和政策主张提出批评的经济学家认为，该学派的经济理论存在以下缺点。

（1）理性预期学派进行理论分析的基础在于市场随时都处于"出清"状态（即总供给等于总需求状态）。因此，货币工资刚性这个现实经济生活中常见的现象就构成了对理性预期分析的挑战。一些经济学家认为，如果名义工资确实是刚性的，凯恩斯主义的"积极行动主义政策"就可能仍然是有用的。

（2）理性预期的假定本身是十分值得怀疑的。因为无法保证人们有能力及时掌握足够有用的信息；且任何信息都是有成本的，这就使人们斟酌取得信息的成本与运用信息的效率，以决定其购买信息的最佳数量。这样，认为人们会像理性预期学派所设想的那样能够得到充分信息且明智地处理信息，就不现实了。

（3）理性预期学派在分析经济问题时借用了现代货币主义的"自然率"假定。但是，他们对于"自然率"是如何决定的问题，依然没有给出明确的解释。

（4）理性预期学派批评凯恩斯主义的"积极行动主义政策"，假定了政府的主动权和个人与企业的被动地位。事实上，理性预期学派自己也犯了同样的错误。他们只强调个人和企业对于政府政策后果的明智判断和反应，但却没有注意到政府也会根据个人和企业行为以及他们对政策的反应作出明智的判断和反应。事实上，不管是否存在理性预期，政府积极的宏观经济政策都是能够影响经济实际变量的。

四、新凯恩斯主义

当代宏观经济学起源于凯恩斯的有效需求理论，在第二次世界大战后形成两支主流的宏观经济理论：一支继承了凯恩斯的思想，先后形成了新古典综合学派和新凯恩斯主义；另一支继承了古典学派的传统，先后形成了现代货币主义和以理性预期学派为核心的新古典宏观经济学。自 20 世纪 70 年代中期以来，新凯恩斯主义成为西方宏观经济学中与新古典主义相抗衡的主要力量。这两大主流派的争论左右着西方主流经济学的发展方向，也在一定程度上调整着发达国家政府制定经济政策的思路。

（一）核心思想

凯恩斯在《通论》中提出的经济政策的核心思想是：第一，否认市场自动调节机制的充分有效性，即否定"萨伊定律"的充分有效性，不赞成对市场经济采取自由放任的政策；第二，主张在必要时由政府对市场经济进行直接干预。新凯恩斯经济学派部分继承了凯恩斯的上述经济政策思想，认为在发生经济萧条时可以采用凯恩斯提出的政策主张，对宏观经济进行干预，他们对于这种政策主张的引申在于提出进一步的运用，即只要经济没有达到充分就业的均衡状态，只要经济中有效需求不足，就可以采用国家干预的经济政策，直至达到充分就业的均衡。但是，新凯恩斯主义也不完全否认市场自动调节机制的有效性，即认为在经济达到充分就业的均衡状态后，就可以由市场机制自动进行调节而不必进行国家干预了。新凯恩斯主义政策思想的核心基本表现为"逆风向宏观需求管理"的思想。鉴于美国宏观经济不仅始终没有达到真正的充分就业，而且在 20 世纪 70 年代又出现了严重的通货膨胀问题，这就要求国家必须进行适当的干预。"宏观需求管理"的政策思想就是主张政府积极地采取财政政策、货币政策和收入政策，对社会总需求进行适时和适度的调节，以保证经济的稳定增长。"宏观需求管理"的直接对象包括投资、储蓄、消费、政府支出、税收、进口和出口等一系列经济变量，主要目标是实现宏观经济系统的充分就业、价格稳定、经济增长和国际收支平衡。

新凯恩斯主义和新古典主义在宏观经济政策上的争论差不多是凯恩斯主义和

古典学派在这个问题上争论的重演。争论焦点主要围绕两个基本问题展开：第一，财政政策和货币政策在稳定经济中起到何种作用？或者说，宏观经济政策是有效还是无效的？第二，在经济形势发生变化时，决策者是应该积极行动，还是遵循一种固定的规则？第一个问题涉及经济政策的效果，第二个问题涉及政府在经济遭受冲击后的反应方式。总体上说，新凯恩斯主义在这两个问题上都持"积极"的观点。为此，霍尔和泰勒把新凯恩斯主义的经济政策思想概括为以下四个命题。

（1）当人们做决策时，他们必然要考虑未来，在假定他们能觉察到经济波动并且能够利用他们所掌握的信息进行无偏预测的条件下，他们对未来的预期是可以用模型来描述的。

（2）把宏观经济政策有效描述和评价为一种政策规则，而不是把这些手段当作外生的一次性变动。为了使一项特殊政策运行顺畅，有必要建立对这一规则的承诺。

（3）经济系统基本上是稳定的。在一次冲击后，经济最终会回到产出和就业平稳的路径上。但由于经济结构的刚性，这个过程可能是缓慢的。

（4）宏观经济政策的目标是保持低通货膨胀，减少经济遭受冲击之后产出、就业和通货膨胀波动的幅度或持续时间。这一目标的实现需要很长一段时间，一般会经历更多的经济周期。未来的经济周期波动和现在的经济周期波动被看作是同等重要的。由此不难看出，新凯恩斯主义的经济政策与凯恩斯主义的经济政策思想还是有所区别的，这主要是由于在政策争论过程中，新凯恩斯主义吸收了新古典主义的一些思想观点。

（二）总结与述评

毋庸置疑，新凯恩斯主义在经济学理论和政策运用方面都有一些创造和发展；例如，他们强调的"混合经济"体制是带有一定普遍性的。不管是何种性质的国家，事实上都无可避免地采取了"混合经济"体制，只是其内部成分比例不同，主导体制不同而已。新凯恩斯主义通过总需求和总供给两方面对通货膨胀问题的研究和治理政策也有积极意义，对于认识通货膨胀问题和防治通货膨胀政策的制定，都具有较好的参考价值。新凯恩斯主义提出的"奥肯定律"是关于失业率和国民收入以及经济增长之间关系的描述。他们的经济增长理论对于如何把握经济增长因素的分析、对于财政政策和货币政策运用利弊得失的分析、对于国际经济关系的分析都具有一定的积极意义。这些对于中国特色社会主义市场经济改革和建设都具有重要的参考价值。

新凯恩斯经济学派作为一个重要的凯恩斯主义经济学派，对于凯恩斯经济学思想在世界上的广泛传播和深入发展，对于美国经济在第二次世界大战后的较快发展，无疑发挥了重要的作用。但是，该学派对凯恩斯经济思想的片面理解和实用主义态度，导致其指导美国经济政策时出现了严重的通货膨胀问题。新凯恩斯经济学派无法解释经济滞胀问题，导致了理论上的困境，并使该学派的理论走上衰落的下坡路。

第二节 运输总需求与总供给

一、运输总需求与总供给的互动关系

运输总需求和总供给是相互联系和制约的。运输需求是运输供给的原因，而运输供给则是运输需求的基础，对二者关系的分析是了解运输市场的前提。

（一）运输供给对运输需求的影响

运输供给通过其服务质量来实现对运输需求的制约或刺激作用。这里的服务质量是一个广义的概念，包含运输时间、费用、安全性、舒适性、便捷性、准时性等多个要素。在服务质量的作用下，运输供给对运输需求的制约和刺激作用体现在以下两个方面。

首先，对运输系统来说，运输供给的增加将使运输时间和成本下降，一些因运输服务质量低下而被抑制的运输需求将被重新激发，同时单位时间内运输需求出行次数也相应增加，运输需求得到发展；相反，如果运输供给无法满足运输需求，运输服务质量则会持续下降，进一步抑制运输需求，从而制约运输需求的发展。

其次，从运输供给与区域社会经济的关系来看，运输供给的增加，将有效地改善区域运输服务质量，保证整个区域综合运输系统的顺畅运行，从而促进社会经济的发展和人们生活水平的提高。生活水平提高后，人们的消费观念也会随之变化，用于旅游、购物等的消费比例增加，运输需求增加；相反，如果运输供给未能改善服务质量，使运输成为社会经济发展和人们生活水平提高的瓶颈，则人们的出行在一定程度上会受到制约。

(二) 运输需求对运输供给的影响

运输需求的不断增长，会给原有的运输方式带来巨大的运输压力，为满足运输需求不断增长的需要，保证运输系统的发展，必须不断增加供给，从而刺激运输供给的发展；反之，如果运输需求停滞不前，现有的运输供给已能满足运输需求，单方面增加运输供给则失去了现实意义，从而制约运输供给的发展。

因此，运输供给与运输需求是相互联系、相互促进的两个方面，两者之间的关系是辩证统一的。一方面，运输需求决定运输供给；另一方面，运输供给反作用于运输需求，并推动经济的发展。

二、运输总需求与总供给状态分析

运输供给与需求是构成运输市场的两个基本要素，对运输市场中这两种要素状态进行分析，是实现运输资源合理配置的基础。

首先，运输总需求与总供给在市场中的理想状态是正好相适应，这也是运输市场发展的理想状态。然而这种状态在实际中很难存在。原因之一是由运输需求与运输供给在性质和特征上的不对称性所决定的。从运输需求方面来看，它属于派生性需求，是由经济和社会发展而派生的，经济和社会发展本身就是千变万化的，这就势必造成运输需求具有广泛性、多样性的特点。从运输供给方面来看，运输业是一个特殊的产业，其整体性特点非常突出，体现在很多方面，如运输生产过程需要多个部门之间的密切配合才能完成；运输设施的建设、维护、使用等也具有整体性。现代综合运输体系的建立、发展和完善，使各种运输方式紧密地统一为一个系统，运输供给的整体性特点更加突出。由于运输需求与运输供给在性质和特征上的不对称性，就决定了需求与供给在总量上不可能达到正好一致。

其次，运输需求和运输供给变动的不同步、不对称性也决定了总需求和总供给不可能正好一致。运输需求的增长一般是随着经济与社会的发展缓慢地、持续地进行的，只有在极特殊的情况下才会出现跳跃式增长。而运输供给的增长恰好相反，它总是跳跃式进行的，如一条新的高铁路线修建，会使铁路客运的供给能力剧增，其他运输方式也是如此，因此任何一种运输方式的新技术的应用或新的运输设备的研制、应用都会使供给能力出现跳跃式增长。这种运输供给增长与运输需求增长的不同步、不对称，也使供给总量与需求总量很难达到"绝对均衡"。

由此看来，由于受到各种因素的影响和制约，运输总供给和总需求要达到绝对的均衡是很难的，总供给与总需求之间相互超前或者滞后的情况是不可避免的。因此需要通过不断调整运输市场内部各种因素的相互关系和地位，使运输供给的发展适应国民经济的需要，实现运输供给增长与未来运量均衡发展的动态平衡。

当运输总供给与总需求不一致时，会对社会经济发展产生不良的影响。若运输总供给滞后于运输总需求，从而不能满足经济增长所引发的运输需求对运输供给能力的要求，甚至成为经济增长的"瓶颈"，就会阻碍经济发展。若运输总供给超过了运输总需求，即运输业的发展超过了经济发展所产生的运输需求，就会造成运输资源的浪费。在现实的运输市场中，可实现的目标是实现运输总供给与总需求基本一致，即运输供给基本满足运输需求增长的需要，或者供给稍微超前于需求发展，或者供给稍微滞后于需求发展，两者之间没有出现大的差距，相互协调地向前发展。这种情况称为"相对均衡"。

三、运输市场供需均衡调节

根据经济学原理，市场运行机制会使供给和需求围绕价值形成规律性的运动，通过市场价格不断波动直到市场的供给量与需求量相等为止。与任何其他市场一样，运输市场最终也会通过市场运行机制的作用，实现运输总需求与总供给的均衡。

运输系统是一个开放的大规模的复杂系统，由固定设施（包括线路、航道、桥梁、隧道、港口、车站及航空港等）和移动设备（如机车、车辆、船舶、汽车、飞机等）通过相应的运输组织工作实现其运输功能。组成运输系统的要素之间相互联系、相互制约，同时运输系统又处于千变万化的环境中。因此，运输系统的均衡受到多种因素的复杂作用，均衡的形成是一系列动态的平衡过程，均衡也只是一种相对稳定的状态，包括：运输市场均衡、用户均衡、运输经营主体均衡和供需均衡。而供需均衡是运输经济学均衡中最重要的内容，因此，本章后面只介绍运输市场供需均衡的有关内容。

运输市场的供需均衡是指运输市场中各种变动着的力量，在相互冲突、调整、运行过程中促使市场中的供给和需求处于暂时平衡的一种状态。运输市场的均衡分析就是从运输供给与运输需求两方面的对比关系出发，在假定各经济变量及其关系已知的情况下，考察运输市场的状态和变化规律，及其达到均衡状态的条件等。

运输市场供需均衡状态反映了运输市场的资源配置效率，当市场上的总供给量与总需求量相等或总供给价格与总需求价格相等时，市场就实现了均衡，资源配置达到最优。但是，这种均衡状态往往是暂时的，在实际中，由于运输生产具有使用价值和价值同时实现,运输生产使用价值不可储存,以及运输扩大再生产周期长、规模大等特点,运输业要保持运力供给,达到与社会需求之间的平衡十分困难。但是总供给与总需求的不一致性也不是任意的、永久的,可以通过各种调节手段对供需进行调节,使其形成新的均衡。运输市场供需均衡的调节手段主要有市场运行机制自发调节和政府采取政策进行宏观调控两种手段。

首先,市场运行机制自发调节。通过市场来调节运输的供需情况是一种市场的自发行为,当供给大于需求时,将导致运价的下跌,从而刺激需求增加,供给减少,使供需达到新的均衡;而当供给小于需求时,将导致运价上涨,在一定程度上会刺激供给的增加,使供需达到新的均衡。

其次,政府采取政策进行宏观调控。政府在运输市场供需均衡的调节中起着非常重要的作用,主要通过制订价格政策、财政政策、投资政策行政管理等方式来实现对运输市场供需均衡的调节。

第三节 运输与经济增长

一、经济增长理论

经济增长理论是关于研究解释经济增长规律和影响因素的理论。一般来说,经济增长是指一国或一个地区在一定时期内生产的产品或者劳务价值总量的不断增加,即用货币形式表示的价值总量的不断增加。

(一)哈罗德—多马经济增长模型

现代西方经济学中,把经济增长作为一个独立的研究领域,是从英国经济学家哈罗德和美国经济学家多马开始的。哈罗德1939年发表《论动态理论》一文,试图把凯恩斯采用的短期静态均衡分析所提出的国民收入决定理论长期化和动态化,并于1948年出版了《动态经济学》一书。在同一时期,多马也进行了类似的研究,完全独立地提出了与哈罗德基本一致的经济增长模型。因而,西方经济学家一般将其合称为哈罗德—多马模型。

哈罗德经济增长模型有如下基本假定:(1)社会只生产一种产品;(2)社会生产只使用资本 K 与劳动 L 两种生产要素;(3)在经济增长过程中资本—劳

动比率保持不变，从而资本—产出比也保持不变；（4）不存在技术进步，规模报酬不变；（5）资本存量没有折旧。

按照凯恩斯的理论，只有当 I＝S 时，也就是说在投资能够吸收全部储蓄时，经济活动才能达到均衡状态。从投资方面看，依照假定，社会的资本存量 K 与国民收入 Y 之间存在着固定的比例 $\upsilon=\dfrac{K}{Y}$，υ 为常数，它代表生产 1 单位产量（收入）所需要的资本量，即 K＝υY。

在技术不变的假设下，资本—产出比与边际资本—产量比相等，即：

$$\Delta K = \upsilon \Delta Y \tag{10-1}$$

又因为假定不存在折旧，资本增量 ΔK 等于投资 I，即 $\Delta K = I$，因而式（10-1）可以写成：

$$I = \upsilon \Delta Y \tag{10-2}$$

从储蓄方面看，依照凯恩斯理论，有：

$$S = sY \tag{10-3}$$

式（10-3）中，S 为储蓄；s 代表边际储蓄倾向。

因此，根据式（10-2）和式（10-3），实现 I＝S 的经济均衡增长条件为：

$$\upsilon \Delta Y = sY \tag{10-4}$$

令经济增长率 $G = \dfrac{\Delta Y}{Y}$，式（10-4）可写作：

$$G = \dfrac{\Delta Y}{Y} = \dfrac{s}{\upsilon} \tag{10-5}$$

式（10-5）称为哈罗德经济增长理论基本方程，该模型的基本经济含义是，要实现均衡的经济增长，国民收入增长率 G 就必须等于社会储蓄率 s 与资本—产出比 υ 之比。那么，什么样的储蓄率与资本—产出比才是最理想的呢？理想的储蓄率与资本—产出比与实际情况一致吗？在劳动力和技术都发生变动的情况下，经济增长率如何？对此，哈罗德用有保证的增长率、实际增长率和自然增长率三个概念来说明经济长期稳定增长的条件及其波动的原因。

哈罗德将均衡经济增长率称为有保证的经济增长率，满足有保证的经济增长率（G_w）的 s_w 称为合意的储蓄率，υ_w 称为合意的资本—产出比。有保证的增长率可用公式表示为：

$$G_w = \dfrac{s_w}{\upsilon_w} \tag{10-6}$$

哈罗德假定合意的储蓄率 s_w 总是会实现的。因此，合意的储蓄率总是等于实际储蓄率。这意味着储蓄是中心，如果要保持长期的经济增长，投资量必须按储蓄量进行调整。资本—产出比（$\upsilon = I/\Delta Y$）表明产量水平的改变将要引致的投资量。这是一种技术经济关系，它说明一国经济中，为保障经济增长而引致的投资需求。在哈罗德看来，一国经济要实现稳定增长，其经济增长率必须能使预期的投资等于预期的储蓄。只有这样，产量的增长才能引致足够的投资，以吸收本期的储蓄。如果这种情况实现了，哈罗德就称这种增长率为有保证的增长率。

实际增长率是指社会经济实际达到的增长率，即事后的增长率，可用公式表示为：

$$G = \frac{s}{\upsilon} \quad (10-7)$$

式（10-7）中，G 是实际的或事后的增长率；s 是实际储蓄率（哈罗德假定它总是和预期的储蓄率一样）；υ 是实际投资与实际收入增量之比。可见，该公式只是实际储蓄与实际投资恒等的另一种表述法。

自然增长率是指在人口和技术都发生变动的情况下，社会所允许达到的最大增长率，可用公式表示为：

$$G_n = \frac{s_n}{\upsilon_w} \quad (10-8)$$

式（10-8）中，G_n 表示自然增长率；s_n 表示社会最适储蓄率；υ_w 系合意的资本—产出比。

哈罗德认为，G_n 是由劳动人口增长和技术进步所决定的，如果假定技术条件不变，只考虑人口或劳动力的增长，则 G_n 即是人口或劳动力增长率。

按照哈罗德的说法，假定一国经济开始就处于充分就业状态，如果要实现经济稳定增长，就必须：

$$G = G_w = G_n \quad (10-9)$$

但哈罗德认为，G 与 G_w，G_w 与 G_n 并没有内在联系，它们往往是不等的。一旦两者不等，就会差距越来越大，无法调整到均衡状态，不是造成长期通货膨胀，就是造成长期经济停滞。

在实际增长率 G 与有保证的增长率 G_w 不相等时，就会出现两种结果：(1) 实际增长率大于有保证的增长率，即 $G > G_w$。若假定合意的储蓄率 s_w 与实际储蓄率 s 一致，则 $\upsilon < \upsilon_w$。这就意味着预计（或计划）投资大于（实现的）实际投资，总需求大于总供给。企业为了弥补资本供给不足，就要增加订货，扩大投资。这样就会导致收入和需求量进一步增加；反过来又刺激投资再度扩大，使一国经济处于通货膨胀状态之中。(2) 实际增长率小于有保证的增长率，即 $G < G_w$。若合意储蓄率与实际储蓄率一致，则 $\upsilon > \upsilon_w$。这意味着实际投资超过了预计投资，总供给大于总需求，存货增加，生产能力过剩，一国经济处于停滞状态之中。

在自然增长率 G_n 与有保证的增长率 G_w 不相等时，也有两种结果：（1）$G_n < G_w$。由于 G_n 是 G 的最高限度，在 $G_n < G_w$ 时会出现劳动力短缺，机器设备不能充分利用，生产能力过剩，从而投资与产量减少，一国经济趋于长期停滞。（2）$G_n > G_w$。在这种情况下，实际投资小于预计投资，劳动力充裕，刺激了投资和生产扩张，使一国经济趋于长期通货膨胀。

在哈罗德的模型中，由于 G、G_w 和 G_n 初始均衡状态的细微背离，都会导致经济增长越来越远离均衡状态，而且不存在一个内在的力量使经济恢复均衡。G_w 和 G 之间的不一致，会出现短期经济波动，形成短经济周期。G_w 和 G_n 之间的不一致，会出现长期经济波动，形成长经济周期。哈罗德—多马模型把短期静态的凯恩斯理论发展为长期动态的经济增长理论，被认为是对凯恩斯经济学的贡献与发展。

但是，有些学者认为，哈罗德—多马模型是一个不稳定的增长模型。由于假定资本与劳动力在生产中是按固定比例使用的，除非劳动力的增长率等于储蓄率与资本—产出率之比，否则不可能达到劳动力和资本要素充分利用的长期稳定增长。因而，该模型所提出的长期增长被称作一条"刀刃式"的途径，并不符合现实。

（二）新古典经济增长模型

新古典经济增长理论最早由美国经济学家索洛在1956年初发表的《对经济增长理论的一个贡献》一文提出。英国经济学家斯旺、米德和美国经济学家萨缪尔森等在他们的经济增长理论中也提出了与索洛基本相同的论点。这些论点既有凯恩斯经济学的成分，又有新古典经济学的成分，被称为新古典经济增长理论。

新古典经济增长模型包括这样几个基本假设条件：（1）全社会只有一种产品；（2）劳动与资本可以相互替代，即资本—产出比可以变动；（3）资本或劳动的边际生产力递减，但规模报酬不变；（4）完全竞争市场、工资率和利润率分别等于劳动与资本的边际生产力。

设生产函数：

$$Y = Af(K, L) \tag{10-10}$$

式（10-10）中，Y 为总产出；K 为资本总量；L 为劳动力总量；A 为系数，表示除资本与劳动力以外对总产出的影响因素，不少学者将其视为技术进步。

在规模报酬不变的假定下，如果投入量有 ΔA、ΔK 及 ΔL 的增加，产量也将同比例增加 ΔY。由此，对技术进步和要素投入量变化所引起的产量变化可以写成：

$$\Delta Y = \Delta A \cdot f(K, L) + \Delta K \cdot MP_k + \Delta L \cdot MP_L \tag{10-11}$$

其中，MP_K，MP_L 分别为资本和劳动的边际产量。式（10-11）两边同除以 $Y = Af(K, L)$，有：

$$\frac{\Delta Y}{Y} = \frac{\Delta A}{A} + \frac{MP_K}{Y}\Delta K + \frac{MP_L}{Y}\Delta L \qquad (10-12)$$

整理式（10-12），可写作：

$$\frac{\Delta Y}{Y} = \frac{\Delta A}{A} + (MP_K \frac{K}{Y})\frac{\Delta K}{K} + (MP_L \frac{L}{Y})\frac{\Delta L}{L} \qquad (10-13)$$

在竞争市场中，要素的价格由其边际生产价值所决定。因而，式（10-13）中 $(MP_K \frac{K}{Y})$ 为资本利润占总收入的份额，$(MP_L \frac{L}{Y})$ 为劳动力收入占总收入的份额。令 $\alpha = MP_K \frac{K}{Y}$，有：

$$\frac{\Delta Y}{Y} = \frac{\Delta A}{A} + \alpha \frac{\Delta K}{K} + (1-\alpha)\frac{\Delta L}{L} \qquad (10-14)$$

如果以 $\frac{\Delta A}{A}$ 代表技术进步，式（10-14）说明经济增长率取决于资本增长率 $\frac{\Delta K}{K}$、劳动力增长率 $\frac{\Delta L}{L}$、技术进步率 $\frac{\Delta A}{A}$，以及劳动力与资本占总产量的比例。新古典经济增长模型认为，通过资本—产出比的改变，只要能使投资吸收全部储蓄，就可以实现均衡增长。

若不考虑技术进步的作用，$\frac{\Delta A}{A} = 0$；由于 $S = sY$，$I = \Delta K$，可将 $S = I$ 写作：

$$\Delta K = sY \qquad (10-15)$$

将式（10-15）代入式（10-14）：

$$\frac{\Delta Y}{Y} = \alpha \cdot s \frac{Y}{K} + (1-\alpha)\frac{\Delta L}{L} \qquad (10-16)$$

式（10-15）两边除以 K，可以得到：

$$\frac{\Delta K}{K} = s \frac{Y}{K} \qquad (10-17)$$

结合式（10-16）与式（10-17）可知，经济稳定增长的条件是 $\frac{\Delta Y}{Y} = \frac{\Delta K}{K} = s\frac{Y}{K}$。在投资与储蓄不相等的情况下，可通过调整资本—产出比，即调整生产中所使用的资本与劳动的比率达到均衡。这就是说，新古典经济增长模型认为，资本与劳动力之间存在替代关系，通过资本—产出比的变动便可以克服"哈罗德—多马经济增长模型"中"刀刃式"的问题。

新古典经济增长模型进一步讨论了资本增长率 $\frac{\Delta K}{K}$、劳动力增长率 $\frac{\Delta L}{L}$ 以及储蓄倾向 s 变动对经济增长的影响。新古典经济增长模型认为，假定不存在技术进步（$\frac{\Delta A}{A}=0$）；劳动增长率$\frac{\Delta L}{L}$与人口增长率 n 一致且保持不变，要使人均收入不变，就必须保持人均资本量不变。也就是说，在人口增长条件下，维持人均收入不下降，资本增长率等于人口增长率，便达到了经济的稳定状态，可用公式表示为：

$$\frac{\Delta Y}{Y}=\frac{\Delta K}{K}=\frac{\Delta L}{L}=n \qquad (10-18)$$

在静态经济中，设储蓄全部转化为投资，则新增资本存量 ΔK 与储蓄 S、折旧 D 之间三者关系为：

$$\Delta K = S - D \qquad (10-19)$$

以 d 代表折旧率，则有：

$$\Delta K = sY - dK \qquad (10-20)$$

由式（10-18），可将式（10-20）写成：

$$sY = (n+d)K \qquad (10-21)$$

式（10-21）表明，在静态经济中，保持人均收入和人均资本量不变的条件是：储蓄量等于折旧（dK）与装备新增劳动力所需资本量（nK）之和。如果 S>(n+d)K，人均资本和人均收入就会增加；反之，S<(n+d)K，人均资本和人均收入就会减少。

现在来分析经济增长过程。为便于理解，可采用人均变量来替换总量指标，由于全部变量都作同样替换，并不影响模型的实质。依照规模报酬不变假定，式（10-10）可写成人均资本生产函数形式。令 $y=\frac{Y}{L}$，$k=\frac{K}{L}$，A=1，则：

$$\frac{Y}{L}=f\left(\frac{K}{L},\frac{L}{L}\right)=f\left(\frac{K}{L},1\right) \qquad (10-22)$$

即：

$$y = f(k) \qquad (10-23)$$

该函数称为集约化形式的生产函数。式（10-23）中，y 为人均收入（产量），k 为人均资本。由上述静态分析可知，只要储蓄大于折旧与为新增劳动力所需装备资本之和，则人均资本增加，人均收入增加。因此，人均资本增加量 Δk 可表示为以下等式：

$$\Delta k = sy - (n+d)k \qquad (10-24)$$

式（10-24）表明，人均资本增加量 Δk 受储蓄率 s、人口增长率 n 以及折旧率 d 的影响。我们通过图 10-1 来说明这些变量间的关系。

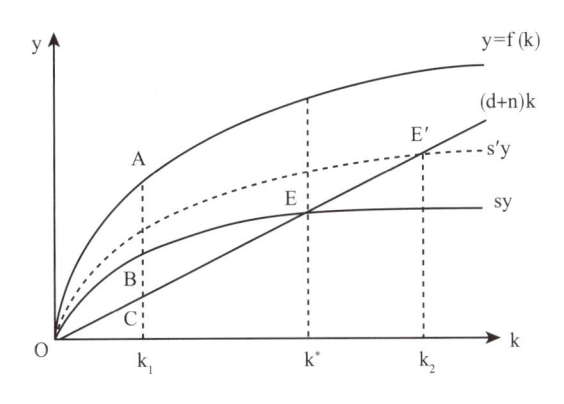

图 10-1 新古典经济增长模型

图 10-1 中，纵轴表示人均收入或产量 y，横轴表示人均资本 k。集约化生产函数曲线 y=f(k) 表示随人均资本量 k 的增加，人均收入或产量 y 也随之提高。sy 是人均储蓄曲线，由 y=f(k) 曲线与横轴间距离乘以边际储蓄倾向 s 加以确定。因此，收入或产出可分成两部分：横轴与 sy 曲线间距离为储蓄，y=f(k) 曲线与 sy 曲线间距离为消费。斜线 (d+n)k 为投资曲线，表示为新增人口配备的人均资本量，它随人均资本的增加而增加。在图 10-1 中，当人均资本为 k_1 时，储蓄为 Bk_1，显然大于维持 k_1 不变所需要的投资量 Ck_1，从而 k 会上升，经济就会向右移动，一直到储蓄与投资量相等时的 E 点，这时的人均资本是 k^*。相反，在人均资本为 k_2 时，储蓄量小于投资量，则人均资本就要减少；k 下降，经济向左移动，直到 k^* 点。在该点，整个社会积累刚好装备新增人口，达到了稳定状态。在稳态时，k、y 和人均收入不变，总收入以人口相同的速度增长，即增长率为 n。

现在我们进一步考查储蓄率变动对经济增长的影响。在图 10-1 中，s'y 代表储蓄率提高后的储蓄线。当人均资本量仍为 k^* 时，由于储蓄率的提高，储蓄大于投资，从而人均资本量就要增加，一直到 k_2，储蓄与投资在 E' 达到相等。在从 k^* 到 k_2 过程中，短期内由于储蓄率的上升，资本存量的增长快于劳动力的增长，使产出增长率提高。不过，产出增长率的提高是以递减的比率进行的，直到人均资本达到 k_2 为止。在资本增长率与产出增长率等于人口增长率时，经济重新回到稳态增长率 n。这就意味着，在规模报酬不变的生产函数中，储蓄率的提高在长期中只是提高了人均资本与人均收入，并不影响产出增长率。

现在来看一下新古典经济增长模型与哈罗德—多马模型的区别。由图 10-1 可知，当人均资本 $k=k^*$ 时，经济达到稳定状态。这时的收入（产出）增长率、资本存量增长率与人口增长率一致，这也就是哈罗德—多马模型中的稳定均衡增长。不过，在哈罗德—多马模型中，这是实现经济稳定增长的唯一路径。一旦 $k \neq k^*$，经济社会就会发生短期或长期的波动，并且不存在内在作用使其恢复到均衡增长状态。但在新古典经济增长模型中则不同。假设经济处于 k_1 状态，有 $k_1 < k^*$。从图 10-1 可见，这时 $sy > (n+d)k$，即 $\frac{sy}{k} > (n+d)$。因为 $y = \frac{Y}{L}$，$k = \frac{K}{L}$，故可写成：

$$s\frac{Y}{L} \times \frac{L}{K} > (d+n) \text{ 或 } s\frac{Y}{K} > (d+n) \qquad (10-25)$$

根据假定，$sY = S = I = \Delta K$，式（10-25）可写成：

$$\frac{\Delta K}{K} > (d+n) \qquad (10-26)$$

式（10-26）表明，资本增长率大于劳动力增长率。因此，只要 $k_1 < k^*$，经济中就有一种机制，使资本—劳动比率（人均资本 k）不断增大，直至达到 k^* 水平。同理，当 $k_2 > k^*$ 时，经济机制又会使资本—劳动比率（人均资本 k）不断减少并趋于 k^*。据此，新古典经济增长模型认为，无论最初资本—劳动比率如何，经济活动总是趋向均衡经济增长路径。

新古典经济增长模型与哈罗德—多马模型所得结论不同，重要的原因在于假定资本与劳动力间可以相互替代。由此，有些学者认为，新古典经济增长模型所提出的是一条比较现实的增长路径。

（三）内生经济增长理论

内生经济增长理论认为经济能够不依赖外力推动实现持续增长，内生技术进步是保证经济持续增长的决定因素。其强调不完全竞争和收益递增，重视贸易和增长的关系，以技术和劳动的总量表示生产函数，认为技术进步有正的外部性，社会从技术进步中获益。1988 年卢卡斯在克鲁格曼模型的基础上加以改变，增加了人力资本；1991 年阿尔文·扬用不同的模型证明克鲁格曼和卢卡斯模型的正确性，生产潜力来源于新发明，又通过边干边学得到实现，边干边学和新发明是技术进步的根本性因素，但边干边学过程会导致收益递减，必须有持续的新发明使边干边学延续。

斯托齐指出厂商在生产中积累并降低损耗知识，这些量的积累促使商品生产成本逐步降低到质的变化，边干边学是经济增长的动因，商品质量的提高是经济增长的表象。斯托齐根据阿罗边干边学理论建立了一个完全竞争条件下的内生增长模型，认为边干边学体现了一个创造性破坏过程，随着时间推移，劣质商品被淘汰，消费者偏好优质商品。

卢卡斯认为向别人学习能获取人力资本的溢出效应。卢卡斯考察人力资本对生产的内部效应和外部效应以及人力资本积累的问题，寻找长期消费总额极大化。罗默把阿罗的内生技术进步对经济增长的影响思想往前推进一步，罗默对传统增长理论提出疑问并抛出边际生产率递增的设想，实证在垄断竞争条件下带有"外部经济效应"一般均衡的存在性。论证新知识产出收益递减、产品产出收益递增、外部性与竞争性均衡是一致的。罗默用知识溢出效应假设论证人均产出增长率与投入开发的人力资本成正比。

二、运输与经济增长

(一) 运输影响经济增长的渠道分析

1. 促进贸易发展

运输设施作为一种网络性的基础设施，是使得点与点、点与面、面与面相互联系的功能通道，这种特有的属性将地理空间各单元连接成一个整体。运输网络体系加快了地域之间各种经济要素的流通以及物流往来，代表着活动范围内的"脉络"，这种"脉络"使得城镇之间、城镇与区域之间、区域之间连成一体，加强了地区间的经济联系与贸易往来，有利于实现区域经济的空间一体化。

世界银行在 1994 年的有关文件中指出，运输投资对于促进贸易额增加具有决定性影响。当贸易条件相当时，通过完善运输条件能够缩短区际之间的往返距离，节省运输费用，减少贸易商之间的市场衔接时间。通过构建便捷、高效的运输系统，实现与其他地区和国家的紧密衔接，从而更好地体现运输网络设施建设对推动贸易规模扩大的重要影响。

具体来看，运输成本的降低会导致区际之间的贸易和进出口发生变化。首先，运输网络设施可以使人们利用客运或货运的方式向不同区域的市场提供相应的产品和服务，或者是对不同区域的产品和服务产生需求。从这个角度看，产生运输收益并不是对运输服务的消费本身的要求，而是运输的派生需求，这种派生需求又会进一步推动区域经济增长。其次，影响区域之间贸易往来的主要因素包括贸易壁垒和贸易需求，这里的贸易壁垒指的是区域间的距离和运输成本。而运输条件改善可以缩短运送距离，提升贸易往来的便利性，有效消除贸易障碍。这样，在降低贸易壁垒的前提下，就会使得贸易成本降低，从而促进区域间的贸易发展。

2. 促进分工与专业化

罗默在运用生产函数建立的专业化模型中，将最终消费品的产出看成是中间投入的函数，并认为中间投入费用会限制专业化的程度，当其余约束相同时，进一步促进专业化可以使总产出增加。随后一些学者对罗默的模型进行了拓展，将运输设施引入了中间投入的成本函数。他们认为中间投入的固定成本在很大程度上取决于运输的质量和可获得性，基础设施能够降低企业的中间投入费用，从而促进厂商之间实现良性竞争，进一步促进专业化，使得最终产出增加。

也就是说，运输条件改善能够加快生产厂商之间商品流动速度，减少运输费用，进一步节省中间投入的固定支出，而成本的降低可以提高生产企业的竞争优势，使得市场内生产相同产品的企业之间竞争越来越激烈，竞争加剧会进一步促使技术革新和分工细化，进而形成人力资源分工明确的专业化市场。这种专业化市场又会反过来降低生产中间投入的固定成本，使得企业加大产品生产，所以运输最终会通过促进分工与专业化的形成而增加社会总产出。

3. 产生聚集经济

对于企业与人才来说，运输枢纽建设会产生强大的聚集力，有助于产生稳定的投资体系，进而加强企业与人才在运输设施周围的密集程度，形成新的居民区和产业园，最终形成产业聚集带。区位理论的提出者杜能强调，运输费用在居民和企业的选址中发挥着至关重要的影响，由运输费用产生的经济地租是提高土地利用效率、促进专业化的关键要素。韦伯在《工业区位论》一书中也提出，运输成本是决定工业区位的首要因素，区位成本优势可以吸引大批工业和企业的选址。所以，如果某一区域的运输设施足够完善，这个区域就会吸引企业在这里选址，当企业数量达到了一定程度，就会在这个特定地区内产生经济核心带，而这种经济核心带反过来又会促使运输条件的完善，使得运输成本得到进一步的降低，从而继续吸引大量的厂商，增强企业的聚集趋势，形成一种循环累积的因果关系，也就是产业集聚的循环累积效应。

运输设施本身所具有的外部属性会诱发集聚经济的出现，进而促进区域经济增长。具体来讲，由运输设施形成的区位优势可以促使这一区域产生聚集经济，聚集经济一旦形成，就会提高资源配置效率，使得生产要素、市场、技术以及信息的获得更加容易，节约企业的生产成本，增强厂商的创新能力，产品的整体质量得到提高，运输设施等公共产品也得以充分利用，进而使得区域竞争优势得到进一步强化。这种强化作用又会诱发运输设施建设力度的加大，从而增大产业聚集规模，最终促进区域经济的增长。

（二）运输影响经济增长的路径分析

1. 微观路径

基于运输所具备的网络性与外部性特征，运输规模的扩大，降低了居民出行成本与企业运输成本，提高了区域的可达性与吸引力，影响企业与家庭区位选择决策。与此同时，由于区域内部以及区域之间的贸易、分工和专业化的产生受到降低的运输成本以及丰富的生产要素空间转移和自由流动的影响，进一步形成聚集经济与新经济增长极，最终影响区域经济的增长。

具体而言，首先，运输规模的扩大以及整体质量的提高将会缩短运输时空距离，提高社会时间节省价值，通过运行速度的大幅提高以及运载周转量的增加，降低运输过程中的资本、劳动力、燃油等资源的投入，进而降低了居民出行成本和企业运输成本。其次，由于区域通行能力的增强、时间成本的节省、广义运输成本的下降，将有利于运输效益的形成，改变了居民出行、企业运输的方式选择、路线时间安排等，进而促进各种联运方式的形成，使区域的可达性与吸引力得到进一步提高，而这直接影响家庭和企业的区位选择决策。

例如，对于居民而言，一个拥有良好运输设施的区域相对设施落后的区域更具发展潜力和吸引力，而劳动者为了追求更高的劳动报酬以及更好的就业机会便增加了流动距离和出行频率，倾向于选择可达性与通达性更好的区位。对于企业而言，商品销售市场规模与生产成本一直以来都是企业预期利润的关键因素，良好的区域内部及外部运输条件降低了投入商品、产出商品的运输成本。同时，运输水平较高的区域吸引了来自四面八方的资本、技术、劳动力等生产要素，进而可以降低企业的生产成本，生产率得到进一步提高。因此，在其他条件相似的情况下，企业倾向于选择运输条件更好的区位。家庭、企业区位选择决策的改变意味着生活、生产活动的空间范围和格局随之改变，进而对就业机会、收入分配和经济增长产生影响。

从另一种角度出发，广义运输成本的下降、区位可达性与吸引力的提高将对区域贸易、分工、专业化产生影响，有利于聚集经济与新经济增长极的形成，进而对区域就业机会、收入分配和经济增长产生影响，而这种影响既可能是正向积极的，也可能是负向消极的，这与区域发展状况以及产业性质密切相关。

从区域发展来看，对于经济发展状况较好的区域，广义运输成本的下降促进各种生产要素向本区域转移，商品销售至其他区域的成本随之降低，进而扩大了本区域销售市场规模，对经济增长产生正向积极的作用。对于经济发展相对落后的区域，广义运输成本的下降在一定时期内可能加剧市场竞争，降低落后区域的市场需求，加速落后区域资本、技术、劳动力等生产要素向发达区域的流动，成为发达区域的产品倾销地，不利于本区域经济发展。

从产业性质来看，运输条件的改善对不同产业产生截然不同的结果。例如，对于非金属矿产、食品饮料等运输成本较高的制造部门，以及存在较多转包关系的电气设备、纺织和服装生产部门等，运输条件的改善促进了该类行业在地理位置上的空间聚集。而化学产品、造纸以及印刷制造等中等运输成本的产业通常倾向于聚集在高速公路条件较好的区域。运输成本较低的机械、塑料等制造部门，通常转至劳动成本相对较低的区域，而运输条件的改善对该类产业则起到分散的作用。

2. 宏观路径

运输对经济增长的宏观作用路径为微观作用路径累积的反应结果。运输条件的持续改善，降低了居民出行成本与企业运输成本，由于各种生产要素在区域内部以及区域之间的空间转移与自由流动得到改善，进而加强了经济活动的聚集与扩散，同时促进了运输设施的网络效应、外部效应对运输圈与经济圈形成的空间溢出作用，最终影响区域经济的增长。

区域经济学理论认为，经济发展首先发生在那些具有相对显著区位优势的区域，这些区域凭借初始优势以快于其他区域经济系统的速度逐步积累并得以发展。通过"积累因果循环过程"的作用，这种"先发优势"又将获得进一步增强的动力而迅速极化，即不断地聚集、增值与自我强化，进而产生强大的回流效应或极化效应，使得经济发展相对落后的外围区域的资本、技术、劳动力等生产要素不断向其聚集，进一步推动了中心区域经济发展，而这种"中心—外围"式空间结构导致区域经济发展的非均衡状况加剧。极化作用持续一段时期后，当这些"先发"优势区域经济发展达到一定水平，并且周边"后发"区域逐步具备一定吸纳和发展能力时，中心区域的生产要素便开始向外围区域转移，争取更好的发展空间，进而扩散效应带动了外围区域经济发展，使得区域经济发展差距逐渐缩小。更为关键的是，在生产要素空间聚集与扩散过程中，发达的运输网络不仅是生产要素先行注入优势区域的前提条件，还是落后区域吸引优势区域产业梯度转移的必备条件。

进一步地，运输条件的改善促进了区域经济活动的聚集与扩散，同时运输水平在不同时期对不同区域经济增长的影响不尽相同。当优势区域的生产要素通过发达的运输网络向周边落后区域扩散，带动落后区域经济发展时，运输条件的改善对落后区域的经济增长表现为正向的空间溢出效应。同时运输网络越发达，优势区域对周围落后区域辐射作用越大，对其产生的正向溢出效应越强。与之相反，当优势区域长期保持强有力的生产要素空间聚集能力，加之落后区域由于缺乏相应配套的服务设施、营商环境而导致吸纳接收能力有限时，那么优势区域经济增长对落后区域的扩散效应将远小于聚集效应，运输水平对落后区域经济增长表现为负向的空间溢出效应。同时运输网络越发达，优势区域对周围落后区域聚集作用越大，对其产生的负向溢出效应越强。由此可见，一个区域的经济增长将同时受到运输条件的正向与负向空间溢出效应的影响，而最终的表现结果取决于空间聚集与扩散两种力量的强弱，以及该区域在"中心—外围"空间结构中所处的位置。

3. 反馈路径

运输需求作为一种社会经济活动的派生需求，其在不同时空区域将直接作用于运输设施建设以及运输事业的发展，尤其是经济增长直接为相关设施建设规模的扩大提供了资金与技术的重要保障。区域经济增长通过影响企业和家庭的区位选择决策，改变区位的可达性与吸引力。同时聚集经济与新经济增长极的发展，随之带动贸易、分工、专业化对于更低水平的出行与运输成本提出更为迫切的要求，进而刺激运输相关政策的提出、完善与实施，最终影响运输产业投资力度与方向调整。

具体而言，收入水平的提高、就业机会的扩大以及迅速增长的区域经济首先将改变企业和家庭的区位选择决策，借助运输网络型系统结构，各种生产要素的空间转移与自由流动以一定趋势性和倾向性发生改变。为了适应区域发展新变化、满足区域发展新需求，政府部门将依据不同发展水平区域的既有运输网络结构和可达性水平，制定与区域经济发展相协调的运输政策，进而改变了区域运输设施投资规模与方向。

从另一种角度而言，对聚集经济、新经济增长极形成而产生的经济发展水平较高的区域，企业对于价格更为科学合理、运输更为快捷高效的多式联运现代化运输服务的需求增加，居民对于更具节省出行时间价值的高速铁路与航空运输服务的需求增加，而这些基于通达性的本源性需求膨胀将随着贸易、分工以及专业化空间相互作用的深化过程，成为推动运输网络结构优化与发展的中坚力量。特别对于拥挤状况日益严峻的发达地区，社会运输市场需求的变化将导致企业运输成本、居民出行成本的改变，进而对运输行业的发展提出了更高要求。一方面，将会刺激运输业特别是现代化运输业投资规模的扩大，各种运输工具联运发展的形成，促进综合运输体系的运营。另一方面，在既有运输规模下，逐步提高运输既有设施的利用效率。

第四节　运输产业政策与宏观调控

一、产业政策

（一）产业政策的定义

产业政策是一个国家为实现一定的经济发展战略而用于指导产业领域经济活动的直接对策。具体来说，产业政策是以相关产业为对象，通过对其保护、扶持、调整和完善，参与产业或相关企业的生产、经营、交易活动，以及通过直接或间接干预商品、服务、金融等方面的市场形成和市场机制来影响产业乃至整个国民经济体系的发展。

由于产业的发展涉及结构、组织、素质等多方面，因而产业政策往往包含结构政策、组织政策、技术政策、贸易政策的一系列措施，而且随着本国的产业的发展，产业政策也在不断完善中。产业结构政策指主要用于协调产业之间的相互联系与其比例关系，通常包括新兴产业或战略性产业的保护和扶持，主导产业的确定和扩张以及结构转换中衰退产业的调整。产业组织政策指主要用于协调生产同一产品的生产者在同一市场上相互关系，以形成有效竞争、反对垄断、保护适度集中的市场。产业技术政策指主要用于扶持新技术的研究开发与应用，鼓励引进吸收符合本国国情的外国先进技术，加快产业技术创新。产业贸易政策指主要用于协调国际市场上本国企业与国外企业之间的竞争关系，扩大对外贸易、调整贸易结构、提高出口效益，以增强本国企业或产业的国际竞争能力，保持国际收支平衡。产业保护政策指主要用于在本国市场上保护本国企业，减少外国企业的竞争威胁。

产业政策往往直接涉及一个国家对各种资源投入的倾斜，通常比货币政策、财政政策更为直接、具体与作用强度大，出于对于市场失灵、社会福利和国家战略考虑，产业政策具有现实的意义。但产业政策并非总是积极的和没有缺陷的，产业政策的实施也会产生一定的成本和负效应。因此，产业政策的实施必须十分慎重。

（二）产业政策的实施手段

按照政府在产业政策实施中介入的程度与方式不同，产业政策可以划分为直接限制、间接诱导、信息指导与制度变革四种。

政府直接限制手段指政府直接的行政管制、直接的经济管制与法律措施。直接行政管制如行政审批、配额制、许可制、卡特尔政策以及其他强制性行政管制；直接的经济管制如直接投资、调配物资、政府定价等；法律措施如美国的《反托拉斯法》、日本的《产业振兴法》等。通过这些手段，直接影响各产业及产业部门内企业的发展，推动企业集团的形成和分化。

间接诱导手段指政府启动经济杠杆进行间接经济管理的手段，包括税收手段、信贷手段、关税手段和政府订购四种手段。税收手段包括减免税和增税、财政补贴、特别折旧等；信贷手段包括公共贷款、贷款差别利率、贷款不同期限、贷款政府保证等；关税手段包括为限制进口实行保护关税、为鼓励出口实行出口退税等；政府订购为政府通过对商品和劳务的订购刺激新兴产业的发展和推动较落后产业或地区的发展。

信息指导手段指通过传递产业之间或企业之间的信息和提供信息传递场所来引导产业行为的政策手段。这类手段主要包括以下三种：一是政府发布的战略、规划、纲要以及发展展望，来向企业传播整体经济发展形势，引导产业供求关系的调整。二是信息直接发布，以组织会议、发布文件、劝导协商的形式向经济主体传递正确的信息。三是舆论诱导，通过学术期刊、报纸、广播电视等渠道间接传递。四是提供交换信息场所，提供信息服务，传递市场信息，减少市场的不确定性。

制度变革手段指对现行制度的重大修改和根本变革，或者是对现行制度的废除和新制度的建立。制度改革是社会系统自我完善、自我发展的一种运行机制，它不是对现行制度的简单废除，而是合理扬弃。

二、运输产业

（一）运输产业的概念及组成

运输产业是指组成运输的完整的产业结构，在现代社会中，它已成为独立的产业部门。运输在经济社会中提供运输产品，具有唯一的存在目的，因而可以将为了运输目的的生产和服务归类为运输业。由于运输工具和运输方法的不同，构成运输业的运输方式包括铁路运输、水路运输、公路运输、航空运输、管道运输五类运输方式。

运输活动除了具有运输工具的运输主体外，为运输工具的运输活动提供服务的众多环节也是运输业的组成部分，包括港口、车站、机场、货运站以及相关的装卸、搬运、理货、仓储等服务环节。那些为运输提供服务的代理人、经纪人等市场中介组织也属于运输业的组成部分。分工承担运输管理的行政机关与部门、行业组织、律师等也属于运输业的范畴。从广义上还可以将道路建设、道路和航道维护、运输工具维修归纳到运输产业之中。

（二）运输产业的特性

1. 产业属性

从产业的角度看，运输业是以运输网络为基础的，以提供位移服务为主的产业。因此，从产业属性上来说，运输业属于重要的第三产业和网络型产业。

运输业属于重要的第三产业。在1985年国务院转发的《国家统计局关于建立第三产业统计的报告》中，明确了第三产业的划分标准和具体范围。在这个报告中，我国将运输业作为流通部门划入第三产业。运输业者所提供的产品不是制造物质产品，而是通过提供服务直接地去满足人们某种需要，这正符合第三产业"服务"的特性特点。这种服务同样是使用价值和货币价值的统一体，位移服务就是运输业的产品。运输产品的使用价值是满足人们的空间位移需要，其价值也由提供服务产品所需要的社会平均必要劳动时间所决定。

运输业是以运输网络为基础的网络型产业。从组成来讲，运输网络包括固定设施组成的运输实体网络、运输线路与运输移动设备共同组成的运输运营网络以及由各种运输资源信息组成的运输信息资源网络。从空间分布讲，运输网络是由以城市为中心的运输枢纽和各种运输线路共同布局连接构成的网络系统，为社会经济提供客货运输服务。

2. 社会属性

运输业在经济与社会生活中是一种基础性的产业，具有很强的外部性，表现出全社会拥有、全社会使用的社会公益性。

运输业属于战略性基础产业。运输业是国民经济的基础产业，工农业生产、人民生活和社会生活等均对运输业具有需求性。运输业是其他生产部门正常运转、协调发展的前提，是社会再生产得以延续的不可缺少的基本环节。同时，运输业还具有军事战略性。运输业在战时是军力集结与军需补给的重要保障，是军事力量部署与国防物资调配的重要依托。

运输业具有显著外部性。所谓外部性是指某一生产者或消费者的行为对不直接参与这一行为的团体或个人产生影响，且生产者或消费者对这种影响并不承担其后果或付出代价。根据这种对他人的有利或不利的影响，将其划分为正的外部性和负的外部性。从现实经济社会来看，运输业的外部性是显著的，运输业的外部性既包括正外部性也包括负外部性。正外部性主要体现在运输产业对消费增加和生活水平提高、拉动经济增长、优化产业结构、促进地区间商品和生产要素流动、节约运输时间和运输成本等。负外部性主要包括运输业带来的环境污染、城市拥挤和运输事故等。

3. 经济属性

从经济属性看，运输业是一种需要大量投资的产业，并且表现出准公共产品的特点，在经济发展中起着先导性作用。

运输业具有资本密集型和沉没成本的特点。运输业由运输网络和依赖于网络的运输生产企业组成，其中构成运输体系的公路、铁路线路、航道和各种枢纽等基础性设施，投资额巨大，使得运输业成为国民经济产业中固定资产总值数量最大的部门，而且运输设施一旦投资，就很难转移他用，形成巨大的沉没成本，在建设与使用上呈现出明显的不可分割性。

运输业在经济发展中发挥先导性作用。运输业负责完成经济社会生活中的人和货物的空间位移，实现生产要素的流动，而生产要素和商品的流动是经济实现分工、专业化发展的前提之一。缺乏运输设施会导致其他社会基础设施、现代技术的传播、工农业生产的投入以及产成品的消费等，都会因为运输设施的缺乏而受到阻碍。

三、运输产业政策

（一）运输产业政策的特点

政策是为实现一定时期的目标而制定的行为准则。运输产业政策指政府作为社会公共利益的主要代表，在有限资源的制约下，为实现一定时期的目标，按照一定时期内经济与社会发展对运输的需要，选择运输体系的目标和重点，综合运用行政、法律、经济以及舆论等手段，为调节运输参与者的行为而制定的一系列谋略。国家运输政策是国家对运输业实施调控的重要手段，其职能是调整运输活动所涉及的各种复杂关系。在各国运输资源配置和运输业发展、促进运输市场的有效运作以及技术进步、安全、环境、社会福利等方面，运输政策都扮演了极其重要的角色。

各国的地理条件、资源包括运输资源状况、经济发展水平不同，各自运输政策的内容也有差别。某一个国家在国民经济和运输化的不同发展阶段，其运输政策的目标及产生背景、调整的重点对象和政策手段等，显然也是有差异的。但各国的运输政策又都存在共同点。对大多数国家来说，制定运输政策的许多目标是很相近的，如加快运输业发展以促进经济发展、提高运输效率、保障运输公平性、开发落后地区、保护环境和有效地利用资源等。

从产业政策的性质和作用范围看，可以将其分为两类，一类属于政府规制，具有共性，所有的经济主体都必须遵循，例如，市场准入标准、竞争规则、关税政策、国际贸易规则等；另一类是具有特殊性的、针对个别产业制定的发展规划、投融资和税收政策。前者属于广义的产业政策，后者属于狭义的产业政策。作为针对运输业发展的产业政策，运输政策显然是属于后一种产业政策。由于运输业自身独特的产业特性，较一般的政策，运输产业政策具有如下特点。

1. 前瞻性

在运输产业中，从制定政策到筹集资金、形成项目、建设完工往往需要较长的实施周期，这就造成运输政策收益的回收期较其他产业更长。对于运输政策来说，除了应引导运输资源的分配，保障运输能满足可预测的或不可预测的未来需求外，还应从更长期的视角反映未来运输需求的趋势，提高中长期预测的科学性和灵活性，做到适度超前。同时还必须从长远发展的角度，破除一些领域中如政企不分、结构僵化、行政垄断以及监管缺位等在管理制度、组织结构和创新机制上所存在的不适应综合运输体系、协调发展的障碍，使各种运输系统能在未来发挥应有的作用。

2. 引导性

运输政策的引导性是指运输政策在根本上是作为一种积极引导运输发展所需要的土地、人力、能源等各种资源要素的配置，具有显著目标导向作用的政策。作为运输政策作用对象的运输供给和需求之间的关系其实是十分具体而繁复的。运输政策不仅要解决抽象意义上的有限资源的配置问题，而且还需要在相当具体的形态下，在更广泛、更经常、更深入的意义上引导资源的合理配置。

3. 供给指向性

运输政策对于运输服务的供给具有特别显著的调节作用。特别是在当前我国运输产业仍然滞后于经济发展的现实背景下，运输政策的一项主要任务就是快速提高运输的服务供给能力，满足经济社会发展对于运输的需求。因此运输政策在具体内容上主要着眼于运输投资条件的改善、运输服务水平的提高、运输技术的进步以及运输方式结构的协调，这些政策都服务于资源配置的优化和运输产业效率的提高，从而有利于运输供给能力的增强。

4. 复杂性

在运输产业中，五种运输方式都有着各自不同的技术经济特点，每种运输方式内部也存在着运输设施、运输装备以及各种硬件软件等相互衔接配合的问题，因此综合运输体系是一个复杂的巨系统，方式间、方式内、城市间、城市内的运输系统都有着千丝万缕的联系。运输政策也是一个复杂的政策体系，包含多层次、多方面的内容。运输政策应不仅仅着眼于解决单独运输方式的发展问题，而应从全面系统的视角来审视。有效的运输政策体系本身应该是互相协调的，运输政策应能使每一种运输系统发挥其最大效用，彼此互相协调配合，并且分工协作，以达到均衡与整合运输系统的目标。不仅如此，运输政策与财政、货币、能源和环境等政策之间也是协调一致、互相促进、相辅相成的。

每一种运输方式从规划到建设再到运营都涉及巨额的资金投入，特别是运输投资一旦投入往往就不能转移而构成沉没成本，因此运输政策在影响资源配置的决策过程中一旦发生偏差，纠正失误所需付出的成本将十分巨大。所以，运输政策的一贯性尤为重要，故必须在政策制定阶段审慎研究，保证政策的稳定及长久性。同时不同层次的运输政策制定和实施主体也必须保持上下一致，将运输政策正确地贯彻落实到运输发展的实践中。

（二） 运输产业政策的由来

从历史发展来看，不同国家和地区，在运输业发展的不同时期，运输政策呈现出多种多样的形式与内容，不论哪种运输产业政策，都在运输业发展中处于核心和重要地位，这正源于运输产业政策的由来。

首先，由于运输本身具有准公共物品、自然垄断等特殊的经济特性，仅依靠市场来调节资源在运输市场中的配置，必然会发生市场失灵现象，帕累托最优的均衡状态难以自发实现。而如果完全由政府计划来进行生产管理，也容易造成资源开发和配置的低效，而且政府财政也难以独自承担巨大的投资成本。因此，需要充分发挥政府与市场两方面的优势，克服市场失灵与计划机制的缺陷，通过必要的手段实现运输产业整体服务能力的不断提升。此时，作为政府干预市场经济运行一种十分有效的方式——运输产业政策也就成为运输发展和演变过程中最重要的影响因素之一。

其次，运输业具有很强的外部性，对运输供应者和使用者行为产生直接影响的运输成本一般不包括拥挤、事故、噪声及空气污染等方面的外部成本，一部分人引起的外部成本要由其他人共同负担，造成权利和义务的不平等，由此决定的运输规模和运输方式的选择显然也不可能做到社会最优。政府只能通过一定的强制性的产业政策纠正成本方面的不合理。

除此以外，由于运输市场的特殊性，缺乏现成的公开信息渠道，因此市场的自发调节作用较难充分发挥作用，所以要求权威机构规定所有的公共运输从业者必须把运输线路、班次、时刻、运价等方面的重要信息都以法定形式予以公布，从而保证运输市场上信息渠道的畅通。

总之，正是由于运输业需要巨额投资、外部性强、直接投资回报率低等特点，市场机制不能直接在运输资源的配置方面发挥有效作用。同时运输业又是国民经济的战略性基础产业，具有经济先导性，因此，各国都通过制定运输政策来直接干预或间接引导运输业的发展。事实上，从世界范围看，几乎所有国家都有运输政策，一些号称没有实施"产业政策"的国家，也毫无例外地制定了运输政策。

运输政策过去通常被看作是经济环境发生变化的产物，是对经济发展的反应，也就是说，通过运输产业政策促进运输业进步，以适应经济的发展。然而近年不少经济学家认识到，运输政策不仅仅是经济发展的结果，它也在某些方面加速了已有经济现象的变化，因此主张通过制定和实施正确的运输政策去影响有关的社会经济活动。在对待运输部门的态度上并不仅仅是消极地使其能够应对运输需求，而是开始注重其在区域经济发展、城市布局与改造等方面具有积极的导向功能。

（三）运输产业政策的演化阶段

运输产业政策演变是指运输政策调整、替代、转换的过程。运输产业政策在不同时期、不同国家和地区都具有不同的特点，运输产业政策演变的过程不仅与各国运输业的发展阶段密切相关，也与各国政治领域中的政治、社会文化等因素密切相关。在运输业发展的不同阶段，社会经济对运输业相关问题的重视程度都有所不同，运输业的具体发展状况不仅决定了运输产业政策所要解决的运输问题，同时也成为运输政策制定的约束条件。根据运输产业政策所要解决的问题和所要达到的目标，运输产业政策的演变大致可分为以下四个阶段。

1. 未成形阶段

在这一阶段，人与货物的流动性很小，社会经济发展对运输的依赖程度较低，运输业的发展尚未受到重视，所以这一阶段基本上没有成形的运输产业政策。

2. 扩大运输能力阶段

在这一阶段，运输能力供给短缺，急需扩大运输供给能力，运输业成为支持和推动国家经济进入快速增长的最重要部门，所以这一时期运输产业政策所发挥的主要作用是通过采取各种扶持和资助政策加快运输能力的供给。

3. 调整运输结构阶段

在运输业发展完善阶段，实现地区间客货联系的运输网已基本上成形，运输能力相对富余，运输业面临的问题是对运输系统如何加以完善和改进，这一阶段的运输产业政策主要是调整运输结构、加强各种运输方式间的衔接与匹配，以实现运输系统的合理化和运输效率的最大化。

4. 促进运输业可持续发展阶段

随着运输业的高度发展，运输结构、物流结构变化和经济国际化的基本趋势，如何制定综合性而不是过去针对单一运输方式或个别运输问题的运输经济和技术政策，已成为在全球范围内对运输政策制定者的挑战。运输产业政策在此阶段也趋于法治化。运输法规是调整运输活动中产生的各种社会关系的一系列法律规范，在各国运输政策的制定和执行过程中所起的作用越来越明显。此外，运输业所引起的大量能源消耗、污染排放，已逐渐接近能源与环境的临界线，运输与资源环境的关系也日益得到人们的关注。环境保护与节约能源也是当前世界各国运输政策的重要内容。

可以说，运输业的发展阶段，更确切地说是运输业与社会经济发展之间关系的变化是运输产业政策变迁的主要原因。但在现实社会中，运输产业政策往往滞后于运输业发展的需要，而且运输产业政策本身常常是促进运输效率部分与抑制运输效率部分的混合，运输产业政策对运输业的发展所起的作用也并非都是促进作用，甚至还会起到抑制作用。这是因为运输产业政策的制定是需要成本的，由于政策制定者的非完全理性及信息的不完全性等，制定出的运输产业政策也并非完全科学，再加上执行环节的问题，可能会对其效果产生进一步的扭曲。

因此，仅仅认识到运输产业政策变迁的阶段还不够，还需要对影响运输产业政策制定和执行过程的其他相关因素进行深入分析与探讨，才能更加深入地认识运输产业政策变迁的规律，从而为今后运输产业政策制定与实施提供坚实的理论和实践基础。

（四）运输产业政策的新动向

1. 制定配套的综合性运输政策

各发达国家目前在运输领域普遍面临着一些共性问题：在运输设施与服务的发展中公营成分和私营成分的变化与平衡；运输结构、物流结构变化和经济国际化的基本趋势，以及在满足运输需求的变化中保证不同运输方式均衡发展；运输引起的能源、环境及社会公平问题等。发展中国家的运输问题也有很多可归入这几大类。因此，面对这些问题，如何制定综合性而不是过去针对单一运输方式或个别运输问题的运输经济和技术政策，已成为在全球范围内对运输政策制定者的挑战。

2. 加强运输立法

法制在各国运输政策的制定和执行过程中所起的作用越来越明显。运输法规是调整运输活动中产生的各种社会关系的一系列法律规范，运输政策与运输法规中运输公法所调整的运输管理关系是密切相关的。各国目前的趋势是，由立法机构通过明确的运输政策法律，把中期（如5年）的运输政策目标、调整对象和内容，甚至主要运输工程及其所需资金、资金来源和资助办法，都用法律的形式规定下来，并按期修订或重新立法，以保证运输政策的权威性和切实执行。运输法规在市场经济的发展中不断趋于完善，并发挥着越来越大的作用。

3. 注重公众的了解和参与

运输状况是全社会的事，关系到每一个人，为使运输政策的制定能代表公众的普遍利益，以及使运输政策能为公众了解并愿意配合执行，公众参与已成为运输政策的一个重要原则。就某项运输政策问题进行民意测验，在报纸、电台或电视台上进行公开讨论，甚至在国会就有关问题专门举行听证会和辩论，都已成为通常性的做法。

4. 注重环境保护

例如，美国的运输法律就包括明确的条款，要求在提供快速、安全和高效率的运输服务的同时，规定运输部门消除运输所引起的不良影响或将该影响减至最低限度，这些不良影响包括：噪声、空气和水的污染、自然资源或景观的破坏、居民或企业的迁移、就业以及和其他财产方面的损失。环境问题在各国运输政策所占的地位变得越来越重要。

5. 注重节能

节约能源是当前世界各国运输政策的重要内容，特别是由于世界石油资源的前景不甚乐观，因此各国一方面都在竞相研制各类节能车辆和其他节能运输工具，并力求在利用甲醇、液化天然气和太阳能等新能源技术方面取得突破，另一方面则希望通过调整运输结构，尤其是依靠发展公共运输改变对小汽车的过分依赖，以达到节约运输能耗的目的。

运输政策过去通常被看作是经济环境发生变化的产物，是对经济发展的反应，也就是说，要使政策促进的运输业适应经济的发展。然而近年不少经济学家认识到，运输政策不仅是经济发展的结果，也在某些方面加快了已有经济现象的变化。因此主张通过制定和实施正确的运输政策以影响相关社会经济活动。在对待运输部门的态度上并不仅仅是消极地使其能够应对运输需求，而是开始注重其在区域经济发展、城市布局与改造等方面具有积极的导向功能。例如日本的一些运输规划就被用来鼓励人口和各种经济活动离开过于拥挤的沿海地区，使运输在地区发展规划中发挥重要作用。各国还有一些非直接的运输政策，如土地利用政策、加速通信业发展的政策等，也正在对运输产生日益重要的影响。例如美国正在加紧实施的"信息高速公路"规划及政策，在进一步提高现有运输网的效率和安全性方面将起到巨大的推动作用。

四、运输产业宏观调控目标

（一）适应产业结构布局

自然资源是一国经济发展的重要基础，但其分布往往与国民经济发展不相适应。在资源供给类别、方式、数量相对有限及不平衡的情况下，如何合理地配置资源，是一国经济发展战略需要解决的重点问题。运输政策作为针对具体产业的政策，也应该在国家产业政策整体框架下，为国家经济发展战略的实现服务。合理的运输产业政策不仅要满足政治、社会和文化的需要，还要有利于促进资源在地区间的合理配置。

（二）形成高效的运输模式

高效的运输模式是各国运输政策追求的最主要目标之一，包括合理的运输布局、协调的运输结构和高效的运输组织。运输布局指包括运输线路、运输枢纽与其他主要技术装备在内的空间布局。运输布局应服从于自然地理环境、资源分布和工业布局。运输结构是指各种运输方式的运输能力和实际运输量在总运输能力和运输量中所占的比重。协调的运输结构不仅是运输资源合理配置的要求，更是国民经济发展的要求。运输组织指为安排、组织运输生产所进行的各种工作的总称。高效的运输组织需在现有的运输布局的基础上最有效地利用各种运输方式，减少或避免运输的不合理性，如对流运输、迂回运输、重复运输和过远运输。

（三）满足引致性需求

运输业具有经济先导性，人们对运输的需求是一种"引致"需求，这就决定了运输业政策的重要目标是要满足经济、社会发展需求，为人员、商品流动提供保障。不同于一般产业政策，运输业布局政策的目标更主要是考虑其经济先导性，如有利于国家的综合开发与经济发展；有利于高效地组织生产和流通，提高生产率和建设效益；有利于促进各地区均衡发展，缩小各地区经济发展水平的差距；有利于提高整个国民经济的实力，提高国际竞争能力，提高各地区的通达深度；有利于促进运输技术进步等。

（四）加强环境保护

政府环境保护政策的实施主要是通过一系列的环境保护法规来实行的。有些国家已经通过各种政策来限制某种运输方式在某些地区的发展，或引导企业和个人使用节能和无污染或少污染的运输方式。由于运输生产的各种污染压力的增加以及人们环境保护意识的普遍增强，各国政府在制定运输发展政策时相应地制定了环境保护政策。由于运输发达程度与各国经济发展水平相关，而在相当长的时间里运输带来的环境污染又与运输发展程度成正比，因而在经济发展程度不同的国家或同一国家在不同的经济发展阶段，其运输环境保护的重视程度不同，采取的运输政策也就不同。

五、运输产业宏观调控手段

政府在对运输市场供需均衡的调节中起着非常重要的作用，主要通过制定价格政策、财政政策、投资政策和对运输需求进行管理等方式来实现对运输产业的宏观调控。

(一) 价格政策调节

价格政策调节指政府作为宏观调控的主体,为了保证市场物价的基本稳定,保证竞争的公平和有序,保证生产者和消费者的利益,对运输市场产品有时会实行最低限价和最高限价的政策,这些政策往往会对运输市场的供需均衡带来一定的影响。如2007年我国首部《快递服务标准》中提出了同城快递费最低限价标准,其目的也是促进行业健康有序的发展。再如对少数因供求严重不平衡或特殊原因导致的价格暴涨,政府主要采用最高限价形式以限制暴利。

(二) 财政政策调节

财政政策调节指国家通过制定相关的收支政策对运输市场作出的宏观调控。财政政策是调节运输业供需均衡的重要手段,包括税收政策和补贴政策等。税收是国家对社会产品和国民收入进行的一种强制性的分配。税收的增加使得运输企业的负担加重,在一定程度上,运输供给会适当减少。运输补贴政策是国家为了维护某种运输方式能够正常经营所给予的优惠。如果政府对某种运输服务进行补贴,则运价会降低,需求量增加。

(三) 投资政策调节

运输产业建设投资巨大、回收期长、利润率低,而且运输业又具有准公共性等特征,这使得运输业的建设和发展仅仅依靠市场本身解决供需矛盾是远远不够的,需要政府作为投资主体介入。国家实施的运输投资政策主要包括直接投资和引导投资。直接投资是由国家财政将资金投向某一地区的某一种运输方式。政府可以通过对运输产业加大投资,并向运能特别紧张的运输方式进行投资倾斜,以提高运输供给能力,从而使供给适应需求。大部分发达国家都把铁路、公路、航道、管道、机场、码头等建设作为政府财政投资的重要目标,以便使投资来源有可靠的保证。引导投资是指国家考虑到运输业的公共资源性质和基础性质,通过财政、税收、信贷等经济杠杆引导或者限制社会资本投向某种运输项目。如国家常常通过各种优惠政策鼓励企业投资于那些社会效益较好的运输项目,而对某些容易引起垄断的运输方式则会对投资进行限制。

(四) 运输需求管理调节

运输需求管理主要是从需求上采用相应的政策或技术进行调节,使运输需求在时间、空间上均衡化,以在运输供给和运输需求间保持一种有效的均衡。运输需求管理主要措施包括通过政策改变出行方式、出行次数及出行范围,从而减少或控制总的运输需求总量，如通过调整停车费、通行费，鼓励利用公交出行，向出行者提供实时信息或通过强制收费，以减少高峰时段和高峰路线的出行。

课后作业

1. 运用图形分析新古典经济增长模型实现稳定均衡增长的路径。
2. 如何理解运输产业政策对运输行业发展的重要性。

课后思考题

1. 运输是否具有生产要素的属性？
2. 结合各国运输产业政策，思考对我国健全运输产业发展的借鉴意义。

3. 案例与讨论1：新政下的网约车发展（见二维码）。

4. 案例与讨论2：城市交通供给侧结构性改革（见二维码）。

5. 拓展知识：交通强国建设纲要（见二维码）。

6. 本章知识分解（见二维码）。

参 考 文 献

[1] [美] Robert H. Frank 等著. 微观经济学原理 [M]. 郑捷, 等译. 北京: 清华大学出版社, 2004.

[2] 阿尔弗雷德·韦伯. 工业区位论 [M]. 北京: 商务印书馆, 1997.

[3] 奥古斯特·勒施. 经济空间秩序: 经济财货与地理间的关系 [M]. 北京: 商务印书馆, 1998.

[4] [美] 保罗·A. 萨缪尔森, 威廉·D. 诺德豪斯. 经济学 [M]. 萧琛, 等译. 北京: 华夏出版社, 1996.

[5] [美] 保罗·A. 萨缪尔森, 威廉·D. 诺德豪斯. 经济学 [M]. 萧琛, 译. 北京: 人民邮电出版社, 2008.

[6] 保罗·克鲁格曼. 地理和贸易 [M]. 北京: 北京大学出版社, 2002.

[7] 保罗·克鲁格曼. 发展、地理学与经济理论 [M]. 北京: 北京大学出版社, 2000.

[8] 伯尔蒂尔·奥林. 地区间贸易和国际贸易 [M]. 北京: 商务印书馆, 1986.

[9] 曹均伟. 西方经济学范式的转换和发展: 从经济学方法论的视角分析 [J]. 上海财经大学学报, 2014 (2).

[10] 车探来. 新亚欧大陆桥国际运输的现状与发展 [J]. 大陆桥视野, 2012 (10).

[11] 陈栋生. 经济布局与区域经济研究 [M]. 大连: 东北财经大学出版社, 1990.

[12] 陈宪, 程大中. 国际服务贸易 [M]. 上海: 立信会计出版社, 2007.

[13] 陈贻龙, 邵振一. 运输经济学 [M]. 北京: 人民交通出版社, 1993.

[14] 陈贻龙, 邵振一. 运输经济学 [M]. 北京: 人民交通出版社, 1999.

[15] 陈引社. 道路运输市场学 [M]. 北京: 人民交通出版社, 2002.

[16] 陈章武. 管理经济学 [M]. 北京: 清华大学出版社, 1996.

[17] 崔少靖. 我国运输服务贸易影响因素实证分析 [D]. 苏州: 苏州大学, 2011.

[18] 崔炜.我国运输服务贸易发展特征及战略选择［J］.技术经济与管理研究，2012（6）.

[19] 邓小平.邓小平文选［M］.北京：人民出版社，1993.

[20] 段丽娜，吴迪.中美服务贸易总额与结构的比较分析［D］.国际会议，2012年3月.

[21] 樊一江.着力发展长江经济带综合交通运输体系［EB/OL］.人民网，2020-05-15.

[22] 方茜，周文.习近平新时代中国特色社会主义经济思想的现实背景、实践基础与显著特征［J］.经济纵横，2018（11）.

[23] 顾海良，颜鹏飞.新编经济思想史［M］.北京：经济科学出版社，2016.

[24] 管楚度.新视域运输经济学［M］.北京：人民交通出版社，2002.

[25] 国家发展改革委宏观经济研究院综合运输研究所.辉煌交通：中国交通运输改革与探索40年［M］.北京：人民出版社，2018.

[26] 杭文，朱金福.运输经济学［M］.南京：东南大学出版社，2008.

[27] 杭文.运输经济学［M］.南京：东南大学出版社，2016.

[28] 何炼成.社会主义市场经济学［M］.西安：西北大学出版社，1993.

[29] 胡思继.综合运输工程学［M］.北京：北京交通大学出版社，2005.

[30] 贾顺平.交通运输经济学［M］.2版.北京：人民交通出版社股份有限公司，2015.

[31] 贾顺平.交通运输经济学［M］.北京：人民交通出版社，2011.

[32] 贾顺平编著.交通运输经济学［M］.3版.北京：人民交通出版社股份有限公司，2019.

[33] 蒋惠园.交通运输经济学［M］.北京：人民交通出版社，2016.

[34] ［英］肯尼思·巴顿（Kenneth Button）.运输经济学［M］冯宗宪，译.北京：商务印书馆，2002.

[35] ［美］肯尼斯·巴顿.运输经济学［M］.李晶，吕靖，等译.北京：机械工业出版社，2013.

[36] 黎诣远.西方经济学［M］.二版.北京：高等教育出版社，2007.

[37] 李培銦.当代国际服务贸易格局研究［D］.北京：对外经济贸易大学，2007.

[38] 李小建，等.经济地理学［M］.北京：高等教育出版社，2006.

[39] ［苏联］列宁.列宁选集［M］.中共中央马克思恩格斯列宁斯大林著作编译局，译.北京：人民出版社，2012.

[40] 刘东，梁东黎，史先诚．微观经济学教程［M］．北京：科学出版社，2010．

[41] 刘越，闵路路．交通基础设施对经济集聚的溢出效应研究：基于空间经济学视角［J］．东北农业大学学报，2018（16）．

[42] 刘再兴，等．区域经济理论与方法［M］．北京：中国物价出版社，1996．

[43] 刘再兴．工业地理学［M］．北京：商务印书馆，1997．

[44] 卢明银等．运输经济学［M］．徐州：中国矿业大学出版社，2016．

[45] 陆玉龙．社会主义运输市场论纲［M］．南京：河海大学出版社，1993．

[46] 马广文．交通大辞典［M］．上海：上海交通大学出版社，2005．

[47] ［德国］马克思，恩格斯．马克思恩格斯选集［M］．中共中央马克思恩格斯列宁斯大林著作编译局，译．北京：人民出版社，2012．

[48] 马涛．西方经济学的范式结构及其演变［J］．中国社会科学，2014（10）．

[49] 马天山．汽车运输企业市场营销学［M］．北京：人民交通出版社，1997．

[50] ［美］曼斯菲尔德．微观经济学［M］．黄险峰，秦岭，等译．北京：中国人民大学出版社，2003．

[51] 毛传新．国际服务贸易［M］．南京：东南大学出版社，2009．

[52] 逄锦聚．发挥政治经济学学科优势，加强经济制度研究［J］．经济学家，2020（1）．

[53] 平狄克，鲁宾费尔德．微观经济学［M］．4版．张军，罗汉，尹翔硕，等译．北京：中国人民大学出版社，2000．

[54] 浅析国际航空运输服务贸易的发展进程及趋势，www//wenku.baidu.com/view/．

[55] 秦四平．运输经济学［M］．北京：中国铁道出版社，2007．

[56] 邱海平．中国市场经济体制的独特魅力究竟何来［J］．人民论坛，2017（23）．

[57] 人力资源和社会保障部人事考试中心．运输经济（公路）专业知识与实务（中级）［M］．北京：中国人事出版社，2014．

[58] 荣朝和．论交通运输与经济空间结构演变的关系［J］．铁道学报，1995（17）．

[59] 荣朝和．西方运输经济学［M］．二版．北京：经济科学出版社，2014．

[60] 荣朝和．西方运输经济学［M］．北京：经济科学出版社，2008．

[61] 萨缪尔森. 经济学 [M]. 中册. 北京：商务印书馆，1981.

[62] 商务部. 中国服务贸易发展报告2007 [M]. 北京：中国商务出版社，2007.

[63] 商务部. 中国服务贸易发展报告2008 [M]. 北京：中国商务出版社，2008.

[64] 邵振一. 运输组织学 [M]. 北京：人民交通出版社，1997.

[65] 沈志云. 交通运输工程学 [M]. 北京：人民交通出版社，1999.

[66] 石俊芳. 国际运输服务贸易的发展趋势及中国的发展策略 [J]. 国际服务贸易评论，2007（1）.

[67] 史忠良. 产业经济学 [M]. 北京：经济管理出版社，1998.

[68]《世界服务贸易发展结构及趋势》，四川省商务厅网站，2011-09-22.

[69] 寿思华. 坚持公有制是社会主义的核心（下）——马克思主义社会主义是必由之路系列研究之二 [J]. 改革与战略，2017（9）.

[70] 斯蒂格利茨. 经济学 [M]. 北京：中国人民大学出版社，1996.

[71] 孙蚌珠. 论中国特色社会主义经济制度的内涵、特征和优势 [J]. 思想理论教育导刊，2011（10）.

[72] 孙大权. 新中国70年理论经济学的演变与发展 [J]. 人文杂志，2020（5）.

[73] 覃成林，金学良，冯天才等. 区域经济空间组织原理 [M]. 武汉：湖北教育出版社，1996.

[74] 唐可月. 运输经济学 [M]. 北京：北京交通大学出版社，2019.

[75] 王根蓓. 市场秩序论 [M]. 上海：上海财经大学出版社，1997.

[76] 王庆云. 交通运输发展理论与实践 [M]. 北京：中国科学技术出版社，2006.

[77] 王术峰. 运输管理 [M]. 北京：机械工业出版社，2019.

[78] 文易非. 地方铁路运输成本问题的分析及对策研究 [D]. 南昌：华东交通大学，2017.

[79] 沃尔特·克里斯塔勒. 德国南部的中心地区 [M]. 北京：商务印书馆，2000.

[80] 吴兆麟. 综合交通运输规划 [M]. 北京：清华大学出版社，2009.

[81] 吴志恒，马天山. 新时期道路运政管理 [M]. 西安：陕西科技教育出版社，1996.

[82] 吴志恒. 公路运输行业管理学 [M]. 西安：陕西科技教育出版社，1993.

[83] 向仲益等. 道路运输市场分析 [M]. 北京：中国商业出版社，1991.

[84] 谢地. 论中国特色社会主义经济的主要特征 [J]. 四川大学学报（哲学社会科学版），2008 (6).

[85] 新华社. 瞰中国丨长江经济带——经济发展篇，中国新华新闻电视网（CNC）出品，2021 年（http://www.xinhuanet.com/multimediapro/2021 - 01/06/c_1210968049.htm）.

[86] 徐吉霖. 我国铁路运输业价格改革与货运效率的关系研究 [J]. 价格理论与实践，2020 (10)：163 - 166，179.

[87] 徐剑华. 运输经济学 [M]. 北京：北京大学出版社，2009.

[88] 徐玉萍，魏堂建，等. 运输经济学 [M]. 长沙：中南大学出版社，2014.

[89] 许庆斌，荣朝和. 运输经济学导论 [M]. 北京：中国铁道出版社，1999.

[90] 严作人，杜豫川，张戎编著. 运输经济学 [M]. 2 版. 北京：人民交通出版社，2009.

[91] 严作人，张戎. 运输经济学 [M]. 北京：经济科学出版社，2003.

[92] 严作人. 运输经济学 [M]. 2 版. 北京：人民交通出版社，2009.

[93] 杨公朴. 产业经济学教程 [M]. 上海：上海财经大学出版社，1998.

[94] 杨吾扬，张国伍，等. 交通运输地理学 [M]. 北京：商务印书馆，1986.

[95] 于建玮. 经济发展辞典 [M]. 成都：四川辞书出版社，1989.

[96] 约翰·冯·杜能. 孤立国同农业和国民经济的关系 [M]. 北京：商务印书馆，1993.

[97] 云虹. 运输企业财务管理 [M]. 北京：人民交通出版社股份有限公司，2020.

[98]《运输管理》（一）（二）[M]. 北京：高等教育出版社，2014.

[99] 张宝忠，杨桂荣. 国情与社会主义教育概论 [M]. 北京：北京农业大学出版社，1991.

[100] 张伯伦. 垄断竞争理论 [M]. 北京：生活·读书·新知三联书店，1958.

[101] 张秦龙，陈红梅. 经济学原理 [M]. 北京：北京理工大学出版社，2017.

[102] 张舒，曾乐元. 马克思主义政治经济学原理 [M]. 西安：西北大学出版社，2002.

[103] 张文尝，金凤君，樊杰，等. 交通经济带 [M]. 北京：科学出版社，2002.

[104] 张雯雯. 我国服务贸易结构优化研究 [D]. 大连：大连海事大学，2010.

[105] 张永良. 经济学基础 [M]. 北京：北京理工大学出版社，2018.

[106] 张忠. 我国道路运输政策研究 [D]. 西安：西安公路交通大学，2000.

[107] 赵婧妤. 运输服务贸易文献综述 [J]. 世界贸易组织动态与研究，2010（5）.

[108] 赵书华，徐畅. 全球运输服务贸易10强的运输服务贸易竞争力分析 [J]. 国际贸易问题，2007（10）.

[109] 周小明，等. 法与市场秩序 [M]. 贵阳：贵州人民出版社，1995.

[110] 朱鹏华，王天义. 社会主义基本经济制度的理论创新与认识升华 [J]. 马克思主义研究，2020（8）.

[111] 朱钰，李晓红，魏璠. 经济学基础 [M]. 北京：电子科技大学出版社，2015.

[112] Baldwin Richard E et al., *Economic Geography and Public Policy*, Princeton: Princeton University Press, 2003.

[113] Deunden Nikomborirak, Sherry M. Stephenson, Liberalization of Trade in Services: East Asia and the Western Hemisphere. Regional Trading Arrangements: Stocktake and Next Steps, Trade Policy Forum, Bangkok, June 12–13, 2001.

[114] Emile Quinet and Roger Vickerman (eds.), Principles of Transportation Economics. New York: Edward Elgar, 2004.

[115] Friedmab J. R., *Regional Development Policy: A Case Study of Venezuela*, Cambridge: MIT Press, 1966.

[116] Fukunari Kimura, Mitsuyo Ando, Takaune Fujii, Estimating the Ad Valorem Equivalent of Barriers to Foreign Direct Investment in the Maritime and Air Transportation Service Sectors in Russia, 2004.

[117] Kenneth D. Boyer, *Principles of Transportation Economics*. New York: Addison Wesley Longman, Inc., 1997.

[118] Kenneth J. Boy, *Principles of Transportation Economics*. New York: Addison Wesley longman, 1997.

[119] Kox Henk, Lejour Arjan, A Different Approach to WTO Negotiations in Services, *CPB Discussion Paper*, 2004.

[120] Myrdal G., *Economic Theory and Under-developed Regions*, London: Duckworth, 1957.

[121] Robert A. Novack, Brian J. Gibson, Yoshinori Suzuki, John J. Coyle, *Transportation: A Global Supply Chain*. Boston: Cengage, 2018.

[122] Rupa Chanda, Gats and its Implications for Developing Countries: Key Issues and Concerns. *Economic & Social Affairs*, United Nations, 2002.

[123] UNCTAD, Negotiation on Transport and Logistics Services: Issues to Consider. UNCTAD/SDTE/TLB/2005/3.